Susanna Schrafstetter

Die dritte Atommacht

Schriftenreihe
der Vierteljahrshefte für Zeitgeschichte
Band 79

Im Auftrag des Instituts für Zeitgeschichte

Herausgegeben von

Karl Dietrich Bracher, Hans-Peter Schwarz, Horst Möller

Redaktion: Jürgen Zarusky

Oldenbourg Wissenschaftsverlag München 1999

Die dritte Atommacht

Britische Nichtverbreitungspolitik im Dienst
von Statussicherung und Deutschlandpolitik
1952–1968

Von Susanna Schrafstetter

Oldenbourg Wissenschaftsverlag 1999

Die Deutsche Bibliothek – CIP-Einheitsaufnahme

[Vierteljahrshefte für Zeitgeschichte / Schriftenreihe]
Schriftenreihe der Vierteljahrshefte für Zeitgeschichte / im Auftr. des
Instituts für Zeitgeschichte hrsg. – München : Oldenbourg
    Früher Schriftenreihe
    Schriftenreihe zu: Vierteljahrshefte für Zeitgeschichte

Bd. 79. Schrafstetter, Susanna: Die dritte Atommacht. – 1999

Schrafstetter Susanna:
Die dritte Atommacht : britische Nichtverbreitungspolitik im Dienst
von Statussicherung und Deutschlandpolitik 1952–1968 / von
Susanna Schrafstetter. – München : Oldenbourg, 1999
    (Schriftenreihe der Vierteljahrshefte für Zeitgeschichte ; Bd. 79)
    Zugl.: München, Univ., Diss., 1998
    ISBN 3-486-64579-X

© 1999 Oldenbourg Wissenschaftsverlag GmbH, München
Rosenheimer Straße 145, D-81671 München
Internet: http://www.oldenbourg-verlag.de

Gedruckt auf säurefreiem, alterungsbeständigem Papier (chlorfrei gebleicht).
Gesamtherstellung: Appl, Wemding

ISBN 3-486-64579-X
ISSN 0506-9408

Inhalt

Vorwort

Die vorliegende Arbeit wurde im Wintersemester 1997/98 von der Philosophischen Fakultät der Ludwig-Maximilians-Universität München als Dissertation angenommen. Ein Stipendium der Universität und die Förderung meiner Auslandsaufenthalte durch den DAAD und die Deutschen Historischen Institute in London und Washington schufen mir den Freiraum, die Arbeit zügig zu Ende bringen zu können.

Mein erster Dank gilt meinem Doktorvater Professor Dr. Hans Günter Hockerts, der diese Arbeit mit großem Engagement betreute. Mit Rat und Tat unterstützten mich auch Professor Dr. Lothar Kettenacker und Professor Dr. Martin Geyer. Ich danke dem Institut für Zeitgeschichte für die Aufnahme des Buches in die Schriftenreihe der Vierteljahrshefte und Dr. Jürgen Zarusky für die Betreuung der Drucklegung. Die Konferenzen des internationalen Nuclear History Program (NHP) waren ein ausgezeichnetes Forum für Diskussion und Kontakte. Zahlreiche Teilnehmer des NHP gaben wertvolle Anregungen und Hinweise. Stellvertretend für alle danke ich Professor Dr. Wolfgang Krieger und Dr. William Burr. Zu besonderem Dank bin ich auch folgenden Personen verpflichtet, die mir mit kritischer Lektüre und vielfacher Ermunterung halfen: Dr. Jutta Braun, Christiane Kuller, Hartmut Müller, Dr. Thomas und Regina Schlemmer, Dr. Winfried und Dietmar Süß und Dr. Stephen Twigge. Achim Boßlet danke ich für die Zeit in Taipeh, Christian Wever für geduldige Unterweisung im Umgang mit dem Computer. Bei meinen zahlreichen Archivreisen haben mich Patricia Scotland (London), Katrin Pähler (Washington) und Barbara Schetter (Bonn) bei sich aufgenommen.

Meine Schwester Evi hatte das unglückliche Los, mit einer Doktorandin in der Schreibphase die Wohnung zu teilen. Ohne ihr Verständnis und ihre Hilfe wäre ich nicht weit gekommen. Mein Vater Fritz Schrafstetter hat meine Wege manchmal kopfschüttelnd aber stets ermunternd und mit großer Unterstützung verfolgt. Ihm danke ich von ganzem Herzen für seine Geduld und Hilfe. Auch meiner Tante und meinem Onkel, Olga und Rudolf Uttlinger, schulde ich großen Dank. Meine Mutter hat die Fertigstellung der Arbeit nicht mehr erlebt. Sie wurde im Januar 1996 durch eine kurze schwere Krankheit aus dem Leben gerissen. Ihr ist dieses Buch gewidmet.

München, Mai 1999   Susanna Schrafstetter

Einleitung

„If all this capacity for destruction is spread about the world in the hands of all kinds of different characters – dictators, reactionaries, revolutionaries, madmen – then sooner or later, and certainly I think by the end of this century, either by error or folly or insanity, the great crime will be committed. . . . It may be that there is no way out. It may be that we are condemned, like the heroes of the old Greek tragedies, to an ineluctable fate from which there is no escape; and that like those doomed figures we must endure it."[1] Es war der britische Premierminister Harold Macmillan, der in diesem persönlichen Schreiben am 5. Januar 1962 an den amerikanischen Präsidenten Kennedy das Schreckensszenario eines globalen Atomkrieges zeichnete. Möglicherweise sei die Welt zu diesem Schicksal verdammt. Wenn überhaupt, so könne das große Verbrechen, die Entfesselung eines thermonuklearen Krieges, nur dadurch verhindert werden, daß die Vereinigten Staaten und Großbritannien in der Bekämpfung der Weiterverbreitung von Kernwaffen eng zusammenarbeiteten und so rasch wie möglich Maßnahmen gegen die fortschreitende Proliferation unternähmen.

Die Weiterverbreitung von Kernwaffen, in der Fachsprache Proliferation genannt, war nach 1945 ein schwerwiegendes Problem der internationalen Politik. Nachdem die USA 1945 zur ersten Atommacht geworden waren, nahm der Prozeß der Proliferation mit der Zündung der ersten sowjetischen Atombombe 1949 seinen Anfang. Großbritannien und Frankreich wurden 1952 bzw. 1960 zu Atommächten. Mit dieser Entwicklung wurde die Annahme, daß die Weiterverbreitung von Kernwaffen eine große Gefahr für die globale Sicherheit und folglich eine Bedrohung der gesamten Menschheit sei, zu einer weithin anerkannten Prämisse. Die Nichtverbreitung von Kernwaffen, das heißt die Non-Proliferation, wurde ein zentrales Thema der internationalen Politik der Nachkriegszeit.

Proliferation bezeichnet dabei sowohl die absichtliche Weitergabe von Atomwaffen, Technologie oder Forschungsergebnissen von einer Nation an eine andere als auch die unkontrollierbare Weiterverbreitung von Informationen. Nukleare Proliferation durch Spionage fällt zum Beispiel unter letztere Kategorie. Außerdem umfaßt dieser Begriff auch die Weiterverbreitung von Kernwaffen im Sinne einer eigenständigen Entwicklung von Atombomben durch einen Staat. Der Begriff Proliferation kann auch als Oberbegriff verwendet werden und die Weitergabe militärischer und ziviler Atomtechnologie umfassen. Üblicherweise wird Proliferation im engeren Sinne gebraucht und bezeichnet nur den militärischen Bereich. Daneben ist auch der Ausdruck zivile Proliferation geläufig. Der Begriff wird in der Fachliteratur nicht verbindlich definiert. Ferner wird differenziert zwischen horizontaler und vertikaler Proliferation. Horizontal meint die Weitergabe von Atomwaffen oder waffentechnischem Know-How an einen Nichtkernwaffenstaat. Vertikale Proliferation liegt dagegen vor, wenn es sich um eine Vergrößerung oder

---

[1] PRO, PREM 11/3718, Macmillan to Kennedy, 05. 01. 1962.

Verbesserung des nuklearen Waffenarsenals einer Atommacht handelt. Dies kann auch den Transfer militärischer Technologie von einer Atommacht an eine andere Atommacht implizieren.[2]

Die internationale Nichtverbreitungspolitik entwickelte sich nicht erst mit dem Beginn der schleichenden Ausbreitung von Kernwaffen Anfang der fünfziger Jahre. Der Wunsch, das Geheimnis um den Bau der Bombe zu wahren, bestand schon, bevor die Atombombe einsatzbereit war. Das *Quebec-Agreement* von 1943 regelte nicht nur die anglo-amerikanische Zusammenarbeit in der nuklearen Forschung während des Krieges, sondern enthielt auch Bestimmungen, die einer Weiterverbreitung der Bombe entgegenwirken sollten. Die USA und Großbritannien betrieben damals eine aktive Nichtverbreitungspolitik, indem sie sich die Kontrolle über das notwendige Ausgangsmaterial zum Bau der Bombe sicherten und das technische Wissen unter strenge Geheimhaltung stellten. Der Baruch-Plan von 1946 war der erste Versuch, die Weiterverbreitung von Atomwaffen durch ein internationales Abkommen zu verhindern. In den Jahren 1946–1968 gab es mehrere Pläne, die Verbreitung der Bombe durch völkerrechtliche Verträge zu bannen. Dies geschah auf regionaler Ebene, wie zum Beispiel mit den Plänen zur Gründung einer nuklearen NATO-Streitmacht unter amerikanischer Kontrolle oder der Schaffung einer atomwaffenfreien Zone in Südamerika. Auf globaler Ebene wurde mit dem Teststopp-Abkommen von 1963 versucht, Proliferation durch die Ächtung nuklearer Tests zu unterbinden. Der Vertrag über die Nichtweiterverbreitung von Atomwaffen aus dem Jahre 1968 (*Non-Proliferation Treaty*, kurz: NPT) markierte schließlich den Höhepunkt in den internationalen Bemühungen um die Nichtverbreitung.[3] In dem Vertrag verpflichteten sich viele Staaten, die nicht über Kernwaffen verfügten, auch weiterhin auf den Erwerb und die Herstellung solcher Waffen zu verzichten. Die USA, die Sowjetunion und Großbritannien versicherten im Gegenzug, keine Kernwaffen an Nichtkernwaffenstaaten weiterzugeben. Das Recht auf uneingeschränkte Nutzung der zivilen Kernenergie wurde den Nichtkernwaffenstaaten ausdrücklich garantiert.

Bei der Formulierung der alliierten Nichtverbreitungspolitik vor 1945 bildeten fundamentale nationale Sicherheitsinteressen das Hauptmotiv. In erster Linie ging es darum, schneller als das nationalsozialistische Deutschland eine Atombombe zu entwickeln. Unmittelbar nach Kriegsende strebte die amerikanische Regierung internationale Vereinbarungen zur Kontrolle von Atomwaffen und Begrenzung der Anzahl der Atommächte an. Gleichzeitig bestimmte aber die Argumentation, daß es untragbar sei, wenn die Sowjetunion eine Superbombe besitze und die Vereinigten Staaten nicht, die Entscheidung für die Entwicklung der amerikanischen Wasserstoffbombe.[4] In der folgenden Zeit orien-

---

[2] Die Unterscheidung zwischen vertikaler und horizontaler Proliferation definiert Bundy wie folgt: „The spreading menace of nuclear weapons has come to be described as both horizontal and vertical, where horizontal means the spread of the weapons to more and more countries and vertical means the multiplication in the destructiveness and the sophistication of national arsenals, particularly those of the United States and the Soviet Union." Bundy, Danger, S. 190.

[3] Im Text werden entweder die deutsche Bezeichnung Nichtverbreitungsvertrag oder die Abkürzungen NPT und NV-Vertrag verwendet. Daneben ist der Begriff Atomwaffensperrvertrag geläufig. Der Ausdruck Atomsperrvertrag wurde von den deutschen Gegnern des Vertrages geprägt und impliziert fälschlicherweise, daß der Vertrag nicht nur der Verbreitung von Kernwaffen, sondern auch der Verbreitung ziviler Kerntechnologie entgegenwirkt.

[4] Newhouse, Krieg, S. 117–118, Bundy, S. 213.

tierte sich die Beantwortung der Frage, welche Staaten Kernwaffen besitzen dürfen und welche nicht, keineswegs nur am höchstmöglichen Maß globaler Sicherheit. Oftmals ging es um Fragen des internationalen Status und/oder um Hegemonie innerhalb der Bündnissysteme. Stand anfangs das Ost-West-Problem im Vordergrund, so wurde dieses mehr und mehr von bündnisinterner Rivalität innerhalb der Nordatlantischen Allianz und schließlich auch von einem Nord-Süd-Konflikt überschattet. Nichtverbreitungspolitik umfaßte damit sowohl Elemente genuiner Sicherheitspolitik als auch Elemente klassischer Machtpolitik. Die machtpolitische Komponente konnte in der internationalen Politik jedoch weitgehend hinter anderen Motiven verborgen werden. Unter Berufung auf die internationale Sicherheit und die Gefahr eines drohenden nuklearen Holocaust, wie Macmillan ihn skizzierte, konnten sich insbesondere die Atommächte gegen eine weitere Verbreitung von Kernwaffen einsetzen, ohne auf spezifisch-nationale machtpolitische Interessen zu rekurrieren.

1. Fragestellung

Den Supermächten dienten Nichtverbreitungspolitik und Nichtverbreitungsvertrag in erster Linie zur Erhaltung der bipolaren Abschreckungsbalance, die seit dem Erreichen des nuklearen Patts zwischen den USA und der Sowjetunion Ende der fünfziger Jahre die strategische Gesamtlage bestimmte. Dieses nukleare Gleichgewicht sollte nicht durch eine immer größer werdende Anzahl selbständig agierender Atommächte gefährdet werden. Die Nichtverbreitungspolitik der Supermächte richtete sich damit auch gegen tatsächliche und potentielle Atommächte im eigenen Lager. Großbritannien hatte als erste Nation nach den Supermächten den Aufstieg zur Atommacht geschafft. Die britische Regierung hoffte, mit der Entwicklung der Bombe den drohenden Abstieg Großbritanniens zur europäischen Mittelmacht aufhalten zu können. Die Erhaltung einer unabhängigen britischen Nuklearmacht gehörte in den fünfziger Jahren zu den wichtigsten Zielen der britischen Außen- und Sicherheitspolitik.[5] Die daraus resultierende Stilisierung der Kernwaffen zum Symbol für Großmachtstatus und nationales Prestige mußte auch die britische Haltung zur Frage der Proliferation bestimmen. In diesem Zusammenhang gilt es zu klären, welche Bedeutung der britischen Nichtverbreitungspolitik, insbesondere den 1958 beginnenden Verhandlungen um einen Nichtverbreitungsvertrag, vor diesem Hintergrund zukam. Mußte der Nichtverbreitungsvertrag in Großbritannien nicht als eine Chance gesehen werden, den nuklearen Statusunterschied zu den europäischen Verbündeten zu sichern und den britischen Großmachtstatus trotz Zerfall des Commonwealth und des wirtschaftlichen Abstiegs langfristig zu sichern? Bedeutete Nichtverbreitungspolitik in London, machtpolitische Interessen innerhalb des eigenen Lagers unter dem Credo der globalen Sicherheit zu verfolgen?

An diesem Punkt setzt die vorliegende Arbeit ein: Sie hat die britische Nichtverbreitungspolitik in den internationalen Beziehungen zum Gegenstand, wobei die Rolle Großbritanniens in den internationalen Verhandlungen um den Nichtverbreitungsvertrag von 1958 bis 1968 im Zentrum der Untersuchung steht. Ausgehend von der Frage, wel-

---

[5] Dieser Aspekt der britischen Außenpolitik ist bereits sehr gut untersucht, siehe hierzu u. a.: Freedman, Britain; Navias, Nuclear Weapons; Clark, Diplomacy.

che Bedeutung Kernwaffen in der britischen Politik hatten, wird darzulegen sein, warum sich die Nichtweiterverbreitung von Kernwaffen zu einem zentralen Aspekt der britischen Außenpolitik entwickelte. Die Untersuchung soll zeigen, in welchem Zusammenhang die britische Nichtverbreitungspolitik zu sehen ist, welche Ziele sie verfolgte und wie sich die britische Politik in den jahrelangen internationalen Verhandlungen um den Vertrag gestaltete. Welche Staaten waren in bezug auf die Nichtverbreitungsproblematik für Großbritannien von besonderer Bedeutung? Wie versuchte die britische Regierung, ihre Ziele durchzusetzen? Wieviel Einfluß hatte sie auf die internationale Nichtverbreitungspolitik, und was trug sie konkret zum Abschluß des Nichtverbreitungsvertrages bei? Dabei stellt sich auch die Frage nach Wechselwirkungen und Interessenkonflikten zwischen Nichtverbreitungspolitik und anderen außenpolitischen Zielen. Das Problem der nuklearen Weiterverbreitung wurde nie – weder in Großbritannien noch in den internationalen Verhandlungen – isoliert betrachtet, sondern stets in politischen Kontexten gesehen. Da diese Kontexte häufig wechselten und Non-Proliferation ein in kontinuierlichem Wandel begriffener Prozeß ist, änderten sich die Optionen und Alternativen der britischen Regierung und ihrer Verhandlungspartner immer wieder. Da eine entsprechende quellengestützte Untersuchung noch nicht existiert, bildet die detailgenaue Darstellung und Analyse der britischen Position in den Verhandlungen um den Vertrag den Schwerpunkt der Arbeit. Dabei werden auch verschiedenste Konzepte und Pläne gegen Proliferation behandelt, die zum Teil nie verwirklicht wurden.

In diesem Zusammenhang stellt sich des weiteren die Frage, wie die Nichtverbreitungspolitik in die internationale Politik der sechziger Jahre eingeordnet werden kann und welche Bedeutung ihr im übergeordneten Zusammenhang zukam. Non-Proliferation spielte in den Beziehungen Großbritanniens zu den USA, zu den engsten europäischen Verbündeten und zu einigen Commonwealth-Staaten sowie zur Sowjetunion stets eine entscheidende Rolle. Nichtverbreitungspolitik erscheint damit nur vordergründig als ein in sich geschlossenes System der linearen Abhängigkeit der Nichtkernwaffenstaaten von den Atommächten. Eine genaue Untersuchung der Nichtverbreitungspolitik verdeutlicht auch die Vernetzung und die wechselseitige Abhängigkeit zwischen verschiedenen Staaten, unabhängig davon, ob es sich um Atommächte oder Nichtkernwaffenstaaten handelt. So brauchten zum Beispiel die Vereinigten Staaten die britische Solidarität in den Verhandlungen mit der Sowjetunion. Großbritannien wollte den nuklearen Verzicht der Bundesrepublik, benötigte aber gleichzeitig die deutsche Unterstützung für den Vertrag und für andere außenpolitische Ziele wie etwa das britische Beitrittsgesuch zur Europäischen Gemeinschaft. Die Regierung in Indien machte ihren nuklearen Verzicht von umfassenden Sicherheitsgarantien gegen potentielle nukleare Bedrohungen abhängig. Nichtverbreitungspolitik war als nukleare Diplomatie ein fester Bestandteil der internationalen Beziehungen und untrennbar mit verschiedenen außenpolitischen Interessen verknüpft.

Die vorliegende Arbeit konzentriert sich auf die britische Nichtverbreitungspolitik und stellt keine umfassende Studie über Großbritannien als Atommacht in den sechziger Jahren dar. Die technologische und die militärisch-strategische Seite der *nuclear history* Großbritanniens, die Entscheidung für verschiedene nukleare Waffensysteme sowie deren Entwicklung beziehungsweise Erwerb werden nur am Rande behandelt, soweit es für die Nichtverbreitungspolitik von Bedeutung ist. Das gleiche gilt für die Entwicklung der britischen Nuklearstrategie in den sechziger Jahren und die nukleare Verteidigungsplanung. Die britische Nuklearstrategie hatte als erstes nationales nukleares Verteidigungskonzept allerdings Auswirkungen auf die globale Proliferation. Daher werden die Grundlagen der Verteidigungsstrategie in die vorliegende Untersuchung miteinbezogen. Die zivile Atompolitik Großbritanniens und die Weitergabe ziviler Technologie sind ebenfalls nicht Teil dieser Untersuchung. In Großbritannien waren zwar das zivile und das militärische Atomprogramm eng miteinander verflochten, allerdings verfolgten die Briten auf dem Gebiet der zivilen Proliferation eine völlig andere Politik als im militärischen Bereich. Ein Vergleich mag zwar zunächst naheliegend erscheinen, diese Arbeit konzentriert sich aber ganz auf die spezifische Bedeutung der militärischen Proliferation in der internationalen Politik, eine Bedeutung, die die zivile Proliferation in dieser Form nie hatte. Die zivile Atomenergie spielte jedoch in der militärischen Nichtverbreitungspolitik eine bestimmte Rolle, sie wird daher auch nicht völlig ausgeklammert.

„Policy is made for the government", schreibt Walker zur Frage, welche Personen und Institutionen an der Formulierung der Nichtverbreitungspolitik in Großbritannien beteiligt waren. Die britische Regierung konnte zwar den Rat und die Meinung von technischen Experten und Wissenschaftlern einholen, die Entscheidungen waren jedoch politische Entscheidungen, die nicht auf technologischen Überlegungen beruhten.[6] Auch militärisches Kalkül hatte nicht ohne weiteres bestimmenden Einfluß auf die Nichtverbreitungspolitik, dies zeigte sich am deutlichsten an der multilateralen NATO-Streitmacht, die in allen NATO-Ländern von der militärischen Führung gleichermaßen als militärisch nutzlos betrachtet wurde. Nichtverbreitungspolitik war nukleare Diplomatie, die ausschließlich von der Regierung gemacht wurde. Die Wissenschaftler und die militärische Führung, die *Joint Chiefs of Staff*, hatten auf diesen Bereich der Atompolitik kaum Einfluß. Die Frage nach den Entscheidungsträgern innerhalb der Regierung und somit auch nach der Verteilung von Kompetenzen, Befugnissen und Gewicht soll am Ende der Arbeit rückblickend beantwortet werden. In der Untersuchung wird aber darauf geachtet, die Meinungsunterschiede innerhalb der Regierung darzustellen. Dabei sind auch Unterschiede zwischen offiziell verkündeter und tatsächlich betriebener Politik zu beachten. Häufig stimmen die Ankündigungen der Parteiprogramme und die Versprechungen aus Wahlkampfzeiten nicht mit der Politik überein, die dann tatsächlich verfolgt wird. In diesem Zusammenhang stellt sich die Frage nach dem Einfluß der öffentlichen Meinung auf diesen Bereich der Außenpolitik, ein Aspekt, der in dieser Arbeit dort berücksichtigt wird, wo der Einfluß der öffentlichen Meinung auf die britische Position in den Verhandlungen erkennbar ist und wo die öffentliche Meinung Entscheidungen der Regierung sichtbar beeinflußt hat. Die Arbeit befaßt sich allerdings nicht mit der Debatte über die Atompolitik in der britischen Öffentlichkeit. Ebenso ist auch die Geschichte der britischen Friedensbewegung nicht Teil dieser Untersuchung.

---

[6] Walker, Proliferation, S. 9. In den Vereinigten Staaten war die Situation anders. Dort hatten die Wissenschaftler über die *Atomic Energy Commission* direkten Einfluß auf den Kongreß. Dies wird besonders deutlich bei Seaborg, der durchgängig die Entscheidungsprozesse innerhalb der amerikanischen Regierung darstellt. Seaborg, Tide.

2. Forschungsstand

Bereits in den siebziger und frühen achtziger Jahren sind in Großbritannien einige Arbeiten entstanden, die einen Überblick über die ersten zwei bis drei Jahrzehnte britischer Atompolitik geben.[7] Andrew Pierre zeichnet eine Geschichte der britischen Kernwaffen von den Anfängen bis in das Jahr 1970, wobei gerade die relative Nähe zum Geschehen die Darstellung der Entscheidungsfindungsprozesse und der Verschiedenheit der darin eingeflossenen Standpunkte sehr anschaulich macht. Pierre akzentuiert besonders den Widerspruch zwischen der anglo-amerikanischen Zusammenarbeit, der britischen Abhängigkeit von dieser Zusammenarbeit und der gleichzeitigen Betonung der nationalen Unabhängigkeit der britischen Atomstreitmacht. Da die amtlichen Akten damals noch nicht freigegeben waren, arbeitete der Verfasser mit Zeitungsberichten, Memoiren und den britischen Parlamentsdebatten – wie die meisten Arbeiten aus dieser Zeit. Besonderes Interesse galt dem Teilbereich der nuklearen *special relationship*.[8] Die Anfangsphase der britischen Atompolitik, die anglo-amerikanische Zusammenarbeit während des Krieges und die selbständige Entwicklung einer britischen Bombe wurden Anfang der siebziger Jahre in der *official history* von Margaret Gowing ausführlich untersucht.[9] Diese äußerst detailgenaue Arbeit ist für das Verständnis der nuklearen Anfänge Großbritanniens unerläßlich und gilt bis heute als das Standardwerk zur frühen britischen Atompolitik.

1980 erschien in London eine breit angelegte Studie, die sich ganz auf den Nichtverbreitungsvertrag und seine Bedeutung in den internationalen Beziehungen konzentriert. Mohamed Shaker, der als Mitglied der ägyptischen Delegation an den Genfer Verhandlungen um den NPT beteiligt war, stellt die Verhandlungen in der Achtzehn-Mächte-Abrüstungskonferenz und in den Vereinten Nationen dar und gibt eine detaillierte Übersicht über die Positionen und Vorschläge aller Staaten. Die dreibändige Studie liefert eine Fülle von Einzelheiten der internationalen Verhandlungen und betrachtet den Vertrag im globalen Kontext. Damit ist Shakers Untersuchung vor allem für das Kapitel über Großbritannien und die internationalen Verhandlungen mit den Nichtkernwaffen-

---

[7] Pierre, Politics. Groom behandelt ebenfalls diesen Zeitraum, wobei in seiner Studie die öffentliche Diskussion um die Kernwaffen im Mittelpunkt steht. Groom, Thinking. Lawrence Freedmans Werk „Britain and Nuclear Weapons" konzentriert sich auf die Hintergründe der Betonung der nationalen Unabhängigkeit im Verhältnis zu den USA. Freedman, Britain. Ebenfalls in diese Kategorie gehört: Malone, Nuclear Deterrent.

[8] John Baylis' Arbeit „Anglo-American Defence Relations" gibt einen breiten Überblick über die Bedeutung der Verteidigungspolitik innerhalb der *special relationship*. Baylis, Defence Relations. Die Studie von John Simpson beschäftigt sich mit der militärischen Zusammenarbeit zwischen Großbritannien und den USA von den Anfängen der Atombombe bis zum Anfang der achtziger Jahre. Simpsons Studie konzentriert sich stark auf technologische Aspekte, wie die Entwicklung bestimmter nuklearer Waffensysteme. Simpson, Nuclear State.

[9] Gowing, Atomic Energy. Dies., Independence. Der Begriff *official history* bezeichnet eine bestimmte, in Großbritannien und in den Vereinigten Staaten übliche Form der Geschichtsschreibung. Dabei erstellen Historiker im Auftrag der britischen Regierung eine Arbeit zu einem bestimmten Thema. Die Regierung ermöglicht den Zugang zu allen Akten. Der Historiker ist aber hinsichtlich der wissenschaftlichen Ergebnisse an keinerlei Vorgaben der Regierung gebunden. Von Margaret Gowings früherer Assistentin Lorna Arnold erscheint im nächsten Jahr die Fortsetzung der *official history* der britischen Atompolitik: Arnold, Third Power.

staaten von großem Wert. Shaker unterzieht jedoch nicht einen bestimmten Staat einer zusammenhängenden Einzeluntersuchung.[10]

In den späteren achtziger Jahren erschienen auf britischer Seite einige Studien, die für dieses Thema von zentraler Bedeutung sind. 1986 entstand an der Universität Edinburgh eine Dissertation zum Thema „Britain and Nuclear Non Proliferation", die jedoch nicht veröffentlicht wurde. Der Autor, John Walker, befaßt sich mit der britischen Nichtverbreitungspolitik von 1952–1982.[11] Walker untersucht nicht nur die militärische Nichtverbreitungspolitik, sondern auch die Zusammenarbeit Großbritanniens mit anderen Staaten auf dem zivilen Sektor. Die Länge des betrachteten Zeitraums und die breite Anlage der Untersuchung ließen jedoch keine intensive Analyse zu. Die knappen Passagen über Großbritannien und den Nichtverbreitungsvertrag konnten sich nur in geringem Umfang auf Quellenmaterial stützen. Walker kommt in bezug auf den NPT zu dem Schluß, daß die zivile Proliferation die britische Nichtverbreitungspolitik beherrscht habe. Großbritannien habe große Anstrengungen darauf verwendet, zivile Atomtechnologie zu exportieren und den Nichtkernwaffenstaaten zugänglich zu machen. Ebenfalls aus dem Jahr 1986 datiert eine Studie, die die Rolle Großbritanniens in den Abrüstungsverhandlungen im Rahmen der anglo-amerikanischen Beziehungen untersucht.[12] John Freeman beginnt mit dem Teststopp-Abkommen und endet mit dem Nichtverbreitungsvertrag. Die MLF-Diskussion wird ebenfalls behandelt. Die Untersuchung von Freeman bleibt jedoch auf die *special relationship* beschränkt und setzt bei den Teststopp-Verhandlungen einen Schwerpunkt auf die wissenschaftliche Debatte um die Tests. Die abschließende Analyse der NPT-Verhandlungen, besonders die Problematik des Verhältnisses zwischen Kernwaffenstaaten und Nichtkernwaffenstaaten, fällt äußerst knapp aus. Freemans Arbeit ist obendrein zu einem Zeitpunkt erschienen, als noch keine Archivquellen zu diesem Thema zugänglich waren.

Die zweite und eigentliche Phase der intensiven Auseinandersetzung mit der britischen Atompolitik begann etwa 1990. Zu dieser Zeit wurden die ersten einschlägigen Archivalien freigegeben. Entscheidend war jedoch die Gründung des *Nuclear History Program* (NHP) im Jahre 1987. Im Rahmen dieser internationalen Projektgruppe zur Erforschung der Rolle der Kernwaffen in den Beziehungen zwischen den USA, der UdSSR und den europäischen Nationen entstanden zahlreiche Arbeiten, die den Themenkomplex erstmalig empirisch fundiert aufarbeiteten.

Ian Clark und Nicholas Wheeler beschäftigen sich mit den Anfängen der nuklearen Verteidigungsplanung 1945–1955. Martin Navias' Untersuchung „Nuclear Weapons and British Strategic Planning, 1955–58" schließt zeitlich an die Studie von Clark und Wheeler an.[13] Clark/Wheeler unterziehen das *Global Strategy Paper* (GSP), die britische Nuklearstrategie, einer Analyse. Beide Studien konzentrieren sich sehr stark auf die konkrete Bedeutung der Kernwaffen in der militärischen Verteidigungsplanung und die nukleare Strategiediskussion. Dabei geht es häufiger um Positionen der militärischen Führung

---

[10] Shaker, Non-Proliferation.

[11] Walker, Proliferation.

[12] Freeman, Arms Control.

[13] Clark/Wheeler, Nuclear Strategy. Navias, Nuclear Weapons. (NHP) (Im folgenden sind alle Studien, die im Rahmen des *Nuclear History Program* erschienen sind oder deren Verfasser im NHP mitarbeiten, mit dem Vermerk NHP gekennzeichnet.)

als um politische Entscheidungen. Erst kürzlich ist eine umfangreiche Studie über die
britische Nuklearstrategie von 1945 bis 1964 von John Baylis erschienen.[14] Baylis spannt
den Bogen von der Entstehung des Konzepts der nuklearen Abschreckung bis zum Einfluß des Nassauer Abkommens auf die nukleare Verteidigungsplanung. Baylis geht es vor
allem darum, die Unterschiede zwischen Verteidigungsplanung auf politischer Ebene einerseits und militärisch-strategischer Ebene andererseits darzulegen und die daraus resul-
tierenden Differenzen und Widersprüche in der britischen Verteidigungsstrategie aufzu-
zeigen. Die tatsächliche Strategieplanung war damit immer ein Kompromiß zwischen
strategischen Notwendigkeiten und politischen Ansprüchen.

Die Wiederaufnahme der nuklearen Zusammenarbeit zwischen Großbritannien und
den USA im Jahre 1958/59 ist mit Sicherheit der am besten erforschte Aspekt der britischen Nuklearpolitik.[15] Das neueste Werk zu diesem Thema ist die Studie „Nuclear Diplomacy and the Special Relationship" von Ian Clark.[16] Auf die aus britischer Sicht er-
folgreichste Zeit der nuklearen *special relationship* von 1957 bis 1962 beschränkt, bietet
Clark eine genaue Analyse der Wiederaufnahme der Zusammenarbeit, von der Aufgabe
des britischen *Blue-Streak*-Programms bis zum Abkommen von Nassau. Clark untersucht dabei auch die britische Politik in den Teststopp-Verhandlungen. Allerdings endet
diese Untersuchung lange vor dem Abschluß des Vertrages und bezieht die britische Politik im Hinblick auf Frankreich und die Bundesrepublik Deutschland nicht mit ein.
Clark erweitert den Blick erst in seinem letzten Kapitel auf Frankreich, in dem er auf
die britische Politik gegenüber dem französischen Atomprogramm und auf das Abkommen von Nassau eingeht. Die vorliegende Studie möchte in einigen Punkten dort an-
knüpfen, wo Clark aufhört: Wie entwickelte sich die nukleare Diplomatie infolge der
Wiederaufnahme der Zusammenarbeit mit den USA und dem Abkommen von Nassau?
Im Unterschied zu Clark konzentriert sich die vorliegende Arbeit nicht auf die *special relationship* und legt den Schwerpunkt auf die Nichtverbreitung. Eine gewisse zeitliche
Überlappung erscheint gerechtfertigt, da Clark sich im wesentlichen mit nuklearer Diplomatie in bezug auf die Entwicklung der vertikalen Proliferation befaßt und die Nichtverbreitungspolitik ein untergeordneter Aspekt ist. Die nukleare Kooperation Ende der
fünfziger Jahre ist in der vorliegenden Studie nur Teil der Hinführung zum eigentlichen
Thema. Zur britischen Teststopp-Politik ist außer Clarks Untersuchung noch keine Studie erschienen, in der die Regierungsakten berücksichtigt werden. Insofern ist eine Analyse sinnvoll, die den gesamten Zeitraum der Teststopp-Verhandlungen untersucht. Im
Hinblick auf die britische Politik gegenüber Frankreich während der EWG-Beitrittsverhandlungen und der Analyse des Nassauer Abkommens von 1962 leistet Clark wegwei-

---

[14] Baylis, Ambiguity. (NHP) Stephen Twigge untersuchte die Anfänge der Entwicklung nuklearer
Raketentechnologie in Großbritannien nicht nur vor dem Hintergrund der militärisch-strategi-
schen Planung, sondern auch im Kontext der internationalen Politik. Twigge, Guided Weapons.
(NHP) Von Stephen Twigge und Len Scott erscheint 2000 eine Arbeit, die sich mit der Frage der
Kontrolle und Entscheidungsbefugnis über den Einsatz der britischen Kernwaffen beschäftigt.
Twigge/Scott, Armageddon.

[15] Die Dissertation von Jan Melissen über der Anfänge der nuklearen Kooperation im Zeichen von
Suez und Sputnik war als Basis für die entsprechende Darstellung in dieser Arbeit besonders wertvoll, zumal Melissen auch die britische Politik gegenüber Frankreich vor dem Hintergrund der anglo-amerikanischen Zusammenarbeit miteinbezieht. Melissen, Struggle. (NHP) Ebenfalls eines der
neueren Werke ist: Botti, Long Wait. Diese Arbeit behandelt den Zeitraum von 1945–1958.

[16] Clark, Diplomacy. (NIIP)

sende Arbeit. In diesem Punkt kann die vorliegende Arbeit nur als Ergänzung betrachtet werden, die freilich einige andere Akzente setzt.

Die Arbeit „Britain, Germany and Western Nuclear Strategy" von Christoph Bluth unternimmt einen Vergleich der Atompolitik und der Bedeutung der nuklearen Frage in den deutsch-englischen Beziehungen.[17] Bluth behandelt den Zeitraum vom Ende des Zweiten Weltkrieges bis in die unmittelbare Gegenwart. Er untersucht die Unterschiede zwischen britischer und deutscher MLF-Politik und behandelt auch die Interessengegensätze hinsichtlich des NPT. Bluth geht hier vor allem auf die ablehnende Haltung der Bundesregierung ein. Diese Arbeit bezieht sich in ihrer Darstellung der britischen Haltung in der Nichtverbreitungspolitik im wesentlichen auf die Studie von Freeman. Da Bluths Arbeit als Überblicksdarstellung angelegt ist, kann er den Nichtverbreitungsvertrag nur kurz skizzieren. Bluth kommt zu dem Schluß, daß sich Ende der sechziger Jahre nach dem Abschluß des NPT die Interessengegensätze zwischen der Bundesrepublik und Großbritannien verminderten, was sich in der intensiven Zusammenarbeit im Rahmen der nuklearen Planungsgruppe verdeutlicht habe.

In Frankreich begann die Auseinandersetzung mit dem Themenkomplex der Atompolitik in den internationalen Beziehungen erst im Rahmen des Nuclear History Program ab 1987. Eine Ausnahme stellt nur die Monographie „Le Complexe Atomique" von Bertrand Goldschmidt dar.[18] Bereits 1980 erschienen, gilt diese Studie immer noch als ein Standardwerk zur französischen Atompolitik, zumal die jüngeren französischen Forschungsergebnisse nahezu ausschließlich in Form von Aufsätzen und Aufsatzsammlungen publiziert wurden.[19] Die französische Forschung setzte die Schwerpunkte bisher auf die Untersuchung der französischen Haltung zur MLF und der Pläne zur trilateralen nuklearen Kooperation zwischen Frankreich, der Bundesrepublik und Italien 1956–58.[20] In diesem Zusammenhang ist auch die Studie von Georges-Henri Soutou über die politisch-strategischen Beziehungen zwischen Frankreich und der Bundesrepublik von Bedeutung.[21] Soutou behandelt jedoch nicht nur die nukleare Frage in den deutsch-französischen Beziehungen zwischen 1954 und 1996, sondern Strategiefragen im europäischen Kontext. Die Aufsätze von Soutou über die Nuklearpolitik der Vierten Republik und von Maurice Vaisse über die nuklearen Anfänge Frankreichs sind für die Darstellung der französischen Atompolitik relevant und ermöglichen den Vergleich zwischen der britischen und der französischen Nichtverbreitungspolitik.[22]

Auf amerikanischer Seite gibt es eine Reihe von Arbeiten zur Atompolitik in den internationalen Beziehungen, davon sind allerdings nur wenige im Rahmen des NHP erschienen.[23] Quester analysiert in seiner 1970 veröffentlichten Studie in essayartiger Form die

---

[17] Bluth, Britain. (NHP)
[18] Goldschmidt, Complexe Atomique. Allerdings sind in den USA und Großbritannien bereits in den siebziger Jahren Arbeiten zur französischen Atompolitik erschienen: Mendl, Deterrence sowie Kohl, Diplomacy.
[19] Eine Ausnahme bildet nur die Monographie von Frédéric Bozo über die französische NATO-Politik: Bozo, France. (NHP)
[20] Barbier, Force Multilatérale. (NHP) Dies., Débat. Dies., Négotiations. Soutou, Accords. (NHP)
[21] Soutou, Alliance.
[22] Vaisse, Außen- und Verteidigungspolitik. Soutou, Nuklearpolitik.
[23] Von den amerikanischen NHP-Studien steht nur die Studie „History and Strategy" von Marc Trachtenberg mit der vorliegenden Arbeit in thematischem Zusammenhang. Trachtenberg behandelt unter anderem die Berlin-Krise und die Kuba-Krise, die Arbeit geht jedoch zeitlich nicht

Nichtverbreitungspolitik der Atommächte und der wichtigsten Schlüsselstaaten wie Indien, Israel oder die Bundesrepublik Deutschland im Zusammenhang mit dem Nichtverbreitungsvertrag.[24] Quester zeigt auch die spezifischen Hintergründe und Probleme der
einzelnen Staaten auf und stellt Optionen und mögliche Wege für die Zukunft zur Diskussion. Ende der achtziger und Anfang der neunziger Jahre haben vor allem Zeitzeugen
in den Vereinigten Staaten umfassende wissenschaftliche Arbeiten zur Abrüstungs- und
Nichtverbreitungspolitik veröffentlicht. Richard Hewlett, ehemaliger Mitarbeiter der
amerikanischen Atomenergiebehörde (*Atomic Energy Commission*, kurz AEC), und
Jack Holl untersuchen in ihrem Werk über die Zusammenarbeit zwischen AEC und der
Eisenhower-Regierung auch die Teststopp-Politik Eisenhowers mit besonderem Blick
auf die unterschiedlichen Interessen innerhalb der amerikanischen Regierung.[25] Glenn
Seaborg hat eine ausführliche Geschichte der Teststopp-Verhandlungen vorgelegt.[26]
Während die Darstellung von Hewlett und Holl mit dem Ende von Eisenhowers Amtszeit abbricht, liegt bei Seaborg der Schwerpunkt auf der zweiten Hälfte der Teststopp-
Verhandlungen (1961–1963). Seaborg war als Vorsitzender der *Atomic Energy Commission* unmittelbar am Geschehen beteiligt. Er nimmt zwar häufig Bezug auf die anglo-
amerikanische Koordination im Rahmen der Verhandlungen mit der Sowjetunion, hat
aber selbstverständlich keinen Einblick in die Entscheidungsprozesse und Positionen innerhalb der britischen Regierung. Das Buch „Stemming the Tide", eine minutiöse Studie
über die Verhandlungen um den Nichtverbreitungsvertrag aus amerikanischer Sicht,
stammt ebenfalls von Glenn Seaborg.[27] Er behandelt in dieser Geschichte der amerikanisch-sowjetischen Abrüstungsverhandlungen der sechziger Jahre den Komplex MLF
und NPT-Politik ausführlich und konzentriert sich dabei auf die Darstellung der Entscheidungsfindungsprozesse innerhalb der amerikanischen Regierung.

George Bunn, als Mitarbeiter der amerikanischen Abrüstungsbehörde wie Seaborg an
den Verhandlungen beteiligt, veröffentlichte 1992 eine Studie über die Abrüstungsverhandlungen mit der Sowjetunion, die vom Teststopp-Abkommen bis zu den INF-Verträ-
gen reicht.[28] Bunns Kapitel über den Nichtverbreitungsvertrag konzentriert sich auf die
Darstellung der Verhandlungen mit der sowjetischen Delegation in Genf, an denen er
selbst beteiligt war. Er kommt dabei zu dem Schluß, daß vor der Kuba-Krise die Zeit für
ein Abkommen mit der Sowjetunion noch nicht reif gewesen sei und die MLF schließlich
lange Zeit das entscheidende Hindernis in den Verhandlungen um den Nichtverbreitungsvertrag dargestellt habe. Sowohl Bunns als auch Seaborgs Studien sind nicht nur „Erinne-

---

über das Jahr 1962 hinaus. Trachtenberg, History. John Steinbrunners Arbeit aus dem Jahr 1974
beinhaltet eine Analyse des Entscheidungsverhaltens und der unterschiedlichen Perzeption von
Sachverhalten der verschiedenen Mitglieder und Ministerien in der amerikanischen Regierung.
Die MLF-Politik dient in dieser Studie als Fallbeispiel für ein bestimmtes Modell des politischen
Entscheidungsfindungsprozesses. Steinbrunner, Theory. Schwartz gibt einen Überblick über die
nuklearen Probleme innerhalb der NATO. Schwartz, Nuclear Dilemmas. Clausen behandelt die
amerikanische Nichtverbreitungspolitik von den Anfängen bis in die siebziger Jahre. Clausen,
Non-Proliferation.

[24] Quester, Politics. George Quester gehört dem *Coordinating Committee* des NHP als Co-Direktor
an.

[25] Hewlett/Holl, Atoms.

[26] Seaborg, Kennedy.

[27] Seaborg, Tide.

[28] Bunn, Arms Control.

rungen". Beide greifen auf eine Vielzahl von Quellen zurück, darunter auch die entsprechenden amerikanischen Archivquellen. McGeorge Bundy, Sicherheitsberater von Präsident Kennedy und Johnson, veröffentlichte 1988 eine Überblicksdarstellung zur Geschichte der Kernwaffen.[29] Er behandelt die nationalen Atomprogramme Großbritanniens und Frankreichs und die amerikanische Nichtverbreitungspolitik gegenüber den europäischen Atommächten sowie gegenüber der Bundesrepublik Deutschland ausführlich.

In der Bundesrepublik Deutschland ist in den siebziger Jahren begonnen worden, die Nichtverbreitungspolitik in den internationalen Beziehungen zu erforschen.[30] Eine intensive Untersuchung des Themenbereiches setzte allerdings erst Anfang der neunziger Jahre ein. In jüngster Zeit sind mehrere Arbeiten erschienen, die sich mit der Diskussion um die nukleare Beteiligung innerhalb der NATO und die deutsche Haltung zum Nichtverbreitungsvertrag befassen. Christoph Hoppe behandelt die Entwicklung des MLF-Projektes von 1959 bis 1966, wobei die Untersuchung mit einer Analyse der innenpolitischen Diskussion der MLF in der Bundesrepublik Deutschland verknüpft ist.[31] Hoppe stellt die Geschichte der MLF minutiös dar, aber dem britischen Alternativvorschlag, der ANF, sind nur wenige Seiten gewidmet. Matthias Küntzel behandelt ebenfalls die MLF, geht aber zeitlich über die Studie von Hoppe hinaus.[32] Er beschreibt detailgenau die deutsch-amerikanischen Verhandlungen um den Nichtverbreitungsvertrag, die in eine Darstellung der amerikanisch-sowjetischen Verhandlungen eingebettet sind. Eine interessante Kontroverse zwischen Küntzel und Hoppe ergibt sich in der Beurteilung der deutschen nuklearen Ambitionen. Während Küntzel überzeugt ist, daß zumindest Teile der Bundesregierung Ambitionen auf ein nationales Atomprogramm nur höchst widerwillig aufgaben, geht Hoppe davon aus, daß die deutsche Regierung keine nationale Kontrolle über Kernwaffen angestrebt habe.

Helga Haftendorns Arbeit über die NATO-Krise von 1966/67 enthält eine Analyse der nuklearen Dilemmas der westlichen Allianz. Haftendorn geht davon aus, daß MLF, Nichtverbreitungsvertrag und nukleare Planungsgruppe als eine wesentliche Ursache der NATO-Krise anzusehen seien.[33] Aufstieg und Fall der MLF sind ebenso ausführlich dargestellt wie die bundesdeutsche Politik gegenüber dem Nichtverbreitungsvertrag. Als weitere Ursachen der Krise behandelt Haftendorn die Annahme der *flexible response* als neue Verteidigungsstrategie sowie die Streitkräfteplanung. Das Kapitel über die Streitkräfteplanung untersucht erstmals die *Off-Set*-Verhandlungen zwischen der Bundesrepublik Deutschland, Großbritannien und den USA. Haftendorn kommt zu dem Ergebnis, daß eine rasche Beilegung der NATO-Krise im wesentlichen durch das gemeinsame Interesse der Mitgliedstaaten am Zusammenhalt des Bündnisses und das weiterhin bestehende Schutzbedürfnis vor der nuklearen Bedrohung ermöglicht wurde.

In der großen Adenauer-Biographie aus der Feder von Hans-Peter Schwarz nehmen die Frage der nuklearen Mitsprache und die Haltung der Bundesregierung zum Atom-

---

[29] Bundy, Danger. An dieser Stelle sei auch die Arbeit von John Newhouse „War and Peace in the Nuclear Age" genannt. Newhouse, der in den sechziger Jahren Mitglied des außenpolitischen Ausschusses des amerikanischen Senats war, veröffentlichte ebenfalls eine Überblicksdarstellung über das Atomzeitalter. Newhouse, War. Eine deutsche Ausgabe erschien 1990: Newhouse, Krieg.
[30] Mahnke, Mitwirkung; Kohler, Vertrag.
[31] Hoppe, Teilhabe. (NHP)
[32] Küntzel, Bonn. (NHP)
[33] Haftendorn, Kernwaffen. (NHP)

waffensperrvertrag breiten Raum ein.[34] Schwarz hat sich zudem speziell mit der Atompolitik Adenauers in einem Aufsatz befaßt.[35] Er widmet sich dem Stellenwert der Kernwaffenfragen im Gesamtkontext von Adenauers Außen- und Innenpolitik und untersucht die Grundlinien der Adenauerschen Atompolitik exemplarisch an einigen speziellen Fragen wie u. a. dem Offenhalten der nuklearen Option. Schwarz kommt zu dem Schluß, daß Adenauer die Grenzen, die einem bundesdeutschen Staatsmann durch die internationalen Rahmenbedingungen auf diesem Gebiet gesetzt waren, klar erkannt habe.

Zusammenfassend läßt sich somit zum Forschungsstand folgendes festhalten. Die amerikanische Nichtverbreitungspolitik der sechziger Jahre ist bereits durch einige Arbeiten gut erforscht. Dies läßt sich ebenso für die deutsche Politik zur multilateralen Atomstreitmacht und zum NPT sagen. In der Bundesrepublik Deutschland wurde die gesamte Atompolitik von der Frage nach der nuklearen Mitsprache bzw. einem offiziellen Verzicht dominiert. So ist es nicht verwunderlich, daß auch dieser Frage das erste Interesse der Forschung galt. In Deutschland kamen entscheidende Impulse durch das NHP, das eine Vielzahl von Studien initiierte. Auch in Großbritannien und Frankreich wurde die Forschung durch das NHP entscheidend vorangebracht; die Nichtverbreitungspolitik spielte dabei allerdings keine zentrale Rolle. Die vorliegende Arbeit möchte diese Lücke schließen.

3. Quellenlage

Bei der Untersuchung dieses Themas kann man zunächst auf eine Vielzahl von Memoiren zurückgreifen. Neben den Erinnerungen des konservativen Premierministers Macmillan sind auch Memoiren von Mitgliedern der Labour-Regierung erschienen.[36] Die Veröffentlichungen von Premierminister Wilson, Außenminister Stewart und Verteidigungsminister Healey liefern interessante Details und viel Hintergrundinformation. Die grundsätzliche quellenkritische Skepsis gegenüber Memoiren wird durch die Tatsache bestätigt, daß vielfach die Darstellung bestimmter Teilaspekte nicht mit dem Bild übereinstimmt, das die archivalischen Quellen vermitteln. Manche Behauptungen halten einer kritischen Analyse nicht stand. Dies gilt für die Macmillan-Memoiren im gleichen Maß wie für die Veröffentlichungen der Labour-Politiker.

Die britischen Parlamentsdebatten der Jahre 1945–1970 spiegeln die Politik wider, soweit sie der Öffentlichkeit präsentiert wurde, und geben nicht ohne weiteres Einblick in regierungsinterne Dispute oder gar streng geheime Positionen. Sie sind zudem natürlich von partei- und wahltaktischen Überlegungen geprägt. Gleichwohl waren die Protokolle eine hilfreiche Ergänzung der Quellenbasis, zumal sich hier Widersprüche zwischen der offiziell proklamierten und der tatsächlich vertretenen Politik aufzeigen lassen.

Auf amerikanischer Seite ist das in der Serie *Foreign Relations of the United States* (FRUS) veröffentlichte Aktenmaterial von hohem Wert. In dieser Dokumentenreihe

---

[34] Schwarz, Adenauer. Hans-Peter Schwarz gehört dem *Coordinating Committee* des NHP an.
[35] Schwarz, Kernwaffen.
[36] Macmillan, Storm. Ders., Way. Ders., End. Wilson, Government. Healey, Time. Stewart, Life. Die Memoiren von Anthony Eden, Lord Home, George Brown, Patrick Gordon Walker und Harold Watkinson waren weniger ergiebig, seien hier aber der Vollständigkeit halber genannt: Eden, Circle; Home, Wind; Brown, Way; Walker, Diaries sowie Watkinson, Points.

wird, nach Themengebieten geordnet, in chronologischer Serie eine Auswahl amerikanischer Regierungsakten veröffentlicht. Die Materialfülle und sicherheitspolitische Auflagen zwingen die für die Edition verantwortliche Regierungskommission, äußerst selektiv vorzugehen, so daß die entsprechenden Bände nur einen Teil des zu einem bestimmten Zeitraum und Thema vorhandenen Materials enthalten. Das deutsche Gegenstück zur FRUS-Reihe stellen die AAPD dar, die vom Institut für Zeitgeschichte im Auftrag des Auswärtigen Amtes herausgegeben werden.

Die Protokolle der Achtzehn-Mächte-Abrüstungskonferenz in Genf sowie die dort vorgelegten Dokumente sind für die Rekonstruktion der internationalen Verhandlungen unerläßlich, vor allem da aus den späteren Jahren die britischen Archivquellen noch nicht zugänglich sind. Die Reden sind zwar zum Teil von der üblichen Ost-West-Propaganda geprägt, erlauben jedoch einen Überblick über die verschiedenen Initiativen einzelner Staaten und die Art ihres Engagements für einen Nichtverbreitungsvertrag.

Die britischen Regierungsakten im Public Record Office, Kew, sind generell erst nach einer Sperrfrist von 30 Jahren einsehbar. Sie bilden – bis einschließlich 1967 – das empirische Fundament dieser Arbeit. Zwar bleibt das Jahr 1968 als Archivlücke in der Quellenbasis bestehen, aber die Jahre 1964 bis 1967 waren in den Verhandlungen um den Nichtverbreitungsvertrag entscheidend. In diesen Zeitraum fällt die Diskussion um die multilaterale Atomstreitmacht, das zähe Ringen mit der Sowjetunion um die zentralen Artikel des Vertragstextes sowie ein Großteil der Verhandlungen mit den Nichtkernwaffenstaaten. Außerdem ist das amerikanische Quellenmaterial der Jahre 1967–1968 bereits zugänglich, so daß dieser Zeitraum von amerikanischer Seite abgedeckt ist. Die amerikanischen Quellen offenbaren und dokumentieren häufig auch britische Positionen, das gilt insbesondere für die Verhandlungen um die Sicherheitsgarantien, den Kontrollartikel sowie für das britische Beitrittsgesuch zur Europäischen Gemeinschaft.

Im Public Record Office waren die Akten des Foreign Office (FO) und des Premierministers (PREM) von besonderer Bedeutung. Die PREM-Bestände enthalten Akten über die Themen, die auf höchster Regierungsebene behandelt wurden. Die Akten des Premierministers geben grundsätzlich einen Einblick darüber, mit welchen Fragen und Aspekten der Atompolitik der Premierminister selbst befaßt war und wo er selbst in die Politik eingriff. Gleichzeitig ist auch der Umkehrschluß zulässig: die Themen, die in den Akten der PREM-Bestände nicht zu finden sind, blieben auf die ministerielle Ebene beschränkt. Eine vergleichende Betrachtung der PREM-Akten und der Akten des Foreign Office verdeutlicht dies. Die PREM-Bestände beinhalten den gesamten Schriftverkehr des Premierministers und schließen auch die Korrespondenz der führenden Kabinettsmitglieder mit ein. Des weiteren befinden sich dort die Gesprächsprotokolle, die bei Treffen mit ausländischen Regierungsvertretern angefertigt wurden. Die PREM-Bestände der Jahre 1957–63 enthalten eine Fülle von Dokumenten, die sich direkt auf die Teststopp-Verhandlungen beziehen. Auch die nukleare Kooperation mit Frankreich wurde auf höchster Regierungsebene ausführlich erörtert. Für die Jahre 1962–66 gibt es jedes Jahr eine Vielzahl von Beständen zur MLF/ANF-Thematik und zu den internationalen Abrüstungsverhandlungen.

Die FO-Bestände umfassen das gesamte Aktenmaterial des Foreign Office. Dabei sind sowohl die Dokumente der ministeriellen Ebene enthalten als auch die Memoranden und der Schriftverkehr der Beamtenebene. Gleichzeitig findet sich dort in großem Umfang interministerielle Korrespondenz sowie die Korrespondenz des Foreign Office mit den

Auslandsvertretungen. Dies hat zur Folge, daß die FO-Bestände äußerst umfangreich sind und eine Flut von unwichtigem Material von wenigen interessanten Akten zu trennen ist. So sind zum Beispiel in den Jahren 1964–1966 eine Vielzahl von Beständen unter den Titeln *Test Ban, UN-Negotiations, Non-Dissemination* oder *Non-Dissemination Treaty* aufgeführt. Gerade diese Bestände sind zu einer genauen Analyse der britischen Politik in den Genfer Verhandlungen von außerordentlichem Wert, da darin Entscheidungen und Meinungsverschiedenheiten sowie verschiedene Vorschläge des Foreign Office ausführlich dokumentiert sind. Die Akten des Foreign Office offenbaren, wo die Verhandlungen koordiniert wurden und wer welche Entscheidungen traf. Die Korrespondenz mit der britischen Delegation in Genf vermittelt einen genaues Bild über die britische Taktik gegenüber den USA und den westlichen Verbündeten in Genf.

In den Beständen des Verteidigungsministeriums (DEFE) finden sich nicht nur Dokumente über die MLF, sondern auch über die Atomtests, zur NATO-Verteidigungsplanung sowie zur bilateralen Zusammenarbeit und zur Nichtverbreitungspolitik, um hier nur die wichtigsten zu nennen. Allerdings werden gerade im Verteidigungsbereich viele Dokumente länger als 30 Jahre unter Verschluß gehalten. Davon betroffen ist hauptsächlich Material, das sich auf militärische Planung, Verteidigungskonzepte und Einsatz von Kernwaffen bezieht, aber auch auf die Zusammenarbeit mit anderen Staaten und die multilaterale Atomstreitmacht. Die Bestände des Verteidigungsministeriums waren daher leider wenig ergiebig.

Neben den Akten der entsprechenden Ministerien waren die Kabinettssitzungen und die Vorlagen der jeweiligen Minister, die in einer eigenen Reihe (CAB) verzeichnet sind, aufschlußreich. Die Memoranden sind insofern nützlich, als sie ein bestimmtes Thema möglichst umfassend aber knapp darstellen und die wesentlichen Fragen klar auf den Punkt bringen.

In den Vereinigten Staaten werden alle Akten, die einem Präsidenten vorlagen bzw. während dessen Amtszeit im Weißen Haus zirkulierten, in einer entsprechenden *Presidential Library* aufbewahrt. Diese *Presidential Library* befindet sich meist in der Geburtsstadt des jeweiligen Präsidenten. Die Akten aus der Regierungszeit von Präsident Johnson (1964–1969) lagern in der Lyndon Baines Johnson Library in Austin, Texas. Die Akten der einzelnen Ministerien befinden sich dagegen in den National Archives in Washington, D.C. Diese Form der Archivierung führt dazu, daß sich der Materialbestand zwischen den National Archives und den verschiedenen *Presidential Libraries* sehr stark überschneidet. Aus diesem Grund wurde schließlich auch auf die Einsicht der Dokumente der Kennedy-Library verzichtet, vor allem da diese Zeit über die FRUS-Reihe schon sehr gut erschlossen ist. In der Johnson-Library waren der *Confidential File* sowie die *National Security Files* für diesen Themenbereich maßgebend. Der *Confidential File* umfaßt alle Papiere des Weißen Hauses, die die nationale Sicherheit betrafen. Die *National Security Files* (NSF) beinhalten alle Akten, die den Sicherheitsberatern des Präsidenten vorlagen. Im *Country File* des NSF finden sich Dokumente zu allen sicherheitspolitischen Fragen, die im weitesten Sinn mit Großbritannien zu tun hatten. Der *Subject File* des NSF beinhaltet die Themen *Non-Proliferation Treaty* und *Multilateral Force*. Dort finden sich ganz unterschiedliche Dokumente wie zum Beispiel Memoranden des Außenministeriums und der Abrüstungsbehörde, Korrespondenz zwischen dem State Department und der amerikanischen Delegation bei den Genfer Verhandlungen sowie den Auslandsvertretungen oder Protokolle von Arbeitstreffen.

In den NA sind die Akten des State Departments (*Record Group* 59) von Bedeutung. Aus der Fülle dieser Akten waren die Reihen *Central Decimal File* und *Central Foreign Policy File* besonders relevant. Letzterer enthält einen umfangreichen Bestand an Akten, die Großbritannien und verteidigungspolitische Fragen betreffen. Darin befinden sich unter anderem die Kommunikation zwischen dem State Department und dem Foreign Office sowie verschiedene Dokumente des State Departments, die die britische Atompolitik aus amerikanischer Sicht beurteilen. In den Vereinigten Staaten gilt zwar keine generelle Sperrfrist von 30 Jahren, allerdings werden verschiedentlich Dokumente oder Teile von Dokumenten aus den Beständen entfernt oder geschwärzt. Dies gilt vor allem für den militärischen Bereich. Somit geben die Dokumente auch auf amerikanischer Seite noch kein vollständiges Bild.

Unter den privaten Archiven stellt das National Security Archive (NSA) in Washington D. C. eine reiche Fundgrube für Dokumente zur Atompolitik dar. Das National Security Archive hat es sich zur Aufgabe gemacht, gezielt die Verteidigungs- und Sicherheitspolitik der Vereinigten Staaten zu recherchieren und in diesem Zusammenhang vor allem Deklassifizierungsverfahren für Dokumente einzuleiten, die bisher aus sicherheitspolitischen Erwägungen zurückgehalten wurden. Das NSA erstellt zu unterschiedlichen Themen Dokumentensammlungen auf Microfiches, damit an den Universitätsbibliotheken mit Archivmaterial gearbeitet werden kann. Vor kurzem erschien eine Dokumentensammlung mit dem Titel „Nukleare Nichtverbreitung 1945–1990". Diese Sammlung umfaßt etwa 2700 Dokumente aus verschiedenen amerikanischen Archiven, die erst kürzlich deklassifiziert wurden. Daneben war es möglich, auch die allerneuesten Materialien des NSA einzusehen, die noch nicht bearbeitet und verfilmt sind.

Aus dem Politischen Archiv des Auswärtigen Amtes in Bonn wurden die Bestände benutzt, die Fragen der Abrüstung und der Beziehungen zu Großbritannien betreffen. Aufgrund der geltenden Sperrfrist war eine Akteneinsicht bis einschließlich 1966 möglich. Die Berichte verschiedener deutscher Auslandsvertretungen und die Eindrücke der deutschen Delegation in Genf, die dort Beobachterstatus hatte, vermitteln wesentliche Details über die Positionen und Initiativen verschiedener Nichtkernwaffenstaaten sowie der westlichen Atommächte Großbritannien und USA. Besonders interessant waren auch verschiedene Memoranden zur Person von Premierminister Wilson und zur britischen Nichtverbreitungspolitik gegenüber Deutschland, die anläßlich des Wilson-Besuchs im Mai 1966 erstellt wurden.

Ich habe Interviews mit Zeitzeugen geführt, dann aber darauf verzichtet, diese als Ergänzung zu den schriftlichen Dokumenten in der vorliegenden Arbeit zu verwenden. Einige Zeitzeugen waren zu einem Gespräch über die Thematik grundsätzlich nicht bereit. Bei den durchgeführten Interviews zeigte sich in allen Fällen, daß das Erinnerungsvermögen selektiv und von späteren Ereignissen beeinflußt ist. In einem Fall förderte ein Vergleich der Dokumente, die der Zeitzeuge abgezeichnet hatte, und der im Interview gemachten Aussagen frappierende Erinnerungslücken zutage. Von den selbst durchgeführten Interviews sind die *Oral History Collections* der *Presidential Libraries* abzugrenzen. Die meisten *Presidential Libraries* verfügen über eine sehr umfangreiche Interviewsammlung, in der bedeutende Zeitzeugen, Regierungsmitglieder, Kongreßabgeordnete, Journalisten, Freunde des Präsidenten usw. mit relativ geringem zeitlichen Abstand zum Geschehen und nicht speziell auf eine bestimmte Thematik bezogen befragt wurden. Die Interviews, die in schriftlicher Form vorliegen, sind allerdings ebenfalls nur von begrenztem Wert, da stets mehrere Themenbereiche angeschnitten, aber die Zeitzeugen zu keinem Thema ausführlich befragt wurden.

Als Fazit läßt sich sagen, daß bei der Bearbeitung des Themas auf eine breite Quellenbasis zurückgegriffen werden konnte. Die Akten des Public Record Office bilden ein ausgezeichnetes Fundament, weil bei den Beständen des Foreign Office und des Premierministers nur in geringem Umfang Dokumente länger als 30 Jahre unter Verschluß gehalten werden. Da es sich um ein Thema aus dem Bereich der internationalen Beziehungen handelt, ist man zudem nicht nur auf britische Quellen angewiesen. Amerikanisches und westdeutsches Quellenmaterial ermöglichen es, das Thema von verschiedenen Blickwinkeln her zu untersuchen und ein differenziertes Gesamtbild zu gewinnen. Die nichtbritischen Bestände dokumentieren nicht nur die aus Bedeutung und Interesse gewonnenen Informationen zur britischen Nichtverbreitungspolitik, sie enthalten auch sehr ausführliche Bewertungen der britischen Position. Dagegen fällt die Unergiebigkeit der Zeitzeugenbefragung kaum ins Gewicht. Bei der historischen Aufarbeitung der britischen Atompolitik muß jedoch berücksichtigt werden, daß für den Bereich der nuklearen Verteidigungsplanung Teile der britischen Quellen unzugänglich sind und dies in absehbarer Zeit wohl auch bleiben werden.

I. Großbritannien und die Anfänge der internationalen Nichtverbreitungspolitik nach 1945

1. Großbritannien wird Atommacht

Am Ende des Zweiten Weltkrieges sahen sich die Vereinigten Staaten im Besitz eines Monopols auf dem Gebiet der Kernwaffen. Diese Situation warf 1945 die Frage auf, wie mit diesem Monopol über die neuartigen Waffen von bisher unvorstellbarer Zerstörungskraft umgegangen werden sollte. Angesichts des wachsenden Mißtrauens hinsichtlich der Ziele der Sowjetregierung schien es wünschenswert zu verhindern, daß die Sowjetunion ebenfalls Atomwaffen entwickelte. Unabhängig davon mußte die zukünftige Form der Zusammenarbeit mit Großbritannien geregelt werden. Großbritannien hatte nach dem Beschluß der Churchill-Regierung aus dem Jahre 1941, eine Atombombe zu entwickeln, das britische Atomprogramm in das amerikanische *Manhattan Project* integriert. Die vertraglichen Bestimmungen beider Staaten sahen eine weitere Zusammenarbeit nach Kriegsende vor. Die britische Regierung mußte ihrerseits einen Beschluß fassen, in welcher Form das britische Atomprogramm fortgesetzt werden sollte, was im wesentlichen eine Entscheidung der Frage bedeutete, ob Großbritannien nach Kriegsende noch eigene Atomwaffen entwickeln sollte.

Vor allem im amerikanischen Kongreß bestand der Wille, das zu einem Mythos stilisierte Geheimnis um die Bombe als amerikanisches Monopol zu bewahren. Da es aber sehr wahrscheinlich nur eine Frage der Zeit sein konnte, bis andere Nationen mit dem Bau von Atombomben folgen würden, befürwortete eine Mehrheit innerhalb der amerikanischen Regierung die Übergabe des amerikanischen Monopols in internationalen Besitz. Die USA präsentierten einen entsprechenden Plan im Juni 1946 in den Vereinten Nationen. Der Plan war nach dem amerikanischen Unterhändler bei den Vereinten Nationen, Bernard Baruch, benannt worden. Er stellte den ersten Versuch dar, die Weiterverbreitung von Kernwaffen durch ein internationales Abkommen zu unterbinden.

Die amerikanische Konzeption umfaßte die Gründung einer internationalen *Atomic Development Authority*, die weltweit im Besitz aller nuklearen Anlagen sein und alle nuklearen Aktivitäten kontrollieren sollte. Als zweiter Schritt war die Vernichtung aller existierenden Kernwaffen vorgesehen. Die Kreml-Führung betrachtete den Plan als Versuch, die Sowjetunion dauerhaft in einer untergeordneten Position zu halten.[1] Da der Plan einen rigiden Sanktionsmechanismus im Falle von Vertragsverletzungen beinhaltete, machte er die ohnehin geringen Chancen auf einen positiven Ausgang der Verhandlungen zunichte. Moskau mußte die Sanktionen als eine direkte Bedrohung der nationalen Sicherheit empfinden. Gowing berichtet, daß selbst den britischen Vertretern Zweifel an der

---

[1] Strode, Soviet Policy, S. 7.

Aufrichtigkeit der US-Initiative gekommen seien.[2] Der Baruch-Plan wurde zwar noch bis Anfang der fünfziger Jahre in den Vereinten Nationen diskutiert, sein Schicksal war jedoch mit der sowjetischen Ablehnung im Sommer 1946 besiegelt. Die Position der Befürworter eines amerikanischen Kernwaffenmonopols wurde nachhaltig gestärkt. Die Briten hatten die amerikanische Initiative ohne Begeisterung unterstützt. In Großbritannien sah man die amerikanischen Kernwaffen nicht als Bedrohung, sondern als Schutz und hielt nichts davon, diese Waffen der Kontrolle einer internationalen Behörde zu unterstellen.[3]

Die amerikanische Regierung mußte nach Kriegsende nicht nur das Problem der internationalen Kontrolle von Kernwaffen lösen, auch die nationale Kontrolle mußte neu geregelt werden. Zu Kriegszeiten hatte die militärische Führung das gesamte Atomenergieprogramm kontrolliert. Dies sollte nun jedoch einer zivilen Behörde unterstellt werden. Zu diesem Zweck erarbeitete ein Komitee unter dem Vorsitz von Senator Brian McMahon eine entsprechende Gesetzesvorlage, den *Atomic-Energy-Act*. Das Gesetz, das Anfang August 1946 in Kraft trat, verbot jegliche Zusammenarbeit mit anderen Staaten. Über das gesamte Gebiet der Kernenergie wurde absolute Geheimhaltung verhängt.[4] Die Kräfte, die glaubten, das amerikanische Monopol mit einer restriktiven Gesetzgebung bewahren zu können, hatten sich durchgesetzt.

Für Großbritannien stellte der *Atomic-Energy-Act* oder *McMahon-Act* einen schweren Schlag dar. Die vertraglichen Bestimmungen aus den letzten Kriegsjahren hatten eine Fortsetzung der anglo-amerikanischen Kooperation in der Entwicklung von Kernwaffen auch nach dem Krieg vorgesehen. Entgegen diesen Vereinbarungen war mit dem *Atomic-Energy-Act* die intensive Zusammenarbeit der beiden Nationen nahezu vollständig zum Erliegen gekommen.[5] Premierminister Attlee hatte in einem Briefwechsel mit Präsident Truman noch versucht, den drohenden Abbruch der nuklearen Zusammenarbeit zu verhindern.[6] Tatsächlich konnte die britische Regierung in dieser Zeit ihre nuklearen Interessen in Washington aber nicht vertreten. In den USA standen nicht nur die Befürworter eines amerikanischen Monopols, sondern auch diejenigen, die eine internationale Kontrolle der Atomenergie forderten, einer Kooperation mit Großbritannien ablehnend gegenüber, da dies als Proliferation und einem internationalen Abkommen möglicherweise hinderlich btrachtet wurde.

Der *McMahon-Act* bewirkte jedoch genau das Gegenteil dessen, was die Monopolisten in den USA erreichen wollten. Die restriktive Gesetzgebung wurde zum direkten Anstoß für die Labour-Regierung, das eigene Atomforschungsprogamm energisch voranzutreiben. Nach Kriegsende stand außer Frage, daß Großbritannien an der Entwicklung der Atombombe weiterarbeitete. Eine Aufgabe der Atomforschung kam für die britische Regierung nicht in Frage. Man war jedoch in London von einem anglo-amerikanischen Ge-

---

[2] Gowing, Independence, S. 90.
[3] Ebenda, S. 90.
[4] Die Darstellung von Donnelly, wonach der *Atomic-Energy-Act* erst als direkte Reaktion auf das Scheitern des Baruch-Plans entwickelt wurde, ist unzutreffend. Donnelly, Congress, S.137. Vielmehr wurde im Frühjahr 1946 befürchtet, die Vorlage McMahons werde es den Vereinigten Staaten verbieten, sich an einem internationalen Kontrollplan zu beteiligen. Newhouse, Krieg, S. 97.
[5] Zu den anglo-amerikanischen Abkommen über die nukleare Zusammenarbeit während des Krieges, dem *Quebec-Arrangement* von 1943 und dem *Hyde Park Aide-Memoire* von 1944, siehe: Gowing, Atomic Energy, S. 439–441 und S. 447–455. Pierre, Politics, S. 40–49.
[6] Gowing, Independence, S. 126–127.

meinschaftsprojekt ausgegangen.[7] Nun schickte sich Großbritannien an, unabhängig von den USA zur Atommacht werden. Diese zunächst ungewollte Eigenständigkeit sollte in den folgenden Jahren überragende Bedeutung in der britischen Atompolitik gewinnen. Die nukleare Unabhängigkeit wurde eine nationale Prestigefrage und der britische Ausdruck für das Selbstverständnis als Großmacht. In der Entscheidung für den unabhängigen nuklearen Weg waren mehrere Gründe von zentraler Bedeutung, die von Gowing wie folgt zusammengefaßt wurden: „The British decision to make an atomic bomb had emerged from a body of general assumptions. It had not been a response to an immediate military threat but rather something fundamentalist and almost instinctive – a feeling that Britain must possess so climacteric a weapon in order to deter an atomically armed enemy, a feeling that Britain as a Great Power must acquire all major new weapons, a feeling that atomic weapons were a manifestation of the scientific and technological superiority on which British strength, so deficient if measured in sheer numbers of men, must depend."[8]

Großbritannien betrachtete sich noch als eine Großmacht, für die es undenkbar war, etwas anderes als eine führende Rolle innerhalb der internationalen Staatengemeinschaft zu spielen.[9] Die wirtschaftliche Misere der Nachkriegsjahre sowie der schleichende Zerfall des Commonwealth stellten Vorgänge dar, die die Angst schürten, bald zu einer zweitklassigen Macht abzusteigen. In dieser Situation war die Atombombe eine Herausforderung, die das angeschlagene Selbstverständnis einer wankenden Großmacht bestätigen sollte. Nach Kriegsende war Großbritanniens Status als Großmacht zwar international anerkannt, aber die erfolgreiche Zündung einer Atombombe entwickelte sich nun gleichsam zum inoffiziellen Kriterium für den Großmachtstatus. Der 1945 auf der Potsdamer Konferenz ins Leben gerufene Rat der Außenminister, der die Friedensverträge mit den Verlierern des Krieges ausarbeiten sollte, setzte sich aus Vertretern der westlichen Siegermächte sowie Chinas zusammen. China wurde dadurch als fünfte Großmacht etabliert. Der Sonderstatus dieser Länder wurde auch im Rahmen der Vereinten Nationen festgeschrieben. Nur diesen fünf Staaten wurde ein ständiger Sitz im Sicherheitsrat der Vereinten Nationen gewährt. Genau diese fünf Staaten wurden auch die ersten Atommächte. Für Großbritannien bedeutete somit, Atommacht zu werden, in jedem Fall Großmacht zu bleiben. Hingegen wäre das Eingeständnis, ohne amerikanische Hilfe auf die modernsten Waffen verzichten zu müssen, als immenser Verlust an Status, Prestige und internationalem Ansehen empfunden worden. Das Wissen, daß auch andere Staaten an der Entwicklung der Bombe arbeiteten, sowie die Vorstellung, Frankreich oder die Sowjetunion könnten mit einem erfolgreichen Atomtest Großbritannien hinter sich lassen, machten die britische Bombe aus dieser Sicht nahezu unausweichlich.[10]

---

[7] Am 29. 10. 1945 informierte Attlee das Unterhaus über den geplanten Bau eines Atomforschungszentrums, „that was covering all aspects of the use of atomic energy". Pierre, Politics, S. 121. Der explizite Beschluß zum Bau einer Atombombe wurde im Januar 1947 von einigen wenigen Kabinettsmitgliedern unter strenger Geheimhaltung getroffen. Siehe hierzu: Pierre, Politics, S. 73–74.

[8] Gowing, Independence, S. 184.

[9] Goldberg beschreibt das britische Selbstverständnis treffend wie folgt: „That Britain should cease to play a leading role in international affairs was unthinkable, not only among the country's political leaders but among her people as well, for the nation had long been instinct with a sense of power." Goldberg, Atomic Origins, S. 427.

[10] Der erste sowjetische Test war für die Briten ein Schock, mit dem man nicht gerechnet hatte. Siehe hierzu: Gowing, Origins, S. 14.

Die britische Regierung hoffte auch nach dem Inkrafttreten des *Atomic-Energy-Acts* darauf, daß die USA die restriktive Atompolitik wieder aufgeben und die Zusammenarbeit mit Großbritannien wieder aufnehmen würden, sobald die amerikanische Regierung von der britischen Entschlossenheit, selbst Kernwaffen zu entwickeln, überzeugt war. In diesem Zusammenhang kam ein weiterer Faktor hinzu, der für den Bau der Bombe sprach: die Hoffnung, daß die *special relationship* zu den Vereinigten Staaten durch ein nukleares Monopol der USA und Großbritanniens innerhalb der westlichen Welt wiederhergestellt werden könnte. Der Atombombenbesitz wäre das Kennzeichen, das Großbritannien und die USA von allen übrigen westlichen Staaten unterschiede.

Tatsächlich war die Zusammenarbeit nach Kriegsende nicht völlig zum Erliegen gekommen, da die USA auf britisches Uran angewiesen waren, das Großbritannien aus Belgisch-Kongo bezog. Ferner war die amerikanische Regierung an der Annullierung des *Quebec-Agreements* von 1943 interessiert, das in der Zeit der intensiven Zusammenarbeit der beiden Staaten zustande gekommen war. In diesem Abkommen hatten sich beide Staaten dazu verpflichtet, Atombomben nur im gemeinsamen Einverständnis einzusetzen. In Washington wollte man dieses britische Vetorecht über einen amerikanischen Atomwaffeneinsatz möglichst schnell aufheben. Die Briten forderten im Gegenzug eine Lockerung des *McMahon-Acts*. Die britische Regierung erfüllte die amerikanischen Wünsche in dem 1948 geschlossenen Modus-Vivendi-Abkommen, in dem das *Quebec-Agreement* aufgehoben und den USA zwei Jahre lang die Gesamtmenge des spaltbaren Materials aus Belgisch-Kongo überlassen wurde. Großbritannien erhielt als Gegenleistung nur das Versprechen der USA, den nuklearen Informationsaustausch insoweit wieder aufzunehmen, als dies nicht gegen die Bestimmungen des *Atomic-Energy-Acts* verstieß.[11] Es scheint, als betrachtete die britische Regierung diesen Schritt jedoch als einen Anfang, dem weitere folgen sollten.

Die Truman-Regierung war in der folgenden Zeit zu einer Kurskorrektur bereit. Die Zündung der ersten sowjetischen Atombombe im August 1949 verstärkte jedoch die Tendenzen innerhalb des Kongresses, den Bau von Kernwaffen als bestgehütetes Staatsgeheimnis zu bewahren. Die Verhandlungen mit Großbritannien fanden aufgrund des Widerstands im Kongreß und der Aufdeckung des Spionagefalls Fuchs ein baldiges Ende. Der Physiker Klaus Fuchs hatte zu Kriegszeiten in den USA an der Entwicklung der Bombe mitgearbeitet und jahrelang Informationen an die Sowjetunion weitergegeben.[12] Damit zerschlugen sich alle Hoffnungen auf eine baldige umfassende Wiederaufnahme der Zusammenarbeit.

Ende des Jahres 1952 konnte schließlich auch Großbritannien als dritte Nation einen erfolgreichen Atombombentest bekanntgeben. Dieser war ohne jegliche amerikanische Beteiligung auf dem australischen Monte Bello Island durchgeführt worden und sollte der Welt zeigen, „that Britain was not merely a satellite of the United States", wie Verteidigungsminister Shinwell betonte.[13] Tatsächlich hatten sich die USA auf eine britische Anfrage hin geweigert, dem engsten Verbündeten Anlagen und Gelände zur Durchfüh-

---

[11] Zum Modus-Vivendi-Abkommen siehe: Gowing, Independence, S. 240–272. Gowing bezeichnet das Abkommen als „the strangest of all atomic energy agreements". Gowing, Independence, S. 254.

[12] Siehe hierzu: Moss, Klaus Fuchs.

[13] Zitiert nach: Gowing, Independence, S. 307.

rung eines Tests zur Verfügung zu stellen.[14] Die USA mußten ihrerseits die Politik, die Weiterverbreitung von Kernwaffen durch strikte Geheimhaltung zu verhindern, als endgültig gescheitert betrachten. Die Verbreitung von Kernwaffen hatte mit dem sowjetischen und dem britischen Test ihren Lauf genommen. Frankreich wollte nicht hinter Großbritannien zurückbleiben. Die Sowjetunion begann nun, die Entwicklung der chinesischen Bombe zu fördern, um ein sozialistisches Gegengewicht zum amerikanischen Juniorpartner aufzubauen. In Großbritannien bildete die erfolgreiche Zündung einer Atombombe den ersten Meilenstein in der Geschichte der britischen Nuklearpolitik. Großbritannien hatte es geschafft, Atommacht zu werden, und damit die eigenen Kriterien erfüllt, weiterhin als Großmacht zu gelten.

Das ehrgeizige Atomwaffenprogramm war nur ein Teil eines großangelegten Wiederaufrüstungsprogramms, das die Labour-Regierung dem 1951 an die Macht zurückgekehrten Premierminister Churchill hinterließ. Die Regierung Attlee hatte dieses Programm bald nach Kriegsende gestartet und mit Gründung der NATO noch erweitert. Die ursprüngliche NATO-Strategie hatte angesichts der konventionellen Überlegenheit der Sowjetunion den möglichst zügigen Wiederaufbau einer gewaltigen konventionellen Streitmacht durch die europäischen Mitgliedstaaten vorgesehen. 1952 beschloß der NATO-Rat mit den *Lisbon-Force-Goals* einen umfangreichen Aufrüstungsplan für die westliche Allianz. Die sich dramatisch verschlechternde wirtschaftliche Lage zwang jedoch die Regierung Churchill zu rigorosen Sparmaßnahmen. Die britische Verteidigungspolitik stand nun vor einem großen Dilemma: Großbritannien sollte zu der geplanten konventionellen Aufrüstung der NATO einen erheblichen Beitrag leisten, konnte aber die finanziellen Mittel dafür nicht aufbringen. Vor allem aber sah sich Großbritannien aufgrund seiner geostrategischen Lage und der amerikanischen Luftwaffenbasen im Land der Gefahr eines sowjetischen Atomschlags ausgesetzt, der durch konventionelle Aufrüstung nicht begegnet werden konnte. Regierung und Verteidigungsexperten erachteten daher eine Neuorientierung in der Verteidigungspolitik für unumgänglich. Man suchte ein der wirtschaftlichen Lage und den strategisch-militärischen Notwendigkeiten des Landes entsprechendes, neues Verteidigungskonzept.[15]

Führende Militärs unter Leitung von Sir John Slessor erarbeiteten das *Global Strategy Paper* von 1952 (GSP), das Großbritannien zum ersten Land machte, dessen Verteidigungspolitik auf einer Strategie der nuklearen Abschreckung durch Androhung eines massiven Vergeltungsschlags basierte.[16] Das GSP ging davon aus, daß die Hauptaufgabe, ein Arsenal von Atomwaffen zur Abschreckung aufzubauen, den USA zufallen werde. Großbritannien solle diese Aufgabe aber nicht den USA alleine überlassen: „We feel that to have no share in what is recognized as the main deterrent in cold war and the only allied offensive in world war would seriously weaken British influence on American policy and planning in the Cold War. ... The United Kingdom should therefore press

---

[14] Newhouse schreibt: „Im Jahr 1951 baten die Briten Washington, für sie eine Atombombe zu testen. Die Regierung fürchtete sich inzwischen jedoch so sehr vor einer negativen Reaktion im Kongreß, daß sie es nicht einmal riskieren wollte, eine Erlaubnis zu beantragen." Newhouse, Krieg, S. 95.

[15] „It soon became evident that the goal of a large conventional well equipped armed force was not only incompatible with the maintenance of social services and a healthy economy, but was also becoming militarily irrelevant." Twigge, Guided Weapons, S. 74.

[16] Baylis/Macmillan, Reassessment, S. 26.

forward with its own atomic development."[17] Auf politischer Ebene versprach man sich von einem britischen nuklearen Abschreckungspotential mehr Einfluß auf die USA und auch auf die NATO. Im Falle eines konventionell ausgerichteten Rüstungsprogramms wäre Großbritannien den anderen NATO-Mitgliedern gleichgestellt geblieben. Großbritannien plante also eine großangelegte nukleare Aufrüstung, um dann gemeinsam mit den USA die Führung im westlichen Bündnis zu übernehmen. Den britischen Verteidigungsexperten ging es nicht darum, unabhängig von den NATO-Beschlüssen eine britische Nuklearstrategie zu entwickeln. Parallel zur massiven konventionellen Aufrüstung des Bündnisses sollte statt dessen eine anglo-amerikanische nukleare Abschreckung in den Mittelpunkt der Verteidigungsplanung gerückt werden.

Das *Global Strategy Paper* war für Großbritannien eine Verteidigungsstrategie im doppelten Sinne. Kernwaffen sollten nicht nur optimalen Schutz des Westens vor einer sowjetischen Aggression gewähren, sie sollten auch den Status Großbritanniens als Großmacht verteidigen, indem sie auch weiterhin den in der Koalition aus zwei Weltkriegen entstandenen Einfluß auf die amerikanische Verteidigungspolitik garantierten und einen britischen Führungsanspruch im westlichen Bündnis realisierten. Nach der britischen Entscheidung zum Bau der Bombe war das *Global Strategy Paper* der nächste Schritt in der Entwicklung der Kernwaffen zum bedeutendsten Statussymbol Großbritanniens.

Die USA hatten Ende 1952 ihren ersten Wasserstoffbombentest durchgeführt. Bereits ein Jahr später gab die Kreml-Führung bekannt, daß die Sowjetunion auf diesem Weg gefolgt war. Die britische Regierung beschloß den Bau einer eigenen Wasserstoffbombe während einer Kabinettssitzung Anfang Juli 1954. Bei einem Verzicht auf eine eigene H-Bombe hätte die nukleare Abschreckung des britischen Atompotentials gegenüber der Sowjetunion erheblich an Glaubwürdigkeit verloren. Nach Ansicht von Außenminister Eden erhöhte dagegen gerade die Wasserstoffbombe die Bedrohung der Sowjetunion, da alle Länder, ob groß oder klein, nun gleichermaßen verwundbar waren.[18] Für die britische Regierung waren noch zwei weitere Aspekte von zentraler Bedeutung. Die Erklärung Trumans, im Koreakrieg möglicherweise Atomwaffen einzusetzen, hatte britische Ängste vor nuklearen Abenteuern der USA geweckt. Ohne Einfluß auf die amerikanische Nuklearpolitik zu sein, von den nuklearen Abenteuern des Bündnispartners möglicherweise in einen Atomkrieg hineingezogen zu werden und dann völlig von den USA abhängig zu sein, kam als Besorgnis in der Diskussion um die Wasserstoffbombe deutlich zum Ausdruck. Der damalige Verteidigungsminister Harold Macmillan brachte die Rolle der Wasserstoffbombe im Verhältnis zu den USA auf den Punkt: „It may be argued that because the main deterrent force is American there need to be and there ought to be no British contribution. I think that is a very dangerous doctrine. Politically, it surrenders our power to influence American policy, ... strategically and tactically, it equally deprives us of any influence over the selection of targets and use of our vital striking forces. The one therefore weakens our prestige and our influence in the world and the other might imperil our safety."[19] Ein glaubwürdiges und unabhängiges Abschreckungspotential wurde als notwendig erachtet, um gegenüber den USA die britischen Interessen wah-

---

[17] Ebenda, S. 40–41.
[18] Eden, Circle, S. 368.
[19] HC Debs., Vol. 537, c. 2182, 02. 03. 1955.

ren zu können. Macmillans Aussage belegt auch, daß die britische Regierung die Wasserstoffbombe vor allem aus Statusgründen entwickelte. In London wurde die Wasserstoffbombe als das jüngste Symbol für Großmachtstatus und internationales Prestige betrachtet.[20]

Das Kabinett diskutierte auch die Frage, ob und wie die Bundesrepublik Deutschland von der Entwicklung von Kernwaffen abgehalten werden könne. Anders als bei dem Beschluß zum Bau der Atombombe wurde nun die Möglichkeit erörtert, ob mit einem britischen Verzicht auf H-Bomben ein bundesdeutscher Verzicht auf Atomwaffen erreicht werden könne. Außenminister Eden kam dabei zu folgendem Schluß: „Our power to control the production of thermonuclear weapons in Western Europe would not ... be weakened by the fact that we ourselves were making these weapons."[21] Diese Diskussion offenbart die beiden grundsätzlichen Positionen der britischen Nichtverbreitungspolitik, die auch in den folgenden Jahren in den Verhandlungen um das Teststopp-Abkommen und den Nichtverbreitungsvertrag bestimmend sein sollten: a) die Bundesrepublik war das Hauptziel britischer Befürchtungen in bezug auf Weiterverbreitung. Mit einer französischen Bombe rechnete man ohnehin. b) Das Verhindern von horizontaler Proliferation war von Anfang an einer der wichtigsten Aspekte der britischen Atompolitik. Nur der Besitz der modernsten Waffensysteme hatte Priorität vor den Bemühungen um Non-Proliferation. Einen Zusammenhang zwischen der Weiterentwicklung der Arsenale der Atommächte, das heißt vertikaler Proliferation, und einem wachsenden Interesse anderer Staaten an Kernwaffen, das heißt horizontaler Proliferation, wollte die britische Regierung nicht erkennen. Die britische Politik konzentrierte sich auf die Verhinderung von horizontaler Proliferation, die Beschränkung der vertikalen Proliferation war demgegenüber von untergeordnetem Interesse.

2. Vom Amtsantritt Eisenhowers 1953 bis zur Wiederaufnahme der nuklearen Kooperation zwischen den USA und Großbritannien 1958

Mit dem Amtsantritt von Präsident Eisenhower 1953 sollte auch die Verteidigungspolitik der USA entscheidende Veränderungen erfahren. Die Eisenhower-Regierung rückte nun die Strategie der nuklearen Abschreckung ins Zentrum ihrer Verteidigungsplanung. *The New Look*, wie das neue Verteidigungskonzept genannt wurde, bedeutete, wie Bundy schreibt, daß aus Kostengründen konventionelle Waffen überall dort durch Kernwaffen ersetzt wurden, wo dies möglich schien.[22] Die USA waren damit den Briten darin gefolgt, die Strategie der Allianz deutlich in Richtung einer nuklearen Abschreckung zu verschieben.[23] Eisenhower sprach sich zudem für eine Aufhebung des *McMahon-Acts* und für nukleare Kooperation mit Großbritannien und den übrigen NATO-Verbündeten aus.[24]

---

[20] Premierminister Churchill äußerte sich in der Kabinettssitzung, in der der Bau beschlossen wurde, ganz ähnlich wie Macmillan. PRO, CAB 128/27, CC 48 (54), 07. 07. 1954.

[21] Ebenda.

[22] Bundy, Danger, S. 246–248.

[23] Der amerikanische *New Look* stellte keine Kopie des *Global Strategy Papers* dar. Der amerikanische Ansatz ging vielmehr in bezug auf die Einsatzmöglichkeiten von Kernwaffen noch weit über die britische Konzeption hinaus. Baylis, Ambiguity, S. 159.

[24] Botti, Long Wait, S. 125.

Churchill kam im Dezember zu Gesprächen nach Bermuda, um über die Aussichten auf baldige nukleare Kooperation zu sprechen. Eisenhower erklärte, er könne Churchill zunächst nur versprechen, im Kongreß auf eine Änderung der amerikanischen Gesetzgebung zu drängen. Der Kongreß sei jedoch nach wie vor mehrheitlich gegen nukleare Zusammenarbeit mit den Verbündeten.[25] Immerhin machte Eisenhower Churchill den Vorschlag, daß britische *Canberra*-Bomber im Kriegsfalle mit amerikanischen Atomwaffen bestückt werden könnten.[26] Eisenhower wollte in Bermuda auch seine Abrüstungspläne und sein Engagement für die friedliche Nutzung der Atomenergie mit Churchill diskutieren. Der britische Premier zeigte wenig Interesse. Er hatte aber auch keine Einwände.

Der britische Premierminister war der einzige verbündete Regierungschef, den Eisenhower in seine Pläne einweihte, bevor er am 8. Dezember 1953 in einer Rede vor den Vereinten Nationen sein Konzept *Atoms-for-Peace* der Welt vorstellte.[27] Der amerikanische Präsident schlug vor, die Supermächte sollten der Welt zur friedlichen Nutzung der Kernenergie eine bestimmte Menge an spaltbarem Material zur Verfügung stellen, das von einer internationalen Organisation verwaltet werden könne. Die Waffenproduktion der Supermächte werde damit automatisch erheblich eingeschränkt und die internationale Staatengemeinschaft werde sich mehr auf die friedliche Nutzung der Kernenergie konzentrieren. Langfristig solle das gesamte weltweit zur Verfügung stehende Material friedlichen Zwecken zugeführt und die militärische Nutzung schließlich eingestellt werden.[28]

Eisenhowers Vorschlag war weltweit ein durchschlagender Erfolg, nur in Moskau stieß der Vorschlag auf wenig Gegenliebe. Außenminister Molotov bezeichnete das Angebot als Propagandazauber der USA, der keinerlei nukleare Abrüstung zur Folge habe. Er warnte vielmehr vor den Gefahren der schleichenden Proliferation, die mit dem Angebot verbunden seien. In der Tat wurde die Frage nach Kontrollmöglichkeiten, die über eine internationale Atomenergiebehörde hinausgingen, in Washington nicht ernsthaft diskutiert. Verschiedene Vorschläge, *Atoms-for-Peace* mit einer Verpflichtung zum Verzicht auf Kernwaffen zu koppeln, wurden bei einer Besprechung über die Gründung der IAEO im State Department verworfen. Der AEC-Vorsitzende Strauss wies diesen Plan mit dem Argument zurück, dies werde von einer Mehrheit der Staaten, allen voran Frankreich, abgelehnt werden. Außerdem könnten andere Nationen auf die Idee kommen, Inspektionen an amerikanischen Atomanlagen zu fordern, falls die USA auf Kontrollmaßnahmen bestehen sollten.[29]

Einen militärischen Verzicht wollte man damals von den Staaten, die noch keine Kernwaffen besaßen, als Preis für die „nukleare Entwicklungshilfe" noch nicht fordern. Zivile

---

[25] Ebenda, S. 127.

[26] Dieser Plan wurde als *Project E* bekannt. Um die britischen Bomber mit den US-Waffen bestücken zu können, benötigten die Briten Informationen über die äußere Form und Beschaffenheit der Bomben. Aus diesem Grund wurde der *Atomic-Energy-Act* 1954 erstmals geändert. Zu *Project E* siehe: Twigge/Scott, Armageddon, S. 100–102.

[27] Eine detaillierte Analyse der *Atoms-for-Peace*-Rede findet sich bei: Hewlett/Holl, Atoms for Peace, S. 209–237. Eine umfangreiche Aufsatzsammlung zum Thema: Pilat/Penley/Ebinger, Atoms for Peace.

[28] EA 9 (1954) 1, S. 6278, Rede Eisenhowers vor der Vollversammlung der Vereinten Nationen, 08.12.1953.

[29] FRUS 1955–57, Vol. XX, Memo of Conversation, 03.02.1956, S. 307 309.

Technologie als Gegenleistung für den Verzicht auf Kernwaffen, dieses Prinzip wurde erst später mit dem Nichtverbreitungsvertrag verfolgt. 1956 war der amerikanische Außenminister Dulles noch der Ansicht, daß es, solange die USA, Großbritannien und die Sowjetunion Kernwaffen produzierten, schwierig sei, dies anderen Staaten zu verbieten.[30] Bei den internationalen Verhandlungen um die Gründung der Atomenergiebehörde äußerten viele Staaten Vorbehalte gegen strikte Kontrollbefugnisse. Die Kontrollbehörde, die 1956 ins Leben gerufen wurde, hatte laut Satzung zwar uneingeschränkte Zugangs- und Kontrollrechte, diese Bestimmungen wurden jedoch durch eine Fülle von Sonderregelungen und Ausnahmemöglichkeiten ausgehöhlt.[31] Positiv war allerdings, daß die Mehrheit der internationalen Staatengemeinschaft dieses Kontrollsystem anerkannte und sich die Sowjetunion schließlich doch noch zu einer Beteiligung an der IAEO bereit fand.[32] Die Behörde konnte im Juli 1957 ihre Arbeit aufnehmen.

Zeitgleich mit der Gründung der IAEO schlossen sich die Mitglieder der Europäischen Gemeinschaft zur Europäischen Atomenergiegemeinschaft (Euratom) zusammen.[33] Im Rahmen der Europäischen Einigung bot sich die Gründung eines gemeinsamen Atompools geradezu an. Der neue Industriezweig versprach vielfältige Möglichkeiten zur Kooperation. Außerdem erhoffte man sich von der Euratom neue Impulse für den europäischen Integrationsprozeß. In Washington wurde die Gründung der Euratom mit großem Interesse verfolgt, da vor allem das State Department die europäische Integration unterstützte.[34]

In London hatte man unterdessen eine ausgesprochen positive Haltung zu Eisenhowers Initiative entwickelt, da sie auch eine Lockerung des *McMahon-Acts* und eine erhebliche Ausweitung des Technologietransfers aus den USA nach Großbritannien versprach. Außerdem sah man in London die Möglichkeit, sich der amerikanischen Exportoffensive anzuschließen. Insgesamt betrachtet sollte *Atoms-for-Peace* die hochgesteckten Erwartungen in bezug auf finanzielle Gewinne nicht erfüllen. Die Lieferung eines Reaktors an Italien sowie zweier Reaktoren an Japan waren die einzigen Großaufträge, die die Briten infolge von *Atoms-for-Peace* erhielten.[35] 1954 genehmigte der Kongreß zwar geringfügige Änderungen des *Atomic-Energy-Acts*, womit nicht nur *Atoms-for-Peace* rechtlich möglich, sondern auch die Weitergabe von Informationen über den Gebrauch von strategischen Waffen – nicht aber über deren Herstellung – ermöglicht wurde. Die britische Regierung zeigte sich enttäuscht über das Ergebnis, aber zunächst verdrängte ohnehin die Suezkrise die nukleare Kooperation aus dem Brennpunkt der anglo-amerikanischen Beziehungen.

1956 erreichte der seit längerem schwelende Machtkampf zwischen Großbritannien und Ägypten um den Suezkanal in der Suezkrise seinen Höhepunkt. Die USA versagten der britisch-französischen Invasion des Suezkanals, von der sie nicht unterrichtet worden

---

[30] Ebenda, S. 309.
[31] Zur Satzung sowie zu Aufgaben und Kontrollmöglichkeiten der IAEO siehe: Scheinman, Agency.
[32] Die deutsche Abkürzung lautet IAEO für Internationale Atomenergie Organisation. Im Englischen wird die Abkürzung IAEA *(International Atomic Energy Agency)* verwendet.
[33] Zur Geschichte der Euratom siehe: Howlett, Euratom.
[34] Howlett geht davon aus, daß bereits zu dieser Zeit die USA in erster Linie deshalb an der Gründung einer europäischen Atomenergiebehörde interessiert gewesen seien, da diese geeignet schien, Proliferation in Europa zu vermeiden. Howlett, Euratom, S. 46–47.
[35] Walker, Proliferation, S. 101–102.

waren, jegliche Unterstützung und zwangen die europäischen Verbündeten mit einer ganzen Serie von politischen und wirtschaftlichen Druckmaßnahmen, die Operation zu beenden.[36] Diese schwere Demütigung Großbritanniens sollte weitreichende Konsequenzen für die künftige britische Nuklearpolitik haben. Das klägliche Ende der eigenmächtigen Militäraktion bedeutete in vielerlei Hinsicht das endgültige Ende britischer Weltmachtpolitik. Suez führte in Großbritannien zu der Erkenntnis, daß eine noch stärkere Zusammenarbeit mit dem engsten Verbündeten erreicht werden müsse, um einen ähnlichen Vorfall in Zukunft unbedingt zu vermeiden und statt dessen im gemeinsamen Handeln mit den USA wieder britische Stärke demonstrieren zu können. Trotzdem bewirkte die traumatische Erfahrung, vom engsten Verbündeten in einer Krisensituation im Stich gelassen zu werden, daß die britische Regierung ein nationales, von den USA unabhängiges, Abschreckungspotential für erforderlich hielt. Eine unabhängige Atommacht, so glaubte man, würde ein zukünftiges Suez verhindern, die britische Position gegenüber der Sowjetunion stärken und den britischen Status als Großmacht sicherstellen.[37] Harold Macmillan, der nach dem Suezdebakel die Nachfolge Anthony Edens als Premierminister antrat, versuchte diese widersprüchlichen Zielsetzungen zu verwirklichen, die enge Zusammenarbeit mit den USA in der militärisch-strategischen Planung und im Aufbau eines Abschreckungspotentials einerseits, und andererseits die Betonung der Unabhängigkeit der britischen Atomstreitmacht.[38]

Zunächst waren sowohl Großbritannien als auch die USA bemüht, den entstandenen Schaden zu begrenzen und die *special relationship* baldmöglichst wiederherzustellen. Schon im März 1957 trafen Macmillan und Eisenhower auf Vorschlag des amerikanischen Präsidenten zu umfangreichen Unterredungen in Bermuda zusammen, wo die Stationierung von 60 amerikanischen Mittelstreckenraketen (IRBM = *Intermediate Range Ballistic Missile*) vom Typ *Thor* in Großbritannien beschlossen wurde. Während des Gipfeltreffens konnten zwar keine konkreten Vereinbarungen in bezug auf Technologietransfers getroffen werden, aber der amerikanische Präsident versprach alles zu tun, um auf eine Änderung der bestehenden Gesetzgebung zu drängen. Dies war bislang am Widerstand der AEC gescheitert. Deren Vorsitzender Strauss war ein entschiedener Gegner der Weitergabe nuklearer Geheimnisse an Großbritannien.[39]

Die Situation änderte sich schlagartig mit dem Abschuß des sowjetischen Satelliten Sputnik. Dieses Ereignis, das das Vertrauen der Amerikaner in ihre technologische Überlegenheit gegenüber der Sowjetunion zutiefst erschütterte, schuf die Voraussetzungen für eine Überwindung der Widerstände gegen eine nukleare Zusammenarbeit der beiden westlichen Atommächte. Als es der Sowjetunion 1957 gelang, einen Satelliten in die Erdumlaufbahn zu schießen, ging man in den USA davon aus, daß die östliche Supermacht sehr bald über Interkontinentalraketen verfügen und damit in der Lage sein würde, amerikanisches Territorium mit Kernwaffen zu erreichen. Angesichts dieses Beweises der technologischen Fortschritte der Sowjetunion wurde in den Vereinigten Staaten eine

---

[36] Zur Suezkrise siehe: Carlton, Suez Crisis.

[37] Im wesentlichen scheint die Betonung der Unabhängigkeit eher ein irrationales Element der britischen Politik gewesen zu sein. Baylis zeigt, daß sich die Regierung über die Aufgaben und Ziele einer unabhängigen Atommacht nicht im klaren war. Baylis, Ambiguity, S. 242.

[38] Zur Frage nach der Priorität der Zusammenarbeit oder der Unabhängigkeit gibt es kontroverse Ansichten. Siehe hierzu: Baylis, Ambiguity, S. 241–242.

[39] Melissen, Struggle, S. 42.

Überlegenheit des Ostens in der Raketentechnologie befürchtet. Auf den Sputnik-Schock folgte die Angst vor einem *missile gap* zwischen den USA und der Sowjetunion. Unter dem Eindruck einer immer größer werdenden Bedrohung des westlichen Bündnisses war die Bereitschaft zu einer nuklearen Zusammenarbeit mit Großbritannien erheblich gestiegen. Bereits Ende Oktober sagte Eisenhower dem britischen Premier bei einem Treffen in Washington konkrete Hilfe beim Aufbau des britischen Atomprogramms und freien Informationsaustausch zu. Dieses Mal setzte sich Eisenhower über alle Vorbehalte der AEC hinweg. Auch dort hielt man nun eine Kooperation in bestimmten Teilbereichen für sinnvoll. Der AEC-Vorsitzende Strauss wollte aber keineswegs so weit gehen wie Eisenhower und einen unbegrenzten Informationsaustausch ermöglichen. Der amerikanische Präsident ignorierte alle Warnungen bezüglich der britischen Sicherheitsbestimmungen und versprach Macmillan, im Kongreß eine Gesetzesänderung zu beantragen.[40] Die Chancen auf ein bilaterales Abkommen hingen damit von der Zustimmung des Kongresses zur Änderung des *Atomic-Energy-Acts* ab.

Eisenhowers *Atomic-Energy-Bill* passierte schließlich im Mai 1958 den Kongreß. Daraufhin konnte am 3. Juli 1958 das *Agreement between the United Kingdom and the United States for Cooperation on the Uses of Atomic Energy for Mutual Defence Purposes* in Kraft treten, das den von Großbritannien lange ersehnten, umfangreichen Informationsaustausch über Nukleartechnologie und Kernwaffen, nicht aber deren Kauf, ermöglichte.[41] Der Kauf von Teilelementen nuklearer Waffen wurde den Briten schließlich 1959 gewährt.[42] Der *McMahon-Act* von 1946 war somit faktisch aufgehoben. Diese Abkommen begünstigten ausschließlich Großbritannien. Die USA waren auch weiterhin nicht bereit, Informationen über Kernwaffen an andere befreundete Staaten weiterzugeben. Eine Gesetzesvorlage, die dies möglich gemacht hätte, wäre im Kongreß mit Sicherheit gescheitert. Eisenhower selbst hatte zwar keine Vorbehalte, zumindest in bezug auf Frankreich, die nukleare Zusammenarbeit auch auf andere Verbündete zu erweitern.[43] Melissen weist aber darauf hin, daß Macmillan und Eisenhower vereinbarten, den Informationsaustausch auf die bilaterale anglo-amerikanische Ebene zu begrenzen.[44] Die Entwicklung Frankreichs zur Atommacht sollte zwar nicht aktiv verhindert, aber wenigstens passiv blockiert bzw. verzögert werden.

Für Großbritannien bedeuteten die Abkommen von 1958/59 nicht nur die völlige Wiederherstellung der *special relationship* nach knapp drei Jahren, sondern nach der Demütigung von Suez auch einen enormen Zuwachs an Prestige. Schließlich hatten die USA der internationalen Staatengemeinschaft demonstriert, daß es ein besonderes Verhältnis zwischen den beiden Staaten gab und Großbritannien einen Sonderstatus in der westlichen Verteidigungsgemeinschaft innehatte. Bedenkt man, wie stark das Vertrauensverhältnis zwischen den beiden Staaten durch die Suezkrise gestört worden war, so ist das Maß an Zusammenarbeit bemerkenswert, das in so kurzer Zeit erreicht wurde. Den USA ging es unter dem Eindruck von Sputnik um die Stärkung des gesamten westlichen Bündnis-

---

[40] Baylis, Defence Relations, S. 90.
[41] Cmnd. 537.
[42] Cmnd. 859.
[43] Siehe hierzu S. 40.
[44] Die Briten drängten offensichtlich auf eine restriktive Nuklearpolitik gegenüber Frankreich. Melissen, Struggle, S. 39.

ses. Die bilaterale nukleare Zusammenarbeit war auch nur ein Aspekt vielfältiger Bemühungen um eine Aufrüstung der NATO. Die Lieferung der *Thor*-Raketen an Großbritannien muß ebenfalls in diesem Zusammenhang gesehen werden. Durch die Stationierung der Mittelstreckenraketen in Großbritannien erhöhte sich die nukleare Bedrohung für die Sowjetunion deutlich. Infolge des Sputnik-Schocks wurden auch alle anderen NATO-Staaten ersucht, die Stationierung amerikanischer Mittelstreckenraketen zuzulassen, wozu sich allerdings nur Italien und die Türkei bereit erklärten. Sowohl Eisenhower als auch Dulles sahen wenig Sinn darin, daß die Briten Unsummen für die Entwicklung von Technologien ausgaben, die die USA längst besaßen. Diese Gelder sollten vielmehr in die konventionelle Aufrüstung investiert werden.

Mit den anglo-amerikanischen Abkommen von 1958/59 endet die Zeit der unabhängigen Nuklearmacht Großbritannien. Die Abkommen von 1958/59 sollten Großbritannien mehr und mehr von amerikanischen Waffenlieferungen abhängig machen und die Entwicklung eigener Waffensysteme fast vollständig verkümmern lassen. Bereits 1958 gab es Pläne, die Entwicklung der britischen Mittelstreckenrakete, *Blue Streak*, aufzugeben und statt dessen weitere *Thor*-Raketen aus den USA zu kaufen.[45] Verteidigungsminister Sandys argumentierte jedoch, es sei politisch unvorteilhaft, auf amerikanische Raketen angewiesen zu sein.[46] Zudem hegte man in Großbritannien Zweifel an der Leistungsfähigkeit der *Thor*-Raketen. Andererseits war die britische Rakete nicht nur wegen der immensen Kosten umstritten. *Blue Streak* war eine Erstschlagswaffe und damit in einer auf Vergeltung basierenden Verteidigungsstrategie militärisch fragwürdig. Mit der Entwicklung eines eigenen Raketensystems begann Großbritannien an die Grenzen seiner finanziellen und technologischen Möglichkeiten zu stoßen. Deshalb war die Entscheidung über die Zukunft des britischen Raketenprogramms lange in der Schwebe. Als die USA die Entwicklung einer neuen Rakete in Erwägung zogen, sprach sich Premierminister Macmillan dafür aus, das *Blue-Streak*-Projekt zu stoppen und mit den USA über Möglichkeiten einer Beteiligung an der Entwicklung der *Skybolt*-Rakete zu verhandeln. Der britische Premier erhielt schließlich im März 1960 von Eisenhower die Zusage, daß die Briten diesen Raketentyp, der sich noch in der Planung befand, erhielten.

Die Unabhängigkeit Großbritanniens als Atommacht war hiermit *de facto* beendet. Die Zukunft des britischen Raketenprogramms hing nunmehr an der erfolgreichen Entwicklung der *Skybolt*-Rakete und der amerikanischen Zusage, diese Rakete an Großbritannien zu verkaufen. Dies wollte die britische Regierung allerdings nicht wahrhaben. Obwohl sich die britische Regierung nun in einer nuklear-technologischen Abhängigkeit von den USA befand, betonte die Macmillan-Regierung nach Suez immer stärker die Bedeutung des unabhängigen britischen Abschreckungspotentials. Die Betonung der nuklearen Unabhängigkeit ging mit einer völligen Fixierung auf die nukleare Verteidigung einher, was im Verteidigungsweißbuch von 1958 besonders deutlich wird.[47]

Die Unabhängigkeit des britschen Abschreckungspotentials von den USA war für die britische Regierung aus einer Reihe von Gründen von besonderer Bedeutung. Premierminister Macmillan faßte diese wie folgt zusammen: Die unabhängige Abschreckung

---

[45] Zur Entscheidung über die Aufgabe des *Blue-Streak*-Programms siehe: Baylis, Ambiguity, S. 284–288, Clark, Diplomacy, S. 157–189, Twigge, Guided Weapons, S. 193–202.
[46] PRO, DEFE 13/193, Memo by the Minister of Defence, September 1958, ohne genaues Datum.
[47] Siehe: Cmnd. 476.

würde den Fortbestand der *special relationship*, den britischen Einfluß auf die – unter Umständen unberechenbare – amerikanische Atompolitik, Großbritanniens Mitsprache in der Weltpolitik und Großbritanniens Großmachtstatus garantieren.[48] Eine unabhängige Nuklearmacht sollte nicht dazu dienen, das Land im Notfall alleine verteidigen zu können, sondern die USA zur Zusammenarbeit in der Verteidigung des Westens zu zwingen. Eine britische Drohung, Atomwaffen einzusetzen, so Macmillan, werde die USA zur Zusammenarbeit mit Großbritannien auch in solchen Situationen zwingen, in denen amerikanische Interessen nicht unmittelbar bedroht waren.[49]

3. Großbritannien und das *Fourth Country Problem*

Die amerikanische Atompolitik der Nachkriegsjahre, die versucht hatte, ein nukleares Monopol der Vereinigten Staaten zu bewahren, war gescheitert. Sie hatte den Aufstieg der Sowjetunion und Großbritanniens zu Atommächten nicht aufhalten können. Der Prozeß der schleichenden Proliferation schien unausweichlich: Die Atommächte waren zu einer umfangreichen Abrüstung und zu einem Verzicht auf Kernwaffen oder wenigstens einer Reduzierung ihrer Arsenale nicht bereit. Zugleich wurden mit der *Atomsfor-Peace*-Politik die vielfältigen Möglichkeiten der Atomenergie gepriesen und diese allen Staaten zugänglich gemacht. Diese Faktoren mußten das Interesse der Staaten, die noch nicht über Kernwaffen verfügten, an diesen Waffen kräftig fördern. Warum sollten andere Staaten auf den Erwerb dieser Wunderwaffen verzichten? Eine internationale Ächtung, wie sie für chemische und biologische Waffen erreicht worden war, stand nicht in Aussicht. Zudem hatte angesichts des sich verschärfenden Kalten Krieges jeder Staat ein Interesse an einem Höchstmaß an nationaler Sicherheit. Außerdem versprach der Besitz von Kernwaffen einen weltweiten Prestigegewinn und gesteigerten Einfluß auf die internationale Politik.

Großbritannien spielte vor allem im Hinblick auf seine europäischen Nachbarn in der Entwicklung der nuklearen Proliferation eine ganz besondere Rolle. Großbritannien war die erste Nation nach den beiden Supermächten, die sich als Atommacht etablieren konnte. Großbritannien war das erste Land überhaupt, das eine nationale Verteidigungsstrategie propagierte, die nahezu völlig auf Atomwaffen basierte. Die Briten stilisierten die Atomwaffen zu Symbolen für Großmachtstatus und Prestige, was die Frage aufwarf, inwieweit gerade die britische Nuklearpolitik den Wunsch anderer Staaten nach Kernwaffen förderte. Der Verteidigungsexperte der Labour-Partei, Richard Crossman, wies 1958 auf den besonderen „Vorbildeffekt" Großbritanniens hin: „How can we possibly prevent the Germans, the French and every other nation in the alliance saying – What the British demand for themselves we demand for ourselves? The right to distrust the Americans cannot remain a British monopoly."[50] Die Vorteile, die die Briten im Besitz dieser Waffen sahen, waren schließlich ebensogut auf die anderen NATO-Mitglieder übertragbar.

Die französische Entscheidung für ein eigenes Nuklearprogramm ergab sich mit der Zündung der ersten britischen Atombombe. Nationalstolz und Prestige verboten, daß

---

[48] PRO, AIR 8/2400, DB (58) 10, 29. 10. 1958.
[49] Ebenda.
[50] HC Debs., Vol. 583, c. 634, 27. 02. 1958.

die *Grande Nation* auf diesem Gebiet hinter dem *Great Empire* zurückblieb. Frankreich beschritt zeitversetzt nahezu denselben Weg wie Großbritannien. Frankreich war wie Großbritannien eine frühere Großmacht, deren Position durch die Dekolonisation schwer ins Wanken geraten war. Beide Nationen sahen in der Bombe die einzige Möglichkeit, ihren internationalen Einfluß und ihr Prestige zu erhalten. General de Gaulle schrieb 1959 in *Le Monde*: „Aufgrund unserer Abwesenheit vom nuklearen Klub werden wir im internationalen Konzert zu oft überhört. Wenn wir es nicht schaffen, Atommacht zu werden, sind wir bald nur noch eine zweitklassige Nation."[51] Der Abstieg Frankreichs zu einer europäischen Mittelmacht, der sich in den demütigenden Erfahrungen in Indochina und in Ägypten manifestierte, hatte einen ähnlichen Effekt auf die Atompolitik wie in Großbritannien. Ein unabhängiges, nationales Atompotential, so glaubte man nicht nur in London, sondern auch in Paris, werde ein zukünftiges Suez verhindern und den Großmachtstatus sichern.[52] In Paris lag die Betonung ebenfalls auf der Unabhängigkeit als Atommacht. Aus dem offiziellen Atomprogramm der französischen Regierung geht dies deutlich hervor.[53]

Die Briten wollten mit dieser Unabhängigkeit in erster Linie Einfluß auf die amerikanische Verteidigungspolitik gewinnen. Für de Gaulle bedeutete die Betonung der Unabhängigkeit noch weit mehr als für Großbritannien: Er war im Gegensatz zur britischen Regierung tatsächlich bereit, seine Atommacht unabhängig von den USA einzusetzen. De Gaulle mißtraute dem nuklearen Schirm der USA und strebte eine eigenständige Verteidigung der Europäer an. Er ging davon aus, daß jede Regierung im Kriegsfall den nationalen Interessen oberste Priorität einräumen müsse. Deshalb würden die USA ihre Kernwaffen nicht unter allen Umständen für die Alliierten einsetzen – sie hätten einen nuklearen Gegenschlag der Sowjetunion zu befürchten. Frankreich brauche daher eigene Kernwaffen, um eine nationale Verteidigung zu gewährleisten. Konsequenterweise war de Gaulle gegen eine intensive militärische Integration innerhalb der NATO. Verteidigungspolitik war in seinen Augen eine nationale Aufgabe, wobei er gemeinsame Koordination und Strategieplanung durchaus für sinnvoll und richtig erachtete. Frankreich sollte sich aber keinesfalls in eine verteidigungspolitische Abhängigkeit begeben.

Die anti-amerikanische Haltung der französischen Atompolitik resultierte auch aus der anglo-amerikanischen Kollaboration. Die anglo-amerikanischen Abkommen von 1958/59, die Großbritannien einseitig begünstigten und sowohl eine amerikanisch-französische als auch eine britisch-französische Zusammenarbeit klar ausschlossen, hatten eine ähnliche Wirkung auf Frankreich wie der *McMahon-Act* auf Großbritannien. Frankreich sah sich nun in der früheren Rolle Großbritanniens, nämlich als Opfer einer ungerechten amerikanischen Nichtverbreitungspolitik, und zog die entsprechenden Konsequenzen. General de Gaulle hatte die Erweiterung der nuklearen *special relationship* auf Frankreich und des westlichen Führungsduos zum Trio angestrebt. Er hatte Eisenhower im Oktober 1958 die Bildung einer Art von Weltregierung aus den drei westlichen Großmächten vorgeschlagen.[54] Dieser Vorschlag stieß in Washington ebenso auf taube Ohren

---

[51] Le Monde, 06. 11. 1959.
[52] Bundy, Danger, S. 475. Diesen Aspekt betont auch: Soutou, Nuklearpolitik, S. 609.
[53] Documents on International Affairs 1960, Exposé des motifs du Gouvernement, 18. 07. 1960, S. 111. Siehe hierzu: Vaisse, Außen- und Verteidigungspolitik, S. 479–489.
[54] Kohl, Diplomacy, S. 71–72.

wie das wiederholte französische Ersuchen um nukleare Hilfe. In Frankreich herrschte völliges Unverständnis über die amerikanische Position.[55] In Paris betrachtete man die restriktive Haltung als bewußte Maßnahme der USA, um Frankreichs Aufstieg zur Atommacht zu verhindern, und verkündete verbittert den nuklearen Alleingang der *Grande Nation*.

Dabei hatte man Ende der fünfziger Jahre in Washington keineswegs vor, den Aufstieg Frankreichs zur Atommacht zu verhindern. Die Eisenhower-Regierung war sich bewußt, daß die übrigen NATO-Verbündeten ebenfalls nukleare Ambitionen entwickeln würden. Im Weißen Haus wurde aber eine supranationale Lösung dieses Problems favorisiert. Anstatt unabhängige, nationale Atomprogramme der Verbündeten zu fördern, sollte die Gründung einer multilateralen Atomstreitmacht unter NATO-Oberhoheit angestrebt werden. Mehrere kleine nationale Atommächte wurden als wenig effektiv im Vergleich zu einem zweiten großen nuklearen Zentrum innerhalb des Bündnisses erachtet. Bilaterale nukleare Hilfe für Frankreich, so glaubte man, hätte einen Dominoeffekt zur Folge, nachdem schließlich auch Deutschland, Italien und weitere Europäer nukleare Hilfe zum Aufbau unkoordinierter und unglaubwürdiger nationaler Atomprogramme fordern würden.[56] Zudem hätten derartige Abkommen keine Chance, die Zustimmung des amerikanischen Kongresses zu erhalten.

Das Weiße Haus beabsichtigte nicht, von den westlichen Verbündeten die völlige nukleare Abstinenz zu fordern. Das Ziel war eine koordinierte Proliferation innerhalb des Bündnisses, um eine schleichende Ineffizienz der westlichen Verteidigung zu verhindern und den Zusammenhalt in der NATO zu fördern. Proliferation war für die Eisenhower-Regierung vor allem in bezug auf feindselige und verantwortungslose Diktaturen von Bedeutung. Folglich sollte Frankreich nukleare Kooperation innerhalb eines NATO-Rahmens angeboten werden. Dabei war man sich darüber im klaren, daß ein derartiges Arrangement in Paris vermutlich abgelehnt werden würde.[57] General de Gaulle wollte die nukleare Gleichstellung mit Großbritannien. Ebenso wie Großbritannien sollte Frankreich als westliche Großmacht eine Stufe über den europäischen Verbündeten stehen. Die Triumviratspläne de Gaulles konnte das Weiße Haus nicht gutheißen. Nach den Vorstellungen des Generals hätten Frankreich, Großbritannien und die USA gemeinsam über den Einsatz des westlichen Atomwaffenpotentials entschieden. Damit wäre Frankreich eine Mitsprache beim Einsatz der amerikanischen Waffen eingeräumt worden.[58] Nachdem man in Washington diese Pläne zurückgewiesen hatte, wollte de Gaulle mit einem unabhängigen französischen Atompotential politischen Einfluß auf die USA, bilaterale Nuklearkooperation und die Anerkennung als Großmacht erzwingen.

Die Pläne, nukleare Ambitionen der Verbündeten innerhalb einer NATO-Atomstreitmacht zusammenzufassen, waren in Washington nicht unumstritten. Anläßlich eines bevorstehenden Besuchs von Außenminister Dulles in Paris äußerte Verteidigungsminister

---

[55] NSA, MC, Doc. Nr. 566, US-Embassy, Paris, to Dept of State, 27. 06. 1959.
[56] Bowie, Tasks, S. xvi und 28.
[57] NSA, MC, Doc. Nr. 676, Memo of Conversation with the President, 13. 09. 1960. Es wurde überlegt, de Gaulle das multilaterale Arrangement mit einem gleichzeitigen – exklusiven – Verkauf von U-235 an Frankreich zu versüßen.
[58] Kohl, Diplomacy, S. 72.

Quarles, die amerikanische Regierung solle de Gaulle zu erkennen geben, daß die USA den Aufbau eines nationalen französischen Atomwaffenarsenals nicht blockierten.[59] Präsident Eisenhower wäre sogar bereit gewesen, ein bilaterales Abkommen mit Frankreich über nukleare Zusammenarbeit zu schließen, wenn nicht die ablehnende Haltung des Kongresses dagegen gestanden hätte: „The Secretary *[of State, Dulles,]* predicted that it would be extremely difficult to obtain Congressional approval for a bilateral agreement with France of the type we are working out with the UK. [...] The President expressed the view that the restrictive clauses in our present atomic energy legislation serve no useful purpose, since the Soviets have almost as much information on the subject as we. Nevertheless, he doubted, whether we could obtain Congressional approval for a satisfactory bilateral agreement with France and asked about the feasibility of a treaty. The Secretary's opinion on this was that it was very doubtful whether we could get a 2/3 vote of the Senate since Congress is pretty sore at the French although some like de Gaulle."[60] Präsident Eisenhower und Außenminister Dulles hatten somit zunächst erwogen, Frankreich und Großbritannien in der Frage der nuklearen Zusammenarbeit völlig gleichzustellen. Der US-Präsident beabsichtigte nicht, Frankreich nuklearen Technologietransfer von vorneherein nur innerhalb eines NATO-Rahmens anzubieten. Vielmehr schien dieser Weg zunächst eine Kompromißlösung darzustellen, um ein Abkommen zu erlangen, das Aussicht hatte, den Kongreß zu passieren. Eisenhower sprach sich schließlich für einen Mittelweg aus – Kernwaffenbesitz der Verbündeten in einem lockeren NATO-Rahmen –, wobei er betonte, daß er eine nukleare Gleichberechtigung der Verbündeten wünsche.[61]

In London verfolgte man den Aufstieg Frankreichs zur Atommacht mit gemischten Gefühlen. Einerseits hätte man diese Entwicklung gerne verhindert, andererseits war sich die britische Regierung bewußt, daß de Gaulle entschlossen war, die Bombe zu bauen, und es keine Möglichkeit gab, ihn davon abzuhalten.[62] Deshalb war auch eine in dieser Hinsicht anti-französische Politik sinnlos. Die britische Position verdeutlicht sich am besten in einem Schreiben Außenminister Lloyds zum Problem der nuklearen Proliferation, oft auch als *n-th country problem* bezeichnet. Der erste Entwurf lautete: „As for the French, both the Americans and ourselves are strongly opposed to the emergence of a fourth nuclear power, which would only aggravate all these problems and shall do nothing to help them." Die korrigierte Version liest sich folgendermaßen: „Both the Americans and ourselves are strongly opposed to the emergence of other nuclear powers

---

[59] NSA, MC, Doc. Nr. 434, Conference on Defense, 17. 06. 1958.
[60] NSA, MC, Doc. Nr. 431, Memo of Conversation, 09. 06. 1958.
[61] NSA, MC, Doc., Nr. 662, Memo of Conversation, 08. 08. 1960.
[62] Gerade die britische Regierung mußte sich darüber im klaren sein, daß eine Politik der nuklearen Verweigerung gegenüber Frankreich die französischen Ambitionen nur noch bekräftigte, genauso wie die amerikanische Politik das britische Atomprogramm nicht hatte aufhalten können. Trotzdem versuchte man in London zunächst, die USA dazu zu bewegen, gegenüber Frankreich eine ebenso restriktive Politik zu verfolgen, wie sie bis zu den Abkommen von 1958/59 gegenüber Großbritannien verfolgt wurde. Siehe S. 35 sowie Melissen, Struggle, S. 47–48. Primär war es der britischen Regierung darum gegangen, die Exklusivität der *special relationship* zu sichern. Als offensichtlich wurde, daß der Aufstieg Frankreichs zur Atommacht keineswegs gestoppt werden konnte und de Gaulle versuchen würde, ein nukleares Triumvirat zu erzwingen, paßte die britische Regierung ihre Politik gegenüber Frankreich widerwillig den realen Gegebenheiten an.

which would only aggravate all these problems."[63] Eine offene Verurteilung des französischen Strebens nach Atomwaffen konnte sich die Macmillan-Regierung auch gar nicht leisten, denn damit hätte sie auch die Bedeutung des eigenen Arsenals und die gesamte britische Atompolitik in Frage gestellt. Somit bekundete Premierminister Macmillan wiederholt Verständnis für die französische Entscheidung, Atommacht zu werden.[64] Insgeheim hoffte man in London, daß de Gaulle die finanziellen Mittel nicht ausreichten, um tatsächlich langfristig ein nationales Waffenprogramm zu unterhalten. Letztendlich war man aber bereit, sich mit dem – aus Londoner Sicht – unvermeidlichen Übel abzufinden.

Die britische Regierung hatte zu dieser Zeit ein starkes Interesse daran, zu einem *quid pro quo* mit Frankreich zu kommen. Insofern war es unter Umständen sinnvoll, Frankreich beim Aufbau des Atomprogramms zu helfen, da man es ohnehin nicht vom nuklearen Weg abbringen konnte. Die konservative Regierung liebäugelte mit folgendem Arrangement: Großbritannien sollte mit Frankreich umfassenden nuklearen Informationsaustausch aufnehmen. Im Gegenzug sollte de Gaulle Großbritannien die Assoziierung an die EWG ermöglichen.[65]

Bei einem Treffen der führenden Regierungsmitglieder am 29. 11. 1959 in Chequers ging es fast ausschließlich um die britische Atompolitik im Hinblick auf Frankreich. Die Briten erwogen, die Triumviratspläne de Gaulles zu akzeptieren. Dies sollte allerdings mit konkreten wirtschaftlichen Gegenleistungen verbunden sein.[66] Die Regierung war in dieser Frage sichtlich gespalten. Premierminister Macmillan sprach sich in dieser Unterredung explizit dafür aus, den Versuch zu wagen, über ein britisches Angebot, Frankreich zur Bombe zu verhelfen, eine Assoziierung an die Europäische Gemeinschaft zu erreichen.[67] Eine ganz andere Position vertrat Außenminister Lloyd: Er lehnte es ab, de Gaulle nukleare Hilfe anzubieten. Es wurde auch nur beschlossen, erst die genauen Ziele de Gaulles und die amerikanische Haltung in Erfahrung zu bringen sowie die Verhandlungen über eine engere Anbindung der sieben EFTA-Staaten an die Gemeinschaft der Sechs aufzunehmen. Zu dieser Zeit betrachtete die konservative Regierung die europäische Frage noch nicht als ein zwingend zu lösendes Problem der britischen Außenpolitik, deshalb wurde die Entscheidung über einen *nuclear deal* mit Frankreich bis auf weiteres vertagt.[68]

Die nukleare Kooperation mit Frankreich schien verlockend, sollte sie eine engere Anbindung an die EWG mit sich bringen. Die Briten waren aber nicht bereit, die möglichen Konsequenzen zu akzeptieren. Einen Bruch in den anglo-amerikanischen Beziehungen wollte man um keinen Preis riskieren. Zu sehr repräsentierte die *special relationship* den britischen Großmachtstatus als engster Verbündeter der westlichen Supermacht. Aus genau diesem Grund sprach sich der Außenminister klar gegen ein Angebot an de Gaulle aus. Die übrigen Regierungsmitglieder wollten von allem ein bißchen und suchten einen

[63] PRO, DEFE 13/353, Message from Lord Lloyd to Mr. Nash (MOD), 27. 04. 1958.

[64] Zum Beispiel: HC Debs., Vol. 661, c. 958, 26. 06. 1962.

[65] PRO, PREM 11/2696, Memo by Julian Amery: The General, the Bomb and the Free Trade Area, 03. 12. 1958. Die britische Regierung wollte zu dieser Zeit keine Mitgliedschaft, sondern nur eine lose Anbindung auf der Basis von Sonderkonditionen im Handel mit den EWG-Mitgliedstaaten.

[66] PRO, PREM 11/2679, Summary Record of the Meeting at Chequers, 29. 11. 1959.

[67] PRO, PREM 11/2679, Chronological Minute of the Meeting at Chequers, 29. 11. 1959.

[68] PRO, PREM 11/2679, Summary Record of the Meeting at Chequers, 29. 11. 1959.

Mittelweg, ohne eine klare Richtungsentscheidung treffen zu müssen: Ein bißchen nukleare Hilfe – mit oder ohne Erlaubnis der USA? Würden die USA gemeinsamer anglo-amerikanischer Hilfe zustimmen? Könnte Frankreich ein wenig an der *special relationship* teilhaben? Wären die USA bereit, dies zu akzeptieren? Im Gegenzug einige Vergünstigungen im Handel mit den Sechs – war aber de Gaulle tatsächlich zu einem *quid pro quo* bereit? Ende der fünfziger Jahre war die britische Regierung noch nicht gezwungen, in der Non-Proliferationspolitik gegenüber Frankreich Farbe zu bekennen. Dies sollte sich jedoch in den folgenden Jahren im Zuge einer Verschärfung der Differenzen mit der Handelspolitik der EWG und der amerikanischen Nichtverbreitungspolitik ändern.

Frankreich wurde als Siegermacht des Zweiten Weltkrieges und als ständiges Mitglied im Sicherheitsrat der Vereinten Nationen von Großbritannien als zweite europäische Großmacht akzeptiert. Aus britischer Sicht mußte aber nach dem Aufstieg Frankreichs die Grenze zu den übrigen europäischen Staaten gezogen werden. Die Regel „Atommacht gleich Großmacht" sollte auch weiterhin Gültigkeit haben. Insbesondere die Verlierer des Zweiten Weltkrieges durften keinesfalls dem französischen Beispiel folgen. In diesem Punkt war man sich auch mit der französischen Regierung einig. In bezug auf das *fourth country problem* fürchtete London den zu erwartenden Dominoeffekt hinsichtlich Deutschlands viel mehr als ein unabhängiges französisches Atompotential.[69] Außenminister Lloyd nannte auch die Gründe, warum der Aufstieg Deutschlands zur Atommacht aus Londoner Sicht eine besonders große Gefahr darstelle: Die Sowjetunion würde schneller bereit sein, einen präventiven Nuklearschlag auszuführen. Die Kreml-Führung könnte versuchen, die Bundesrepublik aus dem westlichen Lager zu lösen. Zudem würden die Abrüstungsverhandlungen noch komplizierter werden, da Bonn eine Gegenleistung für die Aufgabe seiner Atomwaffen fordern könnte. Als wichtigsten Punkt nannte Lloyd die Gefahr, daß Westdeutschland bei einem Aufstand im Osten möglicherweise Atomwaffen einsetzen würde. Den für Großbritannien wichtigsten Aspekt erwähnte Lloyd nur implizit: Die Bundesrepublik sollte auf einen „second class status" festgeschrieben werden.[70] Um mit den Worten von Premierminister Macmillan zu sprechen: „The UK must try and preserve its position as a Great nation with world-wide responsibilities. We did not see it as any part of our future policy to seek to revive a powerful Germany."[71] In dieser Frage waren sich die führenden Regierungsmitglieder einig: Der Aufstieg der Bundesrepublik zur Atommacht/Großmacht mußte verhindert werden.

Nicht nur das Vorbild Frankreichs war in dieser Hinsicht ein großes Problem. Die britische Regierung betrachtete vor allem die verschiedenen Pläne zur atomaren Aufrüstung der NATO als mögliches Schlupfloch für eine nukleare Bewaffnung der Bundesrepublik. Die Pläne von General Norstad, die Bundeswehr mit taktischen Nuklearwaffen auszu-

---

[69] Das war der zentrale Aspekt für die britische Regierung: „Germany may be content for a long time to remain bound by the restrictions on manufacture of large weapons, including nuclear weapons, imposed by the Brussels Treaty. She might rest content indefinitely with a second class, i. e. non-nuclear status, so long as the United States and United Kingdom are the only Western nuclear powers. But if France became a nuclear power, she might become restive under a situation in which her chief weapons of defence were externally controlled." PRO, CAB 131/20, Memo by the Secretary of State for Foreign Affairs, 03. 11. 1958.

[70] PRO, CAB 131/20, Memo by the Secretary of State for Foreign Affairs, 03. 11. 1958.

[71] PRO, PREM 11/2679, Chronological Minute of the Meeting at Chequers, 29. 11. 1959.

statten, so befürchtete man, könnten dazu führen, daß eine zukünftige bundesdeutsche Regierung die Kontrolle über die nuklearen Sprengköpfe durch die USA nicht mehr akzeptieren werde. Wahrscheinlich würden die Deutschen schon bald auf die Idee kommen, die unabhängige deutsche Kontrolle über diese Waffen zu fordern.[72] Außenminister Lloyd sprach sich schließlich mit erheblichen Vorbehalten dafür aus, die Pläne Norstads im NATO-Rat nicht zu attackieren. Britischer Widerstand würde nur eine Krise innerhalb der NATO heraufbeschwören, und Großbritannien habe auch keinen realistischen Alternativvorschlag zu bieten.[73] Einen offenen Bruch innerhalb der NATO und Befremden in Washington konnte man nicht riskieren. Insofern blieb der britischen Regierung zunächst gar nichts anderes übrig, als die weitere Entwicklung abzuwarten.

Die deutsche Frage blieb weiterhin das zentrale Anliegen der britischen Nichtverbreitungspolitik. Die britische Regierung verfolgte die Ausstattung der Bundeswehr mit modernsten Waffen äußerst aufmerksam und beunruhigt zugleich. Ein Memorandum von Außenminister Lloyd verdeutlicht, wie sehr die Regierung in London von der beinahe traumatischen Angst beherrscht war, Bonn könne auf diesem Weg langfristig Kontrolle über Kernwaffen erhalten: „In no circumstances should we agree to any plans which allowed the Germans to have free access to nuclear warheads. Since the American view will naturally play a powerful part in determining NATO plans, it is desirable that we should take every opportunity that is open to us of influencing the Americans away from any thoughts of furnishing very offensive or sophisticated weapons to the Germans. . . . The case for maintaining controls over German rearmament does not need arguing. It is true that the present mood in Germany gives no reasonable cause for distrusting present German policies. But it is natural to have doubts about German reliability in the long run."[74]

Im Zusammenhang mit der Zielsetzung der nuklearen Aufrüstung der NATO und der Förderung der Zusammenarbeit der Verbündeten gab es auch einen konkreten Plan zur gemeinsamen Entwicklung einer Mittelstreckenrakete durch Großbritannien, Frankreich und Deutschland. Die USA würden technische und finanzielle Hilfe leisten. Die britische Regierung stand Mitte 1959 vor der Entscheidung, sich in den NATO-Gremien für die Verwirklichung oder für eine endgültige Verwerfung dieses Projektes auszusprechen. In der betreffenden Sitzung des verteidigungspolitischen Ausschusses des Kabinetts führte der Verteidigungsminister zunächst wirtschaftliche Argumente gegen das multinationale Programm an: die neue Rakete sei außerordentlich teuer, gleichzeitig aber militärisch nicht besonders effektiv. Außerdem verzögere sich bei einer britischen Beteiligung die Produktion der nationalen britischen Mittelstreckenrakete *Blue Streak*. Weitaus preiswerter sei es, die Verteidigung Europas mit bereits bestehenden amerikanischen oder britischen Waffensystemen sicherzustellen. Der Hauptgrund gegen eine europäische Gemeinschaftsproduktion war allerdings ganz anderer Natur. Verteidigungsminister Watkinson: „The most important objection to the project, however, was the political one –

---

[72] PRO, CAB 131/20, Memo by the Secretary of State for Foreign Affairs, 03. 11. 1958.
[73] PRO, PREM 11/2929, Germany and Nuclear Weapons, Foreign Secretary for PM, 12. 11. 1958.
Die Initiative Norstads war Teil des sogenannten *stock pile-plan*, der im Dezember 1957 vom NATO-Rat angenommen worden war und vorsah, „to establish a nuclear stockpile for NATO". Schwartz, Dilemmas, S. 75. Siehe auch: Bluth, Britain, S. 58–66; Melissen, NATO, S. 156–259.
[74] PRO, CAB 131/23, Memo by the Secretary of State for Foreign Affairs, 23. 03. 1960.

that it would involve amendment of the Brussels Treaty to enable the Germans to take part in the development of long range offensive missiles. It would therefore be the best if the project were abandoned. On the other hand, it would be unfortunate if this were thought to have happened because of lack of British co-operation. We should therefore try to induce the United States Government to take the lead in causing the project to be abandoned. . . . We should draw their attention to the political dangers of the present proposal and should emphasize the harm that any suggestion of modifying the Brussels Treaty to permit the Germans to join in the development and production of offensive rockets would cause to the Western case in the current negotiations with the Russians."[75] Die Briten scheuten sich, ihre gegen Deutschland gerichtete Nichtverbreitungspolitik in der internationalen Öffentlichkeit zu vertreten. Statt dessen sollte die US-Regierung zum Erfüllungsgehilfen dieser Politik gemacht werden.

Konsequenterweise sprach sich die britische Regierung auch gegen die Pläne General Norstads aus, die NATO zur vierten Atommacht zu machen. Norstad forderte im August 1959, daß das NATO-Oberkommando SHAPE eine Streitmacht von 450 MRBMs erhalten solle, die unter gemeinsamer Kontrolle der USA, Großbritanniens, Frankreichs und der Bundesrepublik stehen würde. Die britische Regierung machte in Washington eine Menge Vorbehalte gegen den Norstad-Plan deutlich.[76] In diesem Fall konnte sich die Regierung in London problemlos auf eine ablehnende Haltung zurückziehen, da die Initiative Norstads auch in Washington nicht unumstritten war.

Die britische Nichtverbreitungspolitik hatte von Beginn an eine klare Zielsetzung. Der nukleare Statusunterschied zu Deutschland und im weiteren Sinn zu den europäischen Staaten – abgesehen von Frankreich – mußte bewahrt werden. Da der nukleare Status das Hauptkennzeichen einer Großmacht darstellte, mußte der derzeitige Status quo festgeschrieben werden. Der nukleare Status war Ende der fünfziger Jahre das einzige Kriterium, das die Siegermacht und ehemalige Weltmacht Großbritannien noch deutlich von dem Verlierer des Zweiten Weltkriegs abhob. Die Bundesrepublik war dabei, Großbritannien als Wirtschaftsmacht zu überholen.[77] Die deutsche Wirtschaft erlebte innerhalb des gemeinsamen zollfreien Marktes der Sechs einen rasanten Aufstieg. Großbritannien stand außen vor und mußte den Verfall des Sterling als weltweite Leitwährung mitansehen. Der britische Premier Macmillan blickte nicht ohne Aversion auf den wirtschaftlichen Wiederaufstieg der Deutschen.[78] Angesichts der Finanzkrise in Großbritannien und der damit verbundenen britischen Truppenreduzierungen in Europa wurde die Bundesrepublik zudem mehr und mehr zum verläßlichsten Bündnispartner der USA in Europa. Bonn unterhielt natürlich ebenfalls enge Sonderbeziehungen zur amerikanischen Regierung. Die Macmillan-Regierung war jedoch nicht bereit, diese innereuropäische Machtverschiebung zu akzeptieren.

Frankreich teilte die britische Position in der Nichtverbreitungspolitik. Die Führung der Vierten Republik und auch General de Gaulle waren ebenfalls entschlossen,

---

[75] PRO, CAB 131/21, D (59), European Rocket Project, 01. 07. 1959.

[76] NSA, MC, Doc. Nr. 604, US-Embassy, London, to Dept of State, 11. 12. 1959. Zum Norstad-Plan siehe auch: Schwartz, Dilemmas, S. 75–79. Die Bundesregierung unterstützte den Norstad-Plan nachdrücklich, Hoppe, Teilhabe, S. 38–39.

[77] Den wirtschaftlichen Niedergang Großbritanniens in den sechziger Jahren beschreiben u. a.: Reynolds, Britannia, S. 202–237, Cairncross, Economy sowie Supple, Decline.

[78] NSA, MC, Doc. Nr. 646, Memo of Conference with the President, 27. 04. 1960.

Deutschland den Status einer Atommacht zu verweigern. Der Gegensatz zu der Nicht-verbreitungspolitik der Regierung in London bestand darin, daß man in Paris zunächst eine pragmatische Lösung des Problems verfolgte. Die französische Regierung ging reali-stischerweise davon aus, daß Bonn die nukleare Diskriminierung nicht lange hinnehmen werde. Daher sollte die Bundesrepublik ein wenig nukleare Mitbestimmung unter Auf-sicht und Kontrolle Frankreichs erhalten.[79] Die Bundesrepublik sollte sich dafür an der Finanzierung des französischen Atomprogramms beteiligen. Italien wurde in diese Form der Nichtverbreitungspolitik miteinbezogen. In diesem Zusammenhang kam es zwischen 1956 und 1958 zu trilateralen Kontakten über nukleare Zusammenarbeit. Im April 1958 beschlossen die Verteidigungsminister Chaban-Delmas, Strauß und Taviani den gemeinschaftlichen Bau einer Isotopentrennanlage. Das Ausmaß dieser Kontakte ist bis heute nicht völlig geklärt. Möglicherweise sollte tatsächlich der Grundstein für eine europäische Nuklearverteidigung unter der Führung Frankreichs gelegt werden.[80] Hier stellt sich auch die Frage, wie weit die nuklearen Ambitionen der Bundesregierung tat-sächlich gingen. Hoppe geht davon aus, daß „weder Adenauer noch Strauß jemals ernst-haft den Versuch unternommen hatten, die Bundesrepublik in den Besitz von Nuklear-waffen zu bringen"[81]. Schwarz kommt zu einem etwas differenzierteren Ergebnis. Dem-nach hätte Adenauer wahrscheinlich, wenn er eine Möglichkeit gesehen hätte, die Bun-desrepublik gerne zur Kernwaffenmacht nach dem Modell Großbritanniens oder Frank-reichs gemacht.[82]

General de Gaulle stoppte schließlich die 1958 vereinbarte Zusammenarbeit. Er wollte die Bundesrepublik nicht als Juniorpartner, sondern als Schützling sehen. Er plante, die USA als Schutzmacht der Bundesrepublik abzulösen und mittels nuklearer Garantieer-klärungen Frankreichs einen nationalen Weg der Bundesrepublik zu verhindern.[83] Im Unterschied zur britischen Führung war sich die französische Regierung darüber im kla-ren, daß die nukleare Abstinenz der Deutschen auf Dauer nicht ohne Gegenleistung zu halten war. In London dagegen war man fixiert auf die Aufrechterhaltung des nuklearen

---

[79] Soutou, Nuklearpolitik, S. 607.
[80] Soutou mißt diesen Plänen ganz erhebliche Bedeutung bei. Siehe Soutou, Alliance, S. 115–117, und Accords, S. 157. Soutou erwähnt, daß nach Angaben von französischen und italienischen Zeitzeu-gen die gemeinsame Herstellung von Bomben geplant war. Diese Bomben sollten die Grundlage für eine nicht näher beschriebene europäische Atomstreitmacht bilden. Soutou, Accords, S. 157. Siehe auch: Barbier, Négotiations, Conze, Coopération, Nuti, Rôle, sowie Schwarz, Kernwaffen, S. 576, und Newhouse, Krieg, S. 193–194.
[81] Hoppe, Teilhabe, S. 105. Hoppe stützt sich dabei auf Kelleher, Germany, Kap. 11. Soutou weist al-lerdings darauf hin, daß diese und andere Arbeiten aus den siebziger Jahren in der Bewertung der Zusammenarbeit von 1956–1958 veraltet sind. Soutou, Accords, S. 123.
[82] Schwarz schreibt: „Jeder Versuch Atommacht zu werden, wäre innenpolitischem Selbstmord gleichgekommen, da dies nicht nur auf seiten der Sowjetunion, sondern auch im Westen heftigste Gegenbewegungen ausgelöst hätte mit entsprechender Verstärkung der innenpolitischen Ableh-nungsfront. [...] Allerdings war er auch zu keinem Zeitpunkt bereit, den nicht-nuklearen Status der Bundesrepublik Deutschland als Dauerzustand zu akzeptieren." Schwarz, Kernwaffen, S. 577.
[83] De Gaulle verfolgte damit gegenüber Bonn eine ähnliche Politik wie Washington gegenüber Paris. Washington erwartete, Paris würde sich auf den nuklearen Schirm der USA verlassen und sich mit ein wenig nuklearer Mitsprache zufriedengeben. De Gaulle versicherte in Bonn mehrmals, er wäre bereit, das französische Kernwaffenarsenal zur Verteidigung der Bundesrepublik einzusetzen. Für Frankreich hingegen betonte er die Bedeutung der nationalen Unabhängigkeit in der Verteidi-gungspolitik.

Minderstatus Deutschlands, ohne darüber nachzudenken, was getan werden mußte, damit man in Bonn bereit war, diese nukleare Abstinenz zu akzeptieren.

Zunächst bestand jedoch für Frankreich die Gefahr, den Sprung zur Atommacht gar nicht mehr zu schaffen. Großbritannien war mit der Aussicht konfrontiert, bald selbst wieder einen nuklearen Minderstatus akzeptieren zu müssen. Mitte der fünfziger Jahre begannen die internationalen Verhandlungen über ein Verbot von Atomtests. Sie drohten das französische Atomprogramm vor der Vollendung zu stoppen und die Weiterentwicklung der britischen Kernwaffen zu blockieren. Die Briten würden den Anschluß an das nukleartechnologische Niveau der Supermächte verlieren, sollten sich die Supermächte auf die Unterzeichnung eines internationalen Abkommens zur Ächtung der Tests verständigen.

II. Großbritannien und die Verhandlungen um das Teststopp-Abkommen

1. Teststopp-Verhandlungen I: Macmillan und Eisenhower

Die britische Position zu Beginn der Verhandlungen

Mitte der fünfziger Jahre wurden die Atomtests der Supermächte eines der zentralen Themen in der internationalen Politik. Die weltweiten Proteste gegen die radioaktive Verseuchung der Erde vor allem durch atmosphärische Tests verstärkten sich nach dem sogenannten *Lucky-Dragon*-Unfall im März 1954. Die USA hatten eine Serie von Wasserstoffbombentests in der Nähe des Bikini-Atolls im Pazifik durchgeführt. Dabei wurde die Besatzung eines japanischen Fischerbootes durch den freigesetzten radioaktiven Niederschlag schwer verletzt. Einige Besatzungsmitglieder starben an den Folgen der nuklearen Verstrahlung.[1] Nach diesem Unglücksfall sahen sich die Atommächte mit wachsendem internationalen Druck konfrontiert, die Tests endlich einzustellen. Die westlichen Atommächte waren jedoch damals zu einen Abkommen über ein vollständiges internationales Testverbot, wie es nun im Rahmen der Vereinten Nationen gefordert wurde, nicht bereit. Die Regierungen in London und Washington waren sich einig, daß ein Verbot der Tests nur im Rahmen eines umfassenden internationalen Abrüstungsabkommens in Frage komme. Ein isoliertes Testverbot hätte es der Sowjetunion ermöglicht, den technologischen Vorsprung der Vereinigten Staaten aufzuholen, da keine effektive Überwachung des Abkommens vorgesehen war. Die Sowjetunion hätte unbemerkt weitere Tests durchführen können. Präsident Eisenhower bestätigte diese Haltung der amerikanischen Regierung im Juni 1955 und im Oktober 1956 nochmals ausdrücklich.

Die Briten hatten zu dieser Zeit noch zusätzliche Gründe, ein Testverbot abzulehnen. In Großbritannien bereitete man gerade den ersten britischen Wasserstoffbombentest vor. Großbritanniens Status als Atommacht war noch keineswegs gesichert. Ein Testverbot hätte damals das Aus für das britische Atomprogramm bedeutet. Sir Michael Wright, Verhandlungsführer der britischen Delegation in Genf, bekannte später offen, daß ein Teststopp damals primär als akute Bedrohung für die Entwicklung eines effektiven britischen Kernwaffenpotentials gesehen wurde: „Her Majesty's Government at this time shared the United States position that suspension of tests would be unreal and unjustifiable unless linked with disarmament measures. We were of course concerned with the development of our own nuclear and thermo-nuclear weapons which a test suspension would substantially have halted."[2] Das britische Selbstverständnis als Großmacht wäre durch den Verzicht auf die neueste Waffentechnologie stark erschüttert worden. Ein Me-

---

[1] Siehe hierzu: Hewlett/Holl, Atoms for Peace, S. 271–275.
[2] PRO, PREM 11/3591, Memo by Sir M. Wright (UK-Del., Geneva), 22. 09. 1961.

morandum des Verteidigungsministeriums bringt deutlich zum Ausdruck, daß der Verzicht auf die Wasserstoffbombe gleichgesetzt wurde mit dem Abstieg Großbritanniens zu einer zweitklassigen Macht.[3]

Die USA boten den Briten zu dieser Zeit an, bei der Vorbereitung und Durchführung eines Wasserstoffbombentests behilflich zu sein. Der AEC-Vorsitzende Strauss schlug Präsident Eisenhower vor, anstatt einer Lockerung des *McMahon-Acts* Großbritannien die amerikanischen Testgelände für die Durchführung eines britischen Wasserstoffbombentests zur Verfügung zu stellen. Damit könnten die USA zwei Fliegen mit einer Klappe schlagen: Man komme dem britischen Drängen nach nuklearer Kooperation ein Stück weit entgegen, ohne Geheimnisse preisgeben zu müssen. Wenn die Briten eine thermonukleare Testserie starteten, werde sich der internationale Proteststurm, den diese Tests in jüngerer Zeit regelmäßig auslösten, nicht mehr nur über den USA entladen.[4] Eisenhower stimmte dem Vorschlag zu, wobei ihn der Propagandaaspekt weniger interessierte. Er war im Gegensatz zu Strauss bestrebt, den Briten im Rahmen der Möglichkeiten Kooperation anzubieten.[5] Die britische Regierung lehnte dieses Angebot jedoch nach Verhandlungen mit den USA aus Kostengründen und wegen verschiedener amerikanischer Bedingungen ab.[6]

Der internationale Druck auf die Atommächte, die Tests einzustellen, wuchs indes stetig. Forderungen nach einem generellen Verbot waren in Form zahlreicher Initiativen und Resolutionen der Nichtkernwaffenstaaten in den Versammlungen der Vereinten Nationen ständig präsent. In Großbritannien sah sich die Regierung mit massiven Protesten der Bevölkerung konfrontiert.[7] Ein Teststopp kam für die Eden-Regierung nicht in Frage, aber sie war sich darüber im klaren, daß Großbritannien in dieser Frage arg unter Zugzwang geraten war. Als Alternative hatte Premierminister Eden zunächst überlegt, die Anzahl der Tests auf einen Test pro Jahr zu limitieren.[8] Das Verteidigungsministerium sprach sich jedoch strikt gegen diese Überlegungen aus. Sollte der erste britische Wasserstoffbombentest fehlschlagen, könnte nicht sofort ein weiterer durchgeführt werden. Außerdem seien Tests so teuer, daß es unrentabel sei, nur eine einzige Explosion durchzuführen.[9] Daraufhin erarbeitete die britische Regierung einen ausgeklügelteren Plan zur Begrenzung der Tests: „Their proposal was that the three nuclear powers might agree a limitation upon the annual megatonnage of test explosions."[10] Dabei gingen die Briten davon aus, ebenso viele Tests durchführen zu dürfen wie die beiden Supermächte. Das vorgeschlagene Gesamtvolumen von 15 Megatonnen pro Jahr lag weit über der Menge, die vom *Medical Research Council* als absolutes Höchstmaß in bezug auf globale

[3] PRO, DEFE 11/353, Memo by the Ministry of Defence, 1956, ohne Datum.
[4] FRUS, 1955–57, Vol. XX, S. 38.
[5] Ebenda.
[6] PRO, DEFE 13/353, Memo by the Ministry of Defence, Dezember 1955, ohne genaues Datum. Die genauen Bedingungen der USA werden leider nicht explizit genannt.
[7] Mitte der fünfziger Jahre formierte sich in Großbritannien das *National Council for the Abolition of Nuclear Weapons Tests* (NCANWT). Aus dem NCANWT entwickelte sich dann Mitte 1957 die *Campaign for Nuclear Disarmament* (CND), eine landesweite Protestbewegung für Abrüstung und Abschaffung der britischen Atomwaffen. Zur Geschichte und Bedeutung der britischen Friedensbewegung siehe: Taylor, Bomb.
[8] PRO, DEFE 11/355, de Zulueta (Private Secretary to PM) to Mr Hanna (MOD), 03. 12. 1955.
[9] PRO, DEFE 11/355, Memo, Ministry of Defence, 05. 12. 1955.
[10] Clark, Diplomacy, S. 194.

Gesundheitsgefährdung genannt wurde. Die Regierung war sich dieser Tatsache bewußt, aber sie war der Ansicht, daß eine Beschränkung auf maximal neun bis zwölf Megatonnen, wie vom *Medical Research Council* empfohlen, nicht möglich war.[11]

Während die konservative Regierung in London auch nach der erfolgreichen Zündung der ersten britischen Wasserstoffbombe ein Testverbot weiterhin strikt ablehnte,[12] kam in die Haltung der amerikanischen Regierung ein wenig Bewegung. Mit der Ernennung von Harold Stassen zum *special assistant for disarmament* betrat ein Mann die Bühne der internationalen Abrüstungsverhandlungen, der an die Möglichkeit eines umfassenden Abrüstungsabkommens mit der Sowjetunion glaubte.[13] Die Ansicht, daß ein Ende der Tests und damit ein „Einfrieren" des nuklearen Status quo im gemeinsamen Interesse beider Supermächte lag, gewann in Washington langsam an Bedeutung.

Allerdings war die amerikanische Regierung in der Frage eines Testverbots tief gespalten: „The AEC view throughout the Eisenhower period was that a test ban as an isolated arms control measure would endanger U.S. security. This view was shared by the Department of Defence."[14] Zwischen Stassen, der als Sonderberater für Abrüstungsfragen dem State Department unterstellt war, und Außenminister Dulles bestanden erhebliche Meinungsverschiedenheiten.[15] Diese inneren Divergenzen erschwerten es, einheitliche Positionen zu erarbeiten, behinderten im Verlauf der kommenden Verhandlungen die Entscheidungsfindung und hatten sogar eine teilweise Handlungsunfähigkeit der USA zur Folge.

Als der Kreml in der Frage der internationalen Überwachung eines Teststopps erstmals Zustimmung signalisierte, legte Stassen einen Abrüstungsplan vor, der ein Moratorium für Atomtests vorsah, sobald eine Übereinkunft in einigen grundsätzlichen Abrüstungsfragen, vor allem ein Abkommen über den sogenannten *cut-off*, das heißt einen Produktionsstopp von spaltbarem Material, erzielt war. Im Foreign Office in London löste diese Entwicklung zunächst Panik aus.[16] Man sprach sich trotz allem für eine Unterstützung des Stassen-Vorschlags aus, da es ohnehin nicht wahrscheinlich sei, daß der Kreml darauf eingehen werde. Die Zusammenarbeit auf der internationalen Bühne würden die USA dann mit einer möglicherweise benötigten Lieferung von nuklearem Know-How und spaltbarem Material belohnen.[17] Aus dem Memorandum des Foreign Office sprach einmal mehr die Angst, in der nuklearen Frage und infolge des Suezdebakels wiederum vom engsten Verbündeten im Regen stehengelassen zu werden, vor allem dann, wenn die britische Politik begann, eigene Interessen zu verfolgen.

---

[11] Ebenda, S. 195.

[12] Es waren natürlich noch weitere Tests nötig, bis Großbritannien tatsächlich mit der Produktion von Wasserstoffbomben beginnen konnte. Premierminister Macmillan erklärte in einer Unterhausdebatte am 01. 04. 1957: „Our tests must go on. To abandon them now would be to abandon the whole defence strategy upon which our policy is based and to put ourselves in a permanently weakened position." HC Debs., Vol. 568, c. 48, 01. 04. 1957.

[13] NSA, MC, Doc. Nr. 312, Conference on Disarmament 17. 05. 1957.

[14] Seaborg, Kennedy, S. 33.

[15] FRUS, 1955–57, Vol. XX, S. 240–241, Dulles to Stassen, 11. 12. 1955 sowie S. 294–295, Memo of Conversation, 26. 01. 1955.

[16] „An early cut-off date of production would completely disrupt our nuclear defence programme, largely deprive us of the deterrent and upset the whole basis on which our present defence planning is based." PRO, CAB 129/87, C. (57) 146, 21. 06. 1957.

[17] PRO, CAB 129/87, C. (57) 146, 21. 06. 1957.

Premierminister Macmillan benutzte die britische Furcht vor dem ständig drohenden Verrat durch die USA ganz bewußt, um nun die Interessen Londons in Washington einzuklagen. Anfang Juni hatte Eisenhowers Sonderberater Stassen ein inoffizielles Papier, das unter anderem einen Vorschlag für einen frühzeitigen *cut-off* beinhaltete, der sowjetischen Abrüstungsdelegation übergeben, ohne die britische Regierung davon informiert zu haben. Das Memorandum Stassens hatte jedoch zu dieser Zeit nicht den Hauch einer Chance, offizieller Vorschlag der USA zu werden. Dafür waren die Widerstände im Defense Department und im AEC zu groß. Das wußte man auch in London. Im August änderten die USA einen weiteren Entwurf für ein *cut-off*-Abkommen entsprechend den Wünschen der britischen Regierung so ab, daß Großbritannien auch nach einem Abkommen noch spaltbares Material aus den USA beziehen können sollte. Zudem bemühte sich Stassen im folgenden, in bilateralen Gesprächen mit den Briten klarzustellen, daß seine Vorschläge zeitlich so angelegt seien, daß sie die Entwicklung des britischen Atomprogramms nicht gefährden würden.[18] Die Regierung hatte in der Tat keinerlei Anlaß zur Sorge, und zumindest Premierminister Macmillan war sich dessen auch bewußt.[19]

Trotzdem nutzte Macmillan die Chance, die ihm durch die Kompetenzstreitigkeiten innerhalb der US-Regierung eröffnet wurde. Er bauschte die Episode in einem Protestschreiben an Eisenhower bewußt zum diplomatischen Eklat auf und warf Eisenhower eine Fortsetzung der *McMahon*- und Suez-Politik vor: „Is this America's reply to our becoming a nuclear power – to sell us down the river, before we have a stockpile sufficient for our needs?"[20] Dem amerikanischen Präsidenten sollte nachhaltig ins Gedächtnis gerufen werden, daß Großbritannien in der Teststopp-Frage nicht schon wieder von den USA im Stich gelassen werden dürfe. Vielmehr hätten die USA im Rahmen der *special relationship* den Briten den Erwerb eines nationalen Waffenarsenals zu ermöglichen. London erwartete nicht nur die Beteiligung Großbritanniens als gleichberechtigter Verhandlungspartner an den internationalen Verhandlungen und vorherige, umfassende Konsultationen, sondern ganz allgemein, daß die USA nach der Demütigung von Suez Großbritannien vor der internationalen Öffentlichkeit wieder als zweite westliche Großmacht und engsten Verbündeten anerkannten.

Der „Sputnik-Schock", das Erschrecken über den sowjetischen Vorsprung in der Satellitentechnik, verstärkte im Weißen Haus das Interesse an einem baldigen Testverbot. In Washington wurde nun überlegt, ob mittels eines sofortigen Teststopp-Abkommens noch verhindert werden könnte, daß die Sowjetunion in absehbarer Zeit in der Lage sein werde, die USA mit Kernwaffen zu erreichen.[21] Ein umgehender Teststopp wäre aber nicht nur auf erbitterten Widerstand im AEC und im Kongreß gestoßen, Präsident Eisenhower sah auch sofort die Probleme für die Verbündeten.[22] Gleichwohl hatte ein Teststopp-Abkommen für die USA schlagartig ganz wesentlich an Attraktivität gewonnen. Es wäre nicht nur eine Barriere gegen weitere Atommächte, sondern hätte auch die

---

[18] NSA, MC, Doc. Nr. 336, US-Embassy, London, to Dept of State, 15. 08. 1957.
[19] Clark erwähnt in diesem Zusammenhang, Dulles habe Macmillan darauf hingewiesen, daß Außenminister Lloyd vorab über das Stassen-Memo informiert worden sei. Clark, Diplomacy, S. 199.
[20] Macmillan, Storm, S. 300.
[21] NSA, MC, Doc. Nr. 348, Memo of Conversation with the President, 30. 10. 1957.
[22] Ebenda.

Gefahr eines baldigen Vorsprungs der Sowjetunion im Rüstungswettlauf gebannt. Das Interesse an Non-Proliferation konzentrierte sich dadurch allerdings völlig auf die Staaten außerhalb des westlichen Bündnisses. Primär wurde nun im Pentagon nach Möglichkeiten gesucht, die nukleare Schlagkraft gegen sowjetisches Territorium zu verstärken. Eine engere Zusammenarbeit der westlichen Atommächte erschien angesichts der größer werdenden Bedrohung sinnvoll und notwendig.

Der Sputnikschock spielte Großbritannien in zweifacher Hinsicht in die Hände: Die in London langersehnte Aufhebung des *McMahon-Acts* war nun in greifbare Nähe gerückt. Gleichzeitig brauchten die USA die britische Unterstützung in den Teststopp-Verhandlungen. Premier Macmillan sah auch sofort seine Chance, die Teststopp-Frage mit der Aufhebung des *McMahon-Acts* zu verbinden. Anfang Januar schrieb Macmillan an Eisenhower: „I must be quite frank and say that from my own Government's point of view we could not accept the abolition or suspension of tests in the present state of our knowledge. But if you were prepared after a revision of the Atomic Energy Act to make your knowledge available to us, our position would be different. If, on this basis, you would accept the abolition or suspension of tests we would accept this. But it would have to be after an amendment to the Atomic Energy Act and knowing that we would get the advantage of your knowledge."[23]

Mit der Forderung nach einer Änderung der amerikanischen Gesetzgebung fand Macmillan bei Eisenhower Gehör. Der Präsident hatte sich nach dem Sputnik-Schock für eine sofortige nukleare Zusammenarbeit und eine entsprechende Gesetzesänderung ausgesprochen.[24] Eisenhower hatte schon viel früher eine weniger restriktive Politik gegenüber Großbritannien gewollt, war aber am Widerstand des Kongresses gescheitert. Im April 1958 war immer noch nicht sicher, ob die Aufhebung des *McMahon-Acts* nun den Kongreß passieren werde. Gleichzeitig wuchs der internationale Druck auf die USA, endlich einem Testmoratorium zuzustimmen. Die Sowjetunion hatte im März nach Beendigung einer größeren Testserie angekündigt, die Atomtests einzustellen, und zum wiederholten Mal ein isoliertes Testmoratorium vorgeschlagen, das nicht an Bedingungen geknüpft, sondern Voraussetzung für Abrüstungsverhandlungen sein sollte. Von den westlichen Atommächten wurde nun ebenfalls ein Schritt vorwärts erwartet, und im State Department überlegte man, dem Kreml ein zeitlich begrenztes Testmoratorium anzubieten, das jährlich verlängert werden könnte – alllerdings in Verbindung mit gleichzeitig stattfindenden Verhandlungen über einen *cut-off* von spaltbarem Material (in den Verhandlungen kurz als *link* bezeichnet).

Im Foreign Office kam sofort wieder Nervosität auf, daß eine baldige Einigung der Supermächte über ein Testmoratorium, gekoppelt mit einem *cut-off*, das britische Atomprogramm doch noch in Gefahr bringen könnte.[25] Die Aufregung war völlig unbegründet, da Präsident Eisenhower seinem sowjetischen Gegenüber Chruschtschow im April nur vorschlug, eine gemeinsame technische Expertenrunde zu gründen, die die Möglichkeiten zur Überwachung eines Teststopp-Abkommens erörtern sollte. Großbritannien profitierte in dieser Situation von den Differenzen innerhalb der Eisenhower-Regierung,

---

[23] PRO, PREM 11/2567, Macmillan to Eisenhower, 01. 01. 1958.
[24] Botti, Long Wait, S. 200.
[25] PRO, PREM 11/2567, FO to Brit. Embassy, Washington, 05. 04. 1958. Eine Aufgabe des *link* wäre für die USA nicht in Frage gekommen.

die sich auf keinen offiziellen Vorschlag einigen konnte.[26] Außerdem geht aus einem Schreiben von Dulles an Macmillan hervor, daß im State Department ganz bewußt Rücksicht auf die schwierige Situation Großbritanniens genommen wurde, solange die Aufhebung des *McMahon-Acts* in der Schwebe stand.[27]

Die Expertenkonferenz kam zu dem Ergebnis, daß es technisch durchaus möglich sei, ein effektives Kontrollsystem zur Überwachung eines Teststopp-Abkommens aufzubauen. Damit war ein Grundstein für weitergehende Verhandlungen gelegt. Gleichzeitig nahmen die USA mit der Änderung des *McMahon-Acts* und den Abkommen über nukleare Zusammenarbeit den Briten den letzten und schwierigsten Schritt auf dem Weg zur Atommacht ab. Die amerikanische Regierung wollte daraufhin endlich ein Testmoratorium vorschlagen. In London war man jedoch immer noch nicht ganz zufrieden. Die britische Regierung wollte die absolute Sicherheit, alles technologische Wissen zur Verfügung gestellt zu bekommen, das Großbritannien benötigte. Macmillan wandte sich daher noch einmal in einem persönlichen Schreiben direkt an Eisenhower, ob er auch wirklich sicher sein könne, daß Großbritannien alle nötigen Informationen erhalten werde.[28] Der britische Premierminister wollte aber auch für Großbritannien eine Option auf Atomtests offenhalten. Er bat Eisenhower, den amerikanischen Vorschlag für ein Moratorium dahingehend abzuändern, daß kleine Tests weiterhin erlaubt sein sollten – mit dem Argument der unzureichenden Kontrollmöglichkeiten für kleine Tests. Dieser Aspekt war aber zweifellos nur von zweitrangiger Bedeutung.[29] Mit dieser Bitte hatte Macmillan die Geduld der Eisenhower-Regierung überstrapaziert. Außenminister Dulles antwortete ziemlich ungehalten, er könne Macmillans Argumentation nicht nachvollziehen. Eine Änderung des Moratoriums würde nur internationale Proteste zur Folge haben.[30]

Die britische Position nach der Wiederaufnahme der nuklearen Kooperation zwischen den USA und Großbritannien

Als feststand, daß Großbritannien alle nötigen Informationen erhielt, wurde Macmillan gleichsam über Nacht zu einem eifrigen Befürworter eines Abkommens. Großbritanniens Status als *first class nuclear power* war nun gesichert, und die Briten sahen sich in der Lage, die Atomtests nach einer letzten Serie im Oktober 1958 ohne Gefahr für das britische Atomprogramm einzustellen. Ein Teststopp-Abkommen erschien nun als ideale Maßnahme, um die Entstehung weiterer Atommächte zu vereiteln.[31]

Obwohl alle Atommächte im Herbst 1958 noch Testserien durchführten, konnte Ende Oktober die Genfer Konferenz zur Beendigung der Atomwaffentests die Verhandlungen aufnehmen. Die Sowjetunion legte in Genf einen Vertragsentwurf vor, demzufolge sich die Atommächte verpflichten sollten, zunächst die Tests einzustellen und dann ein internationales Kontrollsystem gemäß den Ergebnissen der Genfer Expertenkonferenz zu er-

[26] PRO, PREM 11/2567, Brit. Embassy, Washington, to FO, 10. 04. 1958.
[27] NSA, MC, Doc. Nr. 462, Dulles to Macmillan, 21. 08. 1958.
[28] PRO, PREM 11/2566, Macmillan to Eisenhower, 17. 08. 1958.
[29] Ebenda. Einige Monate später ließ Macmillan verlauten, daß eine perfekte Überwachung ohnehin unmöglich sei, daß man aber das Risiko eines umfassenden Vertrags trotzdem eingehen müsse. PRO, PREM 11/2860, Macmillan to Eisenhower, 20. 02. 1959.
[30] NSA, MC, Doc. Nr. 462, Dulles to Macmillan, 21. 08. 1958.
[31] PRO, PREM 11/2566, Macmillan to Eisenhower, 17. 08. 1958.

richten. Den Briten war nun daran gelegen, möglichst schnell Fortschritte in den Verhandlungen zu erzielen. Die amerikanische Regierung wurde gedrängt, die Koppelung des Teststopp-Abkommens mit weiteren Abrüstungsverhandlungen aufzugeben, wozu sich das Weiße Haus nun auch bereit fand.[32] Unterdessen waren jedoch die amerikanischen Wissenschaftler aufgrund der Ergebnisse der letzten Testserie zu dem Schluß gekommen, daß unterirdische Tests nach dem Genfer System nicht entdeckt werden könnten. Vielmehr seien wesentlich kompliziertere und aufwendigere Kontrollmechanismen nötig, um diese zuverlässig nachweisen zu können. Die Vereinigten Staaten akzeptierten das Genfer System nicht länger als Verhandlungsgrundlage. Die Aufforderung der amerikanischen Delegation in Genf, über die neuen Daten und ein dichteres Kontrollsystem zu verhandeln, wurde von der Sowjetunion mit dem Argument zurückgewiesen, daß es den USA nur um Spionagemöglichkeiten gehe. Der Kreml reagierte auf die Aufgabe des *link* mit einem weiteren Rückzieher. Die sowjetische Delegation in Genf forderte nun für die Sowjetunion ein Vetorecht bei der Durchführung aller Kontrollmaßnahmen, wiederum mit dem Argument, sich gegen versuchte Spionage schützen zu müssen.

Die Regierung in Washington war nun mehrheitlich zu der Überzeugung gelangt, daß die Verhandlungen an einem toten Punkt angekommen waren und vorübergehend ausgesetzt werden sollten. Washington wollte aber keinesfalls die Verantwortung für das Scheitern der Verhandlungen übernehmen. Gleichzeitig stand zu befürchten, daß der britische Premierminister bei seinem bevorstehenden Staatsbesuch in Moskau in der Frage der Kontrolle Zugeständnisse machen könnte: „Mr Herter said that with Macmillan's trip coming up, he clearly wants to give in on this matter because of his forthcoming elections. We must have an agreement as to what we are going to do and what procedures we are going to follow. . . . The President said . . . we must make clear that the one thing on which there cannot be retreat is insistence on an effective inspection system. Mr Herter said he planned to tell Caccia *[Brit. Ambassador]* just this today."[33] Macmillan bestätigte Herters Vermutung in einem Schreiben an Eisenhower:[34] Der britische Premier wollte so bald wie möglich ein Abkommen. Er brauchte jedoch einen außenpolitischen Erfolg nicht primär als Trumpf im Wahlkampf, wie Herter vermutete. Die Weiterverbreitung von Kernwaffen zu verhindern, war der wichtigste Aspekt für die Macmillan-Regierung geworden. Insofern war eine hundertprozentige Kontrolle in der Sowjetunion auch nicht von vorrangiger Bedeutung. Die britische Regierung stand damit in der Frage der Überwachung des Abkommens der Führung in Moskau nun näher als dem engsten Verbündeten.

Auf der Suche nach Kompromißlösungen in der Frage des Vetos für die Sowjetunion hatte Macmillan in Washington vorgeschlagen, eine bestimmte Mindestanzahl an Inspektionen vor Ort festzulegen, die pro Jahr stattfinden müßten. Die USA hatten diesen Vorschlag abgelehnt und Macmillan gebeten, ihn fallenzulassen. Während seines Staatsbesuchs in Moskau Ende Februar 1959 unterbreitete Macmillan dann der Kreml-Führung genau diesen Quotenplan, der dort wohlwollend aufgenommen wurde.[35] Die amerikani-

---

[32] PRO, PREM 11/2565, Lloyd to Foster, 25. 11. 1958.

[33] NSA, MC, Doc. Nr. 524, Memo of Conference with the President, 18. 02. 1959.

[34] PRO, PREM 11/2860, Macmillan to Eisenhower, 20. 02. 1959.

[35] An Eisenhower schrieb Macmillan später: „I hope you do not feel that my tentative proposal about a limited number of inspections as a possible solution to the Russian fears of espionage has got us into trouble." PRO, PREM 11/2861, Macmillan to Eisenhower, 29. 04. 1959.

sche Regierung durfte jedoch keinesfalls erfahren, daß Macmillan in Moskau konkrete und extrem niedrige Zahlen für jährliche Inspektionen vor Ort vorgeschlagen hatte:[36] Die Genfer Expertenkonferenz war von jährlich etwa 100 „unidentifiable events" ausgegangen, die Inspektionen vor Ort erforderlich machten. Nach der Auswertung der letzten Testserie schraubten die amerikanischen Wissenschaftler diese Zahl noch weiter hoch. Macmillan sprach in Moskau von jährlich acht bis zehn Einzelkontrollen vor Ort. Er war somit bereit, zur Durchsetzung seiner Ziele die Position der amerikanischen Regierung massiv zu untergraben. Nach dem Alleingang Stassens hatte Macmillan intensive Konsultationen und Rücksichtnahme auf den engsten Verbündeten angemahnt. Für die britische Regierung schienen diese Regeln offensichtlich nicht zu gelten.

Der diplomatische Eklat blieb aus. Die Zahlen Macmillans wurden in Washington erst Monate später bekannt. Die amerikanische Regierung hatte ihrerseits die Briten nicht davon informiert, daß sie mit dem Gedanken spielte, die Verhandlungen vorübergehend zu beenden, und fühlte sich daher gegenüber dem Juniorpartner auch ein wenig schuldig. Ein offener Bruch zwischen den USA und Großbritannien hätte die westliche Verhandlungsposition in Genf erheblich geschwächt und der Sowjetunion einen gewaltigen Propagandaerfolg beschert. Das wollte man in Washington unbedingt vermeiden. Zudem hatte unterdessen im Weißen Haus ein Meinungsumschwung stattgefunden. Die Briten wurden darüber informiert, daß Eisenhower inzwischen auch glaube, daß ein umfassendes Kontrollsystem undurchführbar sei und daher ein Quotenplan angestrebt werden solle. Allerdings sei das Verteidigungsministerium nach wie vor gegen diese Lösung.[37] Die militärische Führung und Vertreter der AEC in den USA wandten sich dagegen, kleinere unterirdische Tests in ein Abkommen miteinzubeziehen, da diese zum einen überhaupt nicht kontrollierbar waren und zum anderen die USA noch derartige Testserien zur Weiterentwicklung kleinerer Waffen durchführen wollten. Angesichts dieser Situation schlug Eisenhower im April 1959 erstmals einen *Partial Test Ban Treaty* (PTBT) vor, was allerdings von Chruschtschow umgehend zurückgewiesen wurde.[38]

Macmillan versuchte nun, das Weiße Haus für einen Kompromiß zu gewinnen. Washington solle der Kreml-Führung einen PTBT gekoppelt mit einem unkontrollierten Moratorium für unterirdische Tests anbieten. Die britische Regierung mußte jedoch erkennen, daß die ständigen Gegenvorschläge und Änderungswünsche aus London mehr und mehr das Gegenteil dessen bewirkten, was sie bewirken sollten, da man in Washington den britischen Druck langsam leid war.[39] Trotzdem schreckten die Briten vor weiteren diplomatischen Eskapaden nicht zurück. Als die britische Delegation in Genf im Oktober bilaterale Gespräche mit den sowjetischen Verhandlungspartnern führte, reagierte

---

[36] „Wadsworth and his delegation have been pressing us a little as to what exactly was proposed in Moscow. . . . We have of course given no hint that the Prime Minister mentioned any numbers. . . . There is always the danger that Tsarapkin will disclose the figures used by the Prime Minister in Moscow. If Zarapkin should press this point . . . I suggest that you point out that, since the Prime Minister used a whole string of figures, it is quite clear that he was not basing his illustration on any precise scientific criteria; it was in fact simply another way of expressing X number of inspections." PRO, PREM 11/2861, Secretary of State to UK-Del., Geneva, 29. 04. 1958.

[37] PRO, PREM 11/2861, UK-Del., Geneva, to FO, 14. 05. 1959.

[38] Zu dieser Zeit begann man zu differenzieren zwischen einem alle Testformen umfassenden Vertrag = *Comprehensive Test Ban Treaty* (CTBT) sowie einem Vertrag ohne Inbezugnahme von unterirdischen Tests = *Partial Test Ban Treaty* (PTBT).

[39] PRO, PREM 11/2861, de Zulueta to PM, 29. 06. 1959.

Washington ausgesprochen verstimmt. Die USA fürchteten, die Briten könnten mit der Sowjetunion im Alleingang ein Moratorium über unterirdische Tests aushandeln und den USA dann einen Vertragsentwurf präsentieren. Die britische Regierung sah sich daraufhin doch gezwungen, einzulenken. Um jeglichen Verdacht auszuräumen, ließen die Briten der US-Delegation in Genf die internen Protokolle über die bilateralen Gespräche mit Moskau zukommen.[40]

Als das Weiße Haus im Januar 1960 die Briten davon informierte, daß die USA nochmals einen PTBT vorschlagen wollten, drängte Außenminister Lloyd darauf, ein sofortiges Moratorium für alle Tests in den Vorschlag miteinzubeziehen, was die amerikanische Regierung aber ablehnte. Der Kreml präsentierte als Antwort einen Gegenvorschlag – einen PTBT sowie ein Moratorium von unbegrenzter Dauer für kleine unterirdische Tests –, woraufhin die konservative Regierung wiederum eine gewaltige diplomatische Offensive startete, um die USA zur Annahme zu bewegen.[41] Macmillan beabsichtigte, eigens zur Erörterung dieser Frage nach Washington zu kommen. In den USA war die Stimmung inzwischen gegen Großbritannien umgeschlagen. Es hatte sich der Eindruck verbreitet, daß die Regierung in ihrer Teststopp-Politik von Großbritannien gegängelt wurde. Der britische Botschafter meldete aus Washington: „I have summarized the trend of opinion so far to the Russian proposal. The announcement of your visit will increase still further the flood of speculation, and from Press enquiries made here today, the following are the general assumptions that we have had to deal with: (a) That the initiative came from you. (b) That your object is to persuade the President to agree to the Russian proposal, (c) That the urgency of the visit is to prevent the President capitulating to the views of the Defence Department and the Atomic Energy Commission."[42]

Präsident Eisenhower hatte schon vor dem Eintreffen Macmillans mit seinen Beratern die amerikanische Haltung zur sowjetischen Initiative festgelegt: Die USA könnten einen PTBT kombiniert mit einem zeitlich begrenzten Moratorium akzeptieren. In dieser Zeit müsse ein Abkommen über die Überwachung erzielt werden, ein unbegrenztes, nicht überwachtes Moratorium komme für die USA nicht in Frage.[43] Trotzdem wurde mit einer gemeinsamen öffentlichen Erklärung bis Ende März gewartet, um nicht schon wieder den Anschein zu erwecken, London hätte Washington zur Annahme gedrängt. In dieser Erklärung stimmten Großbritannien und USA dem sowjetischen Vorschlag zu, begrenzten jedoch die Dauer des Moratoriums auf 27 Monate. Macmillan war nun entschlossen, bei dem Gipfeltreffen der Großen Drei im Mai, trotz der Widerstände im Defense Department und in der AEC, substantielle Fortschritte zu erzielen.[44] Diese Hoffnungen wurden jedoch durch den Abschuß eines amerikanischen U2-Spionageflugzeugs am ersten Mai 1960 über der Sowjetunion zunichte gemacht. Die sowjetische Delegation verließ zwar die Konferenz in Genf nicht, blockierte aber alle weiteren Initiativen. In den Vereinigten Staaten standen nun die Präsidentschaftswahlen vor der Tür, und es war klar, daß die scheidende Eisenhower-Regierung kein Abkommen mehr unterzeichnen

[40] PRO, PREM 11/3161, Brit. Embassy, Washington, to FO, 03. 11. 1959.
[41] PRO, PREM 113162, Macmillan to Eisenhower, 21. 03. 1960 sowie: NSA, MC, Doc. Nr. 635, Memo of Conversation, 23. 03. 1960.
[42] PRO, PREM 11/3162, Caccia to Macmillan, 25. 03. 1960.
[43] NSA, MC, Doc. Nr. 635, Memo of Conversation, 23. 03. 1960.
[44] PRO, PREM 11/3162, Macmillan to Lloyd, 09. 04. 1960.

konnte. Der Macmillan-Regierung blieb nichts anderes übrig, als die bevorstehenden Wahlen abzuwarten und darauf zu hoffen, daß die zukünftige Regierung die Teststopp-Gespräche neu beleben würde.

Ziele und Einflußmöglichkeiten Großbritanniens während der ersten Phase der Verhandlungen

In der Frühphase ging es der britischen Regierung ausschließlich darum, sicherzustellen, daß Großbritannien auf dem Weg zur Atommacht nicht auf der Strecke blieb. Für dieses Ziel kämpften Eden und Macmillan mit taktischen Manövern und diplomatischem Druck. Ein Teststopp-Abkommen oder ein Verbot der Produktion von spaltbarem Material Mitte der fünfziger Jahre hätte bedeutet, daß das britische Atomprogramm nie aus seinen Kinderschuhen herausgewachsen wäre. Insbesondere nach Suez kamen in Großbritannien Befürchtungen auf, daß dies den USA gar nicht ungelegen käme oder daß die amerikanische Regierung möglicherweise bereit wäre, zugunsten einer bilateralen Einigung mit der Sowjetunion das britische Atomprogramm zu opfern. Für diese Befürchtungen bestand jedoch zu keiner Zeit ein konkreter Anlaß. Die Macmillan-Regierung gewann den Wettlauf gegen die Zeit: als die USA 1958 den *McMahon-Act* zugunsten Großbritanniens änderten, war der britische Status als vollwertige Atommacht gesichert.

Was nun folgte, kann kaum anders als ein blitzschneller *U-turn* bezeichnet werden. Von einem Tag auf den anderen wurde die britische Regierung zum Vorreiter in der Teststopp-Frage. Macmillan wollte nun möglichst sofort ein Abkommen. Als Anfang 1957 der erste britische Wasserstoffbombentest unmittelbar bevorstand, begann sich die britische Öffentlichkeit für die Atomtests zu interessieren. Es entzündete sich eine kontroverse öffentliche Debatte, und die Gegner der Tests formierten sich. Kritische Töne kamen nicht nur von der politischen Linken. Auch viele Zeitungen und sogar Vertreter der Kirche äußerten sich kritisch und forderten ein Testverbot.[45] Die öffentliche Meinung blies der konservativen Regierung in der Teststopp-Frage gewaltig ins Gesicht.[46] Die Labour-Opposition war auf den fahrenden Zug aufgesprungen und hatte sich ein sofortiges Testverbot auf die Fahnen geschrieben, obwohl sie zuvor die Entscheidung für die Wasserstoffbombe ausdrücklich mitgetragen hatte. Nachdem Großbritanniens Status als Atommacht gesichert war, wollte Macmillan endlich der öffentlichen Meinung Rechnung tragen. Im Gegensatz zu den *unilateralists*, den Vertretern einer einseitigen, bedingungslosen Abrüstungspolitik, konnte er sich nun als konsequenter Verfechter eines Abkommens und damit einer verantwortungsbewußten Abrüstungspolitik im Wahlkampf profilieren.

Dabei war die Macmillan-Regierung durchaus darauf bedacht, französische Interessen zu wahren und Frankreichs Aufstieg zur Atommacht nicht im letzten Moment durch einen Teststopp zu verhindern. Frankreich sollte durch die Hintertür noch Zutritt zum nuklearen Klub haben. Die britische Regierung hatte schließlich auch versucht, eine Reso-

---

[45] The Times, 28. 03. 1957.

[46] In den Vereinigten Staaten war die Situation ganz anders. Die öffentliche Meinung war keinesfalls für ein einseitiges Testmoratorium der USA, solange die Sowjetunion weiter testete. Darauf wies der britische Botschafter in Washington hin. PRO, PREM 11/2565, Caccia to FO, 12. 11. 1958. White verweist ebenfalls auf die unterschiedliche öffentliche Meinung in Großbritannien und den USA: White, Britain, S. 97.

lution der Vereinten Nationen gegen den ersten französischen Atomtest zu verhindern. Sie war ebenso darum bemüht, keine Situation entstehen zu lassen, in der die anglo-amerikanische Politik in den Teststopp-Verhandlungen eine Bedrohung für das französische Atomprogramm werden könnte. Als Macmillan sich gegen die Pläne aus Washington wandte, ein generelles Testmoratorium vorzuschlagen, und Eisenhower im August 1958 dazu bewegen wollte, kleine Tests davon auszuschließen, hatte er weniger die Kontrollfrage als vor allem Frankreich im Auge. Ein derartiges Moratorium war auch für Frankreich nicht völlig inakzeptabel.[47]

Die britische Regierung hatte allen Grund zur Rücksichtnahme auf Frankreich, denn sie wollte in jedem Fall verhindern, daß Frankreich einem Abkommen nicht beitreten würde. In diesem Fall bestand die Gefahr, daß auch andere potentielle Atommächte mit Hinweis auf Frankreich die Unterschrift verweigerten. Gleichzeitig befürchteten die Briten, daß de Gaulle für seine Unterschrift unter ein Abkommen nukleare Hilfe von Großbritannien fordern könnte, was der britischen Regierung aber durch die Abkommen mit den USA verboten wäre.[48] Macmillan machte de Gaulle während des Gipfeltreffens in Rambouillet im März 1960 tatsächlich Hoffnungen, daß ein derartiges Arrangement möglich wäre. Nachdem die USA jegliche Hilfe abgelehnt hätten, wäre Großbritannien unter Umständen bereit einzuspringen, so Macmillan.[49] Außenminister Lloyd erwog, ob Frankreich ebenfalls in den Genuß der Änderung des *McMahon-Acts* kommen könnte.[50] Die Eisenhower-Regierung stand diesen Überlegungen durchaus positiv gegenüber.[51] Sie war sich jedoch darüber im klaren, daß ihr in dieser Frage durch den Kongreß die Hände gebunden waren.[52]

Obwohl die Macmillan-Regierung ein Testverbot hauptsächlich als Mittel sah, Proliferation zu verhindern, und sie bei ihren Bemühungen um Nichtweiterverbreitung von Kernwaffen vor allem die Bundesrepublik Deutschland im Visier hatte, war das Teststopp-Abkommen mit Blick auf Bonn in der Frühphase der Verhandlungen nur von untergeordneter Bedeutung. Natürlich erwarteten die Briten, daß die Deutschen einem Abkommen beiträten und sich verpflichteten, keine Atomtests durchzuführen. Allerdings hatte sich die Bundesregierung bereits in den Pariser Verträgen von 1954 zum Verzicht auf die Herstellung – aber nicht auf den Erwerb – von Kernwaffen verpflichtet. Insofern fürchteten die Briten nicht, daß die Bundesrepublik eigene Atomwaffen bauen könnte, sondern daß die wirtschaftlich erstarkte Bundesrepublik sich den Status als Atommacht früher oder später erkaufen würde. Dies könnte vor allem auf dem Umweg über ein Abkommen über die Stationierung von Atomwaffen in der Bundesrepublik Deutschland unter multilateraler, amerikanischer oder NATO-Kontrolle geschehen. Ein Teststopp-Abkommen war keine sichere Garantie gegen eine Atommacht Deutschland. Das Außenministerium sah 1958 eine mögliche Lösung dieses Problems noch primär in Abrüstungsmaßnahmen.[53] Für den Premierminister gewann jedoch die „deutsche Frage" zentrale Bedeutung in den Teststopp-Verhandlungen.

[47] PRO, PREM 11/2566, Macmillan to Eisenhower, 20. 08. 1958.
[48] PRO, PREM 11/2998, FO-Memo, 26. 02. 1960.
[49] PRO, PREM 11/3162, Memo of Conversation with de Gaulle, 12. 03. 1960.
[50] PRO, PREM 11/2566, Lloyd to UK-Mission, New York, 17. 08. 1958.
[51] Siehe auch S. 40.
[52] NSA, MC, Doc. Nr. 431, Memo of Conversation with the British Delegation, 09. 06. 1958.
[53] PRO, CAB 131/20, D. (58) 54, Memo by Foreign Secretary Lloyd, 03. 11. 1958.

Ein Testverbot war jedoch die geeignete Non-Proliferationsmaßnahme gegenüber allen Staaten, die unmittelbare nukleare Ambitionen hatten, aber auf die selbständige Entwicklung einer Bombe angewiesen waren. Dazu zählten neben China vor allem Indien und Pakistan. 1960 verdichteten sich auch Hinweise auf ein israelisches Atomprogramm. Besonders wichtig war es, den drohenden Aufstieg Chinas zur Atommacht noch zu verhindern. Die britische Regierung hoffte, daß der Kreml seinen Einfluß auf Peking geltend machen könnte.[54] In diesem Zusammenhang war auch die französische Unterschrift so außerordentlich bedeutsam. Ebenso wie Großbritannien und die USA von der Sowjetunion erwarteten, daß diese den Beitritt Chinas gewährleistete, wollte die sowjetische Führung, daß die westlichen Atommächte den Beitritt Frankreichs garantierten.

In den britischen Überlegungen, ob den USA die Aufnahme Frankreichs in die technische Expertenkonferenz vorgeschlagen werden sollte, zeigte sich, wie sehr die britische Regierung die Regel „Atommacht gleich Großmacht" verinnerlicht hatte: „If, however, we decide to press the Americans to associate the French with these discussions, the Americans may well feel inclined to retort by saying that, if we want the French in as well as ourselves, the simplest solution would be for us to keep out and the discussion to be bilateral as the Russians evidently desire. . . . But we should be most reluctant not to press strongly for our association with these technical discussions. As the third military nuclear power we obviously ought to be in. . . . Above all, if we drop out of technical discussions of this kind, we shall have set a precedent for our exclusion from others, and indeed for bilateral discussions between the Russians and Americans alone over the whole range of major international problems."[55] Obwohl Außenminister Lloyd die Möglichkeit sah, daß bei einer aktiven Mitarbeit Frankreichs am Zustandekommen eines Abkommens de Gaulle vielleicht auf die Entwicklung eines militärischen Nuklearpotentials verzichten werde, überwog die Angst, daß die USA dann ihrerseits bilaterale Verhandlungen anstrebten.

Großbritannien war bereit, Frankreich im Kreis der Großmächte zu akzeptieren. Man nahm aber nur so lange Rücksicht, als die eigenen Interessen nicht in Gefahr waren. Den Platz am *top table* der internationalen Politik wollte man um keinen Preis verlieren. Das Vereinigte Königreich sollte auch weiterhin eine führende Rolle im internationalen Geschehen spielen. Macmillan drängte auf ein Abkommen, weil es eine Chance für Großbritannien war, sowohl sich als verantwortungsbewußte Großmacht zwischen den nuklearen Giganten zu profilieren, als auch die Exklusivität des Klubs der Atom- und Großmächte zu gewährleisten. Mit dem Abkommen wäre ein offizieller Atomklub geschaffen worden, und alle nachfolgenden Staaten hätten zwar den *de facto* Status, aber nicht das entsprechende internationale Ansehen erreichen können.

Wieviel Einfluß hatte Großbritannien nun tatsächlich bis zum Ausscheiden der Eisenhower-Regierung auf die Verhandlungen? Die britische Regierung war grundsätzlich darauf bedacht, in den offiziellen Verhandlungen eine gemeinsame Front mit den USA gegenüber der Sowjetunion zu bilden. Sie wußte, daß sie die westliche Solidarität am Verhandlungstisch nicht aufs Spiel setzen durfte.[56] Hinter der offiziellen Bühne in Genf übten die Briten unter optimaler Ausnutzung der *special relationship* jedoch massiven

---

[54] PRO, PREM 11/2860, Note by Mr. O'Neill (FO), 24. 02. 1959.
[55] PRO, PREM 11/2566, Lloyd to Caccia, 17. 05. 1958.
[56] PRO, PREM 11/3591, Memo by Sir M. Wright (UK-Del., Geneva), 22. 09. 1961.

Druck auf die amerikanische Regierung aus. Wie sah dieser Druck aus, und was konnte er in Washington tatsächlich bewirken? Nach Suez war nicht nur den Briten, sondern auch den USA daran gelegen, den Riß zwischen den engsten Verbündeten zu kitten. Macmillan appellierte bewußt an das „schlechte Gewissen" der Eisenhower-Regierung, die Interessen des Juniorpartners in der Atompolitik nicht schon wieder zugunsten einer bilateralen Einigung zu mißachten. Washington war ohnehin bemüht, die Teststopp-Frage nicht zur Falle für die Briten werden zu lassen.[57] Als die Hürde, die der *McMahon-Act* dargestellt hatte, genommen war, drängte die Macmillan-Regierung in Washington auf Zugeständnisse gegenüber Moskau, vor allem in der Frage der Überwachung.[58] Die britische Einflußnahme war auf allen diplomatischen Ebenen präsent. Macmillan nutzte sein aus gemeinsamen Kriegstagen stammendes, freundschaftliches Verhältnis zu Eisenhower, um seine Vorschläge immer direkt in persönlichen Schreiben an den amerikanischen Präsidenten zum Inhalt der amerikanischen Politik zu machen.

London argumentierte, daß aufgrund der Spaltung der Eisenhower-Regierung in der Teststopp-Frage das hohe Maß an britischer Einflußnahme notwendig gewesen sei, um überhaupt in den Verhandlungen mit der Sowjetunion bestehen zu können.[59] Diese Argumentation hatte durchaus ihre Berechtigung. Auch von amerikanischer Seite wird bestätigt, daß die Entscheidungsfindung in Washington äußerst schwierig und langwierig war. Folglich hatte die amerikanische Delegation in Genf kein klares Konzept und wenig Verhandlungsspielraum. Damit vermittelten die USA der internationalen Öffentlichkeit ein denkbar schlechtes Bild ihres Verhandlungswillens. Schlesinger urteilte im Rückblick: „The American delegation in Geneva played only a weak and inglorious role in the negotiations."[60]

Weder die angebliche Handlungsunfähigkeit der Regierung Eisenhower noch die Bedeutung der britischen Einflußnahme sollten allerdings überbewertet werden. Eisenhower grenzte sich sehr bestimmt gegen zuviel britische Einflußnahme ab. So antwortete er im April 1959 auf einen Vorschlag Macmillans, er glaube, daß Macmillans neuer Vorschlag die westliche Position eher verschlechtern als verbessern würde.[61] Außerdem verhielt sich die amerikanische Regierung in den Verhandlungen keineswegs völlig destruktiv. Eisenhower verkündete im August 1958 erstmals ein amerikanisches Testmoratorium – gegen den erbitterten Widerstand des AEC-Vorsitzenden Strauss.[62] Die erste Initiative für einen PTBT kam im April 1959 von amerikanischer Seite. In Washington hatte man intensiv daran gearbeitet, diesen innerhalb der Regierung konsensfähigen Vorschlag zu finden.[63] Im State Department wurde schon über Möglichkeiten für eine Aufgabe des *link* zwischen Teststopp und konkreten Abrüstungsmaßnahmen nachgedacht, als Großbritannien noch um den Status als Atommacht fürchtete. Im Drängen auf ein Abkom-

---

[57] NSA, MC, Doc. Nr. 404, Memo of Conversation, 28. 03. 1958.
[58] PRO, PREM 11/2861, UK-Del., Geneva, to FO, 18. 04. 1959. Eine gewisse Überheblichkeit über die angebliche Unfähigkeit und Unwilligkeit der Eisenhower-Regierung in den Genfer Verhandlungen offenbart sich vor allem in einem Memo des britischen Verhandlungsführers in Genf, Sir Michael Wright, von 1957–61. PRO, PREM 11/3591, Memo by Sir M. Wright, 22. 09. 1961.
[59] PRO, PREM 11/3591, Memo by Sir M. Wright, 22. 09. 1961.
[60] Schlesinger, Thousand Days, S. 400.
[61] PRO, PREM 11/2860, Eisenhower to Macmillan, 10. 04. 1959.
[62] Hewlett/Holl, Atoms for Peace, S. 545–546.
[63] Bunn, Arms Control, S. 25. Siehe auch: Divine, Wind, S. 228–231.

men hatten die Briten in der Tat starke Verbündete im State Department. In Großbritannien wurde die Behauptung verbreitet, Außenminister Dulles habe alles getan, um die Verhandlungen scheitern zu lassen. Dies kann nur als ein Märchen bezeichnet werden.[64] Zudem darf nicht vergessen werden, daß Moskau in den Verhandlungen oft den Eindruck erweckte, effektive Kontrollmaßnahmen zu scheuen und den westlichen Atommächten einen Vertrag abringen zu wollen, der *de facto* nicht mehr war als Propagandazauber und ein Feigenblatt für die sowjetische Unwilligkeit, ernsthafte Zugeständnisse zu machen.

Die britische These, daß die Macmillan-Regierung die Konferenz mehrfach vor dem Scheitern bewahrt habe,[65] muß ebenfalls relativiert werden. Die amerikanische Regierung beabsichtigte im Frühjahr 1959 keineswegs, ein endgültiges Aus der Genfer Konferenz herbeizuführen. Sie wollte nur eine Denkpause einlegen und im weiteren Verlauf eine eigenständigere Politik verfolgen.[66] Im März 1960 war Eisenhower schon vor den Gesprächen mit Macmillan zu der Überzeugung gekommen, daß der sowjetische Vorschlag eines PTBT in Verbindung mit einem zeitlich begrenzten Moratorium für kleine unterirdische Tests annehmbar sei. Macmillan konnte nur den Zeitrahmen für das Moratorium noch etwas verlängern.[67] Mit dem Quotenvorschlag brachte Macmillan tatsächlich frischen Wind in die Verhandlungen, und es gelang ihm, sowohl die Führung in Moskau als auch in Washington für die Idee zu gewinnen.[68] Die Nennung konkreter Zahlen war jedoch nicht nur taktisch ungeschickt, sondern auch verantwortungslos gegenüber dem Bündnispartner.

Die britische Regierung sah ihre Rolle in den Verhandlungen als *honest broker* zwischen den Supermächten und überschätzte damit ihre Bedeutung im weltpolitischen Geschehen beträchtlich. Tatsächlich suchte sie immer dann den bilateralen Kontakt zum Kreml, wenn die Verhandlungen festgefahren schienen. Washington verfolgte – nicht zu Unrecht – diese britische Politik mit Argwohn, aus Angst, die Verbündeten würden auf Kosten der USA mit der Sowjetunion eine Einigung erzielen. Die Sowjetunion versuchte wiederum, die westlichen Bündnispartner gegeneinander auszuspielen. Das kontinuierliche, ungeduldige Drängen in Washington war in hohem Maß obsolet, der britische Übereifer verpuffte folgenlos oder drohte sogar einen gegenteiligen Effekt auszulösen.[69] Zu-

---

[64] Sir Michael Wright bezeichnete Dulles als einen Hauptverantwortlichen für das Nichtzustandekommen eines Vertrages während der Regierungszeit Eisenhowers. In Großbritannien wurde der amerikanische Außenminister zum Sündenbock für die gescheiterten Verhandlungen erklärt. PRO, PREM 11/3591, 22. 09. 1961. Diese Darstellung ist in der Forschung zum Teil übernommen worden. Freeman, Arms Control, S. 83. Die Anschuldigungen sind jedoch völlig haltlos, wie nicht nur aus den Aussagen von Dulles hervorgeht. So bemerkte George Bunn zur Haltung des Außenministers treffend: „Secretary of State Dulles had become an advocate of test ban negotiations, believing they would be a good response to worldwide demands for an end to nuclear tests and a way to explore Soviet intentions for East-West cooperation. He also felt that a test ban could discourage the spread of bomb-making." Bunn, Arms Control, S. 23. Siehe hierzu auch: Seaborg, Kennedy, S. 10.
[65] PRO, PREM, 11/3591, Memo by Sir M. Wright, 22. 09. 1961.
[66] NSA, MC, Doc. Nr. 524, Memo of Conference, 18. 02. 1959.
[67] Clark, Diplomacy, S. 210.
[68] PRO, PREM 11/2861, Brit. Embassy, Washington, to FO, 19. 05. 1959.
[69] Aus Washington kamen mehrfach Warnungen, daß weitere britische Einmischung nur kontraproduktiv sei: PRO, PREM 11/2861, Brit. Embassy, Washington, to FO, 19. 05. 1959.

dem wurde durch die nachgiebige Haltung Macmillans gegenüber der Sowjetunion in der Berlin-Krise der negative Eindruck auf den engsten Verbündeten nur noch verstärkt.[70] Mit einer dosierteren Einflußnahme hätte Großbritannien nicht weniger erreicht. Die Befürworter eines Abkommens innerhalb der amerikanischen Regierung hätten nicht ständig einen lähmenden „Zweifrontenkrieg" gegen die Drängler aus Großbritannien und die Bremser im Defense Department und in der AEC führen müssen. Die britische Regierung brachte neue Ideen in die Verhandlungen, aber sie konnte nicht wirklich ein *broker* sein, dazu war sie letztendlich viel zu sehr von den USA abhängig.

2. Teststopp-Verhandlungen II: Macmillan und Kennedy

Der Verlauf der Verhandlungen nach dem Amtsantritt Kennedys

Nach den amerikanischen Präsidentschaftswahlen vom November 1960 verlor der britische Premierminister keine Zeit, dem neuen Präsidenten das Teststopp-Abkommen dringend nahezulegen, und schrieb in dieser Sache bereits Anfang Dezember an Kennedy.[71] Der neue Präsident sollte ein offenes Ohr für Macmillans Anliegen haben. Er hatte sich schon in den vergangenen Jahren als Senator mehrfach für einen umfassenden Teststopp-Vertrag ausgesprochen. Der Abschluß eines Abkommens mit der Sowjetunion war eines der vordringlichsten Ziele des neuen Präsidenten. Mit Kennedy zog zwar ein neues Team von Beratern ins Weiße Haus ein, aber Kennedy erbte von seinem Vorgänger auch die mächtige Lobby der Teststopp-Gegner im Defense Department und in der AEC. Diese drängten dann auch sofort auf eine Wiederaufnahme der Tests, da die Verhandlungen seit Sommer 1960 festgefahren waren und der Verdacht bestand, daß die Sowjetunion unterdessen heimlich testete.

Kennedy hatte unmittelbar nach seinem Amtsantritt Studien erarbeiten lassen, wie in den Verhandlungen, die im Frühjahr 1961 fortgesetzt werden sollten, endlich Fortschritte erzielt werden könnten. Im März 1961 präsentierten die westlichen Atommächte in Genf ein Paket von neuen Vorschlägen, und einen Monat später legten die USA und Großbritannien erstmals einen vollständigen Entwurf für einen Vertrag vor. Der Entwurf enthielt ein Verbot aller Tests – mit Ausnahme der kleinen, nicht nachweisbaren unterirdischen. Das Verbot sollte durch eine feste Quote von jährlich 20 Inspektionen vor Ort und weltweiten Kontrollstationen – auch auf sowjetischem Territorium – überwacht werden. Der sowjetische Verhandlungsführer Zarapkin wies den Entwurf umgehend zurück. Er pochte auf einer Annahme folgender Bedingung: der internationalen Kommission solle nicht nur ein Vorsitzender, sondern eine Troika aus drei gleichberechtigten Vorsitzenden vorstehen. Außerdem sollten Kontrollen nur bei Einigkeit aller Mitglieder der Troika angeordnet werden können. Für die westlichen Atommächte war dieses Schlupfloch in der Kontrollfrage inakzeptabel. Trotzdem signalisierten die westlichen Delegationen in Genf weiteres Entgegenkommen, indem sie die Quote der Inspektionen auf zwölf reduzierten.

Auf dem Wiener Gipfeltreffen im Juni 1961 hatte Chruschtschow Kennedy jedoch unmißverständlich klargemacht, daß er in der Teststopp-Frage auf dem sowjetischen Troi-

---

[70] Siehe hierzu: Gearson, Berlin Wall.
[71] Macmillan, Way, S. 311.

ka-Vorschlag zur Überwachung beharren werde, da er westliche Spionage befürchte.[72] Chruschtschow hatte außerdem erklärt, daß ein Abkommen für ihn nur noch in Verbindung mit weitreichenden Fortschritten in der Abrüstung in Frage komme. Zwei Monate später verschärfte Moskau die Berlin-Krise. Der Mauerbau begann. Nun erwog auch Kennedy, der große Erwartungen in die Teststopp-Verhandlungen gesetzt hatte, eine Wiederaufnahme der Tests. Er wollte jedoch noch keine endgültige Entscheidung treffen und hatte die Hoffnung auf einen positiven Ausgang der Verhandlungen noch nicht ganz aufgegeben. Außerdem fürchtete man im Weißen Haus die internationalen Reaktionen, falls die USA vor der Sowjetunion die Tests wiederaufnehmen sollten.

Auch die britische Regierung mußte erkennen, daß die Sowjetunion an einem Abkommen zum jetzigen Zeitpunkt ganz offensichtlich nicht interessiert war. Man mußte nun wohl oder übel abwarten, bis die USA in der Frage der Wiederaufnahme der Tests eine Entscheidung träfen, und sich bis dahin mit der Zuschauerrolle zufriedengeben, bemerkte Außenminister Home.[73] Home empfahl seiner Regierung grundsätzlich, die amerikanische Regierung in dieser Entscheidung nicht zu beeinflussen. Er forderte aber, in Washington darauf hinzuweisen, daß Großbritannien vor einer offiziellen Ankündigung weiterer Tests umfassende Konsultation über deren Art und Zeitpunkt wünsche. Für den Fall, daß die USA nicht wieder testeten, sah Home die Gefahr, daß das unüberwachte Moratorium ein Dauerzustand werden könne, was eine Unterminierung der westlichen Position bedeuten würde. In diesem Fall sei ein tatsächliches Abkommen ohne Kontrollen vorzuziehen, das allerdings kaum die amerikanische Zustimmung finden werde. Gleichzeitig sprach sich Home aber für unbedingte Loyalität zum engsten Bündnispartner aus. Großbritannien solle in jedem Fall eine Entscheidung der USA für eine Wiederaufnahme der Tests unterstützen und keineswegs die Kennedy-Regierung drängen, dem Kreml weitere Zugeständnisse zu machen. Die Türe zu weiteren Verhandlungen dürfe allerdings auch nicht zugeschlagen werden.[74] Premierminister Macmillan erwog die Möglichkeit, über eine Verknüpfung von Berlin-Krise und der Teststopp-Frage zu einer Einigung mit dem Kreml zu kommen: „Indeed we might make Russian agreement to the treaty some sort of a quid pro quo for any settlement we might get on Berlin. My conclusion is anyway that the best course for the moment might be just to keep the tests negotiations ticking over somehow until the autumn."[75] Kennedy hoffte in der Testfrage noch im August auf eine Verhandlungslösung, da er von einer tatsächlichen Notwendigkeit für weitere Tests nicht überzeugt war.[76]

Kennedy wurde die Entscheidung schließlich abgenommen. Am 31. August 1961 verkündete der Kreml eine Wiederaufnahme der sowjetischen Atomtests. Bereits zwei Tage später begann die Sowjetunion, erste atmosphärische Tests durchzuführen. Die westlichen Atommächte boten sofort an, ein Moratorium für Tests, die nuklearen *fall-out* verursachen, zu vereinbaren. Dies lehnte Chruschtschow aber umgehend ab. Der amerikanische Präsident kündigte daraufhin am 5. September 1961 eine Wiederaufnahme der ame-

---

[72] Seaborg, Kennedy, S. 67.
[73] PRO, PREM 11/3590, Memo by Lord Home, 09. 06. 1961.
[74] Ebenda.
[75] PRO, PREM 11/3591, draft telegram, Macmillan to Kennedy, Juli 1961, ohne genaues Datum. Hinweise auf konkrete Pläne Macmillans ließen sich allerdings nicht finden.
[76] NSA, MC, Doc. Nr. 788, Kennedy to Macmillan, 08. 08. 1961.

rikanischen Tests an. Er betonte dabei, daß die USA zunächst nur unterirdische Tests durchführen würden, d.h. Tests, die keinen *fall-out* verursachen. Macmillan war von dieser Entscheidung erst kurz vor der Bekanntgabe informiert worden, es hatte keine genaue Absprache mit London gegeben.[77] Der britische Premier war über diesen – in seinen Augen übereilten – Schritt verärgert und bat Kennedy dringend, wenigstens vor einer Wiederaufnahme der atmosphärischen Tests umfassend konsultiert zu werden.[78] Macmillan wollte zumindest die Aufnahme von atmosphärischen Tests verhindern oder hinauszögern. Er schlug daher Kennedy vor, ein einseitiges, sechsmonatiges Testmoratorium der westlichen Atommächte zu verkünden und zu erklären, die Tests auch nur dann wiederaufzunehmen, wenn es militärisch notwendig werde. Kennedy wies diesen Plan umgehend zurück, jedoch nicht auf Drängen des Pentagon, wie Macmillan behauptete.[79] Die Initiative Macmillans war ganz offensichtlich ein diplomatischer Alleingang des Premierministers, mit dem Ziel, ein britisches Mitspracherecht in der amerikanischen Testpolitik zu erlangen: „The agreed and unanimous position in the Government is to reject his proposal. ... The Prime Minister is trying to get you hooked to an agreement not to test without his consent. This is dirty pool. Finally even on propaganda grounds, the proposed moratorium looks ineffective to all your people. Though you won't want to say it, our assessment is that the British Foreign Office and Ormsby-Gore both disagree with the Prime Minister's proposal."[80]

Als die Entscheidung im Weißen Haus feststand, zunächst unterirdisch zu testen, wollte Großbritannien umgehend davon profitieren: Noch im September 1961 erkundigte sich der Vorsitzende der britischen Atomenergiebehörde (UKAEA), Roger Makins, ob die USA für Großbritannien einige unterirdische Tests durchführen könnten, da die Briten keine Möglichkeit hätten, unterirdisch zu testen. Premierminister Macmillan bat Kennedy am 3. November 1961 offiziell um diesen Gefallen und nannte die technologische Weiterentwicklung eines bestimmten Waffensystems als Begründung für den Test.[81] Macmillan hatte Ende Oktober vor dem Unterhaus erklärt, daß Großbritannien nur dann wieder testen werde, falls eine militärische Notwendigkeit dies erfordern mache. Eine wirkliche militärische Notwendigkeit kann Macmillan weder für die amerikanischen noch für die britischen Tests in Nevada gesehen haben, denn er war persönlich davon überzeugt, daß die Sowjetunion aus ihrer jüngsten Testserie keine militär-strategisch bedeutsamen Erkenntnisse ziehen werde.[82] Dem britischen Premierminister ging es in der Teststopp-Frage also nicht um ein sofortiges Ende aller Tests und damit ein Ende des Rüstungswettlaufs. Nachdem ein Abkommen in weite Ferne gerückt war, wollten die Briten die Möglichkeit nützen, ihr Waffenarsenal zu perfektionieren und den

---

[77] PRO, PREM 11/3591, FO to Brit. Embassy, Washington, 05. 09. 1961.

[78] Kennedy hat diese Konsultationen damals nicht von sich aus zugesagt, wie Macmillan in seinen Memoiren behauptet. Macmillan, Way, S. 397. Macmillan hat sie vielmehr in einem Schreiben an Kennedy ausdrücklich gefordert. PRO, PREM 11/3591, Macmillan to Kennedy, 07. 09. 1961.

[79] Macmillan, Way, S. 405.

[80] NSA, MC, Doc. Nr. 810, Memo by McGeorge Bundy, 27. 10. 1961. Das Foreign Office unterstützte diesen Vorschlag mit Sicherheit nicht. Das Memo von Außenminister Home belegt zweifelsfrei, daß dieser strikt gegen ein britische Einmischung in die amerikanische Entscheidung über die Wiederaufnahme der Tests war. PRO, PREM 11/3590, Memo by Lord Home, 09. 06. 1961.

[81] PRO, PREM 11/3246, Macmillan to Kennedy, 03. 11. 1961.

[82] PRO, PREM 11/3592, Macmillan to Ormsby-Gore, 24. 11. 1961.

technologischen Vorsprung zu möglichen Nachfolgern auszubauen. In der nuklearen Rüstungsforschung wollte Großbritannien keinesfalls hinter den Supermächten zurückbleiben und war daher nicht bereit, für eine konsequente Einstellung aller Tests den Abstieg zu einer Atommacht „zweiter Klasse" in Kauf zu nehmen.

Die konservative Regierung stand allerdings unter dem Druck der öffentlichen Meinung, die immer lauter ein sofortiges Ende der Tests forderte. Insofern wurde die Bitte um eine Beteiligung an den amerikanischen Tests zunächst streng geheimgehalten. Macmillan war vor allem sehr daran gelegen, zu verhindern, daß die USA die atmosphärischen, d. h. *fall-out* verursachenden, Tests wiederaufnehmen, da in Großbritannien eine derartige Ankündigung eine gewaltige Woge an öffentlichem Protest ausgelöst hätte. Ein Moratorium für atmosphärische Tests und ein – heimlicher – Anschluß Großbritanniens an das amerikanische unterirdische Testprogramm wären angesichts des toten Punkts in den Verhandlungen und dem Beginn einer neuen Testrunde die Optimallösung für Macmillan gewesen, da sie die Weiterentwicklung des britischen Nuklearpotentials ermöglichte und es dem Premierminister zugleich erlaubte, sich der britischen und in der internationalen Öffentlichkeit als aufrichtiger Verfechter eines Testverbots zu präsentieren.

Die unterdessen stattfindenden russischen Testserien übertrafen alle bisherigen an Stärke und Anzahl. In Washington wuchs die Entschlossenheit, die sowjetischen Versuchsreihen nun ebenfalls mit einer atmosphärischen Testserie zu beantworten. Präsident Kennedy kündigte Anfang November eine entsprechende Entscheidung des Weißen Hauses an. Die USA verfügten allerdings über kein geeignetes Gelände. Nachdem das bisher genutzte Territorium, Johnston Island, der Verwaltung der Vereinten Nationen übergeben worden war, wäre es international sehr schwer durchsetzbar gewesen, dort weiterhin zu testen. Die Wissenschaftler favorisierten nun die britischen Anlagen auf Christmas Island zur Durchführung ihrer atmosphärischen Tests. Kennedy richtete eine entsprechende Anfrage an Macmillan und versicherte diesem gleichzeitig, daß die USA selbstverständlich bereit seien, die britische Bitte um Durchführung einiger unterirdischer Tests in Nevada zu erfüllen. Kennedy wollte aber kein offizielles *quid pro quo* zwischen den beiden Anfragen herstellen.

Obwohl die britische Öffentlichkeit mehrheitlich ein sofortiges Versuchsverbot sowie umfangreiche Abrüstungsmaßnahmen forderte, sah Macmillan in diesem *test-deal* große Vorteile für Großbritannien. Es würden nicht nur einige Tests für Großbritannien durchgeführt, man könnte zudem auch die Daten aller Versuche auswerten, und außerdem würde die britische Regierung mehr Einfluß auf die gesamte amerikanische Testpolitik gewinnen.[83] Der britische Premier wollte aber die Chance nicht ungenutzt lassen, Kennedy seine Bedingungen zu diktieren. Zunächst sollte ein Treffen zwischen Kennedy und Macmillan stattfinden, um die Einzelheiten zu besprechen, und die britischen Experten sollten genaueste Informationen – inklusive bisher geheimer US-Technologie – über die geplanten Tests und Waffensysteme erhalten.[84] In Folge der Zusammenkunft in Bermuda im Dezember 1961 legte Macmillan in einem langen Brief an Kennedy seine Vorstellungen vom weiteren Verlauf der anglo-amerikanischen Teststopp-Politik dar: Vor einer endgültigen Entscheidung über die Wieder-

---

[83] PRO, CAB 128/35, C.C. 62 (61), 14. 11. 1961.
[84] Seaborg, Kennedy, S. 118–119.

aufnahme der Tests solle ein Gipfeltreffen – ausschließlich zur Teststopp-Frage – stattfinden. Während des Gipfels könne man der Sowjetunion noch einmal zwei Vorschläge – wahlweise einen CTBT und einen PTBT – anbieten. In der Kontrollfrage müßten die westlichen Atommächte weitreichende Zugeständnisse machten. De Gaulle solle ebenfalls zur Teilnahme eingeladen werden, und hinsichtlich der heiklen Frage der französischen Tests schlug Macmillan vor, für Frankreich eine Ausnahmeregelung durchzusetzen, nach der Frankreich noch einige Jahre unterirdisch testen dürfe.[85] Macmillan wollte außerdem den Teststopp-Gipfel der „Großen Drei" institutionalisieren. In Zukunft sollten regelmäßige Gipfeltreffen der Atommächte stattfinden, damit das Konzert der Großmächte wieder stärker die internationale Politik lenke.[86]

Macmillan wollte eine Wiederaufnahme der atmosphärischen Tests vermeiden und Kennedy an den Verhandlungstisch zurückführen. Macmillan betonte in seinem Schreiben einmal mehr, warum ihm ein Testverbot so am Herzen lag: „If the test programme of the Great Powers goes on there is no hope of dealing with what you call the n-th country problem. Some countries will develop powerful systems, probably the Chinese and eventually the Germans – and of course the French. Nothing can stop them if the Great Powers go on."[87]

In der Kabinettsbesprechung wurde schließlich noch die Frage erörtert, wie das Abkommen in der Öffentlichkeit präsentiert werden sollte. Die Regierung wollte allerdings vor der britischen Öffentlichkeit nicht zugeben, daß sie kein Mitspracherecht bei der Entscheidung über die Wiederaufnahme der Tests hatte. Kennedy sollte sich daher verpflichten, offiziell zu erklären, daß eine Wiederaufnahme der Tests nur nach einer gemeinsamen Entscheidung der beiden Regierungen erfolgen werde. Diese Lösung war freilich für Kennedy nicht akzeptabel.[88] Macmillan bemühte sich bei der Debatte im Unterhaus, einer klaren Stellungnahme auszuweichen, und argumentierte, daß zwischen der amerikanischen und der britischen Regierung ohnehin Einigkeit bestehe, daß die Tests gerechtfertigt seien.[89] Kennedy gegenüber versicherte Macmillan ausdrücklich, daß sich die britische Regierung kein Veto über die Entscheidung vorbehalte.[90]

Mit der Bedingung, die Tests an eine vorherige größere Abrüstungsinitiative zu binden, konnte Macmillan sich durchsetzen. Kennedy lehnte freilich den von Macmillan (und auch von Chruschtschow) gewünschten „großen Gipfel" ab. Ein Gipfeltreffen wäre auch nur dann sinnvoll gewesen, wenn ein Abkommen in greifbare Nähe gerückt wäre. Die momentane Situation entsprach freilich eher einer Neuaufnahme der Verhandlungen. Am 8. Februar verkündeten die beiden Regierungschefs in einer gemeinsamen Erklärung die weitere Testpolitik: Die Vereinigten Staaten träfen Vorbereitungen für eine Wiederaufnahme der atmophärischen Tests, und die britische Regierung habe dafür Christmas Island zur Verfügung gestellt. Vor einer tatsächlichen Aufnahme der Tests wollten Großbritannien und die USA aber noch einmal einen Versuch unternehmen, ein Abkommen zu erlangen. Noch vor Wiederaufnahme der Achtzehn-Mächte-Abrü-

---

[85] PRO, PREM 11/3246, Macmillan to Kennedy, 29. 12. 1961.
[86] Ebenda.
[87] PRO, PREM 11/3246, Macmillan to Kennedy, 29. 12. 1961.
[88] Clark, Diplomacy, S. 218.
[89] HC Debs., Vol. 653, c. 629–30, 08. 02. 1962.
[90] PRO, PREM 11/4041, Macmillan to Kennedy, 16. 01. 1962.

stungskonferenz im März 1962 solle ein Gipfeltreffen der Außenminister stattfinden, um die wesentlichen Fragen zu klären. Eine entsprechende Einladung wurde an den Kreml übermittelt. Damit hatte Macmillan sein Hauptziel erreicht. Eine Eskalation der Situation durch eine sofortige Antwort der USA mit atmosphärischen Tests konnte verhindert werden. Kennedy lud Macmillan zu einem anglo-amerikanischen Gipfel nach Bermuda ein. Dies war nicht nur hinsichtlich der Verhandlungen mit den USA wichtig. In der internationalen Öffentlichkeit wurde damit die Bedeutung der *special relationship* demonstriert, und Großbritannien konnte sich als die zweite westliche Großmacht präsentieren. Die internationalen Verhandlungen wurden nicht abgebrochen, sondern intensiviert. Überdies hätte die unterirdische Testserie in Nevada das britische Atomprogramm noch ein Stück weiterentwickelt, und die Briten sollten zusätzlich Daten über bisher absolut geheime Atomtechnologie erhalten. Insofern ist es nicht richtig, wenn Freeman behauptet: „Macmillan and his collegues were being forced to make Christmas Island available for atmospheric tests while in return receiving no more than an assurance of America's committment to the search for disarmament."[91] Im Gegenteil, der Juniorpartner diktierte die Bedingungen.[92]

In den folgenden Verhandlungen legten die USA eine leicht modifizierte Version des Vertragsentwurfs vom April 1961 vor und signalisierten auch Bereitschaft, in der Frage der Anzahl der Inspektionen vor Ort noch beweglich zu sein. Der sowjetische Außenminister Gromyko beharrte indes auf einem Vertrag ohne jegliche internationale Kontrollen. Macmillan konnte bei Kennedy zwar noch einmal einen zeitlichen Aufschub durchsetzen, aber am 10. April 1962 sah sich der britische Premier gezwungen, in einer gemeinsamen Erklärung mit Kennedy eine Wiederaufnahme der Tests durch die USA für Ende April anzukündigen. Macmillan ließ allerdings in dieser Zeit nichts unversucht, um, wenn schon die Tests stattfinden würden, wenigstens die Verhandlungen fortzusetzen. Mit dieser persönlichen Initiative geriet er dabei mehrfach mit dem Foreign Office in Konflikt, das die Vorschläge des Regierungschefs nüchtern als unrealistisch einschätzte.[93]

Am 10. April 1962 schickte Macmillan – gleichsam als Abmilderung der Ankündigung der amerikanischen Testserie – einen persönlichen Brief an Chruschtschow, in dem er den sowjetischen Regierungschef noch einmal eindringlich bat, die starre Haltung der Sowjetunion in der Frage der internationalen Kontrollen zu überdenken. Außenminister Home hatte Macmillan von dem Schreiben dringend abgeraten. Er vertrat die Ansicht, diese Initiative lasse Differenzen zwischen den USA und Großbritannien vermuten. Außerdem sei von der Kreml-Führung nach den Aussagen in Genf keine konstruktive Antwort zu erwarten. Es wäre, so Home, viel angebrachter gewesen, mit Frankreich, das starke Vorbehalte gegen ein Teststopp-Abkommen habe, über eine positivere Haltung zu verhandeln, als nun de Gaulle den Eindruck zu vermitteln, Großbritannien wolle ein Abkommen um jeden Preis und nehme auf die schwierige Situation Frankreichs keine Rücksicht.[94] Prompt meldete auch die amerikanische Presse, Macmillan unterminiere

---

[91] Freeman, Arms Control, S. 115.
[92] Diese Sichtweise wird auch bestätigt durch Seaborgs Schilderung des Verhandlungsmarathons mit den Briten: Seaborg, Kennedy, S. 116–121.
[93] PRO, FO 371/163091, Wright to de Zulueta, 23. 03. 1962.
[94] PRO, FO 371/163092, Foreign Secretary to PM, April 1962, ohne genaues Datum.

nicht nur kontinuierlich die amerikanische Position in den Verhandlungen mit der Sowjetunion, sondern auch die Loyalität seiner eigenen Regierung gegenüber Washington.[95]
    Macmillan hatte ein Teststopp-Abkommen nicht dazu benutzen wollen, den Aufstieg
Frankreichs zur Atommacht zu verhindern, aber er hatte in seinem Schreiben an Kennedy zu erkennen gegeben, daß ihm die Weiterentwicklung des französischen Atompotentials von der Zündung der Bombe zum Aufbau eines effektiven Waffenarsenals nicht
wünschenswert erscheine. Zugleich hatte er aber deutlich gemacht, daß ihm viel daran
gelegen sei, Frankreich in die Teststopp-Verhandlungen miteinzubeziehen, und daß er
bereit sei, den Vertrag so zu gestalten, daß Frankreich den bloßen Status als Atommacht
sichern könne. Damit hätte Frankreich den Status als vierte Großmacht bewahren können, aber auf die Entwicklung eigener Waffensysteme verzichtet. Das Außenministerium
hatte im Laufe der Teststopp-Verhandlungen immer wieder auf die Bedeutung einer französischen Beteiligung hingewiesen und nukleare Hilfe der westlichen Atommächte für
Frankreich ins Auge gefaßt, um Frankreich für das Teststopp-Abkommen zu gewinnen.[96]
Kennedy hatte jedoch auf entsprechende britische Anfragen hin zunächst erklärt, daß
seine Regierung keinesfalls bereit sei, nukleare Informationen an Frankreich weiterzugeben.
    De Gaulle wiederum hatte deutlich gemacht, daß er ein isoliertes Teststopp-Abkom-
men für uninteressant halte und diesem auch erst beitreten könne, sobald Frankreich
ein vollwertiges Waffenarsenal entwickelt habe.[97] De Gaulle beharrte auch Anfang 1962
noch auf dieser Position und lehnte eine Einladung Frankreichs zur Achtzehn-Mächte-
Abrüstungskonferenz ab. Statt dessen forderte er, die vier Atommächte sollten über umfassende Abrüstungsmaßnahmen, insbesondere eine Vernichtung der nuklearen Trägersysteme, verhandeln. Premierminister Macmillan hatte sich trotz dieser beunruhigenden
Signale aus Paris völlig auf ein Teststopp-Abkommen konzentriert. Das Foreign Office
forderte nun energisch mehr Rücksicht auf Frankreich.[98] Großbritannien sei in den laufenden EWG-Beitrittsverhandlungen auf französisches Wohlwollen angewiesen und solle
Frankreich nicht mit überflüssigen Teststopp-Initiativen verärgern. In Genf achtete die
britische Delegation zunehmend auf die Haltung der europäischen Verbündeten. Die
französische Abwesenheit wurde als äußerst nachteilig empfunden, und man bemühte
sich daher wenigstens um besonders gute Zusammenarbeit mit Italien, das als einziges
EWG-Mitglied an den Genfer Verhandlungen beteiligt war.[99] Außenminister Home
wies Macmillan auf diesen Zusammenhang hin, und der Premierminister schwenkte er-
nüchtert über die Teststopp-Verhandlungen schließlich auf die Linie des Außenministeriums ein.[100]
    Sowohl den USA als auch Großbritannien war daran gelegen, nach Beendigung der
amerikanischen Testserie auf Christmas Island ihre Verhandlungsbereitschaft durch die

---

[95] New York Herald Tribune, 29. 03. 1962. Das ausgesprochen ablehnende, schon beinahe beleidi-
gende Antwortschreiben Chruschtschows an Macmillan (PRO, FO 371/163092, Chruschtschow
to Macmillan, 14. 04. 1962) lieferte gleichsam die Bestätigung für die Position des FO und die
Angriffe aus den USA.
[96] PRO, PREM 11/3325, FO-Memo, France and Nuclear Weapons, Jan. 1961, ohne genaues Datum.
[97] PRO, PREM 11/3322, Record of Conversation between de Gaulle and Macmillan, 28. 01. 1961.
[98] PRO, PREM 11/4045, Minister of State to Foreign Secretary, 09. 04. 1962.
[99] PRO, PREM 11/4045, Foreign Secretary to Minister of State, 10. 04. 1962.
[100] PRO, PREM 11/4045, Minute from PM to the Foreign Secretary, 14. 04. 1962.

Vorlage neuer Vertragsentwürfe in Genf unter Beweis zu stellen. Ende August lagen wiederum zwei neue Vorschläge aus Washington und London vor – ein PTBT, und ein CTBT, bei dem die Quote der Inspektionen vor Ort bewußt offengelassen wurde. Die sowjetische Delegation wies jedoch beide Entwürfe zurück. Die weiteren Verhandlungen in Genf wurden von der Kuba-Krise überschattet. In Folge des Kräftemessens in der Karibik standen sowohl Chruschtschow als auch Kennedy unter starkem innenpolitischen Druck, Stärke zu zeigen. Vor allem Chruschtschow konnte sich nach dem Abzug der Raketen aus Kuba keine weitere Niederlage mehr leisten. China drohte im Kampf um die Vormachtstellung im kommunistischen Lager bald die Oberhand zu gewinnen. Chruschtschow bekräftigte in einem Schreiben an Macmillan Ende November 1962 seine unnachgiebige Haltung in der Teststopp-Frage und damit sein Nein zu internationalen Kontrollen. Gleichwohl meldete aber der britische Botschafter in Moskau, daß die Aussichten auf ein Abkommen so schlecht nicht stünden und er den Eindruck habe, der Kreml sei nun ernsthaft an einem Vertrag interessiert. Moskau müsse aber aus Propagandagründen dem Westen noch ein wenig die Zähne zeigen.[101] Botschafter Trevelyan sollte recht behalten: Am 19. Dezember 1962 erklärte sich Chruschtschow überraschend in einem Schreiben an Kennedy mit drei Inspektionen vor Ort einverstanden. Dies lag allerdings noch immer weit unter den von den USA geforderten acht bis zehn Inspektionen pro Jahr.

Unterdessen hatten sich ernste Differenzen zwischen den USA und Großbritannien in der Frage der Notwendigkeit von internationalen Kontrollen ergeben. Die britische Regierung war schon seit einiger Zeit bereit, sich mit der vom Kreml geforderten, nationalen Kontrolle zufriedenzugeben. Macmillan hatte dies Anfang August angedeutet, aber vor allem angesichts der Unnachgiebigkeit des amerikanischen Kongresses auch Verständnis für die amerikanische Position geäußert. Die Ergebnisse der jüngsten US-Testserie hatten nun ergeben, daß es eventuell technisch möglich sei, ein Abkommen ohne Kontrollen in der Sowjetunion effektiv zu überwachen. Der amerikanischen Delegationsleiter Dean hatte in Genf Ende Juli 1962 auch für die Briten völlig überraschend verkündet, daß sich die USA nun aufgrund dieser Ergebnisse mit Kontrollstationen außerhalb der Sowjetunion begnügen könnten. Dean erhielt jedoch umgehend eine Weisung des State Departments, in den Verhandlungen auf internationale Kontrollen in der Sowjetunion zu beharren.[102] Kurze Zeit später erklärte die amerikanische Delegation gegenüber den Briten plötzlich, daß an den Kontrollstationen in der Sowjetunion internationales Personal präsent sein müsse, und daß es derzeit doch nicht sinnvoll sei, einen CTBT zu präsentieren, in dem die Frage der Anzahl der Inspektionen offenblieb. So war es mit den Briten zunächst vereinbart worden, um in dieser Frage Flexibilität zu demonstrieren. Die britische Delegation in Genf machte ihrem Ärger in einer Beschwerde beim Foreign Office Luft. Gleichwohl wurde darauf geachtet, den Krach im westlichen Lager geheimzuhalten: „This is a situation which we must not allow to be repeated and I would suggest that consideration should be given now as to what steps should be taken

---

[101] PRO, FO 371/163107, Brit. Embassy, Moscow, to FO, 03. 12. 1962.
[102] FRUS, 1961–1963, Vol. VII, S. 534, Rusk to Dean, 03. 08. 1962. Kennedy beeilte sich, an Macmillan zu schreiben: „These developments, in combination, may permit a number of modifications in our proposals. The one thing which they clearly do not justify, is a complete abandonment of on-site inspections." PRO, PREM 11/4047, Kennedy to Macmillan, 27. 07. 1962.

to acquaint the Americans at the highest level of our deep disquiet at the way in which this matter has been handled and to discuss with them methods by which a repetition of this could be prevented. We have undoubtedly been exposed to a very dangerous situation with a wide divergence of the political attitudes we have taken in the light of the latest data and only great restraint and care on our part and the stupidity of the Russians has prevented this from developing in a most serious way."[103]

Die Spannungen verschärften sich, da sich die Briten gezwungen sahen, aus Solidaritätsgründen weiterhin eine Position zu unterstützen, die zum einzigen Hindernis für eine Unterzeichnung des Vertrages geworden war. Aus Genf wurden Stimmen laut, Großbritannien solle es riskieren, offiziell eine von der USA abweichende Position einzunehmen. Anfang Dezember forderte Staatsminister Godber von Macmillan, die Forderung nach Kontrollen vor Ort endlich aufzugeben. Fortschritte in den Verhandlungen seien deshalb unmöglich, weil der Westen auf diesem Standpunkt beharre. Godber schlug vor, Macmillan solle in einem persönlichen Schreiben an Kennedy diesen von der Unnötigkeit der Forderung überzeugen. Ähnliches verlautete aus dem britischen Verteidigungsministerium.[104] Außenminister Home war jedoch der Überzeugung, daß es schwierig sei, einen Meinungsumschwung in dieser Frage zu erreichen. London solle in der Öffentlichkeit weiterhin die Position der USA unterstützen.[105]

Die trilateralen Verhandlungen in Moskau

Anfang des Jahres 1963 mußte die britische Regierung schließlich zur Kenntnis nehmen, daß die Verhandlungen über die Frage der Anzahl der internationalen Kontrollen an einem toten Punkt angelangt waren. Die USA hatten sieben Kontrollen pro Jahr als letztes Angebot bezeichnet. Aus Genf kam nun der Vorschlag, zu versuchen, die USA für eine Kompromißlösung mit fünf Inspektionen pro Jahr zu gewinnen. Der britische Botschafter in Washington sprach sich aber sofort gegen diese Initiative aus, da sie für den Präsidenten nur Schwierigkeiten mit dem Kongreß bedeuten würde.[106] Der Vorschlag wurde trotzdem mit der amerikanischen Delegation in Genf diskutiert, aber vom State Department umgehend abgelehnt, verbunden mit der eindringlichen Bitte, keine Initiativen ohne vorherige Rücksprache zu unternehmen. In Washington war man die Genfer Verhandlungen leid und hatte dem Kreml bilaterale *private talks* vorgeschlagen, was in Moskau auch umgehend akzeptiert wurde.[107]

Die britische Regierung war außenpolitisch in eine fatale Lage geraten. In der Teststopp-Frage wäre Großbritannien inzwischen sogar bereit gewesen, ein Abkommen zu akzeptieren, das nur Kontrollstationen außerhalb der Sowjetunion vorsah. In London legte man auf die Kontrollfrage keinen so großen Wert, da es den Briten nicht vorrangig darum ging, weitere sowjetische Tests zu unterbinden, sondern die Entstehung neuer

---

[103] PRO, FO 371/163104, Memo for the Foreign Secretary, 16. 08. 1962.
[104] PRO, FO 371/163108, Minute from Mr Godber (FO) to PM, 05. 12. 1962 und PRO, PREM 11/4554, Memo by the Minister of Defence, 05. 12. 1962.
[105] PRO, PREM 11/4554, Memo by Foreign Secretary Home, 14. 12. 1962.
[106] PRO, FO 371/171235, Ormsby-Gore to FO, 15. 02. 1963.
[107] Macmillan forderte, als er davon erfahren hatte, sofort eine Beteiligung der Briten an diesen Gesprächen, was die US-Regierung auch akzeptierte. PRO, PREM 11/4555, FO to Brit. Embassy, Washington, 17. 01. 1963, vgl. auch: FRUS, 1961–1963, Vol. VII, S. 632–633.

Nuklearmächte zu verhindern. Die Briten mußten einsehen, daß ein derartiges Abkommen vom amerikanischen Kongreß nicht ratifiziert werden würde und es sinnlos war, die Kennedy-Regierung unter Druck zu setzen. Ein internationaler Alleingang Großbritanniens hätte die anglo-amerikanische *special relationship* unnötig belastet und die USA in den internationalen Verhandlungen isoliert. De Gaulle verkündete Anfang 1963 sein Veto zum britischen EWG-Beitritt. Macmillan brauchte aber nach dem Scheitern der EWG-Beitrittsverhandlungen dringend einen außenpolitischen Erfolg. Einen Bruch mit den USA zu riskieren, konnte sich London nach dem demütigenden *Non* de Gaulles nicht leisten. Großbritannien war nun mehr den je auf die anglo-amerikanische Partnerschaft angewiesen. Ein klägliches endgültiges Scheitern der Teststopp-Verhandlungen wäre vor allem eine persönliche Niederlage für den britischen Premier gewesen, der sich in dieser Frage so sehr engagiert hatte. Die Popularität der konservativen Regierung wäre damit bei der Bevölkerung, die mehrheitlich seit Jahren vehement ein Abkommen forderte, auf dem Nullpunkt angelangt.

In dieser Situation machte Macmillan keine weiteren Vorschläge zur Kontrollfrage, sondern versuchte statt dessen, Kennedy davon zu überzeugen, daß der Kreml sich kompromißbereit zeigen werde, wenn der Westen ein Teststopp-Abkommen verbunden mit einem Nichtverbreitungsvertrag anbiete. Der Bundesrepublik Deutschland den Zugang zu Kernwaffen zu verwehren, schrieb Macmillan im März 1963, sei ein Hauptanliegen Moskaus und liege ebenso wie das Ziel, Proliferation generell zu verhindern, im Interesse aller Atommächte.[108] Kennedy hielt weder eine direkte Verbindung eines Abkommens zur Begrenzung von Proliferation und eines Teststopps noch ein Gipfeltreffen zu diesem Zeitpunkt für sinnvoll, aber er schlug vor, der Sowjetunion trilaterale Verhandlungen anzubieten.[109] Es folgte ein intensiver Briefwechsel zwischen Washington, London und Moskau, und Chruschtschow erklärte sich schließlich einverstanden, daß Großbritannien und die USA Experten mit weitreichenden Vollmachten zu Verhandlungen nach Moskau schicken würden und ein Gipfeltreffen in Moskau stattfinden sollte, sobald ein Durchbruch in den Expertengesprächen erzielt worden sei.

In den anglo-amerikanischen Vorverhandlungen verständigten sich die westlichen Atommächte zunächst darauf, daß die beiden Delegationsleiter Harriman (USA) und Hailsham (GB) versuchen sollten, einen CTBT auszuhandeln. Dieser solle eine für die USA akzeptable Quote an Inspektionen (die genaue Zahl wurde bewußt offengelassen), aber zugleich – als Anerkennung des sowjetischen Sicherheitsbedürfnisses – umfassende Vorkehrungen gegen Spionage enthalten. Als zweitbeste Lösung wurde ein PTBT ins Auge gefaßt, der die unterirdischen Tests völlig ausschließen oder eine bestimmte Quote erlaubter unterirdischer Atomtests enthalten sollte. Ein PTBT mit einem zeitlich begrenzten Moratorium für unterirdische Tests wäre ebenfalls noch in Frage gekommen. Einen Versuch Macmillans, Kennedy auf einen CTBT mit drei Inspektionen pro Jahr einzuschwören, konnte Botschafter Ormsby-Gore gerade noch verhindern. Er weigerte sich, Kennedy ein britisches Memo zu übergeben, das diese Lösung favorisierte.[110]

In den anglo-amerikanischen Vorverhandlungen offenbarte sich dann auch, daß Macmillan von den Schwierigkeiten, ein Abkommen durch den Kongreß zu bringen, immer

---

[108] PRO, FO 371/171235, draft letter, Macmillan to Kennedy, 12. 03. 1963.
[109] PRO, PREM 11/4556, Kennedy to Macmillan, 15. 04. 1963.
[110] PRO, PREM 11/4558, Brit. Embassy, Washington, to FO, 15. 06. 1963.

noch völlig unrealistische Vorstellungen hatte. Macmillan glaubte, die amerikanische Öffentlichkeit werde von einem Abkommen so begeistert sein, daß damit gleichsam automatisch alle Bedenken des Kongresses beiseite gefegt würden.[111] Es zeichnete sich schon bald ab, das ein CTBT ohnehin ein unrealistisches Ziel war. Chruschtschow zog das Angebot zurück, drei Inspektionen vor Ort zu akzeptieren, und sprach sich in einer Rede Anfang Juli für einen PTBT aus, der mit einem Nichtangriffspakt gekoppelt sein sollte. Zur gleichen Zeit bestätigten Umfragen im amerikanischen Kongreß, daß sich dort keine erforderliche Zwei-Drittel-Mehrheit für einen CTBT finden werde.

Chruschtschow stellte gleich zu Beginn der Verhandlungen klar, daß der Kreml nicht bereit sei, über Inspektionen zu diskutieren, sondern es für wünschenswert halte, sich umgehend auf einen PTBT zu konzentrieren. Der amerikanische Verhandlungsleiter Harriman griff diese Position auf und verwahrte sich strikt gegen Versuche von britischer Seite, die amerikanische Delegation dazu zu bewegen, doch noch Gespräche über einen CTBT zu führen.[112] Harriman war von der Solidarität der Verbündeten keineswegs überzeugt. Er hatte schon vor Beginn der Verhandlungen geäußert, daß ihm die Briten in Moskau unter keinen Umständen in den Rücken fallen dürften, selbst wenn schwere Differenzen mit der amerikanischen Position aufbrächen.[113] Hailsham sah schließlich, daß weiteres Insistieren auf einen vollständigen Teststopp sinnlos war. In den Verhandlungen um einen PTBT erwies sich die sowjetische Seite dann auch als ausgesprochen kooperativ. Die Sowjets unterließen jegliche Forderung nach einem Moratorium für unterirdische Tests, und Chruschtschow erklärte, daß er das Zustandekommen eines Vertrags nicht von einer Teilnahme Frankreichs abhängig mache.[114]

Andererseits wurde auch deutlich, daß die Harriman/Hailsham-Delegation keine sowjetische Zusage für den Beitritt Chinas erhalten würde. Die Koppelung mit einen Nichtangriffspakt wurde nach Hinweisen der westlichen Emissäre, dies müsse erst im NATO-Rahmen erörtert und könne ohne Konsultation der westlichen Alliierten nicht entschieden werden, von sowjetischer Seite fallengelassen.[115] Schließlich wurde auch in der strittigen Frage der Formulierung einer Rücktrittsklausel ein Kompromiß gefunden.[116] Ende Juli 1963 lag ein Vertragsentwurf vor, der ein Verbot von nuklearen Tests

[111] PRO, PREM 11/4558, Record of Conversation at Birch Grove House, 29. 06. 1963.

[112] PRO, PREM 11/4559, Lord Hailsham, Moscow to FO, 19. 07. 1963. Die Stimmung zwischen der britischen und amerikanischen Delegation war denkbar schlecht. Lewis schreibt, Hailsham sei mit Chruschtschow besser ausgekommen als mit Harriman. Lewis, Hailsham, S. 206.

[113] PRO, PREM 11/4559, Minute by the Prime Minister, 12. 07. 1963. Macmillan erkannte zwar an, daß in Moskau die Briten die Entscheidungen Harrimans absolut loyal unterstützen mußten. Dies hinderte ihn allerdings nicht daran, über den direkten Kontakt zu Kennedy Einfluß auf die Verhandlungen in Moskau zu nehmen.

[114] PRO, PREM 11/4559, Lord Hailsham, Moscow to FO, 15. 07. 1963.

[115] PRO, PREM 11/4559, Lord Hailsham, Moscow to FO, 17. 07. 1963.

[116] Die amerikanische Regierung wollte mit Blick auf China eine Rücktrittsklausel festschreiben, die besagte, daß ein Rücktritt möglich sei, falls sich ein Unterzeichnerstaat durch einen Atomtest eines anderen Staates in seiner nationalen Sicherheit gefährdet sehe. Im Weißen Haus hoffte man, durch diese Klausel den Vertrag für den Kongreß akzeptabler zu machen. Die Sowjetunion wollte hingegen eine derart direkte Anspielung auf einen chinesischen Test und die damit verbundene Provokation Chinas vermeiden und schlug eine Formulierung vor, die einen Rücktritt ermögliche, falls außerordentliche Umstände die Sicherheit eines Staates gefährdeten. Macmillan übte Druck auf Kennedy aus, der Kompromißlösung zuzustimmen. PRO, PREM 11/4559, Macmillan to Hailsham, 21. 07. 1963.

im Weltall, in der Atmosphäre und unter Wasser vorsah und sowohl bei Kennedy und Macmillan als auch bei Chruschtschow volle Zustimmung fand. Das Moskauer-Abkommen wurde am 5. August 1963 von den drei Atommächten unterzeichnet.[117] Ein Beitritt stand allen Staaten offen.

Schlußfolgerungen

Für die britische Regierung fanden die Verhandlungen in einer Wunschsituation statt. Großbritannien saß zusammen mit den beiden Supermächten am runden Tisch und verhandelte über einen Vertrag, der dazu beitragen sollte, die Sonderstellung der Atommächte zu festigen. Das britische Argument, daß Kernwaffen ein Muß seien, um das internationale Geschehen mitbestimmen zu können, schien sich auf sehr erfreuliche Weise bestätigt zu haben. Die britische Regierung hatte eine Vermittlerrolle zwischen den beiden Supermächten übernommen. Dies wurde nicht nur in Großbritannien, sondern auch auf amerikanischer Seite ausdrücklich gewürdigt.[118] Die Tatsache, daß in den Teststopp-Verhandlungen eine aktive Politik betrieben und Einfluß geltend gemacht werden konnte, beruhte, entgegen der britischen Annahme, jedoch nicht auf dem britischen Kernwaffenpotential. Seaborg weist vielmehr darauf hin, daß der britische Einfluß trotz der geringen militärischen Macht Großbritanniens erheblich war: „Considering their relative unimportance as a military force, particularly in nuclear weapons, it is remarkable to consider how much influence the British had over US-arms and arms control policies during this period. . . . In the matters of testing and test ban negotiations from the Eisenhower period forward the British consistently endeavoured, often with success, to exercise a moderating influence on US policy."[119] Dieser wechselseitige starke Einfluß resultierte aus den historisch begründeten, engen Beziehungen, der *special relationship* zwischen den beiden Staaten. Gerade in der Außen- und Verteidigungspolitik entwickelte sich eine intensive Zusammenarbeit durch die Allianz in den beiden Weltkriegen und in der alliierten Nachkriegspolitik.

Großbritannien mußte gleichwohl immer mehr darauf achten, diese historische *special relationship* und den Einfluß auf die westliche Supermacht nicht übermäßig zu strapazieren. Die Intensität der britischen Einflußnahme in Washington zugunsten eines Teststopp-Vertrages war eine Gratwanderung, bei der die Briten stets Gefahr liefen, die *special relationship* aufs Spiel zu setzen. Manchmal wurden im Foreign Office Überlegungen angestellt, ob eine Verschlechterung der anglo-amerikanischen Beziehungen zugunsten eines Abkommens in Kauf genommen werden sollte.[120] Macmillan wollte nie einen Bruch riskieren, denn er wußte sehr genau, daß ein Abkommen ohne die Zustimmung der USA nicht zu erreichen war. Seine eklatante Fehleinschätzung der politischen Realitäten in Washington hätte aber durchaus zu einer erheblichen Abkühlung des Verhältnisses zu Kennedy führen können. Dem britischen Botschafter in Washington, Ormsby-Gore, gebührt großes Verdienst, seine Regierung mehrfach zur Mäßigung gegenüber Washington aufgefordert und diplomatische Desaster verhindert zu haben. Vor allem

---

[117] Vertragstext in: EA 18 (1963), S. D 407–408.
[118] Seaborg, Kennedy, S. 208. Horne, Macmillan, S. 523–524.
[119] Seaborg, Kennedy, S. 113–114.
[120] PRO, PREM 11/4555, FO to Brit. Embassy, Washington, 14. 02. 1963.

die öffentliche Meinung und die Presse in den Vereinigten Staaten machten dagegen Stimmung, daß die amerikanische Teststopp-Politik in London beschlossen wurde. Im Laufe des Kalten Krieges sollten die USA mehr und mehr zu einer bilateralen Verständigung mit der östlichen Supermacht übergehen. Dieser Wandel hatte sich bereits in der Suezkrise angedeutet. Hätte die britische Regierung nicht auf eine Beteiligung insistiert, wären auch die entscheidenden Teststopp-Verhandlungen 1963 auf bilateraler Ebene geführt worden.

Bei allem Respekt für die britischen Bemühungen in den Teststopp-Verhandlungen wäre es daher vermessen, die Macmillan-Regierung als Architekten des Teststopp-Abkommens zu bezeichnen. Ein umfassender Teststopp-Vertrag war ohnehin gescheitert. Das Teilabkommen konnte zustande kommen, weil es für beide Supermächte kein Risiko beinhaltete und weil ein Abkommen spätestens seit der Kuba-Krise sowohl im Kreml als auch im Weißen Haus als nützlich und wünschenswert betrachtet wurde. Macmillans Initiativen waren manchmal hilfreiche Blockadebrecher, aber der Vertrag wurde möglich, weil Moskau und Washington die Zeit für ein derartiges Abkommen gekommen sahen, und nicht, weil Großbritannien als genialer Vermittler zwei widerwillige Parteien an den Verhandlungstisch gezwungen hatte. In London sah man sich jedoch mit dem Abschluß des Moskauer Abkommens in der Annahme bestätigt, daß das britische Atomwaffenpotential Großbritannien internationalen Einfluß und Prestige sicherte.

Die Erfahrungen während der Kuba-Krise bestärkten die Regierungen in Moskau und Washington in der Einschätzung, daß Maßnahmen zur Rüstungskontrolle dringend erforderlich waren. Die Kuba-Krise war der einzige Konflikt zwischen den Supermächten, in dessen Verlauf ein Atomkrieg zu einer realen Gefahr wurde. Zwar taten Chruschtschow und Kennedy alles, um eine nukleare Eskalation zu vermeiden, aber die beiderseitige Unsicherheit über die Pläne und Absichten des Gegners, sowie die damit verbundene atomare Bedrohung der ganzen Welt, hatten dazu geführt, daß beiden Supermächten sehr daran gelegen war, ein derartiges Risiko in Zukunft unbedingt zu vermeiden. Es galt, möglichst schnell eine Basis für bessere Beziehungen und eine Annäherung der beiden Supermächte zu schaffen. Das Teststopp-Abkommen war dabei ein erster wichtiger Schritt, diese Basis zu schaffen, auf der dann weitere Möglichkeiten zur Zusammenarbeit sowie gemeinsame Interessenfelder gefunden werden konnten. Mit dem *Hot-line Agreement*, einer direkten Telefonleitung vom Kreml zum Weißen Haus, war unmittelbar nach der Kuba-Krise ein Anfang in diese Richtung gemacht worden. Aus der Kuba-Krise folgerte auch ein starkes Interesse, die Anzahl der Staaten, die über Atomwaffen verfügten und ähnliche Situationen heraufbeschwören könnten, in deren Verlauf die Supermächte in eine nukleare Auseinandersetzung verwickelt würden, möglichst schnell zu begrenzen.[121] Die Kuba-Krise ebnete somit den Weg für ein Testverbot als Non-Proliferationsmaßnahme und für ein Abkommen zur Nichtverbreitung von Kernwaffen.

Tatsächlich schritt die Verbreitung von Kernwaffen Anfang der sechziger Jahre kontinuierlich voran. 1960 hatte Frankreich seine erste Atombombe gezündet. Mit einem chi-

---

[121] Zur Kuba-Krise siehe: Beschloss, Kennedy, Garthoff, Missile Crisis. Zu den Auswirkungen der Kuba-Krise auf die internationalen Abrüstungsverhandlungen insbesondere: Mandelbaum, Nuclear Question, S. 154–157, Trachtenberg, History, S. 235–260. Zur Rolle Großbritanniens: Scott, Missile Crisis.

nesischen Test mußte innerhalb der nächsten Jahre gerechnet werden. China hatte zunächst massive sowjetische Hilfe beim Aufbau eines Atomprogramms erhalten, die jedoch mit der Abkühlung der chinesisch-sowjetischen Beziehungen 1959 eingestellt wurde. China wollte aber keineswegs der Sowjetunion den alleinigen Führungsanspruch innerhalb des sozialistischen Lagers überlassen und arbeitete seitdem selbständig an der Entwicklung der Atombombe. Die chinesische Regierung sah sich in ihrer Entscheidung für die Bombe durch die wachsende Kooperation der Supermächte bestärkt. Sweet weist auf die chinesischen Ängste vor einer absoluten Weltherrschaft der Supermächte hin: „Sino-Soviet relations went into a deep chill after Khrushchev's friendship tour to the United States 1959 and the Chinese began to accuse the two superpowers of forming a condominium that would dominate the world."[122] Ferner mußte befürchtet werden, daß der zeitgleich mit der Kuba-Krise ausgebrochene Grenzkonflikt zwischen Indien und China nicht nur die chinesische Entschlossenheit festigen, sondern auch weitere Staaten, wie Indien oder Pakistan, dazu verleiten könnte, Nuklearwaffen als geeignetes Mittel zur Lösung regionaler Konflikte zu betrachten. Die Attraktivität von Kernwaffen als Statussymbol für junge entkolonialisierte Staaten, die ihr Selbstbewußtsein gegenüber den ehemaligen Kolonialmächten zum Ausdruck bringen wollten, war eine zusätzliche Gefahr.

Die britische Regierung hatte ein Testverbot immer als Mittel zur Begrenzung des nuklearen Klubs betrachtet, aber auch in Washington sah man bereits vor der Kuba-Krise ein Abkommen primär als erste Maßnahme gegen die fortschreitende Proliferation. Ein von Präsident Kennedy angefordertes Memorandum zur Frage „The Diffusion of Nuclear Weapons With and Without a Test Ban Agreement" kam zu dem Schluß, daß ein Testverbot ganz wesentlich dazu beitragen werde, die Verbreitung von Kernwaffen zu begrenzen, und daß die weitere Zusammenarbeit zwischen den Supermächten bei der Bekämpfung von Proliferation besonders wichtig sei.[123] Einem Teststopp sollten weitere Maßnahmen gegen die Verbreitung von Kernwaffen folgen, schrieb Kennedy im September 1962 an Chruschtschow.[124] Zu dieser Zeit liefen auch schon parallel zu den Teststopp-Verhandlungen Gespräche mit der Kreml-Führung über einen Nichtverbreitungsvertrag. Der amerikanische Präsident wollte aber das Testverbot nicht direkt mit einem Vertrag über Non-Proliferation koppeln. Die Verhandlungen sollten nicht kompliziert und verzögert werden. Zunächst sollte ein Abkommen unter Dach und Fach gebracht werden. Außerdem gab es Pläne, Frankreich in die Nichtverbreitungsverhandlungen miteinzubeziehen.[125]

Seit den ersten Rufen in der Vollversammlung der Vereinten Nationen nach einem Testverbot bis zur Unterzeichnung des Moskauer Abkommens hatte sich somit ein grundlegender Wandel in der Bedeutung und Zielrichtung eines Testverbots vollzogen. Eine Ächtung der Tests war ursprünglich von den Nichtkernwaffenstaaten als Auftaktmaßnahme für eine umfangreiche nukleare Abrüstung der Supermächte betrachtet worden. Das Teststopp-Abkommen von 1963 war jedoch ein Mittel der Supermächte, die Weiterverbreitung von Kernwaffen zu begrenzen, ohne dafür eigene Interessen opfern

---

[122] Sweet, Nuclear Age, S. 105.
[123] NSA, MC, Doc. Nr. 892, Memo for the President, 27. 07. 1962.
[124] PRO, FO 371/163105, Kennedy to Macmillan, draft reply to Khrushchev, 17. 09. 1962.
[125] PRO, PREM 11/4556, Kennedy to Macmillan, 15. 04. 1963.

zu müssen. Das Abkommen, so hofften die Verteidigungsexperten in Washington und Moskau, würde das französische Atomprogramm in der Frühphase zum Stillstand bringen, das chinesische vor der Vollendung stoppen und mögliche nukleare Ambitionen anderer Staaten im Keim ersticken. Der Fall Großbritannien zeigt, daß ein Testverbot Mitte der fünfziger Jahre tatsächlich eine wirksame Barriere gegen Proliferation dargestellt hätte. Ein Testverbot hätte die Briten damals zur Aufgabe ihrer in den Kinderschuhen steckenden Atomrüstung gezwungen. Da aber Großbritannien nach den Supermächten damals das am weitesten entwickelte Atomprogramm besaß, hätte auch kein anderer Staat mehr realistische Chancen gehabt, Kernwaffen zu entwickeln.

Die Erwartungen der Atommächte hinsichtlich der Wirkung des Moskauer Abkommens von 1963 als Non-Proliferationsmaßnahme wurden jedoch nur teilweise erfüllt. Weder Frankreich noch China waren zur Unterzeichnung eines Abkommens bereit, das alle nuklearen Tests mit Ausnahme der schwer nachweisbaren, unterirdischen Tests verbot. Die chinesische Regierung ließ anläßlich des Zustandekommens erklären: „Dieser in Moskau unterzeichnete Vertrag ist ein großer Betrug, um die Völker der Welt zum Narren zu halten. ... Es ist für die chinesische Regierung undenkbar, Partner eines so schmutzigen Betrugs zu sein."[126] Frankreich machte schon vor dem ersten französischen Test seine ablehnende Haltung gegenüber einem Testverbot deutlich. Diese beschränkte sich nicht nur auf die Regierung de Gaulle, sondern kam auch in der öffentlichen Meinung zum Ausdruck. *Le Monde* bezeichnete das Abkommen als Alibi und kritisierte, daß das Testverbot keine Abrüstungsmaßnahme darstelle und somit auch keinen Beitrag für den Frieden leiste.[127] General de Gaulle schrieb anläßlich des Zustandekommens des Vertrags an Kennedy, Frankreich sei in bezug auf Atomtests in einer anderen Situation als die USA. Das franösische Atomprogramm befinde sich in einem Stadium, in dem weitere Atomtests unerläßlich seien.[128]

Aus diesem Grund war Kennedy schließlich sogar bereit, de Gaulle im begrenzten Rahmen nukleare Hilfe anzubieten, die es Frankreich ermöglichen sollte, das französische Atomprogramm ohne weitere Atomtests zu verwirklichen.[129] Macmillan und Kennedy hatten kurz vor Vertragsabschluß immer noch eine schwache Hoffnung, dadurch auch eine chinesische Teilnahme zu erreichen. Frankreich hatte natürlich auch eine gewisse Vorbildfunktion für alle übrigen nuklearen Schwellenländer. De Gaulle lehnte ein derartiges Angebot jedoch mit dem Hinweis ab, Frankreich verliere damit seine Souveränität über das französische Atompotential. Die Länder, die Anfang der sechziger Jahre entschlossen waren, den Kernwaffenstaaten auf dem nuklearen Weg zu folgen, ließen sich also durch den Teststopp-Vertrag nicht davon abhalten, die nächsten Etappen zu nehmen, und waren schon gar nicht zur Umkehr zu bewegen.

Was konnte das Teststopp-Abkommen also tatsächlich bewirken? Um diese Frage zu beantworten, lohnt ein Blick auf die Statistik: Vor der Unterzeichnung des Abkommens wurden ungefähr 547 Tests durchgeführt. Zwischen Juli 1963 bis Dezember 1988 wurden weltweit 1244 Tests registriert. Davon entfallen auf die USA 910, die Sowjetunion 636,

[126] AdG 33, 1963, S. 10721.
[127] Le Monde, 22. 10. 1958.
[128] PRO, PREM 11/4561, De Gaulle to Kennedy, in: Brit. Embassy, Washington, to FO, 06. 08. 1963.
[129] Siehe hierzu: oben S. 98.

Großbritannien 4, Frankreich 172, China 31 und auf Indien einer.[130] Die Zahlen belegen, daß das Abkommen seinen ursprünglichen Zweck, ein Ende der nuklearen Tests zu bewirken, in keiner Weise erfüllen konnte. Die Anzahl von 118 Unterzeichnerstaaten und die geringe Zahl von Staaten, die ungeachtet des Abkommens testeten, deutet jedoch darauf hin, daß der Teststopp-Vertrag tatsächlich einen Damm gegen die Weiterverbreitung von Kernwaffen bildete – abgesehen von den Staaten, deren Atomprogramm 1963 schon ziemlich weit fortgeschritten war. Sicherlich konnte ein Atomprogramm auch ohne Tests relativ hoch entwickelt werden, aber der Test als ritueller, prestigeträchtiger Eintritt in den nuklearen Klub war von nun an diskreditiert. Außer China und Indien wollte sich kein Staat mehr auf diese Weise als Atommacht zu erkennen geben und der internationalen Ächtung aussetzen. Die einzigen Staaten, die weiterhin eine enorm hohe Anzahl an Tests durchführten, waren die beiden Supermächte, die eigentlich zur Einstellung ihrer Tests bewogen werden sollten. Von der ursprünglichen Absicht, ein Testverbot als Basis für umfangreiche nukleare Abrüstung zu schaffen und ein Ende der radioaktiven Verseuchung der Erde zu erreichen, war somit nichts übriggeblieben – mit der Ausnahme, daß die Anzahl der extrem belastenden atmosphärischen Tests doch deutlich zurückging.

Der Vertrag entsprach den gemeinsamen Interessen der Supermächte, zugleich sicherte er aber vor allem die wesentlichen Ziele der Briten. Premier Macmillan schrieb im März 1963 an Ormsby-Gore, was die britische Regierung von dem Abkommen konkret erwartete: „What is the gain if we make the tests ban? First, the advantage, of course, of not adding to the contamination of the world. Second, discouraging other people from making tests. We cannot stop the French, or the Chinese, at least at present, but they might fall in later. Others would certainly be deterred. Third, the great sense that something has been done to make a start, and that following such an agreement agreed directives might be given to get on with the disarmament negotiation. Fourth, that apart from disarmament a move might be made on other fronts. Fifth, and this is the most vital of all, much more important than stopping contamination of the atmosphere, is stopping the spread of nuclear weapons, especially of course to Germany."[131] Mit den Atommächten Frankreich und China hatte man sich in London abgefunden, aber eine große Anzahl von Schwellenländern und – was am wichtigsten war – die Bundesrepublik Deutschland unterzeichneten das Abkommen.

Mit dem Vertrag wurde erstmals formal eine Trennung zwischen einem offiziellen atomaren Klub und allen übrigen Nationen zementiert. Macmillan hatte die Mitgliedschaft Großbritanniens in diesem elitären Klub gesichert. Mit der Teilnahme an den trilateralen Verhandlungen in Moskau hatten die Briten gleichsam im Hinblick auf zukünftige Abrüstungsverhandlungen einen abrüstungspolitischen *Top Table* der „Großen Drei" institutionalisiert. Hinzu kam noch, daß Großbritannien problemlos auf weitere Tests verzichten konnte, ohne Einschränkungen bei der Weiterentwicklung des britischen Atomprogramms hinnehmen zu müssen, da weiterhin Testdaten aus den USA zur Verfügung standen. Dies bedeutete zudem noch eine massive Entlastung des überstrapazierten Verteidi-

[130] Daten aus: Poole, Independence, S. 239.
[131] PRO, FO 371/171235, Macmillan to Ormsby-Gore, 12. 03. 1963; Macmillan ging es keineswegs in erster Linie darum, die nukleare Verseuchung der Erde zu stoppen, wie er in seinen Memoiren behauptet. In diesem Schreiben zeigt sich, daß der Blick der britischen Regierung eindeutig auf Deutschland gerichtet war.

gungsetats. Wie wertvoll diese Informationsquelle gewesen sein muß, kann die im Vergleich zu den britischen sehr hohe Anzahl französischer Tests nur andeuten. Die konservative Regierung konnte nach dem Scheitern des britischen EWG-Beitrittsgesuchs nun doch noch einen außenpolitischen Erfolg feiern.

Dieses Abkommen allein genügte den Briten jedoch noch nicht. In London wollte man zugleich einen zweiten, höheren Damm gegen die Proliferation errichten. In einem Schreiben vom 16. März 1963 an Kennedy drängte Macmillan auf den gleichzeitigen Abschluß eines Nichtverbreitungsvertrages: „I have a feeling that if we get the test ban agreement there would be another prize just as important to be secured. We ought to be able simultaneously to get a non-dissemination agreement; ... To me this seems the real key to the German problem; one which gives a good deal of anxiety both to the Russians and to us..."[132] Nun stand die Bundesrepublik Deutschland im Mittelpunkt der Überlegungen. Bonn hatte sich mit dem Teststopp-Abkommen und nach der Unterzeichnung der Pariser Verträge sozusagen ein zweites Mal verpflichtet, keine Kernwaffen herzustellen. Dies schloß aber einen Erwerb nicht aus. Die Schwellenmächte konnten, obwohl sie den Teststopp-Vertrag unterzeichnet hatten, gerade über einen längeren Zeitraum entsprechende Bestandteile eines (primitiven) nuklearen Waffensystems kaufen. Von allen potentiellen Atommächten wäre gerade die Bundesrepublik als aufstrebende Wirtschaftsmacht finanziell am leichtesten in der Lage gewesen, sich den Status Atommacht zu erkaufen. Die britische Regierung sah aber vor allem die Gefahr, daß vielleicht eine zukünftige, nationalistisch gesinnte Regierung entsprechend der wirtschaftlichen Macht der Bundesrepublik auch nukleare Gleichberechtigung innerhalb der NATO, nationale Kontrolle über die in Deutschland stationierten Kernwaffen und ein Ende der militärischen Beschränkungen fordern könnte.[133] Ein Abkommen, in dem die Nichtkernwaffenstaaten – vor allem aber die Regierung in Bonn – auf den Erwerb von Kernwaffen verzichteten und die Atommächte sich verpflichteten, keine Kernwaffen weiterzugeben, war somit das nächste Ziel der britischen Nichtverbreitungspolitik.

---

[132] PRO, CAB 129/113, Macmillan to Kennedy, 16. 03. 1963.
[133] Macmillan skizzierte diese Gefahr in seinem Schreiben an Kennedy. PRO, CAB 129/113, Macmillan to Kennedy, 16. 03. 1963. Das Schreiben wurde dem Kabinett vorgelegt und fand dort volle Zustimmung.

III. Großbritannien im Beziehungsgeflecht zwischen den USA und Frankreich 1961–1963

1. Großbritannien und die neue Nichtverbreitungspolitik der USA. Die Anfänge von MLF und NPT

Flexible response *und die Entwicklung der MLF-Konzeption*

Der Regierungswechsel im Weißen Haus 1960 hatte eine weitreichende Neuorientierung der amerikanischen Außen- und Verteidigungspolitik zur Folge. In der letzten Hälfte der Eisenhower-Ära, die durch den Verlust der nuklearen Unverwundbarkeit gekennzeichnet war, wurde jede nukleare Stärkung der NATO als der Abschreckung dienlich betrachtet und die Frage der Proliferation dieser Priorität untergeordnet. Kennedys Verteidigungsexperten entlarvten zwar den *missile gap* als nukleares Schreckgespenst, aber angesichts des nun herrschenden nuklearen Patts zwischen den Supermächten wurde die Vermeidung einer nuklearen Auseinandersetzung mit der Sowjetunion oberstes Ziel der amerikanischen Verteidigungspolitik. Eine Strategie der massiven Vergeltung im Falle eines sowjetischen Angriffs war nicht mehr zeitgemäß, seit die USA nuklear verwundbar waren. Die USA brauchten eine neue Verteidigungsstrategie, die Möglichkeiten beinhaltete, auf kleinere Provokationen, die keinen massiven Atomschlag rechtfertigten, adäquat reagieren zu können. Die Berlin-Krise hatte die Unzulänglichkeit der Strategie der massiven Vergeltung deutlich zutage treten lassen. Die NATO brauchte eine größere Bandbreite militärischer Optionen in Europa.[1] Das westliche Bündnis mußte in der Lage sein, auf der vom Gegner gewählten Ebene der Aggression zu antworten. Eine weitere Verstärkung des nuklearen Abschreckungspotentials der NATO war somit nicht mehr von vorrangiger Bedeutung.

Der neue US-Verteidigungsminister McNamara entwickelte für die NATO ein Verteidigungskonzept, das auf diese Notwendigkeiten zugeschnitten war. Die Strategie der *flexible response* sollte den Westen in die Lage bringen, in jeder Form von Auseinandersetzung angemessen reagieren zu können, wobei die Reaktion von der jeweiligen konkreten Situation bestimmt werden sollte.[2] Diese Strategie rückte kleine, geographisch eng begrenzte Nuklearschläge ins Zentrum der atomaren Verteidigung und erforderte eine massive konventionelle Aufrüstung des Westens, um der bisher konventionell weit überlegenen Sowjetunion auch auf dieser Ebene begegnen zu können. Nuklearschläge sollten sich auf militärische Ziele beschränken und die Städte, das heißt die Zivilbevölkerung

---

[1] Duffield, Rules, S. 162.
[2] Verteidigungsminister McNamara legte die neue Verteidigungsstrategie den Verbündeten während der Tagung des NATO-Ministerrates in Athen im Mai 1962 dar. Eine genaue Analyse der Athener Rede McNamaras findet sich bei: Schwartz, Dilemmas, S. 156–165. Zur Strategie der *flexible response* siehe: Duffield, Rules; Kaufmann, McNamara Strategy sowie Stromseth, Flexible Response.

schonen, um so auch die eigenen Städte vor einem Atomschlag zu bewahren. Voraussetzung dafür wäre eine Anerkennung dieser Spielregeln durch den Gegner.[3] Die Strategie der *flexible response* ermöglichte eine begrenzte Auseinandersetzung der Supermächte und ließ Zeit für Verhandlungen zur raschen Beilegung des Konflikts. Die Gefahr einer Eskalation und einer gegenseitigen nuklearen Vernichtung wurde damit deutlich verringert. McNamaras Verteidigungskonzept erforderte allerdings eine zentrale Kontrolle des westlichen Atompotentials. *Flexible response* konnte nur funktionieren, wenn im Falle einer Auseinandersetzung die USA die alleinige Kontrolle über das westliche Atompotential hatten und nicht befürchten mußten, daß andere westliche Atommächte sich weigerten, Entscheidungen mitzutragen, oder gar einen separaten Angriff starteten. Kleine unabhängige Atommächte standen damit im Widerspruch zum amerikanischen Verteidigungskonzept und gerieten ins Fadenkreuz der amerikanischen Nichtverbreitungspolitik.

Die Veränderung der strategischen Bedingungen hatte auch zur Folge, daß die USA nun eine Politik der Entspannung und Rüstungskontrolle zwischen den Supermächten anstrebten. Bilaterale Verständigung über gemeinsame Interessen reduzierte die Gefahr, in einen tödlichen nuklearen Konflikt mit der Sowjetunion verwickelt zu werden. Moskau und Washington hatten ein gemeinsames Interesse, das Gleichgewicht des Schreckens zu erhalten. Die Stabilisierung der bilateralen Abschreckungsbalance konnte nur durch die Ausschaltung eigenständiger Atommächte innerhalb und außerhalb des Bündnisses gewährleistet werden.[4] Im Falle einer nuklearen Auseinandersetzung der potentiellen Atommächte China und Indien hätten die Supermächte kaum eine Politik der Nichteinmischung aufrechterhalten können. Ähnliches traf für Israel und seine arabischen Nachbarn zu. Gleichzeitig hatte die Entstehung des nuklearen Patts auch dazu geführt, daß unter den europäischen Verbündeten Zweifel wuchsen, ob die USA weiterhin in jedem Fall bereit seien, Europa mit Kernwaffen zu verteidigen und damit einen Angriff auf amerikanische Städte zu riskieren.[5] Insbesondere General de Gaulle betonte, daß auf den nuklearen Schutz der USA kein Verlaß sei und Frankreich deshalb eigene Atomwaffen benötige. Dies implizierte, daß die französische *force de frappe* auch ein Mittel darstellte, um die USA notfalls bei einem Atomkrieg in Europa zu einem nuklearen Eingreifen zwingen zu können.[6] Die engsten Bündnispartner konnten so zu einer großen Gefahr für die Vereinigten Staaten werden. Auch die Bundesrepublik Deutschland hätte gute Gründe gehabt, dem französischen Beispiel zu folgen. Gerade die Bundesrepublik war im Falle eines Atomkrieges am unmittelbarsten bedroht und in ihrer Existenz auf ein amerikanisches Eingreifen angewiesen. Jede weitere unabhängige Nuklearmacht bedeu-

---

[3] McNamaras Konzept der „city-sparing counterforce" ist bei Bundy näher erläutert: Bundy, Danger, S. 545–546.

[4] Zum theoretischen Hintergrund des Gleichgewichts des Schreckens als internationales Sicherheitssystem siehe: Bull, Arms Control, S. 41–57.

[5] Diese Zweifel wurden durch die neue Strategie der flexiblen Antwort genährt. Die europäischen Verbündeten, vor allem die Bundesrepublik, befürchteten, die neue Strategie würde die nukleare Abschreckungswirkung reduzieren statt erhöhen und einen begrenzten (Atom-)Krieg in Europa möglich machen. Frankreich war vor allem gegen eine zentralisierte Kommadostruktur unter Führung der USA und nicht gewillt, die nationale Kontrolle über die *force de frappe* aufzugeben. Zur ersten Reaktion der Verbündeten: Duffield, Rules, S. 165–168.

[6] EA 18 (1963) 4, S. D 90–91, Pressekonferenz de Gaulles am 14. 01. 1963. Siehe außerdem: Gallois, Dissuasion, S. 165–173.

tete aber ein wachsendes Sicherheitsrisiko für die USA. Beide Supermächte waren nuklear erpreßbar geworden, denn die Sowjetunion geriet durch die nuklearen Ambitionen
Chinas in das gleiche verteidigungspolitische Dilemma. Mit dem Amtsantritt Kennedys
war die Zeit reif für eine intensive Zusammenarbeit der USA und der Sowjetunion auf
dem Gebiet der Nichtverbreitung von Kernwaffen.

Aus der neuen Haltung in der Nuklearpolitik ergab sich aber nicht nur, daß den US-
Verteidigungsexperten alles daran gelegen war, die Entstehung neuer Atommächte zu
verhindern. Nun sollte die Uhr in atomaren Fragen sogar ein Stück zurückgedreht werden, um eine Situation zu schaffen, in der ausschließlich die beiden Supermächte die endgültige Kontrolle über den Einsatz von Kernwaffen hätten. Innerhalb der Bündnisblöcke
folgerte daraus eine Bekräftigung des Führungsanspruchs der Supermächte und eine verstärkte Disziplinierung der Mitgliedstaaten. Für Frankreich und Großbritannien bedeutete dies, daß die Kennedy-Regierung die Aufgabe der Atomwaffenarsenale der Verbündeten favorisierte, was der amerikanische Verteidigungsminister McNamara in seiner be-
rühmt gewordenen Rede vom 16. Juni 1962 vor der Universität Michigan in Ann Arbour
auch öffentlich deutlich machte: „In short then, limited nuclear capabilities, operating in-
dependently, are dangerous, expensive, prone to obsolescence and lacking in credibility
as a deterrent."[7]

Mit dem Wandel in der Verteidigungspolitik ging ein Wandel in der amerikanischen
Außenpolitik einher, der jedoch mit dem verteidigungspolitischen Kurs nur bedingt zu
vereinbaren war. Das State Department wollte dem wirtschaftlichen Wiedererstarken Europas endlich Rechnung tragen. Die europäische Integration wurde begrüßt und gefördert. Die zukünftigen Vereinigten Staaten von Europa sollten zu einem gleichberechtigten Partner der USA werden. Das State Department plante unter anderem, die Dominanz
der USA in der NATO aufzugeben und das Bündnis auf zwei gleichberechtigte Säulen
zu stellen. Dies warf auch die Frage nach gleichberechtigter Verfügungsgewalt der Europäer über Atomwaffen auf. In diesem Punkt entstand eine Interessenkollision zwischen
der europäischen Fraktion im State Department und der atlantischen Fraktion im Pentagon: Das State Department forderte nachdrücklich die Verwirklichung der Pläne für eine
multilaterale Atomstreitmacht (*multilateral force* kurz: MLF), die schon seit Mitte der
fünfziger Jahre in verschiedenen Varianten in Washington diskutiert wurden.

Erste Konzepte zur Gründung einer NATO-Atomstreitmacht wurden von der Eisenhower-Regierung ausgearbeitet. Robert Bowie, *Assistant Secretary of State for Policy
Planning*, forderte 1960 in einem Memorandum „Tasks for the 1960s" die Gründung einer multilateralen Atomstreitmacht, um nach dem Sputnik-Schock die Verteidigung des
Westens zu stärken und vor allem das Vertrauen der europäischen Verbündeten in die nukleare Abschreckung wiederherzustellen: „The need for strategic deterrence must continue to be largely met by US strategic forces which should be maintained in a high state
of effectiveness. But a supplementary NATO strategic deterrent would assure our allies
that they were able to deter Soviet all-out attack on Western Europe by means under
their own control. ... The UK's experience shows that no major European power is
able to produce a credible national deterrent from its own resources. Even if feasible pro-

---

[7] EA 17 (1962) 14, S. D 368–370, Rede von US-Außenminister McNamara vom 16. 06. 1962. In den
beiden Reden von Athen (siehe Anmerkung 2) und Ann Arbor stellte McNamara den Verbündeten das neue amerikanische Verteidigungskonzept vor.

liferation of independent national deterrents would be dangerous, inefficient, immensely costly and have major divisive effect on the Alliance. A veto-free NATO strategic force under command of SACEUR would meet any European concerns and would not be subject to these drawbacks. Seabased systems, particularly Polaris submarines, offer great advantages for this force."[8] Bowie ging es darum, die wachsenden Spannungen innerhalb des Bündnisses, die die Frage der nuklearen Mitsprache erzeugt hatte, abzubauen und die europäische Einigung von amerikanischer Seite aktiv zu unterstützen. Bowies Initiative war auch eine Reaktion der US-Regierung auf den Norstad-Plan zur Gründung einer NATO-Streitmacht, der in Washington heftig umstritten war. Die offizielle Version von Bowies Memorandum, der sogenannte Herter-Plan – benannt nach Christian Herter, der nach dem Tod von John Foster Dulles Eisenhowers Außenminister wurde – war den Verbündeten kurz vor dem Ausscheiden der Eisenhower-Regierung vorgelegt worden.

Eisenhowers Amtsnachfolger Kennedy erklärte auf Drängen des State Departments im Mai gegenüber den Verbündeten, er wolle die Pläne zur Gründung einer multilateralen Streitmacht weiterverfolgen.[9] Die Gründung der MLF würde die Integration der Europäer im militärischen Bereich voranbringen und möglichen Forderungen der Deutschen nach eigenen Kernwaffen die Grundlage entziehen. Die Bundesrepublik hatte den Herter-Plan ausdrücklich begrüßt. Proliferation innerhalb des westlichen Lagers wäre auf ein bestimmtes Maß an *nuclear-sharing* reduziert worden. Eine multilaterale Nuklearstreitmacht schien eine vernünftige Alternative zu dem unrealistischen Wunsch nach einem amerikanisch-sowjetischen Kernwaffenmonopol zu sein. Im Pentagon sah man zwar die Vorteile, die die MLF mit Blick auf mögliche Ambitionen der Bundesrepublik bot. Falls Frankreich mittels einer MLF dazu gebracht werden konnte, sein nationales Potential aufzugeben, war das auch im Interesse der Strategie der flexiblen Antwort. Dies galt ebenso für Großbritannien, obwohl man im Verteidigungsministerium das britische Potential aufgrund der engen Zusammenarbeit im Rahmen der nuklearen *special relationship* nicht so sehr als Gefahr für *flexible response* betrachtete. Verteidigungsminister McNamara stand allerdings der MLF nicht ohne Skepsis gegenüber. Für ihn hatte die konventionelle Aufrüstung des Bündnisses Vorrang, und, was ganz entscheidend war, eine MLF unter NATO-Oberbefehl widersprach seinen Vorstellungen von zentraler Einsatzkontrolle über das Kernwaffenarsenal des Westens.[10] Hier lag der wesentliche Unterschied zur Konzeption des State Departments: Das Denken im Pentagon setzte ein dauerhaftes amerikanisches Veto über die multilaterale Streitmacht voraus.

Die europäische Fraktion dagegen betrachtete die MLF als Möglichkeit, die europäische Integration zu fördern und innerhalb der NATO ein zweites strategisches Zentrum zu bilden, das sich schließlich zu einer rein europäischen Atommacht eines Vereinigten Europa entwickeln könnte. Die Mitgliedschaft der USA in der MLF und damit das Veto-

---

[8] Bowie, Tasks, S. xvi. Ein weiteres MLF-Konzept aus der Zeit der Eisenhower-Regierung beinhaltete die Gründung mehrerer multilateraler Atomstreitmächte in Europa und Asien, da, so das Memorandum, der Wunsch anderer Staaten, über Kernwaffen zu verfügen, auf Dauer nicht unterdrückt werden könne. NSA, MC, Doc. Nr. 639, Memo by H. Brown (Dept of State), 18. 04. 1960.
[9] EA 16 (1961) 11, S. D 320–322. Rede Kennedys am 17. 05. 1961 in Ottawa. Siehe auch: Schwartz, Dilemmas, S. 87–89.
[10] FRUS, 1961–1963, Vol. XIII, S. 368, Memo of Conversation, 15. 03. 1962. Siehe auch: Twigge/Scott, Armageddon, S. 256.

recht über den Kernwaffeneinsatz sollte von befristeter Dauer sein.[11] Im State Department wollte man aber keineswegs unkontrollierbare Atommächte entstehen lassen, sondern eine einheitliche und stabile zweite Atommacht innerhalb des Bündnisses schaffen, die Arsenale Frankreichs und vor allem Großbritanniens – des Außenseiters in Europa – eingeschlossen. Sowohl das State Department als auch das Pentagon wollten somit ein Ende der kleinen nationalen Nuklearstreitmächte herbeiführen. Eine Kontrolle der USA über die Kernwaffen eines stabilen und geeinten Europas wurde jedoch im State Department nicht als notwendig betrachtet. Um das Dilemma auf den Punkt zu bringen: Eine MLF ohne amerikanisches Veto hätte McNamaras Verteidigungsstrategie unterminiert, ein dauerhaftes amerikanisches Veto wäre der europäischen Integration nicht dienlich gewesen und hätte die Erwartungen der Europäer hinsichtlich nuklearer Mitsprache nicht erfüllt.

Die europäische Fraktion im State Department bemühte sich, die Planungen für eine MLF voranzutreiben, allerdings behielt sich die amerikanische Regierung die Möglichkeit einer Vetoklausel in einem MLF-Abkommen vor. Die Kontrolle über das westliche Kernwaffenpotential sollte nach Ansicht der Strategen im Pentagon den USA vorbehalten bleiben. Die europäische Fraktion in Washington richtete zunächst ihre ganze Aufmerksamkeit auf die Beitrittsverhandlungen, die Großbritannien 1962 mit der EWG und vor allem mit Frankreich führte. Bevor den Europäern nukleare Verantwortung gewährt werden konnte, mußte eine möglichst stabile europäische Säule errichtet und die britische Sonderrolle außerhalb eines Vereinigten Europas beendet werden. Im Pentagon sah man eine umfassende Nichtverbreitungspolitik in Kooperation mit der Sowjetunion als vordringlichste Aufgabe. Parallel dazu sollten die „nuklearen Zwerge" im Bündnis zur Aufgabe ihrer nationalen Atomwaffenarsenale bewegt werden. Auf globaler Ebene sollte ein Nichtverbreitungsvertrag der Entstehung weiterer Atommächte auf Dauer einen Riegel vorschieben. Ein solches Abkommen war in den Vollversammlungen der Vereinten Nationen bereits von verschiedenen Staaten gefordert worden. Die atlantische Fraktion blickte nach Genf, wo seit 1958 – neben den Teststopp-Verhandlungen – Verhandlungen über den Abschluß eines Atomwaffensperrvertrages geführt wurden.

Die Entwicklung der MLF-Konzeption hatte für Großbritannien weitreichende Konsequenzen. Eine Aufgabe der unabhängigen Abschreckung und Unterstellung des Atompotentials unter NATO-Kontrolle war nicht mit dem britischen Selbstverständnis als Großmacht in Einklang zu bringen. Großbritannien würde das wesentliche Merkmal seines Großmächtestatus verlieren und auf das Maß einer europäischen Mittelmacht herabgestuft.[12] Der konservative Premierminister dachte an ein westliches Triumvirat, wie es auch de Gaulle in seinem Memorandum vom September 1958 gefordert hatte.[13] Er verstand unter *nuclear-sharing* die gemeinsame Verwaltung des westlichen Atomwaffenpotentials durch Frankreich, Großbritannien und die USA. Regionale Allianzen sollten unter der Führung der westlichen Großmächte stehen. Eine multilaterale NATO-Streit-

---

[11] Schaetzel, Nuclear Problem, S. 9. Zur Position des State Departments siehe auch: Steinbrunner, Theory, S. 226–228.
[12] PRO, PREM 11/3325, Memo for the PM on Chequers Talks, 20. 01. 1961.
[13] PRO, PREM 11/3311, Macmillan to Kennedy, 28. 04. 1961; Kennedy ging in seinem Antwortschreiben mit keinem Wort auf Macmillans Triumviratspläne ein und machte statt dessen nochmals deutlich, daß die USA Frankreich keinerlei nukleare Hilfe gewähren könnten, da dies deutsche Ansprüche zur Folge hätte. PRO, PREM 11/3311, Kennedy to Macmillan, 08. 05. 1961.

macht – Macmillan verwendete diesen Ausdruck nicht – war für den britischen Premier somit nur als Verteidigungsbündnis denkbar, in dem Frankreich, Großbritannien und die USA eine Führungsrolle sowie ein Veto über den Einsatz von Atomwaffen hätten. Eine MLF nach den Vorstellungen Washingtons war jedoch mit den britischen Interessen nicht zu vereinbaren. Zwei Kriterien standen nun für Großbritannien im Mittelpunkt: a) eine Lösung zu finden, die für den Kreml akzeptabel war, damit die MLF nicht länger den NPT blockierte; b) die britische Stellung als Großmacht im Rahmen einer MLF zu erhalten. Großbritannien wollte sich einen Sonderstatus „something more than just a European country" sichern.[14] Dies war das zentrale Anliegen der Briten in den kommenden Verhandlungen um die MLF.

Die britische Nichtverbreitungspolitik insgesamt war gekennzeichnet von der Weigerung, die neue amerikanische Außen- und Verteidigungspolitik zu akzeptieren. Die Triumviratsträume der Briten standen offensichtlich in direktem Gegensatz zum Verteidigungskonzept der Strategen im Pentagon und zu den Europaplänen des State Departments, das explizit die nukleare Gleichstellung der Europäer innerhalb der MLF forderte.[15] Clark weist zu Recht darauf hin, daß das Foreign Office im Gegensatz zu Macmillan und dem Verteidigungsminister Watkinson die Eingliederung des britischen Atomwaffenarsenals in eine nukleare NATO-Streitmacht erwog, um Frankreich dadurch doch noch am Aufbau eines nationalen Atomprogramms zu hindern. Macmillan und Verteidigungsminister Watkinson wünschten jedoch ein Triumvirat der Großmächte, in dem Großbritannien, Frankreich und die USA eine gemeinsame Kontrolle über das Atomwaffenpotential des Westens ausüben sollten.[16]

Die Rede McNamaras in Ann Arbor wurde mit der Begründung abgetan, sie habe Frankreich betroffen, und nicht Großbritannien. Das Weiße Haus bestätigte zwar diese Sichtweise, betonte aber, die Rede sei deshalb nicht auf Großbritannien bezogen gewesen, da die britische Atommacht nicht als unabhängig betrachtet werde.[17] Dies implizierte, daß die amerikanische Regierung davon ausging, daß Großbritannien seine Atomwaffen niemals ohne die Zustimmung aus Washington einsetzen werde und das britische Potential letztendlich bereits unter der Oberhoheit der USA stehe. Die britische Regierung war sich sehr wohl darüber im klaren, daß das nationale britische Atomwaffenpotential für die Sowjetunion keine ernsthafte Abschreckung darstellte. Großbritannien war – wie alle europäischen NATO-Staaten – auf den nuklearen Schirm der USA angewiesen. Das britische Atomwaffenpotential wurde jedoch in seiner diplomatischen Bedeutung als unerläßlich betrachtet. Verteidigungsminister Watkinson erklärte: „It is unrealistic to pretend that Great Britain could at this moment cast away her position as a nuclear Power which is fundamental to ensure that our views carry weight in all these discussions. With Russia and the United States of America, such an action would merely weaken our influence, perhaps at a vital moment, as I have tried to show, in world affairs. It would certainly not stop other powers from creating their own nuclear weapons."[18] Ein möglicher positiver Effekt auf die Non-Proliferation wurde somit in London sogar

[14] PRO, PREM 11/3325, Memo for the PM on Chequers Talks, 20.01.1961.
[15] Schaetzel, Nuclear Problem, S. 8.
[16] Clark, Diplomacy, S. 306–309.
[17] NSA, MC, Doc. Nr. 881, US-Embassy, London, to Dept of State, 19.06.1962.
[18] HC Debs., Vol. 635, c. 1202, 27.02.1961.

verneint, obwohl Präsident Kennedy Macmillan bat, die möglichen Folgen zu bedenken. Kennedy befürchtete als Folge der Aufrechterhaltung des britischen Arsenals, daß sich de Gaulle in seiner Politik bestätigt fühlen und die Bundesrepublik ebenfalls bald Ansprüche auf ein nationales Atomwaffenarsenal anmelden werde.[19] Diese Gefahr sahen die Briten indes ganz genauso.[20] Man wollte jedoch nicht gleichberechtigt mit der Bundesrepublik Deutschland in einer MLF sein, sondern eine Stufe über den nichtnuklearen Europäern stehen. Die britische Regierung war vielmehr daran interessiert, die Exklusivität des Atomklubs zu sichern, d. h. die Tür zu schließen, bevor die Bundesdeutschen dem französischen Beispiel folgten. Der einzige Aspekt der amerikanischen Nichtverbreitungspolitik, den die Briten somit sofort aufgriffen, war der Abschluß eines offiziellen Abkommens über die Nichtweiterverbreitung von Kernwaffen.

Die Anfänge der Verhandlungen über den Nichtverbreitungsvertrag 1958–1962

1958 legte der irische Außenminister Aiken in der Vollversammlung der Vereinten Nationen erstmals eine einfache Resolution über die Nichtverbreitung von Kernwaffen vor. Die Atommächte sollten sich verpflichten, keine Kernwaffen an andere Staaten weiterzugeben. Dieser Antrag kam allerdings nie zur Abstimmung, da die USA bereits vorher deutlich machten, daß sie wegen der in Europa stationierten Kernwaffen und der Verpflichtungen im NATO-Rahmen nicht zustimmen könnten. Ein Jahr später scheiterte eine zweite Resolution der Iren an der Enthaltung Frankreichs und der Sowjetunion. 1961 wurde schließlich in der Vollversammlung der Vereinten Nationen folgende Formel einstimmig angenommen: „Nuclear powers would undertake to refrain from relinquishing control of nuclear weapons and from transmitting the information for their manufacture to States not possessing such weapons ... non-weapon States would undertake not to receive or manufacture such weapons."[21] Die Formulierung war genau auf die Vorstellungen der amerikanischen Nichtverbreitungspolitik abgestimmt: Die USA wollten verhindern, daß weitere Staaten Kontrolle über Kernwaffen erhielten, die Formel verbot jedoch nicht *nuclear-sharing within an alliance* oder *joint ownership* von Kernwaffen durch Staatengruppen.

Der amerikanische Außenminister Rusk wollte daraufhin, anläßlich der Wiederaufnahme der Genfer Verhandlungen 1962, seinen Kollegen Gromyko zu einer gemeinsamen Erklärung der beiden Supermächte bewegen: Washington und Moskau sollten sich dazu verpflichten, keine Kernwaffen an Nichtkernwaffenstaaten weiterzugeben. Gromyko lehnte jedoch mit der Begründung ab, daß die USA der Bundesrepublik Deutschland trotzdem im NATO-Rahmen Kernwaffen überlassen könnten. Dennoch liefen von nun an parallel zu den Teststopp-Verhandlungen Gespräche über ein Nichtverbreitungsabkommen. Die ablehnende Haltung des Kreml zeigt, daß die USA und die Sowjetunion – trotz des gemeinsamen Ziels, Proliferation zu verhindern – von Anfang an auf völlig gegensätzlichen Positionen standen. Die Sowjetunion betrachtete die MLF-Pläne als Proliferation, die mit dem Abschluß eines Nichtverbreitungsvertrags unvereinbar waren. Insbesondere eine deutsche Beteiligung an einer NATO-Atomstreitmacht war für Mos-

---

[19] Schlesinger, Thousand Days, S. 723.
[20] PRO, PREM 11/4045, de Zulueta to Macmillan, 05. 04. 1962.
[21] Zitiert bei: Bunn, Arms Control, S. 65.

kau völlig inakzeptabel. Die Kennedy-Regierung wollte beides und war keinesfalls bereit, die MLF-Pläne für einen Atomwaffensperrvertrag mit der Sowjetunion aufzugeben.

Die britische Regierung erklärte bei Beginn der Genfer Verhandlungen über ein globales Abkommen gegen nukleare Proliferation, sie wolle so konstruktiv wie möglich das Zustandekommen eines Nichtverbreitungsvertrags unterstützen.[22] Die unterschiedlichen Vorstellungen der westlichen Verbündeten traten aber bald zu Tage. Im Gegensatz zu den USA war der Macmillan-Regierung eine einfache Erklärung der Kernwaffenstaaten, Nichtkernwaffenstaaten keine Kontrolle über Atomwaffen zu geben, zu wenig. Großbritannien zog ein Abkommen vor, in dem sich die Nichtkernwaffenstaaten zusätzlich verpflichteten, keine Kernwaffen zu erwerben oder zu bauen.[23] Der nukleare Status quo sollte gleichsam doppelt gesichert werden. Gleichzeitig versuchte London, die divergierenden Interessen der Supermächte unter einen Hut zu bekommen, um möglichst schnell ein Abkommen zu erreichen. Die Briten legten einen Vertragsentwurf vor, der keinerlei internationale Verifikation vorsah und sich streng an die von der Sowjetunion und den USA akzeptierte Irische Resolution hielt. Damit hofften sie, die Zustimmung des Kreml zu bekommen, ohne zugleich über die MLF-Pläne verhandeln zu müssen.[24]

Der Macmillan-Regierung waren nicht nur durch die Differenzen der Supermächte über die MLF die Hände gebunden. Es gab noch weitere Interessenkonflikte. Mit Beginn der EWG-Beitrittsverhandlungen durfte in Genf keine Politik betrieben werden, die eine Verschlechterung der britischen Chancen in Brüssel nach sich ziehen könnte.[25] Vor allem in bezug auf die Bundesrepublik mußte Großbritannien Zurückhaltung üben. Bonn unterstützte das britische EWG-Beitrittsgesuch nahezu vorbehaltlos und war als Advokat der Briten in Brüssel von großer Bedeutung. Andererseits hatte Bonn großes Interesse an der Gründung einer MLF gezeigt. Zugleich mußte ein Nichtverbreitungsvertrag von den Deutschen als primär auf die Bundesrepublik ausgerichtetes Abkommen gesehen werden. Infolge der Berlin-Krise von der Bundesregierung auch noch dieses einseitige Zugeständnis ohne sowjetische Gegenleistung zu fordern, war nahezu unmöglich. London wollte jedoch eine völlige nukleare Abstinenz der Bundesrepublik: „We assume that the main Western deterrent will remain the United States and British strategic strike forces. . . . We are averse from stationing MRBMs in Western Germany and from giving the Germans the appearance of having a real share in the control of these weapons, but we are not willing openly to discriminate against the Germans.“[26] Mit dieser Haltung zur MLF kam Großbritannien der sowjetischen Position sehr nahe. Der Unterschied bestand eigentlich nur darin, daß sich die Briten eine offene Diskriminierung Deutschlands in nuklearen Fragen aus bündnispolitischen Gründen nicht leisten konnten. Nun kamen taktische Erwägungen hinzu: London war auf das Wohlwollen der Bundesdeutschen angewiesen. Eine Forcierung der NPT-Verhandlungen durch Großbritannien und eine Stellungnahme gegen die MLF waren vor dem Hintergrund der laufenden EWG-Verhandlungen unmöglich. Gegenüber der deutschen Regierung bekundete London höfliches In-

---

[22] PRO, PREM 11/4043, Memo on the Spread of Nuclear Weapons, 09. 03. 1962.
[23] Ebenda.
[24] NSA, MC, Doc. Nr. 844, Dept of State to Western Embassies, 02. 03. 1962.
[25] FO und Premierminister waren sich in diesem Punkt einig. PRO, PREM 11/4554, FO-Memo for PM, 15. 10. 1962. Die Teststopp-Verhandlungen spielten in diesem Zusammenhang auch eine Rolle. Diese waren jedoch im Sommer 1962 festgefahren. Siehe hierzu: S. 68 f.
[26] PRO, CAB 131/25, NATO MRBMs: Brief for UK-Delegation, 01. 10. 1960.

teresse an der MLF, verbunden mit vagen Erklärungen, der Vorschlag müsse noch genauer geprüft werden.

Die Fürsprache der Bundesregierung innerhalb der Gemeinschaft war wichtig, entscheidend war jedoch die Haltung Frankreichs. Die Verhandlungsposition der Macmillan-Regierung gegenüber Frankreich war denkbar schlecht: Ein britischer EWG-Beitritt gefährdete die französische Vorherrschaft innerhalb der Gemeinschaft der Sechs. De Gaulle waren die anglo-amerikanischen Sonderbeziehungen zutiefst suspekt, und die nukleare *special relationship*, von der Frankreich von Anfang an ausgeschlossen blieb, ein besonderer Dorn im Auge. Der General hatte immer betont, daß er in jedem Fall gewillt sei, eine nationale französische Atommacht aufzubauen, und kein Interesse an einer multilateralen Atomstreitmacht nach den Vorstellungen der USA habe, da diese eine Einschränkung der nationalen nuklearen Souveränität Frankreichs bedeute.[27] Die MLF stellte auch bei einer Nicht-Teilnahme Frankreichs eine Gefährdung französischer Interessen dar: Eine Integration der Deutschen in eine NATO-Atomstreitmacht hätte die Bundesrepublik dem französischen Einfluß entzogen. Frankreich hätte den einzigen möglichen Partner für eine rein europäische Atommacht unter französischer Vorherrschaft als Gegenpol zur anglo-amerikanischen Allianz verloren. Zudem war man in Frankreich über die Pläne für ein Abkommen zur Nichtverbreitung von Kernwaffen alles andere als begeistert.[28] Die britische Regierung hatte vergeblich versucht, Überzeugungsarbeit zu leisten. Sie überließ die weiteren Verhandlungen mit de Gaulle der US-Regierung, um nicht noch weitere unnötige Minuspunkte in Paris zu sammeln.[29]

Die britische Regierung versuchte nun zu taktieren und Zeit zu gewinnen. Außenminister Home hätte es am liebsten gesehen, wenn die offiziellen Verhandlungen in Genf auf Anfang 1963 und damit bis nach der Entscheidung über den EWG-Beitritt aufgeschoben worden wären. Er hoffte, bis dahin seien Paris und Bonn möglicherweise bereit, einen NPT zu akzeptieren. In jedem Fall aber bliebe es Großbritannien erspart, in der entscheidenden Phase der EWG-Verhandlungen Farbe in der Nichtverbreitungsfrage bekennen zu müssen.[30] Die Briten bauten somit darauf, daß die USA im eigenen Interesse die Verhandlungen – sowohl mit den Verbündeten als auch mit der Kreml-Führung – vorantrieben und dadurch auch die britischen Interessen hinreichend vertreten wurden.

Der konservativen Regierung war die baldige Zementierung des nuklearen Status quo so wichtig, daß sie sich nicht völlig aus der Nichtverbreitungspolitik zurückziehen wollte. In Washington drängte die konservative Regierung kontinuierlich auf neue Initiativen und Fortschritte in den Verhandlungen.[31] Die amerikanische Regierung konnte den Kollegen in London gar nicht vorwerfen, sie in den Verhandlungen mit den Verbündeten im

---

[27] Der französische Botschafter in den USA erklärte im Frühjahr 1962, Frankreich sei unter folgenden Bedingungen bereit, über die MLF zu verhandeln: „Elle [la Force Multilatérale] doit être telle qu'elle n'empêche pas la France d'avoir sa propre force nucléaire, elle doit être efficace, ne pas risquer d'être paralysée par le véto de quinze nations." Zitiert nach: Barbier, Débat, S. 71.
[28] PRO, PREM 11/4554, FO to UK-Mission, New York, 25. 09. 1962.
[29] Ebenda.
[30] PRO, PREM 11/4554, FO-Memo for PM, 15. 10. 1962.
[31] Der britische Botschafter in Washington, Ormsby-Gore, machte immer wieder deutlich, daß ein NPT nach wie vor eines der zentralen Anliegen in London sei, und versuchte, die amerikanische Regierung zu einer bestimmteren Haltung in den Verhandlungen, vor allem gegenüber der Bundesrepublik Deutschland, zu gewinnen: PRO, PREM 11/4554, Washington to FO, 07. 12. 1962.

Stich zu lassen, schließlich war sie ebenfalls an einem erfolgreichen Ausgang der Beitrittsverhandlungen interessiert. Im Zuge dieser Verhandlungen hatte Macmillan zunächst bei
Kennedy für eine westliche Dreierherrschaft und nukleare Hilfe für Frankreich gewor-
ben, um die Haltung de Gaulles positiv zu beeinflussen. Im Laufe der Verhandlungen
war aber zu befürchten, daß Großbritannien durch das Nein Kennedys zu den Triumviratsplänen in eine Zwangslage geriet. De Gaulle könnte die restriktive Haltung der USA
in der nuklearen Frage mit einem Nein zum britischen EWG-Beitritt beantworten.

2. Proliferation als Trumpf in der britischen Außenpolitik? Die EWG-
Beitrittsverhandlungen zwischen Großbritannien und Frankreich

Anfang der sechziger Jahre wurde sehr bald deutlich, daß die 1959 von Großbritannien
ins Leben gerufene Freihandelszone EFTA keineswegs, wie erhofft, die schrittweise Öffnung des innereuropäischen Marktes und einen Abbau der Handelsbarrieren gegenüber
der Gemeinschaft der Sechs zur Folge hatte. Im Gegenteil führte Anfang 1961 eine weitere, drastische Senkung der Handelszölle innerhalb der EWG dazu, daß Großbritannien
der Zugang zum europäischen Markt noch nachhaltiger verwehrt wurde. Zugleich begannen die Sechs nun auch die politische Integration Europas ins Auge zu fassen. Außerdem bestand für die Briten die Gefahr, daß eine starke Gemeinschaft der Sechs Großbritannien als engsten und wichtigsten Verbündeten der USA in naher Zukunft ablösen
könnte. Hätte Großbritannien zusätzlich zu seiner wirtschaftlich und politisch isolierten
Lage in Europa auch noch die *special relationship* zu den USA verloren, wäre der Niedergang als westliche Großmacht besiegelt gewesen. Eisenhower hatte einen britischen
EWG-Beitritt immer befürwortet, und auch Präsident Kennedy gab Macmillan umgehend zu verstehen, daß ein britischer Beitritt die Intensität der anglo-amerikanischen Beziehungen eher fördern als verringern würde. In London bemühte man sich schon seit einigen Jahren um eine Annäherung an die Gemeinschaft der Sechs. 1961 gehörte die Ausarbeitung eines Integrationskonzeptes für Großbritannien in Europa zu den wichtigsten
Aufgaben der Macmillan-Regierung.

Westliches Triumvirat oder bilaterale Kooperation?

Entscheidend in den Verhandlungen über den britischen Beitritt war nach wie vor die
Haltung der französischen Regierung. Die seit Jahren diskutierten Überlegungen, ob
Frankreich nukleare Hilfe und die offizielle Anerkennung als Großmacht in einem *quid
pro quo* für die wirtschaftliche Anbindung Großbritanniens an die EWG angeboten werden solle, waren nun aktueller denn je. Macmillan formulierte die entscheidenden Fragen
so: „Is there a basis for a deal? ... Would de Gaulle be ready to withdraw the French
veto which alone prevents a settlement of Europe's economic problem in return for poli-
tico-military arrangements which he would accept as a recognition of France as a first-
class world Power? What he would want is something on Tripartitism and something
on the nuclear. Are there offers which we could afford to make? And could we persuade
the Americans to agree?"[32]

---

[32] PRO, PREM 11/3325, Memo by the Prime Minister, 16. 01. 1961.

In der Frage des Triumvirats war Macmillan zuversichtlich, eine Lösung zu finden, schwieriger gestaltete sich die konkrete nukleare Hilfe. Der Premierminister sah aber, daß die nukleare Offerte wohl das einzige Mittel war, um die britischen Ziele gegenüber Frankreich durchzusetzen. Er sprach sich dafür aus, einen Versuch zu starten, da de Gaulle die Annäherung Großbritanniens an die Europäische Wirtschaftsgemeinschaft wohl nur gegen nukleare Hilfe gestatten würde.[33] Macmillan hatte schon zwei Jahre zuvor, als ein *quid pro quo* mit Paris innerhalb der Regierung erstmals in Erwägung gezogen wurde, den *nuclear deal* klar befürwortet.[34] Trotzdem war im Mai 1960 das Kabinett übereinkommen, Frankreich zunächst keine Hilfe anzubieten. Dies geschah damals nicht zuletzt aufgrund der Uneinigkeit und Unentschlossenheit der Regierung – es bestand kein akuter Handlungsbedarf – und mit Rücksicht auf die amerikanischen Interessen. Angesichts der sich zuspitzenden Situation in der europäischen Frage war der konservative Premier nun entschlossen, diese Strategie auch zu verfolgen.

Im Rahmen dieser Konzeption waren folgende Aspekte für Macmillan von besonderer Bedeutung: a) die *special relationship* mußte als exklusive Beziehung erhalten bleiben, b) Frankreich sollte zwar formell eine unabhängige Atommacht werden, aber de Gaulle müßte dieselben ungeschriebenen Regeln („moral restraints") einhalten, die in bezug auf Einsatz und Weitergabe auch für Großbritannien galten, c) es war sicherzustellen, daß de Gaulle seinen Part in diesem Abkommen auch tatsächlich erfüllen würde, d) zusätzlich sollte sich de Gaulle bereit erklären, im Falle eines Zustandekommens des Teststopp-Vertrages diesen zu unterzeichnen. Die nukleare Proliferation an Frankreich hätte damit die Verwirklichung der beiden wesentlichen Ziele der Außenpolitik Macmillans ermöglicht: die Aufnahme in die Europäische Wirtschaftsgemeinschaft und ein globales Teststopp-Abkommen. Macmillan war allerdings nicht bereit, als Preis dafür einen Bruch mit Washington hinzunehmen. Er bemühte sich vielmehr, die Unterstützung seiner Pläne durch die Kennedy-Regierung zu erlangen. Trotz des neuen, restriktiven Kurses, den das Weiße Haus in der Nichtverbreitungpolitik verfolgte, sah er eine Chance, den amerikanischen Präsidenten von den Vorteilen einer nuklearen Kooperation mit Frankreich überzeugen zu können.[35]

Bevor jedoch Macmillan diese Fragen mit dem amerikanischen Präsidenten abstimmte, unterbreitete er de Gaulle bei einem Treffen in Rambouillet Ende Januar 1961 konkrete Vorschläge. Frankreich, Großbritannien und die USA sollten die gemeinsamen, gleichberechtigten Verwalter des westlichen Atomwaffenpotentials werden. Dabei spielte Macmillan die politische Bedeutung der *special relationship* herunter und vermittelte den Eindruck, er wolle drei gleichberechtigte Partner. Allerdings müsse natürlich die Zustimmung der amerikanischen Regierung noch eingeholt werden. Macmillan machte de Gaulle diesbezüglich jedoch große Hoffnungen, da er betonte, Eisenhower habe diesem Vorschlag eigentlich schon zugestimmt; er sei nur nie realisiert worden.[36] Ferner versi-

---

[33] Ebenda.
[34] Siehe hierzu: S. 41. Nukleare Kooperation mit Frankreich – diese Frage war auch im Zusammenhang mit dem Testverbot bereits in der Frühphase der Verhandlungen topaktuell. Siehe hierzu: S. 57.
[35] PRO, PREM 11/3325, Memo by the Prime Minister, 16. 01. 1961.
[36] Ein nukleares, westliches Triumvirat war ja angesichts der MLF-Pläne der amerikanischen Regierung auch die Wunschlösung Macmillans. Macmillan behauptete in seinem Memorandum und im Gespräch mit de Gaulle, daß Präsident Eisenhower den Wünschen de Gaulles 1958 zugestimmt

cherte Macmillan de Gaulle, er wolle ein „good working arrangement" zwischen den Sechs, Großbritannien und möglichst vielen weiteren EFTA-Mitgliedern. London sei nun bereit, das Zollsystem der EWG zu akzeptieren. Der britische Premier erklärte, daß er nicht an einen Beitritt Großbritanniens zu den Römischen Verträgen, sondern an eine Assoziierung denke. Aus den Protokollen über das Treffen geht hervor, daß de Gaulle den Eindruck gewinnen mußte, London sei an einer wirklichen Integration in die Europäische Wirtschaftsgemeinschaft nicht interessiert, wünsche aber tatsächlich ein westliches Großmächtetriumvirat und sehe auch realistische Chancen, dies zu verwirklichen.[37] Im April 1961 sprachen Verteidigungsminister Watkinson und der französische Minister für Streitkräfteplanung, Messmer, über eine nukleare Zusammenarbeit, wobei Messmer deutlich machte, daß die trilaterale Kooperation außerhalb des NATO-Rahmens die von Frankreich favorisierte Lösung sei.[38] Watkinson machte dabei seinem französischen Gesprächspartner ebenfalls große Hoffnungen, daß die USA für die nukleare Zusammenarbeit gewonnen werden könnten.

Präsident Kennedy wurde über die Vorstellungen des britischen Premiers erst Ende April 1961 unterrichtet. In einem Memorandum für den amerikanischen Präsidenten warb Macmillan für de Gaulles Konzeption einer gemeinsamen Verwaltung des Atompotentials durch Frankreich, Großbritannien und die USA. Gleichzeitig erklärte Macmillan, daß die britische Regierung in absehbarer Zeit den Beitritt zur EWG anstrebe.[39] Macmillan hatte in seinem Memorandum vom Januar 1961 festgestellt, daß Großbritannien in der Frage der Einigung mit der Gemeinschaft der Sechs auf die Unterstützung und Hilfe der USA angewiesen sei. Dies müsse nun dem amerikanischen Präsidenten deutlich gemacht werden. Auch Außenminister Home hatte den Premierminister darauf hingewiesen.[40] Ein britisches Beitrittsgesuch – wie von Kennedy gewünscht – zog nicht automatisch eine Aufnahme Großbritanniens nach sich. Nukleare Konzessionen der Angelsachsen, das sollte Kennedy erkennen, verbesserten die Position der Briten gegenüber de Gaulle, bei dem nun einmal die Entscheidung lag. Macmillan versäumte es jedoch, diesen entscheidenden Zusammenhang in seinem Schreiben an Kennedy explizit deutlich zu machen. Statt dessen behandelte er die Fragen EWG-Beitritt und nukleare Hilfe gesondert voneinander. Andererseits erklärte er de Gaulle nicht klar und deutlich, daß er ein umfassendes *quid pro quo*, d. h. nukleare Hilfe und westliches Triumvirat gegen EWG-Beitritt und Unterzeichnung des Teststopp-Abkommens, wünsche. Macmillan nannte damit gegenüber de Gaulle und Kennedy unterschiedliche Zielsetzungen der britischen Politik. Außerdem nahm er ein Angebot an de Gaulle vorweg, ohne dies vorher

habe und sich damals nur das amerikanische Außen- und Verteidigungsministerium dagegen ausgesprochen hätten. PRO, PREM 11/3325, Memo by the Prime Minister, 16. 01. 1961 sowie PREM 11/3322, Record of Conversation, 28. 01. 1961. Möglicherweise hatte Eisenhower damals bei dem Treffen der westlichen Staatschefs in Rambouillet seine Ablehnung nicht sofort deutlich gemacht. De Gaulle muß sich jedoch über diese Aussage Macmillans sehr gewundert haben, denn Eisenhower hatte dem französischen Präsidenten im Anschluß an das Treffen zwischen Macmillan, Eisenhower und de Gaulle in einem persönlichen Schreiben seine ablehnende Haltung mitgeteilt. Siehe hierzu: Bundy, Danger, S. 478–479.

[37] PRO, PREM 11/3322, Record of Conversation between Macmillan and de Gaulle, 28. 01. 1961.

[38] PRO, PREM 11/4224, Watkinson to Macmillan, 14. 04. 1961.

[39] PRO, PREM 11/3311, Macmillan to Kennedy, 28. 04. 1961.

[40] PRO, PREM 11/3326, Memo by Foreign Secretary Home, 23. 02. 1961.

mit Kennedy abzustimmen, und weckte in Paris zudem noch unberechtigte Hoffnungen im Hinblick auf die amerikanische Position.

Der ablehnende Bescheid aus Washington traf Anfang Mai in London ein.[41] Präsident Kennedy teilte Macmillan in einem persönlichen Schreiben mit, daß die USA zur nuklearen Kooperation mit Frankreich nicht bereit seien, weil sie schwere Auswirkungen auf die übrigen NATO-Partner, insbesondere nukleare Ambitionen der Deutschen, fürchteten. Kennedy schlug Macmillan verschiedene Maßnahmen vor, um den Vorstellungen de Gaulles entgegenzukommen. Er deutete unter anderem vage Möglichkeiten intensiverer Konsultationen mit Frankreich an, die jedoch von den Triumviratsplänen Macmillans weit entfernt waren. Frankreich solle nukleare Mitverantwortung – wie die übrigen Verbündeten – im NATO-Rahmen übernehmen. Die Angebote aus Washington entsprachen in keiner Weise den anspruchsvollen Erwartungen des Generals. Die Problematik des britischen Beitritts zur EWG ließ Kennedy in seinem Schreiben an Macmillan unerwähnt.[42] Dies läßt den Schluß zu, daß sich der amerikanische Präsident in keiner Weise bewußt war, wie eng die nukleare Hilfestellung mit der europäischen Frage verknüpft war.

Die amerikanische Regierung erwartete von den Briten in der EWG, den anti-amerikanischen Tendenzen de Gaulles gegenzusteuern und die Gemeinschaft in Richtung einer Kooperation innerhalb einer transatlantischen Allianz zu dirigieren. Aus amerikanischer Sicht hätte ein Beitritt der Briten zur Gemeinschaft der Sechs die Sonderrolle Großbritanniens am Rande von Europa beendet. Innerhalb der Gemeinschaft hätte dies ein Ende der französischen Hegemonie bedeutet und einer sich immer deutlicher abzeichnenden deutsch-französischen Annäherung, insbesondere einer befürchteten nuklearen Zusammenarbeit der beiden Staaten, entgegengewirkt. In der NATO wären die andauernden Spannungen und Zerfallstendenzen, ausgelöst durch die kontinuierliche Bevorzugung Großbritanniens, einer Stabilisierung des Bündnisses gewichen. Sosehr die USA eine Aufnahme Großbritanniens in die EWG wünschten, über den Beitritt wurde jedoch in Paris und nicht in Washington entschieden. Voraussetzung für ein positives Votum der französischen Regierung wäre die Anerkennung Frankreichs als nukleare Großmacht durch die Vereinigten Staaten und Großbritannien gewesen. Dies war nicht der Fall, und damit war eine Anbindung Großbritanniens an die Gemeinschaft für Frankreich alles andere als attraktiv. Die Politik Washingtons war somit im Hinblick auf die Chancen einer Aufnahme Großbritanniens in die Europäische Wirtschaftsgemeinschaft völlig unrealistisch.

Während eines Treffens zwischen Kennedy und de Gaulle machte der amerikanische Präsident seine ablehnende Haltung deutlich. De Gaulle mußte akzeptieren, daß an eine nukleare Dreierherrschaft nicht zu denken war und noch nicht einmal elementare Hilfe für das französische Atomprogramm gewährt wurde. Die Hoffnungen, die Macmillan dem General gemacht hatte, wurden damit zutiefst enttäuscht. In Paris fühlte man sich wieder einmal von den Angelsachsen betrogen. Zur gleichen Zeit stellte London offiziell den Antrag auf Aufnahme in die Europäische Wirtschaftsgemeinschaft, ein Schritt, der wiederum unerwartet für de Gaulle kommen mußte. Diese ungeschickte Politik gegenüber Frankreich zeigt, daß sich weder die amerikanische Regierung noch die Briten dar-

---

[41] Siehe auch: Clark, Diplomacy, S. 398. Vaisse, Première Candidature, S. 145–146.
[42] PRO, PREM 11/3311, Kennedy to Macmillan, 08. 05. 1961.

über im klaren waren, was ein britischer EWG-Beitritt für de Gaulle bedeutete und wie hoch der Preis dafür tatsächlich sein mußte. Frankreich war unumstrittener Herrscher innerhalb der Gemeinschaft der Sechs. Solange Frankreich noch keine vollwertige Atommacht war, sicherte die führende Position den Status Frankreichs als westliche Großmacht. Langfristig konnte sich Frankreich als nukleare Schutzmacht der Kontinentaleuropäer und Alternative zu dem immer unglaubwürdiger werdenden nuklearen Schirm der USA profilieren. Eine britische Mitgliedschaft würde diese Situation beenden. De Gaulle lehnte gegenüber Macmillan eine britische EWG-Mitgliedschaft nicht rundweg ab, aber er drückte sein Unbehagen durch folgendes Bild aus: In der Gemeinschaft der Sechs gibt es derzeit fünf Hennen und einen Hahn. Wenn Großbritannien und einige weitere Länder beiträten, gäbe es sieben oder acht Hennen, aber zwei Hähne.[43]

Insofern war zu erwarten, daß de Gaulle eine britische Mitgliedschaft nur dann zulassen würde, wenn eine gleichberechtigte nukleare Dreierherrschaft und ein unabhängiges französisches Atompotential gesichert waren. Andernfalls würde Großbritannien der Zutritt verwehrt bleiben, um Frankreich den Großmachtstatus als führende Nation Kontinentaleuropas zu erhalten. Macmillan wußte um die Bedeutung der nuklearen Frage, aber er ging davon aus, daß der General einen britischen Beitritt durchaus auch unabhängig davon für erstrebenswert hielt, da Großbritannien ein Gegengewicht zur wachsenden wirtschaftlichen und politischen Stärke der Bundesrepublik darstellen würde.[44] Macmillan verkannte, daß de Gaulle keineswegs die übermäßigen Ängste gegenüber der Bundesrepublik hegte, die in London allgegenwärtig waren. De Gaulle war überzeugt, „les petits gens de Bonn", wie er sie nannte, im Zaum halten zu können. Diese wiederum betrieben eine bewußte Versöhnungspolitik gegenüber Frankreich und waren in hohem Maß bemüht, nicht nur politisch, sondern auch finanziell in die europäische Integration zu investieren. Die Aufnahme eines wirtschaftlichen Sorgenkinds mit Großmachtansprüchen hätte dagegen für Frankreich nur finanzielle Abstriche und Reduzierung des eigenen Prestiges bedeutet.

Mit dem Nein Kennedys hatte sich das *fourth country problem* für Großbritannien ins Gegenteil verkehrt. Die Nichtverbreitungspolitik der USA gegenüber Frankreich – und die Verpflichtung Londons, dieser Politik zu folgen – bedeuteten von nun an eine schwere Gefahr für die grundlegenden außenpolitischen Zielsetzungen und wirtschaftspolitischen Notwendigkeiten Großbritanniens. Ein britisches EWG-Beitrittsgesuch kam ohnehin einem Gang nach Canossa gleich. Das Vereinigte Königreich klopfte als reuiger Sünder an der europäischen Tür. Die britische Regierung hatte gegenüber Frankreich nun nur noch eine einzige Trumpfkarte: die Aussicht auf bilaterale nukleare Kooperation und den Aufbau einer anglo-französischen nuklearen Verteidigung Europas. Großbritannien und Frankreich als nukleare Schutzmächte und Führungsnationen eines von den USA unabhängigen Europas, das einen gleichwertigen Gegenpol zu den Vereinigten Staaten von Amerika bilden könnte, wäre die einzige denkbare Perspektive gewesen, de Gaulles Großmachtansprüche zu befriedigen und damit die Integration Großbritanniens in die EWG für Frankreich akzeptabel zu machen.

Eine nukleare Zusammenarbeit mit Paris wurde in London auch nicht als Proliferation betrachtet, da man Frankreich als Atommacht akzeptiert hatte. Im Gegenteil, eine anglo-

---

[43] Zitiert nach: Macmillan, End, S. 365.
[44] PRO, PREM 11/3325, Memo by the Prime Minister, 16. 01. 1961.

französische Zusammenarbeit garantierte, daß Frankreich nicht doch ein deutsch-franzö-
sisches Atomprogramm ins Auge faßte. Andererseits bedeutete dies einen Bruch nicht
nur der vertraglichen Verpflichtungen gegenüber Washington, sondern auch das definitive Ende der *special relationship*, sowie die Hinwendung zu einer europaorientierten,
stark anti-amerikanisch geprägten Politik. Allerdings erweckte die *Skybolt*-Krise im
Herbst 1962 den Verdacht, Washington plante nun, ein Ende Großbritanniens als Atommacht zu erzwingen. Die USA wollten die Entwicklung der Rakete aus wirtschaftlichen
Gründen einstellen, obwohl Großbritanniens Status als Atommacht von der vertraglich
geregelten Lieferung der *Skybolt*-Raketen abhängig war. Die britische Regierung befand
sich in einer Situation, in der eine Vereinbarung der unterschiedlichen Interessen unmöglich geworden war. Sollte sie die *special relationship* opfern und eine nukleare Kooperation mit Frankreich eingehen, oder sollte sie de Gaulle die nukleare Zusammenarbeit verweigern und ein Nein des Generals in Brüssel in Kauf nehmen? Dabei war das Resultat
keiner der beiden Entscheidungsmöglichkeiten gesichert. Die britische Regierung konnte
weder davon ausgehen, daß ein Verzicht auf eine Kooperation mit Frankreich die Fortsetzung der *special relationship* garantierte, noch war eine nukleare Zusammenarbeit mit
Frankreich eine Zusage für den Beitritt zur Gemeinschaft. Das Hauptproblem war aber,
daß die britische Regierung nicht wahrhaben wollte, daß de Gaulle an einer Aufnahme
Großbritanniens bei einer gleichzeitigen Aufrechterhaltung der *special relationship* kein
Interesse haben konnte. Die Europäische Wirtschaftsgemeinschaft wäre damit eine unter
dem Einfluß der USA stehende Gruppe von NATO-Mitgliedern, aber kein unabhängiger
Machtfaktor unter französischer Führung gewesen. Großbritannien hätte als engster Ver-
bündeter der Schutzmacht eine Vormachtstellung und Schlüsselfunktion erhalten, und
Frankreich wäre auf das Niveau einer europäischen Mittelmacht abgesunken.

Anglo-französische Gespräche über bilaterale nukleare Kooperation waren im Zuge der
britischen Befürwortung nuklearer Hilfe für Frankreich bereits Anfang 1961 angelaufen.
Die Regierung in London hatte zunächst nach Möglichkeiten zur Zusammenarbeit gesucht, die die vertraglichen Verpflichtungen gegenüber den USA nicht verletzten. Großbritannien bot Frankreich an, im Rahmen einer gemeinsamen Entwicklung einer Trägerrakete
für Satelliten die militärischen Daten des britischen Raketenprogramms *Blue Streak* zugänglich zu machen.[45] Diese wären bei der Entwicklung einer eigenen Trägerrakete für
Frankreich von Nutzen gewesen. In einer Kabinettssitzung im März 1962 sprach sich Macmillan dafür aus, zunächst kein Abkommen über die Nichtverbreitung von Kernwaffen zu
unterzeichnen, um einen Technologietransfer mit Frankreich im Rahmen der EWG-Beitrittsverhandlungen nicht zu gefährden.[46] Anläßlich des bevorstehenden Besuchs Macmillans in Frankreich trafen Außenminister Home, Lordsiegelbewahrer Heath und Premierminister Macmillan im Mai 1962 in Chequers zusammen, um die Möglichkeiten einer nuklearen Kooperation erneut zu erörtern. Macmillan sprach sich nun plötzlich gegen zu
großzügige Offerten aus, da er befürchtete, de Gaulle könne die nukleare Hilfe dankbar
annehmen, aber die erwartete Gegenleistung nicht erbringen. Gleichwohl war der Premier
der Ansicht, daß in jedem Fall ein Angebot gemacht werden müsse, um den General zu
einer positiveren Haltung gegenüber dem britischen EWG-Beitritt zu bewegen.[47]

[45] PRO, PREM 11/3322, Brit. Embassy, Paris, to FO, 22. 01. 1961.
[46] PRO, CAB 128/36, C.C. 20 (62), 08. 03. 1962.
[47] PRO, PREM 11/3775, Memo of Conversation, 19. 05. 1962.

Es ist nicht nachvollziehbar, was Macmillan de Gaulle in Chateau de Champs tatsächlich angeboten hat.[48] De Gaulle brachte sein Interesse an einer Kooperation deutlich zum Ausdruck, ließ in diesem Zusammenhang aber das britische Beitrittsgesuch unerwähnt. Unmittelbar nach der Zusammenkunft erhielt eine britische Firma den Auftrag, ein Wärmeaustauschgerät für eine französische Atomanlage zu liefern, und Messmer machte gegenüber Watkinson deutlich, daß Frankreich an einer Zusammenarbeit bei der Entwicklung eines U-Boot-Programms interessiert sei.[49] Die Vorbereitungen für ein zweites Treffen in Rambouillet im November wurden wieder von zahlreichen Vorschlägen zur nuklearen Zusammenarbeit bestimmt. Im Mittelpunkt stand dabei Hilfe beim Bau der Isotopentrennanlage im französischen Pierrelatte. Macmillan unterbreitete in Rambouillet jedoch keine konkreten Angebote für eine nukleare Kooperation. Die Lieferung des Wärmeaustauschgerätes wollte die britische Regierung nicht ohne Rücksprache mit Washington gestatten. Der britische Botschafter Ormsby-Gore übermittelte prompt ein Veto des State Departments, aber Peter Thorneycroft, der im Juli 1962 Harold Watkinson als Verteidigungsminister abgelöst hatte, und Macmillan kamen überein, den Export trotzdem zu genehmigen. Den USA gegenüber könne in diesem Fall gut mit der europäischen Frage argumentiert werden.[50] Die britische Firma, die den Auftrag bekommen hatte, war allerdings die Tochterfirma eines amerikanischen Konzerns, die auf Druck aus Amerika das Projekt selbständig auf Eis legte.[51] Eine bilaterale nukleare Kooperation kam damit praktisch nicht zustande. Frankreich hatte eine Zusage für das Wärmeaustauschgerät erhalten und wartete nun vergeblich auf die Lieferung, was das Vertrauen in die Aufrichtigkeit der britischen Regierung sicher nicht bestärkte.

Das Non de Gaulles

Premierminister Macmillan war trotzdem der Ansicht, daß dem EWG-Beitritt keine größeren Hindernisse mehr im Wege stünden. Er schrieb über das bevorstehende Treffen mit de Gaulle an Kennedy: „De Gaulle will not offer a strong resistance to our entry into the Community. Of course there will be some hard bargaining still, but in the end the French will see the position in broad political terms."[52] Dabei gab es genug Warnsignale, daß die britische Aufnahme alles andere als gesichert war. Messmer machte gegenüber Thorneycroft Vorbehalte deutlich. Er erklärte, de Gaulle habe Zweifel, ob Großbritannien wirklich reif für einen Beitritt sei, und glaube auch nicht daran, daß die Briten jemals ihre Abhängigkeit von den USA beenden würden.[53] Macmillan hätte allen Grund gehabt,

[48] Das geheime Zusatzprotokoll der Unterredung bricht abrupt ab, als die nukleare Kooperation zwischen Frankreich und Großbritannien zur Sprache kommt. PRO, PREM 11/3775, Record of Conversation, 03. 06. 1962. Vaisse stellt fest, daß auch das französische Protokoll keinen entsprechenden Hinweis enthält. Vaisse, Première Candidature, S. 146. Vaisse geht davon aus, daß die nukleare Kollaboration nicht diskutiert worden sei, da auch Macmillan in einem Schreiben an Kennedy dies explizit betont habe. Clark führt ebenfalls dieses Schreiben Macmilllans an Kennedy als Beleg an, daß nukleare Fragen nicht besprochen wurden. Clark, Diplomacy, S. 400.
[49] PRO, PREM 11/4224, Watkinson to Macmillan, 12. 06. 1962.
[50] PRO, FO 371/163340, Record of Conversation, 15. 10. 1962.
[51] PRO, FO 371/171253, Memo by H. Shepherd (FO), 15. 03. 1963.
[52] PRO, PREM 11/3775, Macmillan to Kennedy, 05. 06. 1962.
[53] PRO, PREM 11/4224, Thorneycroft to Macmillan, 16. 10. 1962. Anfang Oktober erklärte der Verhandlungsführer der Briten in Brüssel, Lordsiegelbewahrer Heath, in einer Kabinettssitzung, daß

das Schlimmste zu erwarten. Das offizielle Beitrittsgesuch der Briten kam spät – erst im Juli 1962 –, bis dahin hatte die Regierung nur von Assoziierung gesprochen. Trotzdem forderte London nun eine zügige Aufnahme, wobei man zunächst auch noch auf Sonderregelungen für die Staaten des Commonwealth bestanden hatte. Die hohen Erwartungen, die die britische Regierung bezüglich eines westlichen Triumvirats gemacht hatte, waren hingegen geplatzt. Die Bemühungen um bilaterale Kooperation hatten zu vagen Angeboten und leeren Versprechungen geführt.

Die anglo-amerikanische *special relationship* sollte dagegen weiterbestehen. Die *Skybolt*-Krise im Herbst 1962 machte deutlich, wie sehr Großbritannien in der Verteidigung von den USA abhängig war. Die Entscheidung der amerikanischen Regierung, die Entwicklung der Rakete einzustellen, hatte eine schwere Regierungskrise in London ausgelöst, da der Erhalt einer glaubwürdigen Abschreckung von der Lieferung der Raketen abhing. De Gaulle konnte davon ausgehen, daß Macmillan ein Ende der britischen Abschreckungsmacht nicht hinnehmen und in Washington auf adäquaten Ersatz pochen werde. Als das State Department im Dezember nachdrücklich die Gründung eine nuklearen Streitmacht unter NATO-Kontrolle forderte, mußte das nicht nur wie blanker Hohn auf de Gaulle wirken. Eine NATO-Atommacht unter angelsächsischer Kuratel würde die Europäer von Frankreich entfremden. De Gaulle hingegen hatte im November einen triumphalen Wahlsieg gefeiert. Die Algerienkrise war beigelegt, und de Gaulle befand sich auf dem Höhepunkt seiner Macht.[54] Der General konnte sich nun ganz auf die Europäische Wirtschaftsgemeinschaft als Symbol für den Großmachtstatus konzentrieren. Für Großbritannien als Erfüllungsgehilfen der amerikanischen Interessen war dort kein Platz. Bei dem zweiten Treffen in Rambouillet ließ de Gaulle keinen Zweifel daran, daß an eine Aufnahme Großbritanniens in die Europäische Wirtschaftsgemeinschaft in nächster Zeit nicht zu denken war.[55] Für Macmillan mag diese Botschaft in Rambouillet ein unangenehmes Erwachen und eine plötzliche Konfrontation mit den politischen Realitäten bedeutet haben; betrachtet man die Situation aus der Sicht des Generals in Paris, war sie die logische Konsequenz der anglo-amerikanischen Politik gegenüber Frankreich.

Drei Tage nach dem Treffen in Rambouillet fand de Gaulle seine tiefen Ressentiments und sein Mißtrauen gegenüber den Angelsachsen dann noch einmal bestätigt. Macmillan kehrte mit der Zusage Kennedys aus Nassau zurück, daß Großbritannien von den USA die *Polaris*-Raketen erhalten werde.[56] Macmillan wußte, welchen Eindruck der nukleare

---

de Gaulle einer Aufnahme Großbritanniens ausgesprochen ablehnend gegenüberstehe. PRO, CAB 129/110, 01. 10. 1962. Dies steht im Gegensatz zur Darstellung der Situation in Macmillans Memoiren. Macmillan behauptet genau das Gegenteil. Heath hätte aus Brüssel gemeldet, daß keine größeren Schwierigkeiten mit Frankreich mehr zu erwarten seien. Macmillan, End, S. 337.

[54] Conze, Herausforderung, S. 252–253.

[55] Newhouse behauptet, de Gaulle habe Macmillan in Rambouillet ein explizites Nein der französischen Regierung zum britischen Beitrittsgesuch mitgeteilt, und bezieht sich dabei auf nicht näher bezeichnete britische Dokumente. Newhouse, Krieg, S. 280. Die Protokolle des Public Records Office über das Treffen lassen diesen Schluß nicht zu, aber aus den Aufzeichnungen geht hervor, daß de Gaulle seine Bedenken und Vorbehalte so massiv deutlich machte, daß dies einem ablehnenden Bescheid gleichkam. Ob Macmillan ein direktes Nein de Gaulles erhalten hat, ist fraglich. Steininger spricht nur von einer mehr als zurückhaltenden Position de Gaulles in Rambouillet. Steininger, Großbritannien, S. 90.

[56] De Gaulle bezeichnete das Abkommen von Nassau schließlich als einen Hauptgrund für sein Veto. Die neuere Forschung geht allerdings davon aus, daß de Gaulles Nein bereits vorher fest-

deal bei de Gaulle hinterlassen mußte, und er wußte um die Position de Gaulles in der Frage des britischen EWG-Beitritts. Der britische Premier sah in Nassau eine letzte Chance, sowohl den britischen Beitritt zu erreichen als auch die britische Atommacht zu sichern, indem er Kennedy in Nassau drängte, Frankreich die *Polaris*-Raketen zu denselben Bedingungen wie Großbritannien anzubieten. Macmillan hatte zwar Kennedy gegenüber behauptet, daß der Verkauf von *Polaris* keine Auswirkungen auf die EWG-Beitrittsverhandlungen habe, ein gleichwertiges Angebot an Frankreich könne aber möglicherweise die Wünsche des Generals von einer trilateralen Verwaltung des westlichen Atompotentials in letzter Minute erfüllen.[57] Die *Polaris*-Raketen hatten damit für London in mehrfacher Hinsicht eine Schlüsselfunktion: Sie sollten Macmillan die Türe zur EWG doch noch öffnen und Großbritannien die unabhängige nukleare Option offenhalten.

General de Gaulle blieb von der überraschenden Offerte Kennedys ungerührt.[58] Am 14. Januar 1963 verkündete er während einer Pressekonferenz nicht nur sein Veto gegen den britischen Beitritt zur EWG, sondern erklärte auch sein Desinteresse an einem Erwerb des *Polaris*-Systems.[59] Aus der Sicht de Gaulles gab es gute Gründe, an der Aufrichtigkeit des Angebots zu zweifeln. Wieso sollten die USA nach dem klaren Nein Kennedys und den Attacken McNamaras in so kurzer Zeit ihre Politik grundlegend geändert haben? Vor diesem Hintergrund mußte de Gaulle die *Polaris*-Offerte als einen von den Briten und Amerikanern in Nassau gebastelten Köder betrachten, um Frankreich nun schrittweise in die nukleare Abhängigkeit der Vereinigten Staaten zu locken und so die EWG unter anglo-amerikanischen Einfluß zu bringen. Das überstürzte Angebot an de Gaulle in Folge von Nassau darf auch nicht als plötzlicher Meinungsumschwung Kennedys gesehen werden. Das Angebot an Frankreich war kein Versuch,

---

stand. Vgl.: Newhouse, Krieg, S. 278–280. Steininger, Großbritannien, S. 118. Vaisse, Première Candidature, S. 147. Eine Ausnahme stellt die Position von Conze dar, der dem Abkommen von Nassau erhebliche Bedeutung für die Entscheidung de Gaulles beimißt. Conze, Herausforderung, S. 253–255. Soutou betont die Bedeutung des deutsch-französischen Vertrags, dessen Unterzeichnung bevorstand, und de Gaulles Hoffnungen, die Bundesrepublik dadurch verteidigungspolitisch dem Einfluß der USA und Großbritanniens zu entziehen und enger an Frankreich zu binden. Soutou, Alliance, S. 231–232. Das Nein stand für de Gaulle in Rambouillet wohl schon fest. Gleichwohl darf Nassau als wesentlicher Faktor, der de Gaulle in seiner Entscheidung bekräftigte, nicht unterbewertet werden. De Gaulle mußte sich in der Nuklearpolitik von den Angelsachsen hintergangen fühlen. Die *special relationship* blieb eine bilaterale *special relationship*, von der Frankreich auf Dauer ausgeschlossen blieb. Nassau war die beste Bestätigung, daß ein britischer Beitritt seinen Interessen zuwiderlaufen würde. Zudem waren die Briten mit dem Kauf langfristig auf das amerikanische *Polaris*-System festgelegt. Eine anglo-französische Zusammenarbeit war damit so gut wie ausgeschlossen. Frankreich hatte jedoch gerade in der Entwicklung nuklear betriebener U-Boote auf eine Zusammenarbeit mit Großbritannien gehofft. PRO, PREM 11/4224, Watkinson to Macmillan, 12. 06. 1962.

[57] NSA, MC, Doc. Nr. 963, Report on Skybolt and Nassau by Richard Neustadt, 15. 11. 1963. Dieser Plan stammte nicht von Kennedy selbst, sondern ursprünglich von Macmillan. Nachdem Macmillan jeden Zusammenhang zwischen dem *Polaris*-Verkauf und dem EWG-Beitritt abgestritten hatte, wunderten sich die amerikanischen Verhandlungteilnehmer zunächst über den Zweck der britischen Initiative.

[58] Siehe hierzu: Soutou, Alliance, S. 233–235.

[59] Horne behauptet, de Gaulle hätte sich der Unterstützung Adenauers sicher sein können. Dieser hätte als einziger innerhalb der bundesdeutschen Regierung den britischen EWG-Beitritt abgelehnt. Horne, Macmillan, S. 447.

Macmillan in letzter Minute die Mitgliedschaft in der Gemeinschaft der Sechs zu erkaufen. Macmillan hatte Kennedy auch erklärt, daß der Erwerb der *Polaris*-Raketen keinen Einfluß auf die Verhandlungen mit Frankreich hätte. Kennedy hatte andere Gründe, die Initiative Macmillans aufzugreifen. Ende 1962 standen die Chancen für den Abschluß eines Teststopp-Abkommens so günstig wie nie zuvor in den Verhandlungen. Moskau signalisierte nicht nur, daß eine Einigung in greifbare Nähe gerückt war, sondern auch Interesse an einem Abkommen über die Nichtverbreitung von Kernwaffen. Mit dem Angebot von *Polaris*-Raketen hätte de Gaulle möglicherweise die Unterschrift unter einen Vertrag und die Bereitschaft zu Verhandlungen über einen NPT abgekauft werden können. Mit der Auflage, die *Polaris*-Flotte einer zukünftigen NATO-Atomstreitmacht zu unterstellen, wäre der Nichtverbreitungspolitik genügend Rechnung getragen gewesen. Die Sowjetunion hatte sich mit dem nuklearen Status Frankreichs ohnehin schon abgefunden und hätte eine französische Beteiligung an einem Abkommen sicherlich begrüßt. Vielleicht hätte der Kreml daraufhin sogar noch die Zustimmung aus Peking einholen können.

Bemühungen um Zusammenarbeit nach dem Veto de Gaulles

Macmillans Interesse am Zustandekommen eines Teststopp-Abkommens war mindestens genauso groß. Er hatte Kennedy schon zum Jahreswechsel 1961/62 auf die Bedeutung einer französischen Beteiligung hingewiesen und nukleare Hilfe für Frankreich im Gegenzug für die französische Unterschrift gefordert. Dies war jedoch von Kennedy abgelehnt worden, solange die Aussichten auf ein Abkommen gering waren.[60] Die Situation hatte sich mit dem Jahreswechsel 1962/63 geändert. Insofern kamen die nuklearen Kontakte nach dem Veto de Gaulles im Januar 1963 nicht zum Erliegen. Kennedy war bereit, nach der Ablehnung des *Polaris*-Angebots weitere Initiativen folgen zu lassen. In London und Washington hoffte man nun in Sachen Teststopp und nukleare Hilfe zu einem Arrangement zu kommen. Man sah zudem Chancen, über einen *package deal* nachträglich noch eine Aufhebung des französischen Vetos bewirken zu können. Ein im Juli vom Foreign Office erstelltes Memorandum mit dem Titel „Possible Anglo-American Nuclear Offer to France" skizziert diese Zielsetzung.[61] Interessanterweise hatte inzwischen das Teststopp-Abkommen eindeutige Priorität vor einem EWG-Beitritt gewonnen. Das wichtigste Ziel der britischen Regierung war nun, de Gaulle zur Annahme einer anglo-amerikanischen Offerte zu bewegen, um die französische Unterschrift unter das Teststopp-Abkommen sicherzustellen.

Selbstverständlich sollte Großbritannien auch weiterhin auf einen Beitritt zur EWG hinarbeiten, aber dafür wäre möglicherweise ein zweiter Schritt – eine spätere Erweiterung des ursprünglichen Abkommens – notwendig. Außerdem war man in diesem Punkt auf die Unterstützung der USA angewiesen, da diese den Hauptanteil der nuklearen Informationen lieferten. Aus diesem Grund war Premier Macmillan auch sehr darauf bedacht, daß die USA de Gaulle keinesfalls ein zu großzügiges Angebot machten. Für die Zustimmung zum Teststopp-Abkommen solle Frankreich die nötigen Testdaten zur Verfügung gestellt bekommen, um problemlos auf weitere Tests verzichten zu können. Jede

---

[60] Siehe hierzu: S. 67.
[61] PRO, PREM 11/4151, FO-Memo, 17. 07. 1963.

weitergehende nukleare Kooperation müsse de Gaulle jedoch einen wesentlich höheren Preis wert sein.[62]

Kurz vor dem erfolgreichen Abschluß des Teststopp-Verhandlungen in Moskau wandte sich Präsident Kennedy mit einem konkreten Angebot an de Gaulle. Frankreich sollte alle nuklearen Testdaten der Vereinigten Staaten zur Verfügung gestellt bekommen und im begrenzten Rahmen nukleare Hilfe erhalten.[63] Der General lehnte dieses Angebot ebenso rundweg ab wie den Erwerb der *Polaris*-Raketen.[64] In London und Washington wollte man jedoch so schnell nicht aufgeben. Kennedy informierte den britischen Außenminister Home Anfang Oktober 1963 davon, daß er noch einmal Frankreich amerikanisches Testmaterial und Gespräche über Zusammenarbeit anbieten wolle, um die französische Unterschrift unter das Abkommen doch noch zu erhalten.[65] Dabei zeigte sich einmal mehr, daß der EWG-Beitritt auf der Prioritätenliste nach hinten gerutscht war. In einem Bericht an den Premierminister über die erneute amerikanische Offerte schlug Privatsekretär de Zulueta folgendes vor: „In exchange for full design information and still more actual warheads we might be content with the signature of the Test Ban Treaty, a non-dissemination promise and an arrangement on Nassau lines."[66] Die Regierung hatte sich mit dem Nein de Gaulles abgefunden. Sie konzentrierte sich nun ganz auf die Nichtverbreitungspolitik.

Was die bilateralen Kontakte zwischen Großbritannien und Frankreich nach dem französischen Veto betraf, hatte Macmillan im Januar 1963 den betreffenden Ministern deutliche Anweisungen gegeben. Grundsätzlich solle gegenüber Paris klargestellt werden, daß Großbritannien sich in der nuklearen Verteidigung nun langfristig auf das amerikanische *Polaris*-System festgelegt habe. Großbritannien sei zu einer begrenzten Kooperation nach wie vor bereit, soweit es sich dabei um britische Technologie handle. Die Briten gäben aber keinesfalls anglo-amerikanisches Know-how ohne Zustimmung der USA weiter. Sollte die französische Regierung konkret nach Informationen über das britische *Blue-Steel*-Programm fragen, so sei die Position zu vertreten, daß ein Abkommen nur als Gegenleistung für eine konkrete Zusage über einen nachträglichen britischen EWG-Beitritt möglich wäre.[67] Aus diesem Dokument geht deutlich hervor, daß eine weitreichende bilaterale Kooperation nach dem Veto de Gaulles für Macmillan kein Thema mehr war. Bilaterale Zusammenarbeit ohne britischen EWG-Beitritt war nicht wünschenswert. De Gaulle sollte keine nuklearen Früchte ernten, ohne vorher den Boden für die britische EWG-Mitgliedschaft bereitet zu haben. Macmillan leitete eine Umorientierung der britischen Außenpolitik ein – auch wenn gleichzeitig in Brüssel noch intensive Verhandlungen über den britischen EWG-Beitritt geführt wurden.[68]

---

[62] PRO, PREM 11/4152, Personal Minute: PM to Foreign Secretary, 18. 09. 1963.

[63] Horne berichtet, Macmillan habe auf dieses für ihn überraschend großzügige Angebot an de Gaulle äußerst ungehalten reagiert. Horne, Macmillan, Vol II, S. 519–520.

[64] PRO, PREM 11/4561, FO to Brit. Embassy, Washington, 06. 08. 1963.

[65] PRO, PREM 11/4152, Record of Conversation, 04. 10. 1963.

[66] PRO, PREM 11/4152, Memo by de Zulueta, 12. 09. 1963.

[67] PRO, PREM 11/4151, Draft Directive by the Prime Minister, 15. 01. 1963.

[68] De Gaulle hatte ohnehin deutlich gemacht, daß er einen Abbruch der Nachverhandlungen wünsche. Siehe hierzu: Steininger, Großbritannien und de Gaulle, S. 94–103.

Die bilateralen Kontakte wurden durch Verteidigungsminister Thorneycroft fortgesetzt, der im Gegensatz zum britischen Premierminister die Chancen auf eine nachträgliche Einigung für günstig hielt. Trotz der Versicherungen französischer Regierungsvertreter, man sei nach wie vor an einem Arrangement interessiert, teilte Macmillan die Euphorie seines Verteidigungsministers nicht und war auch nicht bereit, auf bloße Verlautbarungen aus Paris hin ins kalte Wasser zu springen.[69] Er hatte immer befürchtet, daß de Gaulle versuchen werde, die nukleare Hilfe ohne Gegenleistung zu bekommen. Macmillan hoffte vielmehr, über die amerikanischen Offerten an de Gaulle ein trilaterales Paket schnüren zu können. Die Aussichten dafür waren besser, wenn die Zusammenarbeit zwischen Großbritannien und Frankreich in einem kleinen Rahmen blieb. Tatsächlich war Thorneycroft der einzige Minister innerhalb der Regierung, der auf die bilaterale Karte setzte. Außenminister Home hatte sich ebenfalls für ein Arrangement mit Beteiligung der USA ausgesprochen. Er verlangte einen Abbruch der Gespräche zwischen Messmer und Thorneycroft, um die amerikanische Regierung nicht zu verärgern und eine trilaterale Einigung nicht zu blockieren.[70]

Eine bilaterale Zusammenarbeit kam tatsächlich nicht mehr zustande. Die französische Anfrage nach den technischen Daten des *Blue-Steel*-Programms wurde ebenso abgelehnt wie der Export des Sprengstoffs HMX. Dabei handelte es sich bei der *Blue-Steel*-Rakete um eine rein britische Entwicklung und bei HMX um einen gängigen Sprengstoff, der auch nichtnuklear verwendet wurde. Die Entscheidung, den Sprengstoff nicht an Frankreich zu verkaufen, wurde nochmals diskutiert, als die Bundesrepublik Deutschland HMX in Großbritannien bestellte. Diese Transaktion konnte problemlos genehmigt werden, da der genaue – nichtnukleare – Verwendungszweck den Briten bekannt war. Gegen eine Ablehnung der deutschen Anfrage stand das kommerzielle Interesse. Für die außerordentlich rigide Haltung der britischen Regierung gegenüber Frankreich gab es einen konkreten Grund. In London ging man davon aus, daß Frankreich HMX zur Durchführung atmosphärischer Atomtests benötigte. Ende des Jahres 1963 stand fest, daß de Gaulle den Teststopp-Vertrag nicht unterzeichnen würde. Paris sollte nun für die Weigerung, dem Abkommen beizutreten, bestraft werden. Der Affront war gewollt, der französischen Regierung sollte der Zusammenhang explizit deutlich gemacht werden: „I do not see, why we should be afraid of making it plain to them that they must accept this consequence of their decision not to sign the Nuclear Test Ban Treaty."[71] Eine britische Firma, die die Ausrüstung für die französischen Atomtests übernommen hatte, wurde angewiesen, die Zusammenarbeit einzustellen. Dabei war diese Firma, als die ersten französischen Tests bevorstanden, ermuntert worden, ihre Dienste anzubieten.[72]

Der Versuch der britischen Regierung, über nukleare Proliferation die Aufnahme in die Europäische Wirtschaftsgemeinschaft zu erlangen, war gescheitert. Er war gescheitert an einer Fehleinschätzung der französischen Politik und der Bedeutung der Europäischen Gemeinschaft für de Gaulle. Die britische Regierung hatte nicht sehen wollen, daß die Gemeinschaft der Sechs de Gaulles Faustpfand für den Großmachtstatus Frankreichs war und der britische Beitritt für Frankreich nur Nachteile mit sich brachte.

---

[69] PRO, PREM 11/4224, Thorneycroft to Macmillan, 19. 07. 1963.
[70] PRO, PREM 11/4224, Memo by Lord Home, 16. 07. 1963.
[71] PRO, FO 371/171254, Minute by Sir P. Reilly (FO), 11. 12. 1963.
[72] PRO, FO 371/171255, Ministry of Aviation to FO, Aug. 1963, ohne genaues Datum.

Auch die Halbherzigkeit des britischen Gesuches trug zum Scheitern bei. Die britische Regierung hatte lange Zeit nur von Assoziierung gesprochen und einen Beitritt weit von sich gewiesen. Macmillan hatte de Gaulle auch nie ein konkretes Arrangement vorgeschlagen. Die britische Politik mußte jedoch scheitern, da Großbritannien in dieser Frage von dem engsten Verbündeten im Stich gelassen wurde. Washington wollte Kontrolle über die Europäer und Ordnung in Europa, um die bilaterale Abschreckungsbalance zwischen den Supermächten zu stabilisieren. Man hatte aber nicht erkannt, daß die amerikanische Europapolitik fundamentalen Interessen Frankreichs entgegenlief und Großbritannien vor eine unlösbare Aufgabe stellte. Die Briten sollten die Aufnahme in den Klub erlangen, ohne den geforderten Eintritt zu bezahlen; die Kennedy-Regierung glaubte, die Mitgliedschaft wäre umsonst zu haben und Frankreich würde bereitwillig seine Vormachtstellung in Europa zugunsten der Angelsachsen aufgeben, ohne eine entsprechende Gegenleistung dafür zu erhalten. Großbritannien blieb der Außenseiter am Rande von Europa. Washington hatte es weder mit Zuckerbrot noch mit Peitsche geschafft, das französische Atompotential unter amerikanische Kontrolle zu bringen. In Paris war man verbittert über die amerikanische Politik und entschlossen, auf einer eigenständigen nuklearen Verteidigung Frankreichs zu bestehen. Sowohl die Europapolitik als auch die Nichtverbreitungspolitik der Kennedy-Regierung hatten damit bereits nach zwei Jahren Regierungszeit schwere Rückschläge hinnehmen müssen.

Die Aufnahme in die Europäische Wirtschaftsgemeinschaft blieb zwar langfristiges Ziel der Briten, zunächst jedoch war der Ausflug zum Kontinent beendet. Der britische Premier kehrte nun zur *special relationship* zurück, die er nie ganz aufzugeben bereit gewesen war. Die anglo-amerikanische Allianz mußte bekräftigt und die Zusammenarbeit in der internationalen Politik bestätigt werden. Die Beilegung der *Skybolt*-Krise in Nassau im Dezember 1962 hatte den besten Beweis dafür geliefert, daß die *special relationship* immer noch funktionierte. Der Erfolg in Nassau trug wesentlich dazu bei, daß die britische Außenpolitik wieder mehr aus einer anglo-amerikanischen Perspektive betrachtet wurde. Konsequenterweise rückten damit die Genfer Verhandlungen wieder ins Zentrum. Macmillan hatte seine Bemühungen um ein Teststopp-Abkommen ohnehin nur widerwillig zugunsten der Beitrittsverhandlungen zurückgestellt. Ebenso sollte eine anglo-französische nukleare Kooperation nun einem Nichtverbreitungsvertrag nicht länger im Wege stehen. Der britische Premierminister wollte von nun an wieder globale Großmachtpolitik betreiben. In Nassau war die Grundlage dafür gesichert worden.

3. Proliferation in den anglo-amerikanischen Beziehungen:
Das Abkommen von Nassau

Die britische Regierung bezeichnete im nachhinein die Aufgabe des *Skybolt*-Programms immer fälschlicherweise als „bolt out of the sky".[73] Der Vorwurf, Washington habe die Briten ohne rechtzeitige Vorwarnung mit der Aufgabe des Programms konfrontiert, ist jedoch völlig unhaltbar. Ende Oktober 1960 hatte zwar Präsident Eisenhower dem britischen Premier versichert, daß das Projekt wie geplant fortgesetzt werde, aber bereits

---

[73] Nunnerlcy, Kennedy, S. 135.

Ende 1960 trafen erste Warnungen aus den USA ein, daß bei der Enwicklung von *Skybolt* ernste Schwierigkeiten aufgetreten seien.[74] Die schlechten Nachrichten wurden in London durchaus zur Kenntnis genommen. Macmillan wies Verteidigungsminister Watkinson darauf hin, daß die Probleme mit *Skybolt* geheimgehalten werden müßten, da bei einer Aufgabe die Existenz der unabhängigen britischen Abschreckung auf dem Spiel stehe.[75]

Die Chancen auf eine erfolgreiche Entwicklung der *Skybolt*-Rakete verringerten sich in der folgenden Zeit zusehends. Im Januar 1962 berichtete Kennedy dem britischen Luftfahrtminister Amery ausführlich und offen über die Probleme mit *Skybolt*.[76] Als im September 1962 drei gescheiterten Tests der Rakete ein vierter folgte, war offensichtlich, daß das Projekt ernstlich in Gefahr war. Darüber konnte auch die anschließende Versicherung McNamaras, daß die Briten mit der Lieferung von *Skybolt* rechnen könnten, nicht hinwegtäuschen. Die Gewißheit folgte zwei Monate später: Der amerikanische Verteidigungsminister unterrichtete seinen britischen Amtskollegen Thorneycroft telefonisch darüber, daß die USA eine Aufgabe erwogen. Die Kette von diplomatischen Mißverständnissen und Kommunikationsstörungen zwischen Washington und London, die der Nachricht folgten, sind von Nunnerley ausführlich beschrieben worden.[77] Demnach habe man in Washington darauf gewartet, daß die Regierung in London einen konkreten Lösungsvorschlag vorbringen werde. In London wiederum sei man davon ausgegangen, daß die US-Regierung ein Angebot über den Verkauf von *Polaris* machen werde. Während man in Washington auf eine Initiative aus London wartete, war ein wesentlicher Grund für das Schweigen in London die Hoffnung Macmillans, die Krise bis nach Abschluß der EWG-Beitrittsverhandlungen unter Verschluß halten zu können. Macmillan wußte, daß ein anglo-amerikanischer *nuclear deal* alle Einwände de Gaulles gegen die Aufnahme Großbritanniens nur bestätigen würde. Der EWG-Beitritt war zur *first priority* in London erklärt worden und durfte keinesfalls gefährdet werden. Die *Skybolt*-Krise sollte daher zeitlich nach hinten verschoben werden, bis der außenpolitische Erfolg in Brüssel gesichert war. Anfang Dezember, als sich die Gerüchte um das Scheitern verdichteten, versuchte der britische Botschafter in Washington, Ormsby-Gore, die amerikanische Regierung für eine gemeinsame Verzögerungsstrategie zu gewinnen: „Early in Dezember Gore and Gilpatric discussed the proposition that we keep Skybolt afloat from month to month, while EEC negotiations clarified and by-election fall-out subsided."[78] Die amerikanische Seite lehnte jedoch ab, da weitere hohe Ausgaben für ein Projekt, dessen Scheitern beschlossene Sache war, finanzpolitisch nicht zu rechtfertigen waren und im Kongreß zu Schwierigkeiten führen würden. Die Macmillan-Regierung war in der öffentlichen Meinung stark angeschlagen, aber gleichzeitig gezwungen, innerhalb des nächsten Jahres Wahlen abzuhalten. Eine Diskussion über das Ende der unabhängigen Abschreckung zu diesem Zeitpunkt hätte eine Wahlniederlage vorprogrammiert. Die konservative Regierung hatte auf Kritik an dem *Skybolt*-Abkommen immer die absolute Verläßlichkeit des Projekts betont. Das Schweigen in Lon-

---

[74] Eine detaillierte Analyse der *Skybolt*-Krise findet sich bei: Clark, Diplomacy, S. 338–373.
[75] PRO, PREM 11/3261, Macmillan to Watkinson, 01. 12. 1960.
[76] Nunnerley, Kennedy, S. 133.
[77] Ebenda, S. 127–149.
[78] NSA, MC, Doc. Nr. 963, Report on Skybolt and Nassau by Richard Neustadt, 15. 11. 1963.

don war offensichtlich keine Kommunikationsstörung, sondern entsprang innen- und außenpolitischem Kalkül.

Daraus darf jedoch nicht der Schluß gezogen werden, daß die britische Regierung tatsächlich noch eine Möglichkeit zur Fortsetzung des *Skybolt*-Projekts gewünscht hätte. Eine Übernahme des gesamten *Skybolt*-Programms von den USA wäre zu sehr günstigen Konditionen möglich gewesen. Die USA wollten *Skybolt* nicht nur wegen der Schwierigkeiten bei der technischen Entwicklung stoppen. Militärisch-strategische Erwägungen sprachen für andere Programme, da der Waffentyp nicht mehr in die neue Verteidigungsstrategie der Kennedy-Regierung paßte. Dennoch verlor *Skybolt* mit der Aufgabe durch die USA für Großbritannien den Nimbus der modernsten Rakete.[79] Außerdem bestand in London der Verdacht, die USA würden das Projekt nur stoppen, um das Ende Großbritanniens als Atommacht herbeizuführen.[80] Die britische Regierung wollte das prestigeträchtigste Waffensystem, und das war nun *Polaris*. Dieses Waffensystem sollte zudem unter unabhängiger Verfügungsgewalt der Briten stehen. Zum richtigen Zeitpunkt wollte man die *Polaris*-Raketen – ohne Auflagen hinsichtlich multilateraler Kontrolle – als Ersatz fordern.

Die Ausgaben für das modernste Waffensystem der Welt sollten so gering wie irgendwie möglich gehalten werden. Die Briten überlegten daher, die U-Boote für die *Polaris*-Flotte selbst zu bauen, wobei allerdings bis zur Fertigstellung eine zeitliche Lücke auftreten würde, für die man möglicherweise von den USA U-Boote leihen könnte. Als Alternative wurde die Installation der *Polaris*-Raketen auf britischen Kriegsschiffen ins Auge gefaßt.[81] Die britische Position war damit vorgegeben: Man wollte das *Polaris*-System so günstig wie möglich auf bilateraler Basis von den USA erwerben. Verteidigungsminister Thorneycroft machte dies seinem Amtskollegen McNamara während der entscheidenden Aussprache über *Skybolt* unmißverständlich klar.[82]

Die britischen Befürchtungen, die Regierung Kennedy wolle das Ende von *Skybolt* dazu benutzen, Großbritanniens auf längere Sicht den Status der Atommacht zu entziehen, waren indes nicht ganz unbegründet. McNamara konnte Thorneycroft bei ihrem Treffen am 11. Dezember den Kauf von *Polaris* gar nicht vorschlagen, da sich das State Department vehement gegen ein derartiges Angebot ausgesprochen hatte. In einer Weisung vom 24. November war diese Option explizit ausgeschlossen. Bereits im Mai 1962 wurde im State Department ein Memorandum zur Frage erarbeitet, wie ein Ausscheiden Großbritanniens aus dem nuklearen Klub errreicht werden könnte, und dem Außenminister geraten, die Vorgehensweise baldmöglichst mit dem Verteidigungsminister zu erörtern.[83] Außenminister Rusk beschränkte sich schließlich darauf, McNamara in einem Schreiben zu bitten, in Gesprächen mit den Briten keine Äußerungen zu machen, die als Aussicht auf eine Intensivierung der *special relationship* verstanden werden könnten.[84]

---

[79] Steinbrunner, Theory, S. 235.
[80] NA, RG 59, CDF 711.5611, Dean to Rusk, 17. 12. 1962.
[81] PRO, CAB 128/36, C.C. (62), 75th conclusions, 21. 12. 1962.
[82] NSA, MC, Doc. Nr. 963, Report on Skybolt and Nassau by Richard Neustadt, 15. 11. 1963. Ebenso: NA, RG 59, CDF 741.5611, McNamara to Kennedy, 11. 12. 1962. Schwartz geht dagegen davon aus, daß weder Thorneycroft noch McNamara *Polaris* zur Sprache gebracht hätten: Schwartz, Dilemmas, S. 100.
[83] NA, RG 59, CDF 741.5611, Memo by Foy Kohler (Dept of State), 21. 05. 1962.
[84] NA, RG 59, CDF 741.5611, Rusk to McNamara, 08. 09. 1962. Der Eifer des State Departments

Die europäische Fraktion in Washington fürchtete, ein Abkommen über den Verkauf von *Polaris* werde die Chancen für eine Aufnahme Großbritanniens in die Europäische Wirtschaftsgemeinschaft mit einem Schlag zunichte machen. Im State Department sprach man sich dafür aus, den Briten ein zweitklassiges Raketensystem anzubieten, das nicht den politischen Stellenwert von *Polaris* hatte und in absehbarer Zeit überholt sein würde. Präsident Kennedy und Verteidigungsminister McNamara kamen jedoch am 16. Dezember überein, daß Kennedy bei dem bevorstehenden Treffen in Nassau Macmillan das *Polaris*-System zu den gleichen Bedingungen wie *Skybolt* als Ersatz anbieten sollte. Allerdings sollten sich die Briten verpflichten, diese Flotte in eine multilaterale Atomstreitmacht zu integrieren, sobald diese ins Leben gerufen werde.[85] Dies entsprach den Vorstellungen des Defense Departments von der Integration kleiner unabhängiger Atommächte in einen kontrollierbaren NATO-Rahmen. Ein möglicher nuklearer Alleingang Großbritanniens wäre damit in jedem Fall verhindert und eine Kontrolle des britischen Atompotentials langfristig gesichert. McNamara wußte nach dem Treffen mit Thorneycroft, daß Großbritannien keine andere Lösung als *Polaris* akzeptieren würde.

Die konservative Regierung stand am Vorabend des Treffens in Nassau politisch mit dem Rücken zur Wand. Die *Skybolt*-Krise war nun ausgerechnet in der intensivsten Phase der Brüsseler Verhandlungen akut geworden, und General de Gaulle hatte Macmillan wenige Tage zuvor erklärt, daß ein britischer EWG-Beitritt in absehbarer Zeit ausgeschlossen sei. Eine Niederlage in Brüssel verbunden mit einem Debakel in den anglo-amerikanischen Beziehungen und dem drohenden Ende als Atommacht hätte den Todesstoß für die Regierung bedeutet. Der Premierminister brauchte einen Erfolg in Nassau, um sein politisches Ende abzuwenden. Nachdem de Gaulle in Rambouillet sein Nein angekündigt hatte, mußte *Skybolt* auch nicht noch länger am Leben erhalten werden. Für Macmillan bedeutete dies, von Kennedy nun *Polaris* zu fordern, und zwar in einer Form, die Großbritannien den Status als unabhängige Atommacht garantierte. Macmillan wußte um die MLF-Pläne der amerikanischen Regierung und war sich darüber im klaren, daß *Polaris* – außer im NATO-Rahmen – aller Voraussicht nach nicht zu bekommen war. Insofern mußte er eine Kompromißlösung bereit haben, sollte nicht ein Scheitern der Verhandlungen vorprogrammiert sein. Eine *escape clause*, die der Regierung in London erlaubte, die nukleare Flotte aus der NATO abzuziehen, falls höchste nationale Sicherheitsinteressen in Gefahr waren würde sowohl das absolut notwendige Minimum an britischer Unabhängigkeit wahren, als auch die Wünsche nach einem mulilateralen Engagement erfüllen. Genau dies schlug Macmillan Kennedy in Nassau vor. Der britische Premier schien auch bereit, für diese Lösung weitreichende Zugeständnisse zu machen: Macmillan sprach von der Unterstellung der nuklear bestückten britischen V-Bomber unter NATO-Kontrolle, von Zusammenarbeit bei der Gründung der MLF und einer Erhöhung der britischen Ausgaben für konventionelle Verteidigung.[86]

---

war Ende Mai von Sicherheitsberater Bundy mit dem Hinweis gebremst worden, daß ohne die Zustimmung des Präsidenten keinerlei Maßnahmen ergriffen werden sollten. Bundy machte auch deutlich, daß der Präsident mit dem radikalen Kurs des State Departments nicht einverstanden war. NA, RG 59, CDF 741.5611, Kohler to Rusk, 01. 06. 1962.

[85] NSA, MC, Doc. Nr. 930, Proposed US-UK Agreement for a Substitute Weapon, 17. 12. 1962.

[86] Ebenda.

Der Bericht Neustadts über die Gespräche in Nassau zeigt, daß Macmillan mit einem perfekten Schlachtplan nach Nassau reiste. Der britische Premierminister machte gezielt leere Versprechen in Bereichen, für die die amerikanische Regierung empfänglich war. Washington hatte in London immer vorsichtig weiterreichende Ausgaben für die konventionelle Verteidigung angemahnt, was Macmillan nun ebenso bereitwillig wie unverbindlich zusagte, wie ein britisches Engagement für multilaterale Lösungen. Hinsichtlich der MLF fiel es Macmillan nicht schwer, das Blaue vom Himmel zu versprechen. Deren Realisierung lag in weiter Ferne, nachdem das Interesse in Bonn bisher eher verhalten war und Macmillan nach seiner jüngsten Unterredung mit de Gaulle wußte, daß eine französische Beteiligung ausgeschlossen war. Als es daranging, zukünftige Aufgaben Großbritanniens im konventionellen Bereich festzuschreiben, scheute Macmillan konkrete Verpflichtungen: „Whereas the United States draft would have committed the United Kingdom Government to an agreement to meet their NATO non-nuclear force goals at the agreed NATO standards, the latest draft referred only to an agreement on the importance of increasing the effectiveness of their conventional forces.“[87] Die britische Regierung war weder bereit, im konventionellen Bereich Mehrausgaben zu tätigen, noch ihre Einstellung zur MLF zu ändern. Dies belegt eine Diskussion des Kabinetts über die Gefahr, daß die USA das Abkommen vor der tatsächlichen Lieferung der Raketen kündigen könnten, wenn die Briten ihre Versprechungen nicht erfüllten.[88]

Angesichts der angespannten haushaltspolitischen Lage war die britische Regierung gezwungen, die Kosten für *Polaris* so gering wie irgendwie möglich zu halten. Die Überlegungen, die bestehende britische Flotte mit *Polaris*-Raketen auszurüsten, erwiesen sich als undurchführbar. Andererseits war man in London auch nicht bereit, ein finanzielles Entgegenkommen aus Washington mit konkreten politischen Zugeständnissen zu erkaufen. Auf der Suche nach Gegenleistungen, die für Washington attraktiv waren, ohne die Interessen Londons zu beschneiden, erwog die britische Regierung, das *Polaris*-Geschäft mit einem großzügigen Angebot über die Nutzung von Christmas Island als Testgelände zu verbinden. Nachdem die USA im Herbst 1962 dort mehrere Atomtests durchgeführt hatten, sollte der Regierung in Washington eine längerfristige Nutzung des britischen Atolls angeboten werden. Um die Anschaffung des Prestigeobjekts *Polaris* zu ermöglichen, war man aber bereit, die ehrenwerten Ziele, um deren willen man angeblich so vehement für einen Teststopp-Vertrag kämpfte, in den Wind zu schreiben.[89] Der Vorschlag kam in Nassau nicht zur Sprache, er wurde aber in den vorbereitenden Studien zu Nassau als attraktive Offerte diskutiert.[90] Offensichtlich mußte dieser Trumpf in Nassau gar nicht ausgespielt werden. Später setzte die Londoner Regierung in den finanziellen Verhandlungen über *Polaris* die Verlängerung des Vertrages über die Nutzung von Christmas Island ganz bewußt als Faustpfand ein.[91] Mit dem Abschluß des Teststopp-Abkom-

---

[87] PRO, CAB 128/36, C.C. (62), 75th conclusions, 21. 12. 1962.
[88] Ebenda.
[89] Im Juni 1962 hatte der Schatzmeister der Regierung massive Kürzungen im Verteidigungsetat gefordert, auch wenn dadurch die Glaubwürdigkeit der britischen Atommacht aufs Spiel gesetzt werde. PRO, CAB 131/27, Memo by the Chief Secretary to the Treasury, 04. 06. 1962.
[90] PRO, DEFE 13/312, Secretary of Defence to Prime Minister, 25. 01. 1963.
[91] PRO, DEFE 13/312, de Zulueta to Hockaday, 08. 01. 1963. Als die finanziellen Verhandlungen über *Polaris* ganz offensichtlich zur Zufriedenheit der Briten gelöst waren, kam aus London auch

mens im August 1963 erübrigten sich jedoch alle Pläne, Christmas Island weiterhin als operationsfähiges Testgelände zu unterhalten.

Macmillan bezeichnete die Verhandlungen in Nassau im nachhinein zu Recht als „very rewarding". Der britische Premier hatte das bestmögliche Ergebnis mit nach Hause gebracht. Macmillan konnte die Erhaltung der unabhängigen britischen Abschreckung verkünden. Die *special relationship* hatte sich als stabil und die Vereinigten Staaten hatten sich als verläßlicher Bündnispartner erwiesen. Von besonderer Bedeutung war allerdings die Erhaltung des Status als unabhängige Atommacht und damit als Großmacht – gerade angesichts des drohenden Vetos gegen den EWG-Beitritt. Dies zeigt sich auch daran, daß die britische Regierung in diesem Punkt auch nach Frankreich schielte. Frankreich durfte keinesfalls die einzige unabhängige Nuklearmacht in Europa werden.[92] Der Grad der nuklearen Unabhängigkeit entsprach der Stellung in der internationalen Staatenhierarchie. Die Gründung einer MLF sah Macmillan hingegen in weiter Ferne, und die britische Regierung hatte sich nicht explizit zu einer Erhöhung der Ausgaben für konventionelle Rüstung verpflichtet. Die britische Politik war hinsichtlich der Sicherung und Vergrößerung des eigenen nationalen Arsenals in dem Maße erfolgreich, wie Proliferation als Mittel zur Erlangung außenpolitischer Ziele als gescheitert betrachtet werden mußte. Zeitgleich mit dem Beginn der Verhandlungen über eine globale vertragliche Begrenzung der Proliferation konnten damit in London endgültig die Weichen gestellt werden für eine aktive britische Nichtverbreitungspolitik ohne Rücksicht auf anderweitige außenpolitische Aspekte.

Die amerikanische Seite war auf das Treffen nicht im entferntesten so gut vorbereitet gewesen wie der britische Premierminister, was in Washington rückblickend auch klar erkannt wurde.[93] Dies lag hauptsächlich daran, daß die amerikanische Seite eben nicht begriffen hatte, welche Bedeutung in London dem Status als unabhängige Nuklearmacht und dem Erwerb des *Polaris*-Systems als Prestigeobjekt beigemessen wurde. In Washington wußte man, daß die Popularität Macmillans gesunken war. Man verkannte jedoch den Ernst der Lage für die konservative Regierung sowie die Bedeutung der unabhängigen Abschreckung im britischen Wahlkampf und rechnete mit Macmillans Wiederwahl.[94] Vielen Mitgliedern der Kennedy-Regierung war somit auch nicht bewußt, daß für die Briten die Fortsetzung des *Skybolt*-Programms als eine mögliche Lösung definitiv nicht in Frage kam und eine Einigung über den Verkauf von *Polaris* erzielt werden mußte, um ein Desaster zu vermeiden. Im Pentagon und im Weißen Haus war man mit der Lösung trotz allem zufrieden, da sie eine Einbindung des britischen Kernwaffenarsenals in die NATO zur Folge haben sollte. Kennedy ging es vor allem darum, das politische Überleben Macmillans nicht aufs Spiel zu setzen. Im State Department hoffte man je-

---

grünes Licht für die Verlängerung des Vertrags über Christmas Island. PRO, DEFE 13/312, Wright to de Zulueta, 14. 01. 1963.

[92] PRO, CAB 128/36, C.C. (62), 75th conclusions, 21. 12. 1962.

[93] Ball, Pattern, S. 265.

[94] Ein amerikanisches *Briefing Paper* zum Nassau-Treffen belegt dies eindeutig. In Washington ging man davon aus, daß Macmillan nach der Kuba-Krise und Gerüchten über mangelnde Konsultation eine Intensivierung der *special relationship* anstrebte. *Skybolt* wurde – neben dem britischen EWG-Beitritt – als ein wesentliches Problem gesehen, aber man erkannte nicht den zentralen Punkt, die unabhängige Abschreckung. NSA, MC, Doc. Nr. 927, Background Paper on Macmillan–Kennedy Meeting, 13. 12. 1963.

doch, die nukleare Freiheit der Briten nach dem britischen EWG-Beitritt noch ein-schränken zu können.[95] Für die europäische Fraktion war die Konferenz schon vor de Gaulles Veto eine schwere Niederlage. Die Weisung des State Departments gegen ein Angebot von *Polaris* an Großbritannien wurde im nachhinein für die Spannungen und Mißverständnisse zwischen London und Washington verantwortlich gemacht.[96] Tatsäch-lich hatte der Kurs des State Departments trotz der Einigung in Nassau eine Verschlech-terung der *special relationship* zur Folge. Der Verdacht, die USA arbeiteten auf ein Ende Großbritanniens als Atommacht hin, war nicht mehr ganz auszuräumen.

[95] NSA, MC, Doc. Nr. 963, Report on Skybolt and Nassau by Richard Neustadt, 15. 11. 1963.
[96] Der Bericht Neustadts enthält eine massive Abrechnung mit der Politik des State Departments, der sicher eine Schwächung der Position der europäischen Fraktion in Washington zur Folge hat-te. Steinbrunner spricht ebenfalls von einer Niederlage des State Departments. Steinbrunner, Theory, S. 237.

IV. Nichtverbreitungspolitik innerhalb des Bündnisses: Großbritannien und die Multilaterale Atomstreitmacht (MLF)

1. Die Konkretisierung der MLF-Pläne zu Beginn des Jahres 1963

Präsident Kennedy hatte den NATO-Verbündeten im Juni 1961 erstmals offiziell die Pläne der USA zur Gründung einer multilateralen Atomstreitmacht unterbreitet, aber das Interesse des Präsidenten selbst war vorerst noch verhalten. Kennedy wollte zunächst der von Verteidigungsminister McNamara vorgesehenen konventionellen Stärkung des Bündnisses Vorrang geben. Außerdem war der amerikanische Präsident der Ansicht, daß die europäischen Verbündeten zu den MLF-Plänen Stellung nehmen sollten, bevor weitere Schritte zur Gründung einer derartigen Streitmacht unternommen werden sollten.[1] Die MLF war damit zwar ein Dauerthema in der amerikanischen Außenpolitik, eine Option, die man weiter verfolgen wollte; sie stand aber nicht ganz oben auf der Prioritätenliste. Insofern fiel es auch dem britischen Premier Macmillan leicht, in Nassau sein Einverständnis zur Gründung einer MLF zu geben. Bis dahin hatte die Kennedy-Regierung viel von multilateralen Konzepten gesprochen, aber keine konkreten Maßnahmen in die Wege geleitet. Die tatsächliche Verwirklichung einer multinationalen Atomstreitmacht innerhalb der NATO schien in absehbarer Zeit nicht in Sicht. Anfang des Jahres 1963 sollte sich diese Situation grundlegend ändern.

In Washington war man sich darüber im klaren, daß das Abkommen von Nassau und die anschließende großzügige Offerte an Paris auch in Bonn den Wunsch nach einer Beteiligung an der nuklearen Verteidigung des Bündnisses kräftig gefördert hatte. Die nuklearen Ambitionen der Deutschen mußten im Zaum gehalten werden, bevor die Bundesrepublik ebenfalls einen nationalen Weg gehen würde. Vor allem nach Abschluß des deutsch-französischen Kooperationsvertrags im Januar 1963 bestand die Gefahr, daß Frankreich und Deutschland zusammen einen nuklearen Sonderweg einschlagen würden.[2] Auf der Suche nach Möglichkeiten zur Schadensbegrenzung wurde nun der multilateralen Atomstreitmacht eine große Aufgabe zuteil: Die MLF sollte die nuklearen Ambitionen der Deutschen kanalisieren und zugleich deutsche Ressentiments gegen die Unterzeichnung eines NPT kompensieren. In Washington erhoffte man sich ferner von der MLF, daß sie nicht nur die britischen Kernwaffen unter amerikanische Kontrolle bringen, sondern auch die fortbestehende Isolation Großbritanniens von Eu-

---

[1] EA 16 (1961) 11, S. D 320–322. Rede Kennedys am 17.05.1961 in Ottawa.
[2] Soutou, Alliance, S. 262–263. Zur Bedeutung des Vertrags für de Gaulle siehe Soutou, Alliance, S. 230–259. Zum deutsch-französischen Vertrag im Zusammenhang mit dem Abkommen von Nassau und der Gründung der MLF siehe auch: Hoppe, Teilhabe, S. 100–102. Schwarz, Adenauer, S. 810–825. Conze, Herausforderung, S. 258–260. Zur Entstehungsgeschichte des Vertrages: Schwarz, Elysee-Vertrag, S. 212–221.

ropa mindern würde. Frankreich hatte die Zustimmung zum Teststopp-Abkommen und zu einer nuklearen Verteidigung im NATO-Rahmen abgelehnt, aber – so glaubte man – einer Atomstreitmacht unter britischer, deutscher und italienischer Beteiligung würde sich Frankreich schließlich notgedrungen anschließen müssen. Damit rückte die Gründung der MLF ins Zentrum der amerikanischen Außen- und Verteidigungspolitik.

Die MLF sollte aus einer Flotte von 25 Überwasserschiffen bestehen, die jeweils mit acht *Polaris*-Raketen bestückt werden sollten. Die Mannschaft eines Schiffes sollte sich aus mindestens drei verschiedenen Nationalitäten zusammensetzen. Diese Bestimmung gewährleistete nicht nur den multinationalen Charakter der Nuklearmacht, sondern verhinderte auch beim Ausstieg eines Landes den Abzug einer kompletten Miniatomstreitmacht. Zunächst war eine Flotte von *Polaris*-U-Booten vorgesehen gewesen. Das Weiße Haus ließ dieses Konzept aber aus sicherheitspolitischen Erwägungen fallen. Die USA mißtrauten den Sicherheitsvorkehrungen der Europäer und befürchteten, Moskau könnte in den Besitz der Pläne für die *Polaris*-U-Boote gelangen.[3] Eine luftgestützte NATO-Streitmacht als Alternative hielt das Pentagon bereits in absehbarer Zukunft für veraltet, ineffektiv und damit unglaubwürdig. Die militärisch-strategische Bedeutung und Glaubwürdigkeit der Flotte wurde ganz unterschiedlich bewertet. In einem Bericht für den amerikanischen Kongreß wurde die strategische Bedeutung ausdrücklich hervorgehoben.[4] Verteidigungsminister McNamara betrachtete die MLF als militärisch nicht notwendig,[5] aber im Verteidigungsministerium gab es auch Stimmen, die in der MLF aufgrund der Neuartigkeit der Bedrohung eine militärische Stärkung des Bündnisses sahen.[6] Die Kosten für das MLF-Projekt waren auf fünf Milliarden Dollar über einen Zeitraum von zehn Jahren veranschlagt, wobei kein Land mehr als vierzig Prozent der Gesamtkosten tragen sollte.

Die Frage der Kontrollmodalitäten wurde in den amerikanischen Plänen ausgeklammert. Die europäische Fraktion betrachtete die MLF als Motor zur europäischen Integration und Chance, einen nachträglichen EWG-Beitritt Großbritanniens doch noch zu erwirken. Ein zeitlich befristetes Veto der USA bei der Entscheidung über den Einsatz der Kernwaffen der MLF sollte als Übergangslösung dienen. Mit der fortschreitenden europäischen Einigung sollte die MLF dann von den USA abgekoppelt und eine rein europäische Atommacht geschaffen werden. Man glaubte, das Problem Deutschland im europäischen Rahmen lösen und auf diese Weise auch Frankreich in diese Streitmacht einbinden zu können.[7] Die atlantische Fraktion beharrte dagegen auf einem dauerhaften amerikanischen Veto.[8] Die MLF sollte den Aufstieg Deutschlands zu einer unabhängigen Nuklearmacht verhindern und die bereits existierenden kleinen Atommächte unter amerikanische Kontrolle bringen. Ein absolutes Veto der USA stellte allerdings zugleich den

[3] Seaborg, Tide, S. 87.
[4] LBJL, NSF, Subject File: MLF, box 22, Outline for Congressional Committee Briefings, 22. 05. 1964.
[5] „Secretary McNamara made clear that in his view there was no military requirement for the MLF." LBJL, NSF, Subject File: MLF, box 22, Memo for the Record, 18. 12. 1963.
[6] Yarmolinsky, NATO, S. 20–21.
[7] NSA, MC, Doc. Nr. 956, Memo by Walt Rostow, 22. 07. 1963.
[8] Präsident Kennedy favorisierte ebenfalls diese Variante der MLF. Siehe hierzu PRO, PREM 11/4162, Ormsby-Gore to FO, 23. 05. 1963 sowie Steinbrunner, Theory, S. 225.

Sinn und Nutzen des Projektes massiv in Frage. Dieses Konzept brachte weder einen erweiterten Schutz für Westeuropa noch eine erweiterte Abschreckung. Gleichzeitig war eine solche Streitmacht für die Europäer nur sehr bedingt attraktiv, da sie keine wirkliche Erweiterung der Entscheidungsbefugnisse zur Folge gehabt und trotzdem enorme Kosten verursacht hätte.

Die ablehnende Haltung der französischen Regierung zur MLF war bekannt, aber angesichts der nun tatsächlich in Aussicht stehenden Gründung der NATO-Atommacht entwickelten sich die negativen Kommentare aus Paris zu einer gezielten Obstruktionspolitik. Der deutsch-französische Vertrag war für de Gaulle auch ein Mittel gewesen, den Deutschen die Illusion zu vermitteln, im Rahmen einer deutsch-französischen militärischen Zusammenarbeit könnten eigene atomare Ambitionen verwirklicht werden. Mit der vagen Aussicht auf eine nukleare Kooperation sollte Deutschland dem Einfluß und den nuklearen Verlockungen der USA entzogen werden. Nun mußte aber Paris mitansehen, wie sich die MLF-Pläne konkretisierten und Bonn auf Drängen Washingtons den Kooperationsvertrag mit einer Zusatzklausel versah, die eine deutsch-französische nukleare Option klar ausschloß und den Weg für die deutsche Beteiligung an der MLF bereitete.[9] Frankreich war durch die MLF massiv in die Enge getrieben worden. Eine NATO-Flotte hätte den Einfluß der USA in Europa dauerhaft festgeschrieben. Die Bedeutung der EWG als zweites Machtzentrum innerhalb der NATO wäre dadurch entscheidend relativiert worden. Zudem wäre Frankreich einer MLF unter deutscher, italienischer und britischer Beteiligung mit einer zur Bedeutungslosigkeit reduzierten *force de frappe* isoliert gegenübergestanden. Frankreich startete daher eine Gegenoffensive: Im Oktober 1963 ließ die französische Regierung ihr Interesse an einer europäischen Atommacht unter anglo-französischer Führung verlauten.[10] Darunter verstand de Gaulle allerdings etwas ganz anderes als die europäische Fraktion im State Department. Der amerikanische Einfluß auf die europäische Verteidigung sollte unterbunden werden. Die von de Gaulle vorgeschlagene Streitmacht sollte konsequenterweise auch nicht zweite Säule des westlichen Bündnisses, sondern davon unabhängig sein. De Gaulle wollte vielmehr Großbritannien von den USA abkoppeln und gemeinsam mit Großbritannien die Bundesrepublik Deutschland unter Kontrolle halten. Die EWG sollte als Symbol für die hegemoniale Stellung Frankreichs in Europa erhalten bleiben. Das Angebot beinhaltete keine Zusagen bezüglich einer Aufnahme Großbritanniens in die EWG und eines französischen Beitritts zum Teststopp-Abkommen und war damit für Großbritannien uninteressant. Der Zug für eine weitreichende nukleare Zusammenarbeit zwischen Paris und London war zu dieser Zeit in London längst abgefahren.[11]

Als im Frühjahr 1962 im Rahmen der Berlin-Verhandlungen die USA in Zusammenarbeit mit Großbritannien Pläne für einen Friedensvertrag und eine deutsche Wiedervereinigung auf längere Sicht entwarfen, enthielten diese – entsprechend den amerikanischen und britischen Vorstellungen von Nonproliferation und in Anerkennung des sowjetischen Interesses – eine Klausel, mit der die Bundesrepublik Deutschland auf den Besitz von Atomwaffen verzichten sollte. Die Bundesregierung reagierte äußerst empört und

---

[9] Siehe hierzu: Conze, Herausforderung, S. 267–275.
[10] EA 18 (1963) 22, S. D 546–550, Rede des französischen Staatssekretärs für Auswärtige Angelegenheiten Habib-Deloncle vor dem Europarat in Straßburg, 23. 09. 1963.
[11] Siehe hierzu S. 98 f.

verlangte umgehend die ersatzlose Streichung dieses Punktes.[12] Damit war klar, daß es nicht leicht werden würde, die Bonner Regierung zur Unterzeichnung eines globalen Nichtverbreitungsvertrages zu bewegen. Eine nukleare Verzichtserklärung Bonns gegenüber der Sowjetunion schien außer Reichweite. Ein Nichtverbreitungsvertrag ohne deutsche Beteiligung war für Moskau uninteressant. Die Bundesregierung kritisierte das Teststopp-Abkommen als einen Vertrag, der von sowjetischer Seite vor allem gegen Deutschland gerichtet sei. Sie beklagte mangelnde Konsultation während der Verhandlungen und war erst zur Unterzeichnung bereit, als gewährleistet war, daß das Abkommen keine Anerkennung der DDR bedeuten würde.[13] In Washington stiegen die Befürchtungen, daß Bonn den nuklearen Minderstatus nicht mehr lange akzeptieren würde und die amerikanischen Bemühungen um ein Abkommen zur Begrenzung von Proliferation und Stabilisierung der bilateralen Abschreckungsbalance zunichte machen könnte. Die MLF, die eine nukleare Aufwertung im Vergleich zu den übrigen europäischen Mächten versprach, war somit auch ein Preis, den Washington Bonn für eine deutsche Unterschrift unter ein Nichtverbreitungsabkommen bot.

In Bonn wurden die Washingtoner Pläne von der Bundesregierung zunächst begrüßt.[14] Der rechte Regierungsflügel, der auf ein enges bilaterales Verhältnis mit Frankreich, verbunden mit einer nuklearen Kooperation im Rahmen des deutsch-französischen Vertrages, setzte, äußerte allerdings Vorbehalte. Die bundesdeutschen Befürworter einer deutsch-französischen Kooperation vertraten die Ansicht, de Gaulle habe eine nukleare Option der Bundesrepublik nie ausdrücklich ausgeschlossen. Strauß und Guttenberg forderten eine europäische Atomstreitmacht ohne amerikanische Beteiligung, in der der force de frappe besondere Bedeutung zukommen sollte.[15]

Die proatlantischen Vertreter innerhalb der Bundesregierung wollten mit der Zustimmung zur MLF grundsätzlich die fortgesetzte Treue zum Atlantischen Bündnis bekräftigen und amerikanische Befürchtungen über eine deutsch-französische nukleare Zusammenarbeit zerstreuen. Bundeskanzler Adenauer sah trotz seines profranzösischen Kurses die MLF als eine Chance, nun mit Hilfe der USA wenigstens nukleare Mitbestimmung zu erlangen.[16] Auch für die Befürworter einer atlantisch orientierten Außenpolitik stand die Prestigefrage im Vordergrund. Adenauers Nachfolger Erhard, Außenminister Schröder und Verteidigungsminister von Hassel hofften, mit der Beteiligung an der NATO-Streitmacht den nuklearen Status der Bundesrepublik Deutschland zu verbessern.[17] Außenminister Schröder betonte bereits Anfang 1963 als Reaktion auf das Abkommen von Nassau, daß die Verwirklichung der MLF-Pläne nun konkrete Züge annehmen müsse, da die Bundesrepublik einen nuklearen Minderstatus im Vergleich zu den übrigen euro-

---

[12] PRO, PREM 11/4788, Draft Western Peace Plan, 12. 07. 1962.

[13] Siehe hierzu: Kelleher, Germany, S. 228–229.

[14] Die deutsche Reaktion auf den MLF-Vorschlag beschreiben ausführlich: Hoppe, Teilhabe, S. 112–139. Küntzel, Bonn, S. 69–80.

[15] Hoppe, Teilhabe, S. 133. Hoppe weist außerdem darauf hin, daß auch von seiten der militärischen Führung Bedenken geäußert wurden. Hoppe, Teilhabe, S. 124.

[16] Hoppe, Teilhabe, S. 113–114. Schwarz, Adenauer, S. 812–813. Schwarz schreibt, Adenauer bat de Gaulle um Verständnis für seine zustimmende Haltung: „Freilich bittet er de Gaulle zugleich, auch die deutsche Zwangslage zu respektieren, aus der sich nun einmal die Mitarbeit am MLF-Projekt ergibt."

[17] Hoppe, Teilhabe, S. 165–166.

päischen Staaten nicht hinnehmen könne. Schröder brachte in diesem Zusammenhang vor allem Bonner Bedenken über die mögliche Entwicklung eines nuklearen Triumvirats infolge von Nassau zum Ausdruck und machte deutlich, daß Bonn eine nukleare Dreierherrschaft nicht akzeptieren werde. Das Abkommen von Nassau solle vielmehr als ein Startsignal für die Gründung der MLF gesehen werden. Gleichzeitig äußerte er deutsche Befürchtungen über die Gefahr der bilateralen anglo-französischen Zusammenarbeit, die einer nuklearen Diskriminierung der Bundesrepublik gleichkäme.[18]

Die Bundesregierung hatte an der Gründung der MLF aber auch ein handfestes sicherheitspolitisches Interesse.[19] In Bonn ging man davon aus, daß die MLF es den USA nicht erlauben würde, sich hinsichtlich der nuklearen Verteidigung Europas aus der Verantwortung zu stehlen. Insofern ging es der Regierung in Bonn gar nicht um eine rein europäische Atommacht. Die amerikanische Beteiligung war erwünscht, nur das amerikanische Veto sollte langfristig zugunsten einer echten europäischen Mitsprache aufgehoben werden. In jedem Fall würde die MLF die nukleare Abschreckungswirkung gegenüber der Sowjetunion erhöhen und den nuklearen Schutzschirm über Europa verstärken. Dies stand jedoch im Gegensatz zu den amerikanischen Bestrebungen, die konventionelle Verteidigung zu stärken und im Falle eines Konfliktes eine nukleare Eskalation zu verhindern. Die MLF war für die bundesdeutsche Regierung aber nicht nur wegen der Statusfrage innerhalb der NATO und eines sicherheitspolitischen Kalküls interessant. Aus Bonner Sicht mußte eine nukleare Beteiligung der Bundesrepublik auch als bedeutendes Faustpfand in zukünftigen Verhandlungen über die deutsche Wiedervereinigung erscheinen. Die amerikanische Abrüstungsbehörde wies jedoch darauf hin, daß die Gründung der MLF die Chancen auf eine deutsche Wiedervereinigung schmälern werde. Die Integration der Bundesrepublik in eine NATO-Atomstreitmacht würde sowjetische Befürchtungen zur Folge haben, daß ein wiedervereinigtes Deutschland sofort in die NATO und den westlichen Block eintreten werde.[20] Die Verhinderung weiterer Rüstungskontrollvereinbarungen zwischen den USA und der Sowjetunion kam als weiteres Motiv für die Zustimmung der Bundesregierung hinzu.[21] Damit bestanden hinsichtlich der Erwartungen, die mit der multilateralen Atomstreitmacht verbunden waren, auch erhebliche Unterschiede zwischen Bonn und Washington.

2. Die Haltung der konservativen Regierung Macmillan zur nuklearen NATO-Atomstreitmacht

Infolge des Abkommens von Nassau und des Vetos de Gaulles zum britischen EWG-Beitritt hatte die Kennedy-Regierung begonnen, die Regierung in London zu drängen, nun an der Verwirklichung der in Nassau vereinbarten MLF-Pläne aktiv mitzuarbeiten. Macmillan war in Nassau gezwungen gewesen, die Pläne der amerikanischen Regierung zu akzeptieren, um den nuklearen Status Großbritanniens zu sichern, aber er war davon

[18] NA, RG 59, CDF 611.41, US-Embassy Bonn to Dept of State, 03. 01. 1963 sowie 07. 01. 1963.
[19] Eine Betrachtung der MLF aus dem Blickwinkel der militärischen Strategieplanung der Bundesrepublik Deutschland findet sich bei: Steinhoff/Pommerin, Strategiewechsel.
[20] NSA, unpublished documents, ACDA Paper: Europe, NATO, Germany and the MLF, 12. 12. 1964.
[21] Kelleher, Germany, S. 228–234.

ausgegangen, daß die MLF auch weiterhin eine vieldiskutierte Kopfgeburt amerikanischer Sicherheitsberater bleiben würde. Nun sah man sich jedoch mit der unangenehmen Aussicht konfrontiert, daß die Gründung der multilateralen Atomstreitmacht konkrete Züge annahm. Großbritannien war damit stark unter Druck geraten, da die USA nun eine verbindliche Zusage erwarteten. In London war die Opposition gegen eine nukleare NATO-Streitmacht kontinuierlich gewachsen. In einem Memorandum zur Frage, wie Großbritannien auf die amerikanischen Erwartungen bezüglich der MLF reagieren solle, schlug Verteidigungsminister Thorneycroft vor, Großbritannien solle auf eine Aufgabe der Pläne hinarbeiten.[22] Die britische Regierung könne eine Beteiligung aus Kostengründen ablehnen und der Regierung in Washington zu verstehen geben, daß Großbritannien die MLF nicht als geeignete Maßnahme sehe, die nuklearen Ambitionen der Deutschen in den Griff zu bekommen. Die Tatsache, daß der Premierminister sich in Nassau zu einem multilateralen Engagement verpflichtet hatte, nahm Thorneycroft dabei gar nicht zur Kenntnis.

Außenminister Home war grundsätzlich ebenfalls gegen eine Verwirklichung der MLF-Pläne, aber er ging davon aus, daß die Kennedy-Regierung nun entschlossen war, die Streitmacht auch ohne britische Beteiligung ins Leben zu rufen. Eine Teilnahme an der MLF sei in diesem Fall das kleinere Übel, da durch den Beitritt sichergestellt werde, daß die Bundesrepublik Deutschland keinen zu starken Einfluß auf Washington erhalte und Großbritannien hinsichtlich der EWG keine anti-europäische Haltung an den Tag legen würde. Home argumentierte, daß London, falls man der MLF fernbliebe, jegliche Kontrolle über den Zugang der Deutschen zu Atomwaffen verlieren werde. Im Foreign Office befürwortete man notgedrungen eine britische Mitarbeit, weil man keine Chance sah, das Projekt ohne schwerwiegende Konsequenzen zu kippen. Die Räson erforderte eine Teilnahme, aber der politischen Konzeption stand das Foreign Office ebenso ablehnend gegenüber wie das Verteidigungsministerium.[23] Dabei hatte es sogar im Verteidigungsministerium zunächst auch Befürworter der MLF gegeben. Staatsminister Scott sprach sich in einer Unterredung mit dem amerikanischen MLF-Unterhändler Finletter Anfang 1963 zu dessen Erstaunen für eine baldige Verwirklichung einer genuinen multilateralen Streitmacht unter britischer Beteiligung aus.[24] Während die positiven Töne aus dem Verteidigungsministerium bald verstummten, hagelte es schließlich aus der britischen Botschaft in Bonn harsche Kritik an der grundsätzlichen Haltung der Regierung in London. Mehrere hochrangige Botschaftsvertreter kritisierten insbesondere die Position des Verteidigungsministeriums als realitätsfern, worauf sie sich den Vorwurf gefallen lassen mußten, offensichtlich nicht mehr die offizielle Linie des Foreign Office zu vertreten.[25] Der Krach hatte allerdings weder Auswirkungen auf den britischen Kurs noch negative Konsequenzen für die Attachés der Botschaft in Bonn.

Die Argumente, die die britische Regierung gegen die NATO-Flotte vorbrachte, waren breit gestreut und bezogen sich sowohl auf die politische Zielsetzung als auch auf die militärische Effektivität sowie auf die Kostenfrage. Was die politische Zielsetzung betraf, argumentierte die Regierung, daß keine Notwendigkeit bestehe, nuklearen Ambitio-

---

[22] PRO, CAB 129/113, Memo by the Minister of Defence, 27.05.1963.
[23] PRO, CAB 129/113, Memo by the Foreign Minister, 27.05.1963.
[24] NA, RG 59, CDF 611.41, Finletter to Dept of State, 17.01.1963.
[25] PRO, DEFE 11/316, Record of MLF-Talks in Bonn, 21.07.1964.

nen der Bundesrepublik entgegenzukommen. Bonn habe sich in den Pariser Verträgen von 1954 verpflichtet, keine Atomwaffen zu erwerben, und Frankreich werde nicht das Risiko eingehen, im Rahmen des deutsch-französischen Vertrages den Deutschen Zugang zu Kernwaffen zu verschaffen.[26] Außerdem argumentierte die Regierung in London, die MLF blockiere den Abschluß eines NPT. Ein globaler Nichtverbreitungsvertrag sei weitaus erstrebenswerter als eine NATO-interne Lösung, die die Chancen auf ein Abkommen mit der Sowjetunion zunichte machen würde. Der britische Verteidigungsminister bezeichnete die Flotte als militärisch überflüssig und bemängelte die hohe Verwundbarkeit einer nuklearen Überwasserflotte. Auch das Konzept der gemischt-nationalen Mannschaften wurde heftig kritisiert. Die militärische Führung in Großbritannien unterstützte diese Position. Vice Admiral Sir Peter Gretton warnte außerdem davor, die MLF würde nur den Kreml dazu provozieren, eine östliche MLF ins Leben zu rufen. Gleichzeitig warf er aber die Frage auf, ob die MLF angesichts ihrer militärischen Sinnlosigkeit überhaupt eine abschreckende Wirkung auf die Sowjetunion haben werde.[27] Auf der Suche nach möglichen Nachteilen der MLF wurde die britische Argumentation oftmals in sich widersprüchlich. Die Regierung sprach sich nun gegenüber den Verbündeten plötzlich für eine konventionelle Stärkung des Bündnisses aus. Auf diesem Gebiet könne die Bundesrepublik Deutschland eine tragende Rolle übernehmen und die Gelder investieren, die Bonn für die MLF vorgesehen habe.[28]

Die Kosten des MLF-Projekts wurden ebenfalls zur Zielscheibe der britischen Kritik. Zum einen diente der Kostenaufwand als Ausrede für eine mögliche Nichtbeteiligung. Großbritannien könne sich wegen der angespannten Haushaltssituation eine Teilnahme an der MLF gar nicht leisten. Dabei war von Washington ohnehin nur eine Kostenbeteiligung von fünf bis zehn Prozent für Großbritannien vorgesehen gewesen, was genau ein Prozent des britischen Verteidigungsetats ausgemacht hätte. Trotzdem drohte die britische Regierung, daß bei einer Beteiligung an der MLF möglicherweise britische Truppen aus Deutschland und dem Fernen Osten abgezogen werden müßten. Tatsächlich fürchteten die Briten, durch die Ausgaben für die NATO-Flotte müßten Abstriche bei der nationalen nuklearen Verteidigung gemacht werden. Aber nicht nur die eigenen Ausgaben sprachen gegen die MLF. In London war man äußerst besorgt, daß die USA zugunsten der multilateralen Streitmacht für Großbritannien weitaus interessantere Projekte, wie die Entwicklung der *Minuteman*-Rakete, finanziell vernachlässigen könnten.[29] Bonn und Washington waren übereingekommen, daß Deutschland und die USA mit jeweils 40 % die Hauptlast der Kosten der Streitmacht tragen sollten. Damit bestand die Gefahr, daß die Deutschen auch einen entsprechend hohen Einfluß in der Streitmacht für sich reklamieren würden. Die Bonner Regierung wurde verdächtigt, sich ein Höchstmaß an nuklearer Mitsprache erkaufen zu wollen. Außerdem würde die Bonner Regierung angesichts der enormen Ausgaben für die MLF möglicherweise bald nicht mehr in der Lage sein, den Unterhalt der britischen Truppen in der Bundesrepublik Deutschland zu finanzieren.[30]

---

[26] PRO, CAB 129/113, Memo by the Minister of Defence, 27. 05. 1963.

[27] Gretton, NATO, S. 24.

[28] PRO, PREM 11/4739, Draft Directive by the Minister of Defence, Arguments against the MLF, Annex: Diversion of Resources, 04. 10. 1963.

[29] PRO, PREM 11/4589, Record of Conversation, 04. 06. 1963.

[30] PRO, PREM 11/4162, Record of Conversation in Ormsby-Gore to Macmillan, 23. 05. 1963.

Die Vorbehalte der konservativen Regierung gegen die MLF waren somit nicht nur zahllos, sondern teilweise auch haltlos. Alle Argumente, die in irgendeiner Form gegen die MLF ins Feld geführt werden konnten, wurden von britischer Seite vorgebracht. Tatsächlich ging es jedoch nur um einen entscheidenden Punkt, den Verteidigungsminister Thorneycroft so formulierte: „The concept of the MLF is inconsistent with . . . our independence as nuclear power."[31] Es deutete jedoch alles darauf hin, daß das Projekt realisiert würde und eine britische Teilnahme möglicherweise unumgänglich war. In dieser Situation verlegte sich die Regierung auf taktische Manöver. Die Briten versuchten, mit Änderungswünschen und Alternativvorschlägen Zeit zu gewinnen und die Durchsetzung einer für sie möglichst akzeptablen Version einer MLF zu erzielen. Der britische Vertreter bei der MLF-Arbeitsgruppe der NATO in Paris wurde von Verteidigungsminister Thorneycroft entsprechend instruiert: Großbritannien wolle sich noch nicht auf eine Überwasser-Flotte festlegen und wünsche von den Verbündeten, daß noch Flexibilität in der Wahl der Waffensysteme gezeigt werde. Die Briten planten zu prüfen, ob andere Träger- beziehungsweise Waffensysteme nicht eine preiswertere Lösung zuließen. Zunächst solle ein Pilotprojekt gestartet werden, um zu testen, ob das Konzept der gemischt-nationalen Besatzungen in der Praxis überhaupt funktioniere. Dabei solle vorher festgelegt werden, daß die Flotte nur realisiert werde, wenn die Tests erfolgreich verliefen. Der wichtigste Aspekt war jedoch, ein dauerhaftes Vetorecht der USA bei der Entscheidung über den Einsatz der Kernwaffen der NATO-Streitmacht zu gewährleisten.[32] Nur die MLF-Variante des amerikanischen Verteidigungsministeriums würde den nuklearen Statusunterschied zur Bundesrepublik auch innerhalb einer MLF sicherstellen. Die britische Position befand sich damit im absoluten Gegensatz zu den Vorstellungen des State Departments, das eine Gruppe gleichberechtigter europäischer Staaten und eine Lösung des nuklearen Minderstatus der Deutschen im europäischen Rahmen wünschte. Europäische Integration und Kontrolle der Bundesrepublik durch „nukleare Einebnung" Europas kam für Großbritannien nicht in Frage.

Premierminister Home hatte unmittelbar nach seiner Amtsübernahme Anfang 1964 den deutschen Kanzler Erhard zu Gesprächen über die MLF nach London eingeladen. Die Regierung in London wollte die Verbündeten keinesfalls durch offene Ablehnung verärgern. Home bekundete gegenüber Erhard höchstes Interesse und Verständnis für die politische Notwendigkeit einer MLF. Leider sei die MLF zur Zeit im britischen Unterhaus nicht mehrheitsfähig. Die konservative Regierung könne sich vor den Wahlen unter keinen Umständen eine zweite große Niederlage leisten. Sie sei gezwungen, eine eindeutige Stellungnahme zur MLF bis nach den Wahlen aufzuschieben.[33] Damit war die britische Regierung zunächst aus der Schußlinie der Kritik. Die Verbündeten konnten gegen diese Argumentation wenig einwenden, da auch die deutsche und die amerikanische Regierung darauf achteten, den MLF-Zeitplan mit den Wahlen in Einklang zu bringen.[34]

---

[31] PRO, PREM 11/4740, Memo by the Minister of Defence, 30. 06. 1964.

[32] PRO, PREM 11/4739, Draft Directive to the UK-Representative on the Multilateral Force Steering Group, 04. 10. 1963.

[33] PRO, PREM 11/4817, Record of Conversation, 15./16. 01. 1964. Zu diesem Zeitpunkt war noch nicht klar, daß die Wahlen in Großbritannien erst im Oktober 1964 stattfinden würden. Mit den Wahlen wurde für Juni-Juli 1964 gerechnet.

[34] Präsident Kennedy hatte seine Berater 1963 angewiesen, einen MLF-Zeitplan zu konzipieren, der eine endgültige Annahme Anfang 1965 und nicht im Wahljahr 1964 vorsah. Seaborg, Tide, S. 92.

Gleichzeitig versuchte das Foreign Office über die britische Botschaft in Washington herauszufinden, ob es infolge der Amtsübernahme Johnsons Anzeichen dafür gebe, daß der MLF-Enthusiasmus in den USA nachlasse.[35] Dies war jedoch zunächst nicht der Fall. Die amerikanische Regierung machte ihre Position während Homes Antrittsbesuch in Washington im Februar 1964 deutlich: sie akzeptiere die britischen Probleme mit den Wahlen, arbeite jedoch ihrerseits weiter an der Verwirklichung der MLF-Pläne. Zugleich erhielt Home eine definitive Zusage, daß Großbritannien keine Ausgaben für die MLF tätigen müßte, die ein Prozent des britischen Verteidigungsetats überschreiten würden.[36] Das Argument der hohen Kosten war damit für London endgültig unhaltbar geworden.

Da die MLF-Arbeitsgruppe der NATO unterdessen Fortschritte bei der Konzeption der Überwasserflotte machte und von den Briten nach den Wahlen eine endgültige Entscheidung erwartet wurde, legte der britische Verteidigungsminister im Juni 1964 ein britisches Alternativkonzept vor. Die Pläne Thorneycrofts sahen eine kombinierte land- und luftgestützte NATO-Streitmacht aus bereits bestehenden Waffensystemen vor, wobei die USA ein dauerhaftes absolutes Vetorecht über den Einsatz der Kernwaffen haben sollten. Thorneycroft argumentierte, die Verwendung bestehender Waffensysteme mache die Streitmacht für die Sowjetunion akzeptabler, da keine neuartige Bedrohung entstehe. Außerdem sei diese Variante preiswerter.[37] Mindestens genauso schwer wog jedoch, daß die Briten die unabhängige Nuklearmacht in Form der *Polaris*-Raketen für sich behalten wollten. Das modernste Waffensystem der Welt sollte den USA und Großbritannien als westlichen Großmächten vorbehalten bleiben. Das Memorandum von Thorneycroft läßt den Schluß zu, daß ein weiterer Punkt entscheidend war, der bisher noch nicht mit der MLF in Zusammenhang gebracht wurde: Eine Überseeflotte, an der Deutschland zu 40 % beteiligt war, hätte ein Wiedererstarken Deutschlands als Seemacht bedeutet. Großbritannien hätte mit einer Beteiligung von zehn Prozent nur marginale Mitspracherechte gehabt und wäre möglicherweise gezwungen gewesen, die konventionelle britische Flotte zugunsten der MLF zu verkleinern. Die Bundesdeutschen hätten Großbritannien damit nicht nur den nuklearen Sonderstatus genommen, sondern eines historischen Symbols britischer Großmacht, der britischen Flotte, beraubt.[38] Aus diesem Grund war eine hochmoderne, nukleare Überwasserflotte – unter deutsch-amerikanischer Dominanz – für Großbritannien völlig inakzeptabel.

Thorneycroft räumte seiner Konzeption jedoch keine großen Chancen ein. Eine mächtige Lobby in den USA werde auf der seegestützten *Polaris*-Variante bestehen, um mit dem Verkauf der *Polaris*-Raketen einen größeren finanziellen Gewinn für die USA sicherzustellen. Zudem werde der amerikanische MLF-Unterhändler und Vertreter bei der MLF-Arbeitsgruppe in Paris, Finletter, ein glühender Verfechter der MLF-Idee, ohnehin alles daran setzen, die britische Konzeption zu Fall zu bringen. Für diese Situation

---

Die Bonner Regierung wiederum wollte die MLF rechtzeitig vor den Wahlen im Herbst 1965 unter Dach und Fach bringen. Hoppe, Teilhabe, S. 180.

[35] PRO, FO 371/176350, Minute by Mr. E. Barnes (FO), 12. 02. 1964.

[36] LBJL, NSF, Country File: UK, box 212, Talking Points Paper, 06. 02. 1964.

[37] PRO, PREM 11/4740, Memo by the Minister of Defence, 30. 06. 1964. Zu den *Thorneycroft-proposals* siehe auch: Twigge/Scott, Command, S. 189–190 und Pierre, Politics, S. 248–249.

[38] Zum deutsch-englischen Flottenwettlauf um die Jahrhundertwende und der Bedeutung der Flotte als Symbol für Großmachtstatus siehe: Reynolds, Britannia, S. 66–88 sowie Kennedy, Antagonism.

hatte der Verteidigungsminister allerdings keine andere Lösung bereit, als einen offenen Krach mit dem engsten Verbündeten zu riskieren und die Teilnahme an einer seegestützten MLF zu verweigern.[39] Tatsächlich sah man in Washington die Vorschläge zunächst nur als britische Verzögerungstaktik. Der amerikanische MLF-Unterhändler Finletter verständigte sich mit dem State Department darauf, keine weiteren Verzögerungen und substantiellen Änderungen der Briten zu akzeptieren.[40] Präsident Johnson war mit diesem Kurs jedoch nicht einverstanden. Er erließ Anweisung, den britischen Vorschlägen wohlwollende Beachtung zu schenken.[41] Kennedys Nachfolger hatte den MLF-Strategen im State Department zunächst freie Hand gelassen, da er davon ausgegangen war, die MLF sei ein erklärtes Ziel seines Vorgängers gewesen. Johnson kamen jedoch Zweifel an der Durchführbarkeit des Projektes. Er wollte auch zu diesem Zeitpunkt noch keine konkreten Entscheidungen treffen.[42]

Im Weißen Haus sah man mehr und mehr, daß die USA auf eine britische Teilnahme angewiesen waren, da die Teilnahme Italiens äußerst unsicher und eine deutsch-amerikanische MLF kaum realisierbar war. Eine deutsch-amerikanische Streitmacht hätte nicht nur eine Spaltung der NATO nach sich gezogen, sondern auch der Sowjetunion Munition für die international vorgetragene propagandistische Behauptung geliefert, die USA wollten vor der Unterzeichnung eines NPT der Bundesrepublik Zugang zu Kernwaffen verschaffen. Außerdem war es fraglich, ob die MLF den Kongreß passieren würde. Die Bonner Regierung hatte unterdessen begonnen, auf eine baldige Verwirklichung zu drängen.[43] In Bonn fürchtete man, daß sich die USA und die Sowjetunion auf einen Nichtverbreitungsvertrag einigen könnten, bevor die MLF unter Dach und Fach gebracht war. Die Regierung Erhard verlangte nicht nur Zusagen, daß die MLF notfalls auch als bilaterales Projekt ins Leben gerufen, sondern auch, daß sie langfristig in eine europäische Atomstreitmacht umgewandelt werden sollte. Nach den Bonner Vorstellungen hätte dann kein Staat mehr ein Vetorecht gehabt, statt dessen sollten die Beschlüsse durch einfache Mehrheitsentscheide gefaßt werden. Damit hätte Bonn bei einem Anteil von 40 % an der Flotte nahezu ein Vetorecht erhalten. Auch wenn die MLF-Befürworter des State Departments den Bundesdeutschen weiterhin Hoffnungen auf eine derartige Lösung machten, so entsprach dies keineswegs den Vorstellungen von Präsident Johnson und dem Defense Department.[44] Der amerikanische Präsident und das Pentagon wollten die MLF, aber unter multilateraler Beteiligung und mit amerikanischem Veto. Damit wuchs

---

[39] PRO, PREM 11/4740, Memo by the Minister of Defence, 30. 06. 1964.

[40] LBJL, NSF, Subject File: MLF, box 22, Finletter to Dept of State, 26. 06. 1964. Dieser Vorschlag sollte die seegestützte Konzeption der USA vereiteln. Der Alternativvorschlag Thorneycrofts an sich war jedoch durchaus ernst gemeint. Thorneycroft hatte zu diesem Zeitpunkt eingesehen, daß „some sort of nuclear force" wahrscheinlich unvermeidbar war. Dies geht aus dem oben zitierten Memo des Verteidigungsministers hervor.

[41] LBJL, NSF, Subject File: MLF, box 22, National Security Action Memo, 21. 07. 1964.

[42] So erklärte Johnson im nachhinein seine Haltung zur MLF im Frühjahr/Sommer 1964. LBJL, NSF, Country File: UK, box 214, Memo of Conversation, 06. 12. 1964.

[43] Hoppe, Teilhabe, S. 172.

[44] Finletter hatte bereits im Frühjahr 1964 in Bonn angedeutet, daß die USA notfalls bereit seien, zunächst eine bilaterale Lösung zu akzeptieren. Einer deutsch-amerikanischen MLF sollten dann nach und nach weitere europäische Staaten beitreten. AAPD, 1964, Dok. Nr. 104, Aufzeichnung von Luedde-Neurath, 21. 04. 1964, S. 455. Johnson distanzierte sich im Oktober 1964 in einem Schreiben an Erhard von einer bilateralen Lösung. Haftendorn, Kernwaffen, S. 132.

in Washington die Bereitschaft, britische MLF-Konzeptionen zu diskutieren und einen Konsens zu suchen.

Diese Entwicklung wurde wiederum von der konservativen Regierung in London nicht in ausreichendem Maß wahrgenommen. Die Briten fürchteten, das State Department könnte sich mit den Plänen für eine europäische MLF durchsetzen. Verteidigungsminister Thorneycroft rechnete – wie oben erwähnt – mit einer umgehenden Ablehnung seiner Konzeption und war bereit, für diesen Fall einen Eklat zu riskieren. Im Foreign Office blieb man bei der Sichtweise, daß man aus Gründen der politischen Räson eine Teilnahme nicht verweigern könne. Großbritannien solle unter allen Umständen an dieser Flotte beteiligt sein, damit die britische Regierung langfristig wenigstens ein Mindestmaß an Kontrolle über die deutsche nukleare Mitsprache habe: „There are signs that the Germans, encouraged to some extent by vague remarks by Dean Rusk, are hoping for the abolition of the veto in due course. This of course is perhaps one of the most powerful arguments for joining the MLF: i. e. to see that the British finger stays on the safety catch whatever might happen to the American finger in the course of time. The only alternative would be to try and bust up the MLF; but if we were to try and do this the consequences for Britain and the Alliance would be catastrophic."[45] In London waren inzwischen die Wahlen in den Vordergrund gerückt. Diese wurden ebenfalls von der Debatte über die unabhängige britische Abschreckung und die multilaterale Atomstreitmacht dominiert.

Die Konservative Partei machte die Verteidigungspolitik zu ihrem herausragenden Wahlkampfthema für die Wahlen im Jahr 1964. Die Erhaltung der unabhängigen Atomstreitmacht wurde mit der Erhaltung Großbritanniens als Großmacht gleichgesetzt. Premierminister Home strich immer wieder den Zusammenhang zwischen nuklearer Unabhängigkeit und dem Zugang zu den internationalen Gipfeltreffen heraus. Die Rolle der Briten in den Teststopp-Verhandlungen sollte als Beweis für diese Argumentation dienen.[46] Die unabhängige Atomstreitmacht als Symbol nationaler Größe war für Premierminister Home ebenso wie für seinen Vorgänger Macmillan unter keinen Umständen mit Plänen für die Integration in eine NATO-Streitmacht zu vereinbaren.

Aus dem Verteidigungsweißbuch des Jahres 1964 geht hervor, daß die konservative Regierung die unabhängige Atomstreitmacht den Bemühungen, Proliferation mittels nuklearer Integration einzudämmen, nicht opfern wollte: „To suggest that the independent deterrent might be abandoned in the interest of non-dissemination overlooks the fact, that if there were no power in Europe capable of inflicting unacceptable damage on a potential enemy, he might be tempted – if not now then perhaps at some time in the future – to attack in the mistaken belief that the United States would not act unless America herself were attacked."[47] In dieser Erklärung offenbart sich das nukleare Dilemma Großbritanniens, vor allem der Unterschied zwischen Anspruch und Wirklichkeit der britischen Nuklearpolitik. Zum einen zeigt sie, daß sich Großbritannien immer noch und auch für die Zukunft als einzigen Kernwaffenstaat in Europa betrachtete. Darin ist auch die britische Sonderstellung eine Stufe über dem restlichen Europa impliziert. Die Erklärung setzt eine abschreckende Wirkung des britischen Atompotentials auf den Kreml

---

[45] PRO, PREM 11/4740, Shaw (Private Secretary to PM) to Prime Minister, 24. 07. 1964.
[46] HC Debs., Vol. 684, c. 49, 12. 11. 1963.
[47] Cmnd. 2270.

voraus, obwohl in der öffentlichen Meinung in Großbritannien die Ansicht verbreitet war, daß die Briten zwar ein wenig Schaden in der Sowjetunion anrichten könnten, aber das sowjetische Atompotential im Gegenzug Großbritannien dem Erdboden gleichmachen würde.[48] Zum anderen verdeutlicht sie die militärische Redundanz des britischen Arsenals, da davon ausgegangen wurde, daß die USA in einen Atomkrieg in Europa selbstverständlich eingreifen würden. Trotzdem erklärte die Führung der Konservativen Partei die Sicherung des nuklearen Status zu einer der wichtigsten Aufgaben der neuen Regierung.

Die Labour-Partei startete zahllose Attacken gegen die unabhängige Abschreckung und argumentierte gegen die Aufrechterhaltung eines Status, den es in den Augen der Labour-Führung angeblich gar nicht mehr gab.[49] Während eines Staatsbesuchs in den USA versprach Schattenaußenminister Walker das Ausscheiden Großbritanniens als Nuklearmacht. Er kündigte Gespräche mit der Führung in Bonn an, um diese davon zu überzeugen, daß die Bundesrepublik Deutschland und Großbritannien gemeinsam ein westliches Kernwaffenmonopol der USA anerkennen sollten. Beide Staaten sollten jedoch Mitsprache bei der nuklearen Planung erhalten. Der spätere Außenminister George Brown betonte die Bedeutung der Nichtverbreitungspolitik und die Notwendigkeit, eine Form von *nuclear-sharing* innerhalb der Allianz zu finden.[50] Aufgabe der nuklearen Unabhängigkeit, Stärkung der NATO-Integration, Eindämmung von Proliferation – war das nicht eine „vernünftige" Atompolitik ganz im Sinne der amerikanischen Interessen?

Bereits im Wahlkampf bestanden berechtigte Zweifel, daß der Labour-Partei tatsächlich ein nuklearer Minderstatus, eine von den USA abhängige Abschreckungsmacht oder gar eine Aufgabe des Atompotentials vorschwebte. Die Labour-Führungsriege wetterte gegen die unabhängige Abschreckung, um in der britischen Öffentlichkeit als verantwortungsbewußte Führung wahrgenommen zu werden, die keine öffentlichen Gelder für nutzloses Prestige verschwenden werde. Außerdem sollte in Washington das Konfliktpotential MLF nicht vorzeitig einen negativen Eindruck einer zukünftigen Labour-Regierung vermitteln. Tatsächlich lehnte die Labour-Führung das Projekt nicht weniger entschieden ab als die Konservativen. Konkret auf die MLF angesprochen, antworteten sowohl Walker als auch Harold Wilson und der Labour-Verteidigungsexperte Mulley ihren amerikanischen Gesprächspartnern ausweichend.[51] Die Ankündigung, eine Labour-Regierung werde das Abkommen von Nassau neu verhandeln, war nichts als eine leere Phrase.[52] Auch die Labour-Partei glaubte an den Einfluß der Bombe auf die internationale Politik. Nichtverbreitung sollte über einen Nichtverbreitungsvertrag und nicht über kontrollierte Proliferation innerhalb des Bündnisses erreicht werden. Harold Wilson hat-

---

[48] „Does the British deterrent deter?" fragte der *Guardian* und lieferte einen Vergleich der sowjetischen und britischen Atompotentiale, der deutlich machte, daß sich die abschreckende Wirkung des „nuklearen Zwergs" in Moskau in Grenzen halten dürfte. Der *Guardian* kam zu dem Ergebnis: „The independent deterrent might save us from a French attack some day." The Guardian, 06. 10. 1964.

[49] HC Debs., Vol. 687, c. 443, 16. 01. 1964.

[50] LBJL, NSF, Country File: UK, box 213, Memo of Conversation, 20. 02. 1964.

[51] NSA, MC, Doc. Nr. 971, Record of Conversation, 17. 02. 1964. LBJL, NSF, Country File: UK, box 213, Memo of Conversation, 20. 02. 1964.

[52] Denis Healey bemerkte im Februar 1964 vor dem britischen Unterhaus: „I can not say whether or not we will cancel the Polaris submarine." HC Debs., Vol. 690, c. 480, 26. 02. 1964.

te nach der Unterzeichnung des Teststopp-Abkommens unisono mit dem damaligen Premierminister Macmillan einen Nichtverbreitungsvertrag gefordert.[53]

In bezug auf den Status Großbritanniens als Großmacht schwebte der Labour-Führung eine nicht minder bedeutende Rolle vor als den Konservativen. Der spätere Labour-Abrüstungsminister Lord Chalfont forderte, die Briten sollten in der Verteidigungspolitik über den europäischen Tellerrand hinausschauen und ihre weltweiten Interessen und Verpflichtungen wieder stärker wahrnehmen: „The urgent need is a coordinated world-wide strategy, superseding irrelevant national and regional interests – preserving at the same time the primacy of relationship with the one ally who shares directly an ultimate interest in almost every aspect of world strategy – the USA."[54] Die *special relationship* sollte also nach den Vorstellungen des Abrüstungsministers zu einem Führungsduo eines weltweiten Sicherheitssystems ausgebaut werden. Die beiden Parteien lieferten sich im Wahlkampf ein Scheingefecht um unabhängige Abschreckung und *nuclear-sharing*. Ein großes Maß an Kontinuität in der Atompolitik war unabhängig vom Ausgang der Wahlen gewährleistet.

3. Die britische Alternative zur MLF: Die Atlantic Nuclear Force (ANF)

Harold Wilson und die Labour-Partei errangen bei den Wahlen im Oktober 1964 eine knappe Mehrheit. Schon bald sollte sich zeigen, daß die Rufe der Labour-Partei nach einer Aufgabe der unabhängigen Atomstreitmacht nur eine populäre Wahlkampfforderung gewesen waren und im wesentlichen dazu gedient hatten, Interessen des linken Parteiflügels und der Wählerschaft zu befriedigen. Die neu ins Amt gekommene Labour-Regierung war sich bewußt, daß man in Washington möglichst bald eine klare Position der neuen Regierung zur multilateralen Atomstreitmacht erwartete. Ein anglo-amerikanischer Gipfel war für Dezember in Washington geplant, und die Johnson-Administration hatte im November eigens Vize-Außenminister George Ball und den Europa-Experten Richard Neustadt als Ansprechpartner nach London gesandt, um durch intensive Vorbereitungen ein zweites Nassau zu vermeiden. In der verteidigungspolitischen Zielsetzung der Labour-Partei standen drei Aspekte im Vordergrund, die auch die Nichtverbreitungspolitik der konservativen Regierung bestimmt hatten: a) die Bundesrepublik durfte innerhalb einer MLF keine nationale Kontrolle und auch keine Aussicht auf eine zukünftige nationale Kontrolle über Kernwaffen erhalten, d. h. ein dauerhaftes amerikanisches Veto mußte garantiert werden, b) die Verteidigungsausgaben mußten so gering wie möglich gehalten werden, was bedeutete, daß Großbritannien die Verwendung bereits bestehender Waffensysteme favorisierte, c) in den internationalen Bemühungen um Nichtverbreitung sollten endlich Fortschritte erzielt werden; daher mußte eine für die Sowjetunion möglichst akzeptable Variante einer multilateralen NATO-Streitmacht gefunden werden. Außenminister Walker machte in einem Gespräch mit dem amerikanischen Unterhändler Neustadt deutlich, daß London zunächst von der Regierung in Washington eine eindeutige Stellungnahme dahingehend erwartete, daß die USA unter keinen Umständen das Veto über den Kernwaffeneinsatz aufgäben.[55]

---

[53] HC Debs., Vol. 680, c. 390, 03. 07. 1963.
[54] The Times, 06. 04. 1964.
[55] PRO, PREM 13/026, Note of Conversation with Professor Neustadt, 25. 11. 1964.

Eine gemischt-nationale Überwasserflotte, wie sie die amerikanischen Pläne vorsahen, war damit für den neuen Premierminister Wilson ebenso inakzeptabel wie für seinen konservativen Vorgänger.[56] Der wissenschaftliche Berater im Verteidigungsministerium, Zuckerman, vertrat die Ansicht, daß die Sowjetunion eine MLF niemals akzeptieren würde und daß diese auch die nuklearen Wünsche in Bonn nicht erfüllen würde. Er war davon überzeugt, daß die Bundesrepublik ein nationales Atomwaffenarsenal anstrebte: „The Germans had a deep-rooted desire to possess a nuclear capability of their own ... there was no reason that their work in this field should not continue even if they were members of the MLF; on the contrary, participation in the force would give them valuable information on techniques and control systems."[57] Falls die Gründung einer multinationalen Atommacht unumgänglich sei, solle ausschließlich auf bereits in Europa stationierte Raketen zurückgegriffen werden, um die Anzahl der auf die Sowjetunion gerichteten westlichen Raketen nicht zu erhöhen, argumentierte Zuckerman. Deutschen Widerstand gegen dieses Konzept könne man mit der Drohung brechen, die NATO-Streitkräfte in Westeuropa zu reduzieren.[58] So weit wollte die Labour-Regierung allerdings nicht gehen. Sie versuchte zunächst, die Regierung in Washington dafür zu gewinnen, die gemischt-nationale Flotte durch ein multinationales *Minuteman*-Projekt zu ersetzen. Ein Teil dieser bereits existierenden und in unterirdischen Silos in den USA gelagerten Raketen sollte gemischt-nationale Besatzungen erhalten und auf diese Weise die multinationale Komponente der NATO-Streitmacht darstellen. Professor Neustadt sah durchaus Chancen für diese Pläne.[59] Außenminister Rusk ließ kurz darauf wissen, Neustadt solle richtigstellen, daß eine multinationale *Minuteman*-Streitmacht in Washington kategorisch abgelehnt werde.[60]

Andererseits ging aus den Gesprächen mit Neustadt auch hervor, daß britische Sonderwünsche im Weißen Haus nicht auf taube Ohren stoßen würden. Präsident Johnson sei bereit, alle neuen Ideen zu diskutieren, die nicht einem völligen Scheitern der MLF gleichkämen, versicherte Neustadt dem britischen Außenminister. Ein Scheitern der MLF könne sich der amerikanische Präsident jedoch nicht leisten, denn dies käme einem Scheitern der amerikanischen Deutschlandpolitik gleich.[61] Johnson hatte den Eifer des State Departments nicht nur wegen der drohenden Nichtteilnahme Großbritanniens gebremst. Der amerikanische Botschafter in London wies Premierminister Wilson darauf hin, daß es inzwischen als sicher gelte, daß der amerikanische Kongreß eine NATO-Flotte mit einer europäischen Option und umfangreichen Mitspracherechten der NATO-

---

[56] HC Debs., Vol. 704, c. 943, 23. 11. 1964.

[57] PRO, DEFE 11/316, Record of 58th Chief of Staff Meeting, 29. 09. 1964.

[58] PRO, PREM 13/027, Memo by Solly Zuckerman, 01. 12. 1964. Extrempositionen, wie sie Zuckerman vertrat, sind von keinem anderen Mitglied der Regierung dokumentiert. Eine rigide Haltung gegenüber den Deutschen forderte allerdings auch Denis Healey: „He referred rather deprecatingly to the need to jolly them along in the nuclear field. He said they must not be given too much bargaining power; they would abuse it." NA, RG 59, CFPF DEF 12, box 1692, Memo of Conversation between Denis Healey and Henry Owen, 22. 03. 1964.

[59] PRO, PREM 13/026, Note of Conversation with Professor Neustadt, 25. 11. 1964.

[60] NSA, MC, Doc. Nr. 1054, Rusk to Neustadt, 29. 11. 1964.

[61] PRO, PREM 12/026, Note of Conversation with Professor Neustadt, 25. 11. 1964. Neustadt gab in diesem Gespräch zu erkennen, daß das State Department in Washington an Einfluß verloren hatte und die USA keineswegs mehr eine baldige, bedingungslose Zusage zu den ursprünglichen MLF-Plänen forderten, sondern bereit waren, auf britische Änderungswünsche einzugehen.

Partner blockieren werde.[62] Der Präsident wollte eine derartige Niederlage unter allen Umständen vermeiden.[63] Zudem hatte der erste chinesische Atomtest im Oktober 1964 den Befürwortern eines sofortigen Nichtverbreitungsvertrages mit der Sowjetunion den Rücken gestärkt. Die britische Regierung hatte damit deutliche Signale erhalten, daß konstruktive britische Änderungsvorschläge, die für die Bundesrepublik Deutschland nicht völlig inakzeptabel waren, in Washington positiv aufgenommen werden würden.[64]

Gleichzeitig zeigte sich auch, daß General de Gaulle mehr und mehr Druck auf Bonn ausübte, der multilateralen Streitmacht fernzubleiben. De Gaulle arbeitete in Bonn mit Zuckerbrot und Peitsche. Einerseits drohte er mit der Kündigung des deutsch-französischen Vertrages und einem Ende der europäischen Integration. Außerdem erklärte er, im NATO-Rat sein Veto gegen eine MLF einlegen zu wollen, und kündigte den baldigen Austritt Frankreichs aus dem Bündnis an. Andererseits versuchte er mit vagen Andeutungen über eine Beteiligung an der *force de frappe* die bundesdeutsche Regierung von der MLF abzubringen.[65] Der General arbeitete damit gezielt auf eine Spaltung der Bonner Regierung hin. Tatsächlich stand die Bundesregierung in der Frage der MLF schließlich vor einer Zerreißprobe. Die Gaullisten in Bonn warnten vor einem Bruch mit Paris und forderten, die MLF zugunsten einer engen Zusammenarbeit mit Frankreich und der europäischen Integration aufzugeben.[66] Der britische Premier Wilson hatte wiederum mit einer sehr negativen Rede im Unterhaus die Spannungen in Bonn verschärft. Indem Wilson den Eindruck erweckte, London werde sich an einer MLF definitiv nicht beteiligen und das Projekt damit zu Fall bringen, spielte er den Gaullisten in Bonn in die

---

[62] PRO, PREM 13/103, Record of Conversation between Ambassador Bruce and the PM, 27. 11. 1964.

[63] Johnson fürchtete, mit der MLF ein ähnliches Schicksal wie Präsident Wilson mit dem Versailler Vertrag zu erleiden. LBJL, NSF, Country File: UK, box 214, Memo of Conversation, 06. 12. 1964.

[64] Die Briten hatten diese Signale auch verstanden. Wilsons Sekretär Sir Oliver Wright bemerkte in einem Memo für den Premier anläßlich eines Treffens mit Neustadt folgendes: „It is clear that some of the blinkered whizz-kids have been eliminated from the White House and that Professor Neustadt represents President Johnson's more open-minded approach to problems of the alliance." PRO, PREM 13/108, Strategy for a Meeting between the PM and Prof. Neustadt, 19. 11. 1964. Eine andere Ansicht vertritt Baylis, Anglo-American Defence Relations, S. 149: „Given the preceding events the British delegation can hardly have been confident about reversing American policy when they went to Washington for the December talks. They were not to know that the President had changed his mind about the multilateral force."

[65] Osterheld, Außenpolitik, S. 100.

[66] Über die regierungsinternen Auseinandersetzungen um die MLF und die Chancen auf eine Zusammenarbeit mit Frankreich berichtet Osterheld, Außenpolitik, S. 123–124. Er vertritt die Ansicht, daß die Regierung Erhard mit ihrem Festhalten an der MLF eine historische Chance zur nuklearen Zusammenarbeit mit Frankreich verstreichen ließ. Osterheld, Außenpolitik, S. 215. Die französische Regierung war aber nicht wirklich bereit, mit den Bundesdeutschen eine Zusammenarbeit auf der militärisch-nuklearen Ebene einzugehen. Ministerpräsident Georges Pompidou machte in der französischen Nationalversammlung am 03. 12. 1964 deutlich, daß die Europäer sich zwar auf den nuklearen Schutz durch die französische *force de frappe* verlassen könnten, aber an die Gründung einer europäischen Atomstreitmacht aufgrund zahlreicher Probleme nicht zu denken sei. AdG 34 (1964), Rede des französischen Ministerpräsidenten Pompidou vor der Nationalversammlung, 03. 12. 1964, S. 11565. Ein konkretes Angebot zur militärischen Zusammenarbeit gab es auch nicht, aber mögliche Perspektiven und vage Andeutungen aus Paris nährten die Illusionen der Gaullisten in Bonn. Dies wird besonders deutlich bei Osterheld, Außenpolitik, S. 99–106.

Hände. Die stark anti-britischen Pressereaktionen in der Bundesrepublik waren ebenfalls geeignet, den MLF-Befürwortern in der CDU eine politische Niederlage anzukreiden.[67] Die britische Regierung war damit in bezug auf die Bundesrepublik in eine heikle Lage geraten, es bestand die Gefahr, daß Bonn nun doch eine deutsch-französische Kooperation anstreben könnte. Die britische Regierung hatte damit zwei gute Gründe, am Zustandekommen einer multilateralen Streitmacht mitzuarbeiten. Es bestand die Aussicht, daß die Briten ihre Interessen wahren konnten. Außerdem mußte ein nuklearer Sonderweg der Bundesrepublik und Frankreichs verhindert werden.

Vor diesem Hintergrund traf sich die Labour-Führung Anfang Dezember 1964 zur verteidigungspolitischen Standortbestimmung in Chequers. Die Klausurtagung der britischen Regierung gebar mit genauen Plänen zur Gründung der *Atlantic Nuclear Force* (ANF) ein konkretes britisches Alternativprojekt zur multilateralen Atomstreitmacht. Die *Atlantic Nuclear Force* sollte sich aus folgenden Bestandteilen zusammensetzen: Der britischen *V-Bomber*-Staffel, den britischen *Polaris*-U-Booten, einer gleichen Anzahl amerikanischer U-Boote desselben Typs, mehreren, nicht näher bestimmten Waffensystemen, an denen die Nichtkernwaffenstaaten beteiligt sein würden, sowie einem französischen Beitrag nach freier Wahl Frankreichs. Als Beitrag der Staaten, die keine Kernwaffen besaßen, favorisierten die Briten immer noch die Beteiligung an landgestützten Raketensystemen wie *Minuteman*. Die USA sollten einen Teil der bestehenden Systeme für den gemeinsamen Besitz mit den nichtnuklearen Teilnehmern bereitstellen, um den gemischt-nationalen Bestandteil der ANF zu bilden. Falls unbedingt erforderlich, könnte als Ergänzung zu landgestützten Systemen noch eine gemischt-nationale Mini-Flotte gebildet werden. Die Briten wollten sich an den multinationalen Komponenten jedoch nicht beteiligen. Die Labour-Führung sah vor, die ANF nicht dem SACEUR und damit auch nicht der Kommandostruktur der NATO zu unterstellen, sondern einen unabhängigen Oberbefehlshaber zu berufen.[68]

Die ANF war damit für die britischen Interessen maßgeschneidert: Eine kostenaufwendige, mächtige Flotte unter deutsch-amerikanischer Dominanz würde es nicht geben. Die ANF war geeignet, einen drohenden Kollaps des britischen Verteidigungsetats abzuwenden, da das Konzept auf der Verwendung bereits bestehender Systeme basierte; und die Sowjetunion würde sich mit einer Streitmacht aus bestehenden Systemen eher abfinden können als mit einer neuartigen Bedrohung. Die britische *Polaris*-U-Boot-Flotte bliebe als nationale Einheit erhalten. Die ANF-Pläne beinhalteten eine Rücktrittsklausel, nach der Großbritannien die *Polaris*-U-Boote für einen nationalen Einsatz abziehen konnte, falls höchste britische Sicherheitsinteressen in Gefahr waren.[69] Ein Hintertürchen für den unabhängigen Einsatz der britischen Abschreckungsmacht blieb damit erhalten. Die Frage der Kontrolle sollte so gelöst werden, daß sowohl die USA als auch Großbritannien und Frankreich sowie die Nichtkernwaffenstaaten als eine stimmberechtigte Einheit ein Vetorecht über den Einsatz aller Bestandteile der Streitmacht haben

---

[67] Die *Welt* sprach von einem britischen Doppelspiel. Die Welt, 23. 11. 1964. Die *FAZ* schrieb, Wilson verfolge eine ähnliche Politik wie Moskau und die britische Regierung mißtraue der Bundesrepublik Deutschland. FAZ, 23. 11. 1964.

[68] PRO, PREM 13/104, Atlantic Nuclear Force, Outline of Her Majesty's Government's Proposal, 07. 12. 1964.

[69] Die konservative Opposition bemerkte zu Recht, daß diese Klausel sich nicht von derjenigen unterschied, die Macmillan in Nassau ausgehandelt hatte. HC Debs., Vol. 707, c. 1379, 03. 03. 1965.

würden. So war die endgültige Entscheidung für einen Einsatz der Atomwaffen immer noch den Atommächten vorbehalten, ohne daß dabei die übrigen Partner degradiert wurden. Einer zukünftigen Beteiligung Frankreichs standen keinerlei Hindernisse im Weg. Diese war erwünscht, da Frankreich sonst die einzige tatsächlich unabhängige Atommacht in Europa bleiben würde.[70] Eine NATO-unabhängige Kommandostruktur nahm de Gaulle die Möglichkeit, die ANF im NATO-Rat zu Fall zu bringen. Eine wachsende Bedeutung der Bundesrepublik innerhalb der NATO hätte keinerlei Einfluß auf die Struktur der ANF gehabt.

Das Kernstück der ANF bildete ein NATO-interner Nichtverbreitungsvertrag. Die Nichtkernwaffenstaaten sollten sich zum Verzicht auf den Bau und den Erwerb von Kernwaffen bereit erklären. Darüber hinaus verpflichteten sie sich auch explizit, weder im Rahmen der ANF nationale Kontrolle über Kernwaffen anzustreben noch Kernwaffen der ANF einer zukünftigen Streitmacht, der die Kernwaffenstaaten der ANF nicht angehören würden, zuzuführen. Die Verpflichtung der Kernwaffenstaaten zur Nichtweitergabe von Kernwaffen umfaßte nicht nur die Weitergabe an einzelne Staaten, sondern auch an Staatengruppen.[71] Damit war die künftige Gründung einer europäischen Atomstreitmacht ausgeschlossen. Die nukleare Streitmacht der Labour-Regierung sollte in erster Linie den nuklearen Status quo in Europa zementieren sowie eine anglo-amerikanische Führung in der Verteidigung des Westens bei gleichzeitiger anglo-amerikanischer Interdependenz garantieren. Insofern entsprach die *Atlantic Nuclear Force* auch nicht dem eigentlichen Ziel einer MLF, nämlich der Bundesrepublik Deutschland einen verbesserten Status in der NATO zu gewähren. *Nuclear-sharing* war genau das, was die ANF verhindern sollte. *Nuclear-sharing* hätte Großbritannien die Sonderstellung gegenüber den anderen europäischen NATO-Staaten geraubt. Die Labour-Regierung setzte somit die Nuklearpolitik der konservativen Regierung konsequent fort. Die ANF hätte die Erhaltung der unabhängigen Atomstreitmacht gewährleistet und eine dauerhafte Barriere zwischen den europäischen NATO-Verbündeten und Großbritannien gebaut. Damit hätte die ANF den britischen Großmachtstatus gegenüber den mittleren europäischen Mächten, insbesondere gegenüber der Bundesrepublik, festgeschrieben. Im Falle einer Auflösung der Streitmacht sollten die nuklearen Waffensysteme wieder in die nationale Kontrolle der Kernwaffenstaaten übergehen. Die Bundesrepublik und die übrigen nicht-nuklearen Mitgliedstaaten würden als Nichtkernwaffenstaaten aus der Streitmacht ausscheiden.[72] Die strikten Nichtverbreitungsklauseln ließen auf ein positives Echo aus Moskau hoffen und boten sich zugleich als mögliche Grundlage für einen globalen Nichtverbreitungsvertrag an.

---

[70] Dieser Aspekt war für die Briten von ganz zentraler Bedeutung, wie aus einem Memorandum des Verteidigungsministeriums klar hervorgeht: PRO, DEFE 11/317, Memo by the Ministry of Defence, 23. 10. 1964.

[71] Ausgenommen waren nur Staatengemeinschaften, in denen die bestehenden Atommächte weiterhin ein dauerhaftes Veto über den Einsatz der Kernwaffen haben würden. PRO, PREM 13/104, ANF, Outline of HMG's Proposal, 07. 12. 1964.

[72] Die Verpflichtung zum Verzicht auf Kernwaffen war nicht ausdrücklich auf die Dauer des Bestehens der ANF begrenzt. Es war überhaupt kein Zeitrahmen festgelegt, was eine dauerhafte Verpflichtung implizierte. Jede spätere Aufhebung dieser „moralischen" Verpflichtung würde einen Aufschrei der internationalen Staatengemeinschaft nach sich ziehen, insbesondere im Falle der Bundesrepublik Deutschland.

Wie würde die amerikanische Regierung auf die ANF-Konzeption der Labour-Regierung reagieren? In den Vorbesprechungen über die Verhandlungslinie gegenüber den Briten kam zunächst zutage, daß der Präsident über das Ausmaß, mit dem der amerikanische MLF-Unterhändler Finletter in Europa auf die MLF gedrängt hatte, nicht informiert war. Johnson war davon ausgegangen, daß die Entstehung der MLF im Sommer zunächst auf unbestimmte Zeit vertagt worden war und die Europäer keine unmittelbare Entscheidung der USA erwarteten. Er war völlig überrascht zu erfahren, daß man sich den Deutschen gegenüber zu einer MLF gleichsam verpflichtet hatte. Er erfuhr auch erst während der Vorbesprechungen, daß Kennedy die MLF nur unter der Maßgabe gewollt hatte, daß sie auch von der Mehrheit der Europäer gewünscht würde. Johnson teilte diese Meinung in gewisser Weise. Für ihn hatte die *special relationship* absolute Priorität, und ihm war es ebenso wichtig, General de Gaulle nicht zu verärgern. Er machte deutlich, daß es ihm viel wichtiger war, den engsten Verbündeten nicht ins Abseits zu drängen, als das nukleare Minderwertigkeitsgefühl der Bundesdeutschen zu kompensieren. Wilson wunderte sich später in den Verhandlungen über die extremen Ressentiments des amerikanischen Präsidenten gegenüber den Deutschen.[73] Johnson, dem grundlegende Kenntnisse und jegliche Erfahrung in der Außenpolitik fehlten, was er auch offen zugab, war noch ganz eng der traditionellen Sichtweise Großbritanniens als Mutterland verhaftet und den Wünschen der Briten viel mehr verbunden als den Forderungen des ehemaligen Kriegsgegners. Folglich war der Präsident nicht bereit, der britischen Regierung die gemischt-nationale Flotte als *conditio sine qua non* aufzuzwingen.[74]

Man einigte sich darauf, Wilson zu erklären, daß die ANF-Konzeption nicht den Vorstellungen der Bundesrepublik entspreche. Es liege jedoch auch in Wilsons eigenem Interesse, die Erwartungen der Bundesregierung nicht zu enttäuschen. Der britischen Regierung solle nahegelegt werden, einer Überwasserflotte als multilateraler Komponente zuzustimmen. Falls daraufhin sowohl aus Bonn als auch aus London ein positives Echo komme, so Präsident Johnson, sei die amerikanische Regierung bereit, das Projekt weiterzuverfolgen. Wenn allerdings – was wahrscheinlich sei – Großbritannien, Frankreich und der amerikanische Kongreß eine multilaterale Flotte ablehnten, eine massive Verschlechterung des Ost-West-Verhältnisses befürchtet werden müsse und nicht sicher sei, ob sie die nuklearen Ambitionen der Deutschen tatsächlich befriedigen werde, solle das Projekt zügig in der Versenkung verschwinden, resümierte Präsident Johnson.[75] Damit hatte die amerikanische Regierung innerhalb kurzer Zeit in bezug auf die nukleare NATO-Streitmacht einen perfekten *U-turn* vollzogen. Nun war es das Weiße Haus, nicht Whitehall, das eine gezielte Verzögerungs- und Obstruktionspolitik verfolgte. Sicherheitsberater McGeorge Bundy schlug Johnson für das weitere Vorgehen folgende

---

[73] „The Prime Minister said he had been surprised at the intensity of the President's anti-German feelings; this was much worse than anything on the Labour back-benches." PRO, PREM 13/103, Record of Conversation, 07. 12. 1964.

[74] LBJL, NSF, Country File: UK, box 214, Record of Conversation, 06. 12. 1964. Johnson fragte in dieser Unterredung seine Berater: „Aren't you telling me to kick mother England out the door into the cold, while I bring the Kaiser into the sitting room?.... What will be said by people in this country and in Congress if the President kicks the English while welcoming the Germans?"

[75] LBJL, NSF, Country File: UK, box 214, Memo of Conversation, 05. 12. 1964 und 06. 12. 1964. Barbier geht davon aus, daß der erste chinesische Atomtest und der Machtwechsel in der Sowjetunion ebenfalls erheblich zum Fall der MLF beigetragen haben. Barbier, Débat, S. 83.

Taktik vor: „If you go half steam ahead, there will probably be no MLF, but it will not be your fault alone. You will have kept the letter and spirit of the Kennedy readiness to move if the Europeans wanted it. There will be trouble with the Germans, but nothing unmanageable. There will be plenty of opportunities for debate, discussion and delay, and for gradual and ceremonial burial."[76] Für Präsident Johnson ging es nun in erster Linie darum, einen Weg zu finden, die multilaterale NATO-Flotte ohne Gesichtsverlust sinken zu lassen.

Insofern war es nicht verwunderlich, daß Wilson und Außenminister Walker ihren Besuch als vollen Erfolg werteten. Die USA hatten den vorgesehenen Zeitplan, das heißt einen Vertragsabschluß Ende 1964, wie von Bonn gefordert, aufgegeben und waren willens, das ANF-Papier als zukünftige Diskussionsgrundlage zu akzeptieren. Nur in der Frage der gemischt-nationalen Flotte hatte die amerikanische Regierung nicht sofort nachgegeben. Die Labour-Regierung erwog daraufhin, kleinere Zugeständnisse zu machen. Falls die Bundesrepublik und die USA ein starkes Interesse an SACEUR als Oberbefehlshaber zeigten, würde sich die Regierung in London damit einverstanden erklären. In der Frage der gemischt-nationalen Überwasserflotte war die britische Regierung bereit, einer möglichst kleinen Flotte zuzustimmen (neun, maximal zwölf Schiffe, ursprünglich geplant waren fünfundzwanzig Schiffe). Eine Beteiligung an den multinationalen Mannschaften lehnte sie jedoch nach wie vor kategorisch ab.[77] Da Johnson dies nie wirklich von den Briten verlangt hatte, resultierten aus dieser Haltung keine negativen Konsequenzen. Johnson und Wilson kamen schließlich überein, daß die britische Regierung zunächst mit der Regierung in Bonn über den britischen Alternativvorschlag verhandeln solle, ohne dabei den Eindruck zu erwecken, daß die ANF in Washington und London bereits beschlossene Sache sei. Wenn die Briten die Bonner Regierung für die ANF gewinnen könnten, stünden die USA weiteren Verhandlungen positiv gegenüber.[78]

Die bundesdeutsche Regierung übergab Wilson Mitte Januar 1965 ein mehrseitiges Memorandum, das eine deutsche Stellungnahme zu den britischen Vorschlägen enthielt.[79] Nach den Vorstellungen der Bundesregierung solle die ANF neben den britischen V-Bombern und den *Polaris*-U-Booten eine Flotte von 20 Schiffen umfassen. Das Prinzip der gemischt-nationalen Besatzungen solle nicht nur für die Flotte, sondern für alle Elemente der Streitmacht gelten. Die Bundesregierung favorisiere in der Frage des Einsatzes der Kernwaffen einen einfachen Mehrheitsentscheid und bestehe auf SACEUR als Oberbefehlshaber. Außerdem solle vertraglich geregelt werden, daß eine ANF keinesfalls einer möglichen deutschen Wiedervereinigung im Wege stehen dürfe. Somit war offensichtlich, daß die britische und die deutsche Position miteinander unvereinbar waren.

---

[76] LBJL, NSF, Country File: UK, box 214, Memo by McGeorge Bundy, 06. 12. 1964.

[77] PRO, PREM 13/219, Memo by Foreign Secretary Walker, 23. 12. 1964.

[78] PRO, PREM 13/219, Brit. Embassy, Washington, to FO, 14. 01. 1965.

[79] PRO, PREM 13/219, Atlantic Nuclear Force, Comments of the Federal Government of Germany, 18. 01. 1965. Die Briten gaben sich größte Mühe, die bundesdeutsche Regierung für die ANF-Konzeption zu gewinnen. Dies geschah nicht nur auf höchster politischer Ebene wie während des Besuchs von Kanzler Erhard in London. Im Frühjahr 1965 erschien in der Zeitschrift Außenpolitik ein Artikel des britischen Majors Eugene Hinterhoff. Dieser versuchte die Fülle der Nachteile der MLF – auch für die Bundesrepublik – herauszuarbeiten. Im Kontrast dazu stand die britische Alternative, wobei die deutsche Kritik an der ANF weitgehend entschärft wurde. Hinterhoff, Streitmacht.

Dies hatte jedoch zunächst keine negativen Auswirkungen auf das deutsch-englische Verhältnis, da unterdessen die Bundesdeutschen ein großes Interesse daran hatten, daß in
nächster Zeit kein Vorankommen absehbar war. Nun wollte Bonn eine Entscheidung
bis nach den im Spätsommer 1965 stattfindenden Wahlen vertagen. Hinzu kam, daß General de Gaulle sich bei einem Treffen mit Kanzler Erhard im Januar ein wenig versöhn-
licher gezeigt hatte.[80] Während Wilsons Besuch in Bonn im März 1965 ließ Erhard den
britischen Premierminister wissen, daß er nun in erster Linie bemüht war, die sich anbah-
nende Aussöhnung mit de Gaulle nicht durch weitere Paukenschläge in der ANF-Dis-
kussion zu gefährden. Erhard war daher daran gelegen, zunächst keine Einigung oder
substantielle Fortschritte bekanntgeben zu müssen.[81] Die versöhnlichen Töne aus Paris
sowie die ANF, die eben eine tatsächliche nukleare Mitsprache der Bundesrepublik ausschloß, hatten in Bonn den Graben zwischen Gaullisten und Atlantikern im Regierungs-
lager vertieft. Insbesondere die Position von Außenminister Schröder, dem entschieden-
sten Verfechter einer atlantischen Lösung, war äußerst unsicher geworden.[82]
    Die französische Regierung tat weiterhin alles, um die Gründung einer nuklearen
NATO-Streitmacht zu hintertreiben. Mitte Dezember hatte sich der General in Gesprächen mit Außenminister Rusk überzeugt gezeigt, daß die Gründung einer MLF unwei-
gerlich genau das Gegenteil der amerikanischen Ziele bewirken würde. De Gaulle ließ
keinen Zweifel daran, daß er beabsichtigte, seinen Teil dazu beizutragen. Ein Beitritt Frankreichs sei ausgeschlossen, und die Gründung einer MLF würde die bestehenden NATO-
Strukturen zerstören. Das war nichts anderes als eine Drohung mit dem französischen
Austritt aus der NATO. In bezug auf die Bundesrepublik Deutschland argumentierte
er, daß sich im Prinzip die amerikanische Regierung – ebenso wie die französische – darüber im klaren sei, daß die MLF die nuklearen Ambitionen der Deutschen eher fördern
als schwächen werde.[83] Damit förderte er die Tendenzen im Weißen Haus, die nukleare
Streitmacht fallenzulassen. Der Meinungswandel innerhalb der Johnson-Regierung dürfte auch der französischen Regierung nicht völlig verborgen geblieben sein. Insofern fiel
es de Gaulle im Januar auch nicht schwer, sich der Bundesregierung gegenüber entgegen-
kommend zu zeigen. Er konnte davon ausgehen, daß die Verwirklichung der Flotte nun

---

[80] De Gaulle bekräftigte allerdings kurze Zeit später, daß er nach wie vor jede Form der nuklearen
Teilhabe der Bundesrepublik Deutschland ablehne. Hoppe, Teilhabe, S. 244.
[81] PRO, PREM 13/220, Record of Conversation, 08. 03. 1965. Erhard spricht allerdings nicht von einer völligen Aufgabe. Hoppe belegt, daß die Bundesregierung im Vorfeld des Wilson-Besuchs
deutlich machte, daß die MLF-Diskussion nach den Wahlen wieder aufgenommen werden sollte.
Hoppe, Teilhabe, S. 248. Auf britischer Seite war man bemüht, das plötzliche deutsche Desinteresse hervorzuheben. Verteidigungsminister Healey übertreibt, wenn er schreibt, „Germany now saw
it as an obstacle to better relations both with France and Russia." Healey, Time, S. 304.
[82] Siehe hierzu: Küntzel, Bonn, S. 92–95. Küntzel beschreibt den Machtkampf zwischen Gaullisten
und Atlantikern ausführlich. Vor diesem Hintergrund ist auch Außenminister Schröders „Inter-
view-Bombe" (Küntzel, S. 85) zu sehen. Schröder erklärte gegenüber der Sunday Times, daß die
Gründung einer MLF Voraussetzung für die Unterzeichnung eines NPT sei. Küntzel bewertet
diese Aussage Schröders als „kalkulierte Provokation" gegenüber den Verbündeten. Küntzel,
Bonn, S. 87. Sie war jedoch mit Sicherheit in gleichem Maße ein innenpolitischer Befreiungsschlag,
um die Vorwürfe im rechtsaußen zu entkräften, Schröder sei bereit, jegliche nukleare Option
ohne Gegenleistung aufzugeben. Schröder war gezwungen, gegenüber den Verbündeten kräftigere
Töne anzuschlagen, um seine Position halten zu können.
[83] LBJL, NSF, Subject File, MLF, box 24, US-Embassy, Paris, to Dept of State: Report of Conversation, 15. 12. 1964.

tatsächlich in weite Ferne gerückt war und positive Signale aus Paris deren Gegner in der deutschen Regierung weiter stärken würden.

Die Positionen zur multilateralen Atomstreitmacht hatten sich damit innerhalb eines Jahres genau ins Gegenteil verkehrt. Die USA und die Bundesrepublik spielten nun auf Zeit, und die britische Regierung drängte auf den Abschluß eines ANF-Vertrages. Verteidigungsminister Healey hätte am liebsten bereits in Washington konkrete Verträge unterzeichnet.[84] Die britische Regierung versuchte im Frühjahr 1965 in intensiven Verhandlungen mit den Regierungen in Bonn und Washington zu einer baldigen Einigung zu kommen. Die Briten wären schließlich sogar bereit gewesen, gemischt-nationale Mannschaften auf den britischen U-Booten als Kompromiß zu akzeptieren. Das Schicksal der multinationalen Atommacht war jedoch besiegelt. Anfang 1965 dachte Sicherheitsberater Bundy in Washington bereits über Alternativen nach.[85] Kurz zuvor hatte Bundy anläßlich des bevorstehenden Besuchs von Premierminister Wilson in Bonn vorgeschlagen, den Regierungen in Bonn und London noch einmal nachdrücklich das anhaltende amerikanische Interesse an der multilateralen Streitmacht zu versichern.[86] Dies entsprach genau der Strategie des „gradual burial", die Bundy Johnson im Dezember für die MLF/ANF vorgeschlagen hatte.[87]

Die multilaterale Streitmacht war in Washington durch eine Illusion am Leben erhalten worden. Die MLF-Pläne entsprangen dem amerikanischen Interesse an Non-Proliferation, an einem geeinten Europa sowie an einem stärkeren Zusammenhalt des Bündnisses. Infolge von Nassau wurde die MLF den Europäern geradezu aufgedrängt, um die möglichen negativen Folgen des Abkommens so gering wie möglich zu halten. Das State Department in Washington hatte die multilaterale Streitmacht jedoch in Europa immer als eine Maßnahme der amerikanischen Regierung präsentiert, um europäischen Wünschen und Bedürfnissen gerecht zu werden.[88] Dieser beschönigenden Darstellung war auch Präsident Kennedy aufgesessen. Er war immer von dem Standpunkt ausgegangen, die MLF würde von den USA ins Leben gerufen werden, sobald die Europäer ein ernsthaftes Interesse bekundeten. Folglich sah Kennedy auch 1963 keine Chance mehr auf eine Verwirklichung der Pläne, da die europäischen Reaktionen verhalten bis ablehnend waren.[89] Johnson, dem bei Amtsantritt jegliche außenpolitische Erfahrung fehlte, förder-

---

[84] LBJL, NSF Country File: UK, box 214, Memo of Conversation, 10. 12. 1964.

[85] LBJL, NSF, Subject File: MLF, box 23, Bundy to Rusk, 04. 03. 1965.

[86] LBJL, NSF, Subject File: MLF, box 23, Memo to the President, 02. 03. 1965.

[87] Das Doppelspiel der amerikanischen Regierung hatte einen weiteren, in Washington nicht kalkulierten Aspekt. Der amerikanische Unterhändler Finletter war mit dem neuen Kurs der Regierung nicht einverstanden und weigerte sich, diesen zur Kenntnis zu nehmen. Die amerikanischen Vertreter bei der MLF-Arbeitsgruppe der NATO in Paris arbeiteten mit ungebrochenem Eifer weiterhin an der Verwirklichung der MLF-Pläne. Dies geht aus einem Schreiben von Sir Shuckburgh, dem britischen Vertreter bei der MLF-Arbeitsgruppe, deutlich hervor. PRO, PREM 13/220, UK-Delegation to NATO to FO, 16. 06. 1965. Finletter behauptete auch gegenüber deutschen Regierungsvertretern noch im November 1965, daß er über die Stimmung in Washington informiert sei und nach wie vor gute Chancen für das Zustandekommen der MLF bestünden. AAPD, 1965, Dok. Nr. 411, Botschafter v. Braun an MD Krapf, 10. 11. 1965.

[88] Siehe zum Beispiel: Schaetzel, Nuclear Problem, S. 8–9. Dean Acheson ging so weit zu behaupten, die USA würden nur helfen, einen Plan der Europäer zu verwirklichen. Acheson, Partnership, S. 28.

[89] So beschrieb Bundy im Dezember 1964 die Haltung Kennedys zur MLF. LBJL, NSF, Country File: UK, box 214, Memo of Conversation, 06. 12. 1964.

te die MLF im Glauben, ein Ziel Kennedys und die Wünsche der Europäer zu erfüllen. Erst in den Vorbesprechungen zum anglo-amerikanischen Gipfel zerplatzte diese Illusion wie eine Seifenblase.

Eine konservative britische Regierung hätte sich unter Umständen nach den Wahlen 1964 die MLF zähneknirschend aufzwingen lassen, falls die Aussicht bestanden hätte, daß eine Flotte ohne britische Beteiligung zustande kommen würde. Die Briten wußten nicht, daß das Interesse in Washington geringer wurde. Die neu gewählte Labour-Führung hatte wohl Hinweise erhalten, daß der Druck aus Washington deutlich nachgelassen hatte. Sie nahm aber im Dezember mit Erstaunen zur Kenntnis, daß sich Johnson offensichtlich weder für die MLF engagieren noch über Varianten, die für Großbritannien akzeptabel waren, verhandeln wollte. Die internationale Staatengemeinschaft, vor allem aber die Deutschen, mußten Anfang 1965 noch eine Weile in dem Glauben gelassen werden, die MLF sei nach wie vor ein Zukunftsprojekt. Die MLF-Diplomatie ist somit vor allem eine Geschichte von (Selbst-)Täuschungen, Mißverständnissen und falschen Wahrnehmungen. Da die MLF 1965 noch nicht aufgegeben werden durfte, torpedierte sie als „Geisterflotte" noch eine Weile die Genfer Verhandlungen um den Nichtverbreitungsvertrag.

V. Die Genfer Verhandlungen über den Atomwaffensperrvertrag 1963–1966

1. Die Position der konservativen Regierung 1963/64

Anfang des Jahres 1963 waren die Genfer Verhandlungen über das Teststopp-Abkommen wieder einmal festgefahren. Auch auf dem Weg zu einem Nichtverbreitungsabkommen war man seit 1957 keinen Schritt weitergekommen, da die sowjetische Delegation in Genf die MLF in dem Maß attackierte, in dem die amerikanischen Planungen infolge von Nassau an Aktualität gewannen. Zur gleichen Zeit ließ der Abschluß des deutsch-französischen Vertrages Befürchtungen über eine deutsch-französische nukleare Kooperation aufkeimen. Die Briten hatten den Fortbestand ihrer Nuklearmacht und deren Unabhängigkeit in Nassau erfolgreich bewahrt. Allerdings hatte de Gaulle mit seinem Veto den britischen EWG-Beitritt verhindert. In dieser Situation konzentrierte sich die britische Regierung nun auf die Nichtverbreitungspolitik und die Forcierung der Verhandlungen in Genf. Nach dem abgelehnten Beitrittsgesuch mußte Großbritannien in Genf keine Rücksicht mehr auf Frankreich und die übrigen Europäer nehmen. Der britische Status als Kernwaffenstaat war langfristig gesichert, und der Aufstieg der Bundesrepublik zur Atommacht sollte nun verhindert werden. Im März 1963 bat Macmillan den amerikanischen Präsidenten Kennedy, eine neue Initiative bei den Teststopp-Verhandlungen zu starten. Macmillan regte an, er und Kennedy sollten in einem gemeinsamen, persönlichen Schreiben an Chruschtschow vorschlagen, das Teststopp-Abkommen mit einem Nichtverbreitungsvertrag zu verbinden, um den nuklearen Ambitionen der Bundesdeutschen auf Dauer einen Riegel vorzuschieben.[1]

Kennedy antwortete ausweichend, er wolle die Probleme einzeln nacheinander lösen. Macmillan war sich in der Folgezeit auch nicht mehr so sicher, ob die Koppelung eine gute Idee sei. Die multilaterale Atomstreitmacht nehme konkrete Formen an und damit bestehe die Gefahr, daß bei einer Verbindung von Nichtverbreitungs- und Teststopp-Vertrag die Sowjetunion aus Protest gegen die MLF gar kein Abkommen unterzeichnen werde, stellte er fest.[2] Damit befand sich der britische Premier in der Zwickmühle: Einerseits hätte er gerne NPT-Verhandlungen forciert, andererseits wollte er das Teststopp-Abkommen nicht gefährden. Die Aussichten besserten sich erst, als Chruschtschow im Juni 1963 trilateralen Verhandlungen in Moskau zustimmte. Damit war in der Teststopp-Frage ein baldiger erfolgreicher Ausgang zu erwarten. Washington und London verständigten sich im Vorfeld darauf, in Moskau auch das Problem der Nichtweiterverbreitung zu erörtern, um die Basis für weitergehende Gespräche über ein zweites Abkommen zu schaffen. Als jedoch der britische Gesandte, Lord Hailsham, bereits am er-

---

[1] PRO, CAB 129/113, Macmillan to Kennedy, 16. 03. 1963. Siehe hierzu auch S. 77.
[2] PRO, PREM 11/4556, Macmillan to Ormsby-Gore, 31. 03. 1963.

sten Tag der Moskauer Gespräche das Thema Nichtverbreitungsvertrag anschnitt, fürchtete sein amerikanischer Kollege Harriman, die Briten würden die USA nötigen, die MLF in Moskau zugunsten eines gleichzeitigen Nichtverbreitungsvertrages fallenzulassen. Harriman weigerte sich von da an kategorisch, während der Teststopp-Verhandlungen nochmals mit der Kreml-Führung über einen Atomwaffensperrvertrag zu sprechen.[3] Außenminister Rusk machte in Gesprächen mit dem britischen Botschafter in Washington umgehend deutlich, daß eine Aufgabe der MLF auf keinen Fall in Frage komme: „Mr. Rusk said he wanted you [Foreign Secretary Home] to know that he was not prepared to pursue a non-dissemination agreement at the expense of the multilateral force. If anyone in London was disposed to use such an agreement to kill the idea of the force the Americans simply would not go along. He felt deeply that the multilateral force was the only way to meet the German problem and that we, the Americans and the Russians had a common interest in bringing it about."[4] Home schrieb Ormsby-Gore zurück, falls Rusk der Sowjetunion gegenüber die MLF-Pläne rechtfertigen wolle, könne er nur für die USA, nicht aber für Großbritannien sprechen. Er hoffe, es gebe immer noch die Möglichkeit, eine andere Lösung als die MLF zu finden. Großbritannien und die USA sollten den Abschluß eines NPT zügig vorantreiben.[5]

In Moskau wurde zwar im August 1963 das Teststopp-Abkommen unterzeichnet, aber der Versuch, in Moskau zwei Abkommen auf einmal zu erzielen, war fehlgeschlagen. Daher drängte die britische Regierung in Washington auch weiterhin auf Verhandlungen über einen NPT. Im Oktober und November fanden im State Department mehrere Gespräche über das weitere gemeinsame Vorgehen statt. Um den britischen Wünschen entgegenzukommen, schlug Außenminister Rusk schließlich vor, zunächst mit dem Kreml über einen „Mini-NPT" zu verhandeln. Dieser Plan sah vor, die Weitergabe von Kernwaffen sowie bestimmter, hochmoderner konventioneller Waffensysteme an Staaten außerhalb der jeweiligen Bündnissysteme zu verbieten. Damit wären die MLF und das Problem Bundesrepublik zunächst ausgeklammert worden. Immerhin hätte ein derartiges Abkommen die weltweite Proliferation nachhaltig eingedämmt. Rüstungswettläufe zwischen blockfreien (und damit keiner Bündnisdisziplin unterworfenen) Staaten, wie sie im Falle Indien und Pakistan drohten, wären damit erheblich erschwert worden. Dieser Vorschlag lief jedoch komplett an den britischen Zielen vorbei. Die britische Nichtverbreitungspolitik zielte auf die Bundesrepublik Deutschland. Die britische Regierung argumentierte, dieses Abkommen stehe im Widerspruch zu den britischen Verpflichtun-

---

[3] PRO, PREM 11/4560, Memo by Lord Hailsham, August 1963, ohne genaues Datum. Harriman hatte Befürchtungen geäußert, sein britischer Kollege werde ihm in den Verhandlungen in den Rücken fallen und auch in bezug auf das Teststopp-Abkommen Bedingungen annehmen, die für Washington nicht akzeptabel wären. Wenn intensive Nichtverbreitungsverhandlungen in Moskau zustande gekommen wären, hätte massiver Druck auf Washington entstehen können, falls Großbritannien in der MLF-Frage konsequente Neutralität gezeigt hätte. Harriman hatte zunächst zugestimmt, „to make non-dissemination the second agenda item". Die Gespräche über einen Nichtverbreitungsvertrag sollten allerdings erst geführt werden, wenn das Teststopp-Abkommen unterzeichnet war. PRO, PREM 11/4559, Hailsham to Macmillan, 19. 07. 1963.
[4] PRO, PREM 11/4560, Ormsby-Gore to Home, 31. 07. 1963. Seaborg berichtet, daß Präsident Kennedy sogar bereit gewesen sei, die MLF fallenzulassen, falls Harriman damit in Moskau die sowjetische Zustimmung zu einem Nichtverbreitungsabkommen erreichen könne. Rusk und Bundy sprachen sich jedoch dagegen aus. Seaborg, Tide, S. 92.
[5] PRO, PREM 11/4560, Home to Ormsby-Gore, 31. 07. 1963.

gen im Rahmen des Commonwealth.[6] Rusks Vorschlag wurde nach der ablehnenden Haltung der Briten nicht weiterverfolgt.

Die Briten hatten während der Gespräche im amerikanischen Außenministerium vorgeschlagen, dem Kreml einen Nichtverbreitungsvertrag mit einer *escape clause* anzubieten. Ein Ausstieg aus dem Vertrag sollte (analog zum Teststopp-Vertrag) möglich sein, wenn ein Staat höchste Sicherheitsinteressen gefährdet sah. Falls sich die Sowjetunion durch eine zukünftige MLF massiv bedroht sehe, könne sie diese Klausel anwenden. Peter Thomas, ein Mitglied der britischen Delegation in Genf, argumentierte gegenüber dem Direktor der amerikanischen Abrüstungsbehörde, Foster, es sei wichtig, so schnell wie möglich zu einem Abkommen zu gelangen – unabhängig davon, wie der Kreml zur MLF stehe und unabhängig davon, ob die Sowjetunion in der Lage sei, den Beitritt Chinas zu garantieren.[7] Foster blieb hinsichtlich der *escape clause* skeptisch. Er befürchtete, die Sowjetunion könne den Westen mit der Rücktrittsklausel erpressen.[8] Trotz der keineswegs zustimmenden Haltung Fosters schlug der britische Außenminister in einem Schreiben an den sowjetischen Außenminister Gromyko umgehend ein Abkommen mit einer Rücktrittsklausel vor.[9] Dieses Schreiben war der Auftakt zu einem intensiven britisch-sowjetischen Briefwechsel Ende 1963 in Sachen Nichtverbreitungsvertrag. Die Hoffnungen der Briten auf ein baldiges Abkommen schwanden mit Jahresende jedoch weiter, da Gromyko die Rücktrittsklausel als Lösung ablehnte und auf einer Aufgabe aller MLF-Pläne bestand. Premierminister Macmillan bat Chruschtschow im Dezember vergeblich, die sowjetische Haltung nochmals zu überdenken. Bundesaußenminister Schröder hatte unterdessen dem sowjetischen Junktim ein deutsches hinzugefügt. Er machte während eines Außenministertreffens im November 1963 in Paris deutlich, daß Bonn einen NPT erst nach der Gründung einer MLF akzeptieren könne. Die bundesdeutsche Forderung lautete: erst die Gründung der MLF, dann die Unterzeichnung eines NPT. Die Sowjetunion verlangte vor der Unterzeichnung eines NPT die endgültige Aufgabe der MLF-Pläne. Damit waren Ende des Jahres 1963 nach dem vielversprechenden Abschluß des Teststopp-Abkommens im August die Hoffnungen auf ein weiteres Abkommen gegen die Weiterverbreitung von Kernwaffen in weite Ferne gerückt.

Der amerikanische Präsident Johnson eröffnete die Genfer Abrüstungskonferenz im Januar 1964 mit einem ganzen Paket an neuen Abrüstungsvorschlägen. Johnson erklärte, dem Teststopp-Abkommen sollten weitere Abrüstungsmaßnahmen folgen, und nannte fünf Bereiche, in denen die amerikanische Regierung eine Übereinkunft für möglich hielt: a) Eine Erklärung der Supermächte, im Falle von territorialen Streitigkeiten auf die Anwendung von Gewalt zu verzichten; b) Die Begrenzung des Rüstungswettlaufs durch ein „Einfrieren" *(freeze)* der Anzahl der Trägersysteme für strategische Kernwaffen;[10] c) Einen Produktionsstopp von spaltbarem Material *(cut-off);* d) Eine Reduzierung der Kriegsgefahr durch die Errichtung von Kontrollposten; e) Ein Abkommen, in dem sich die Kern-

---

[6] PRO, FO 371/171116, Records of Conversation, 22. 10. 1963 und 07. 11. 1963.

[7] PRO, FO 371/171116, Record of Conversation between Mr. Thomas and Mr. Foster, 07. 11. 1963.

[8] Ebenda.

[9] PRO, PREM 11/4227, Butler to Gromyko, 12. 11. 1963.

[10] Die Idee eines *freeze* blieb bis in die achtziger Jahre ein Dauerthema in den internationalen Abrüstungsverhandlungen. Zur Geschichte des *freeze* siehe: Cole, Nuclear Freeze, Garfinkle, Politics sowie Fröhlich, Freeze Campaign.

waffenstaaten verpflichteten, keine Kernwaffen an Nichtkernwaffenstaaten weiterzugeben, sowie ein umfassendes Teststopp-Abkommen unter internationaler Überwachung.

Der britische Vertreter in Genf sah sich gezwungen, die Initiative Johnsons zunächst
öffentlich zu begrüßen, obwohl man in London mit den Vorschlägen des amerikanischen
Präsidenten keineswegs einverstanden war. Gegen eine Gewaltverzichtserklärung und
die Errichtung von Kontrollposten hatten die Briten keine Einwände. In einem Memorandum des Foreign Office kamen jedoch schwere Bedenken gegen einen *freeze* zum
Ausdruck.[11] Die Briten fürchteten, daß die Lieferung des *Polaris*-Systems einem derartigen Abkommen zum Opfer fallen könne. Ein „Einfrieren" bestimmter Kernwaffensysteme wurde als Brdrohung der britischen Atommacht betrachtet, da dieses Abkommen
nicht nur die Potentiale der Supermächte umfassen sollte. Im Falle eines *cut-off* sah man
in London die Uranversorgung gefährdet. Die Briten bezogen aus den USA waffenfähiges Uran im Austausch gegen Plutonium. Daher wären sie auch von einem bilateralen
cut-off betroffen gewesen. Sogar das Nichtverbreitungsabkommen fand kein Gefallen in
London. Die Formulierung Johnsons sah nur eine Verpflichtung der Kernwaffenstaaten
vor, keine Kernwaffen weiterzugeben. Die Hilfe bei der Entwicklung war jedoch nicht
ausdrücklich verboten. Die Nichtkernwaffenstaaten mußten auch nicht explizit auf die
selbständige Entwickung von Kernwaffen verzichten. Dies war den Briten zu wenig. Ihnen kam es vor allem darauf an, daß die Nichtkernwaffenstaaten auf den Erwerb und die
Entwicklung von Kernwaffen verzichteten.

Die Aufregung in London war ebenso groß wie unbegründet. Die amerikanische Regierung hatte den Briten umgehend zusätzliche Informationen über den geplanten *freeze*
zukommen lassen. Daraus ging hervor, daß die britischen Interessen in jedem Fall gewahrt bleiben würden und das Abkommen von Nassau keinesfalls gefährdet wäre.
Über die Einzelheiten war sich die amerikanische Regierung selbst noch nicht im klaren.
Der Vorschlag zielte wohl vor allem auf eine Begrenzung der Anzahl der Raketenbasen
und ein Verbot der Stationierung antiballistischer Raketensysteme.[12] Aus der amerikanischen Konzeption war aber sofort ersichtlich, daß der Kreml diesen Vorschlag umgehend
zurückweisen würde, da die Pläne eine internationale Überwachung des *freeze* vorsahen.
Die in Europa stationierten amerikanischen Waffen sowie die nuklearen Systeme einer
zukünftigen MLF sollten von dem Abkommen ausgenommen sein. Trotzdem machte
die britische Regierung ihrer Verärgerung über die amerikanische Initiative Luft und monierte, vor der Rede Johnsons nicht ausreichend konsultiert worden zu sein.[13] Im April
präsentierte der amerikanische Delegierte in Genf, Fisher, einen detaillierten Entwurf,
der prompt von Außenminister Gromyko mit dem Hinweis auf die nationalen Sicherheitsinteressen der Sowjetunion abgelehnt wurde. Die USA waren indes nicht bereit,
die Idee umgehend zu begraben. Die amerikanischen Vertreter in Genf erklärten, sie sähen in einem *freeze* weiterhin eine erstrebenswerte Abrüstungsmaßnahme.

---

[11] PRO, FO 371/176350, President Johnson's Message to the Geneva Disarmament Conference,
Memo by A. Pemberton-Pigott (FO), 24. 01. 1964.

[12] Dies geht aus dem oben zitierten Memorandum von Mr. Pemberton-Pigott aus dem FO hervor.
Er bezieht sich auf die „background information", die die USA den Briten zukommen ließen.
Johnsons Rede war in diesem Punkt sehr allgemein gehalten. PRO, FO 371/176350, President
Johnson's Message, Memo by A. Pemberton-Pigott (FO), 24. 01. 1964.

[13] LBJL, NSF, Country File: UK, box 213, Memo of Conversation between Mr. de Palma (ACDA)
and Mr. Wilkinson (First Secretary, Brit. Embassy, Washington), 10. 02. 1964.

Die Idee, einen Produktionsstopp für spaltbares Material zu erlassen und eine größere Menge der bestehenden Vorräte für friedliche Nutzung zur Verfügung zu stellen, war seit *Atoms-for-Peace* ein Dauerthema in den internationalen Abrüstungsverhandlungen. Die USA hatten Mitte 1963 verschiedene Varianten eines *cut-off* erwogen und dem Kreml vorgeschlagen, gemeinsam mit den USA Uran-235 für die friedliche Nutzung bereitzustellen, was von der Sowjetunion im August 1963 abgelehnt worden war. Johnson griff den Plan nun nochmals auf. Die Verteidigungsexperten in Washington überlegten auch, den *cut-off* mit einem *freeze* zu koppeln.[14] Die Reaktionen aus Moskau waren zunächst sehr reserviert, aber der Produktionsstopp für spaltbares Material sollte ein Tagesordnungspunkt in den internationalen Abrüstungsverhandlungen bleiben. Obwohl das Foreign Office damit rechnete, daß die Kreml-Führung einen Produktionsstopp in absehbarer Zeit nicht akzeptieren werde, waren die Bedenken in London ausgeprägt.[15] Großbritannien bezog über das sogenannte *Barter-Agreement* seit 1959 Uran-235 aus den USA und hatte 1963 aufgehört, Uran für militärische Zwecke zu produzieren. Das Abkommen lief über zehn Jahre – bis 1969 –, und die USA erhielten im Austausch Plutonium aus Großbritannien. Im Falle eines *cut-off* vor 1969 hätte Großbritannien jedoch kein Plutonium mehr produzieren und an die USA liefern können. Die USA waren zwar nicht auf das britische Plutonium angewiesen, aber die Briten auf amerikanisches Uran. Die USA hätten zwar Uran aus bestehenden Vorräten an Großbritannien liefern können, aber das Abkommen hätte neu verhandelt werden müssen. Zudem benötigten die Briten auch weiterhin in Großbritannien produziertes Plutonium.[16] Aus diesen Gründen war die britische Regierung über die Aussicht auf einen Produktionsstopp nicht begeistert, vor allem da die USA und die Sowjetunion bereit schienen, wenigstens ein *cut-back* der Produktion von spaltbarem Material anzukündigen. Daher bat Home den amerikanischen Präsidenten, die Uranversorgung Großbritanniens sicherzustellen. Home schlug Johnson vor, die USA sollten Uran für die nächsten fünf Jahre im voraus an Großbritannien liefern. Die Briten würden ihrerseits den USA sofort die entsprechende Menge Plutonium zur Verfügung stellen. Zudem sollten Experten beider Länder über die möglichen Konsequenzen eines *cut-off* beraten.[17]

Der sowjetische Delegationsleiter in Genf, Zarapkin, hatte die Abrüstungsinitiative Johnsons mit dem Vorschlag beantwortet, alle Nationen sollten sich gemeinsam dazu bereit erklären, sämtliche Bomber zu zerstören. Der als *bonfire of bombers* bezeichnete Plan wurde von den USA aufgegriffen, aber die USA wollten nur Bomber verschrotten, die in absehbarer Zukunft veralten würden. Außerdem sollte sich ein *bonfire* auf die Supermächte beschränken, da die nationale Verteidigung vieler kleinerer Nationen haupsächlich auf Bomberstaffeln beruhte. Zarapkin erkärte daraufhin, alle größeren Mächte sollten ihre Bomber verschrotten. Im Verteidigungsministerium in London begann man, um die britische Luftwaffe zu fürchten. Über die Frage, ob Großbritannien ein *bonfire of bombers* beziehungsweise ein kombiniertes Abrüstungsabkommen begrü-

---

[14] Seaborg, Tide, S. 399.

[15] PRO/FO 371/176350, Memo on President Johnson's message, 24. 01. 1964.

[16] Der Vorrat an Plutonium und waffenfähigem Uran, den die Briten bis 1969 zu schaffen planten, wurde in der militärischen Planung für bis in die achtziger Jahre als ausreichend erachtet.

[17] PRO, PREM 11/5199, Home to Johnson, 17. 03. 1964. Johnson und Chruschtschow kündigten im April 1964 *cut-backs* an.

ßen sollte, entwickelte sich ein Streit zwischen dem britischen Außen- und dem Verteidigungsministerium.

Das Verteidigungsministerium war absolut gegen den Vorschlag. Auch wenn die *V*-Bomber in einigen Jahren veraltet sein würden, basiere die britische nukleare Abschreckung bis zur Lieferung der *Polaris*-U-Boote auf dieser Luftflotte. Auch nach dem Übergang zu einer seegestützten nuklearen Abschreckung wollte man die Bomber nicht aufgeben, die dann in der konventionellen Verteidigung eingesetzt werden sollten. Im Foreign Office war man anderer Ansicht. Außenminister Butler argumentierte, als Großmacht in den internationalen Verhandlungen könne Großbritannien schon aus Prestigegründen eine Beteiligung nicht ablehnen. Eine Nichtbeteiligung stelle zudem die gesamte Abrüstungspolitik der britischen Regierung in Frage.[18] Butler sprach sich dafür aus, bereits veraltete Bomber einzubringen, die zum Verkauf bestimmt waren. Aber auch damit war das Verteidigungsministerium nicht einverstanden. Bereits veraltete oder ausgemusterte Flugzeuge brächten im Verkauf an andere Staaten beträchtliche Einnahmen, auf die man nur sehr ungern verzichten wolle.[19] Mitarbeiter des Foreign Offfice schlugen in bilateralen Gesprächen mit den amerikanischen Kollegen eine Mischung aus *bonfire* und einem *freeze* vor, bei der die britischen Bombertypen ausgenommen gewesen wären.[20] Überdies sollte sich dieses Abkommen ohnehin nur auf die beiden Supermächte beschränken. Das britische Verteidigungsministerium war jedoch noch nicht einmal bereit, diesen Alternativvorschlag mitzutragen. Innerhalb der britischen Regierung war es daher nicht möglich, einen Konsens in der Abrüstungspolitik zu finden. Da die amerikanische Reaktion auf den Vorschlag des Foreign Office sehr verhalten war, vertieften sich jedoch die Gräben nicht weiter. Die britische Variante hatte weder aus Sicht der USA noch aus sowjetischer Perspektive Vorteile.

Die Meinungsverschiedenheiten zwischen den beiden britischen Ministerien gingen jedoch nicht auf absolut gegensätzliche Interessen zurück. Im Foreign Office setzte niemand nationale Sicherheit und Erhaltung der unabhängigen Abschreckung für Erfolge in den Abrüstungsverhandlungen aufs Spiel. Auch im Foreign Office waren die Vorschläge Johnsons zum Jahresanfang äußerst kritisch betrachtet worden. Das Verteidigungsministerium witterte Gefahren für die nationale Sicherheit, wo keine bestanden, und war völlig auf die Erhaltung der unabhängigen Abschreckung fixiert. Für Flexibilität in der Abrüstungspolitik war dabei kein Platz. Im Außenministerium versuchte man, verteidigungspolitische Notwendigkeiten und Abrüstung unter einen Hut zu bringen. Nationalen Sicherheitsinteressen sollte ebenso Rechnung getragen werden wie dem Anspruch, eine führende Rolle in der internationalen Politik zu spielen. Die konservative Regierung drängte seit Jahren auf Fortschritte in der Nichtverbreitung und konnte es sich nicht leisten, nun in den Abrüstungsgesprächen als Bremser aufzutreten, ohne erheblich an Ansehen zu verlieren.

Im Hinblick auf die Bemühungen um einen Nichtverbreitungsvertrag hatten die amerikanischen Vertreter in Genf im Anschluß an die Rede Johnsons weitere Vorschläge erwogen, um eine schrittweise Eindämmung von Proliferation zu erreichen. Im Gespräch war eine Erklärung der Nichtkernwaffenstaaten, auf den Erwerb von Kernwaffen zu ver-

---

[18] PRO, DEFE 11/480, Foreign Secretary to Secretary of Defence, 29. 06. 1964.
[19] PRO, DEFE 11/480, Note by Mr. Mackintosh (MOD), 16. 06. 1964.
[20] PRO, FO 371/176417, FO-Memo: Proposed Package Agreement of May 1964, 18. 11. 1964.

zichten. Diese Erklärung war als erster Schritt zu einem umfassenden Nichtverbreitungsvertrag gedacht und sollte die sowjetischen Bedenken gegen die MLF zerstreuen. Während Italien und Kanada Vorbehalte äußerten, unterstützten die Briten diesen Vorschlag nachdrücklich. Das Foreign Office vergaß nicht, die Kollegen im State Department eindringlich darauf hinzuweisen, daß die bundesdeutsche Unterschrift von zentraler Bedeutung sei.[21] Die Haltung in Bonn war allerdings so negativ, daß die amerikanische Regierung den Plan bereits nach ersten Sondierungen verwarf.[22] Staatssekretär Carstens ließ wissen, Außenminister Schröder habe bereits deutlich gemacht, daß eine deutsche Verzichtserklärung erst nach der Unterzeichnung eines MLF-Abkommens erfolgen könne. Zugleich erklärte die Bundesregierung, daß sie von einer Rücktrittsklausel nichts halte. Sie würde vom Kreml nur dazu benützt werden, die Gründung einer MLF zu vereiteln. In dieser Frage erhielt Bonn Unterstützung aus Washington. Großbritannien war trotz der erfolglosen Bemühungen, die Sowjetunion für die Rücktrittsklausel zu gewinnen, nicht bereit gewesen, diesen Vorschlag aufzugeben. Daraufhin erklärte Präsident Johnson Premierminister Home bei dessen Besuch im Februar, daß die USA den britischen Vorschlag ablehnten und einen NPT mit einer *escape clause* nicht mittragen könnten.[23]

Der amerikanische Außenminister Rusk plante unterdessen, die französische Regierung als Vermittler in den Nichtverbreitungs-Verhandlungen mit der Sowjetunion zu gewinnen. Frankreich war zwar offizielles Mitglied der Achtzehn-Mächte-Abrüstungskonferenz, hatte aber an den Verhandlungen über den Teststopp-Vertrag nicht teilgenommen und blieb auch den Verhandlungen über den Nichtverbreitungsvertrag fern. Trotzdem betrachtete Rusk die französische Regierung als geeignet, die Kreml-Führung für einen Nichtverbreitungsvertrag zu gewinnen, da die ablehnende Haltung Frankreichs gegenüber der MLF, so Rusk, hinlänglich bekannt sei. Deshalb solle die französische Regierung in Moskau konkret für den baldigen Abschluß eines NPT werben.[24] Der britische Botschafter in Paris, Sir Dixon, war von der Argumentation Rusks wenig überzeugt. Er ging davon aus, daß Frankreich den Aufstieg Chinas zur Atommacht nicht blockieren wollte, um so die Hegemonie der Supermächte ins Wanken zu bringen und die chinesische Neutralität gegenüber den französischen Atomtests im Pazifik zu sichern. Frankreich, so Dixon, werde wohl einen NPT erst unterstützen, wenn China Atommacht geworden und in die Vereinten Nationen aufgenommen worden sei.[25] Trotzdem fragte Di-

---

[21] PRO, FO 371/176383, FO to Brit.-Del., Geneva, 12. 02. 1964.

[22] PRO, FO 371/176383, Lord Harlech to FO, 11. 03. 1964.

[23] LBJL, NSF, Country File: UK, box 212, Visit of Prime Minister Douglas-Home, Talking Points Paper, 06. 02. 1964. Freeman behauptet dagegen, Großbritannien und die USA hätten gemeinsam der Sowjetunion eine *escape clause* angeboten: „Britain and America were understood to have offered informally an escape clause to the Russians which would enable them to withdraw from any agreement not to disseminate nuclear weapons should the proposed multilateral North Atlantic nuclear force run counter to it." Freeman, Arms Control, S. 198.

[24] PRO, FO 371/176383, FO-Memo: A Possible Approach to the French, 02. 03. 1964.

[25] PRO, FO 371/176383, Dixon to FO, 27. 02. 1964. Diese Einschätzung wird durch die Aufnahme diplomatischer Beziehungen zwischen Frankreich und China am 27. 01. 1964 bestätigt. Die Stellungnahme von Außenminister Couve de Murville zum ersten chinesischen Atomtest enthielt keine Verurteilung des chinesischen Handelns, noch nicht einmal kritische Untertöne. Er sah den chinesischen Test vielmehr als eine absehbare und logische Entwicklung. Allerdings forderte Couve keine Nichtverbreitungsmaßnahmen als Reaktion auf den Aufstieg Chinas zur Atommacht, sondern umfangreiche nukleare Abrüstung und schließlich ein Verbot von Kernwaffen.

xon schließlich den französischen Außenminister Couve de Murville, ob die französische Regierung bereit sei, stellvertretend für Großbritannien und die USA in Moskau für einen NPT zu werben. Couve wollte sich jedoch nicht festlegen.[26] Dixon und das Foreign Office waren sich bald einig, daß es sinnlos war, diese Angelegenheit weiter zu verfolgen.[27] Außenminister Rusk sah dagegen nicht, daß eine Unterstützung des NPT de Gaulles Zielen genau entgegenlief. De Gaulle versuchte gerade, die Bundesregierung von einer MLF abzubringen, und hätte sich mit einer Unterstützung des Nichtverbreitungsvertrages in der Bundesrepublik Deutschland alle Sympathien verscherzt. Weder Frankreich noch eine andere Atommacht hatten die Absicht, Kernwaffen an die Bundesrepublik weiterzugeben, deshalb bestand aus französischer Sicht für einen NPT keine zwingende Notwendigkeit. Je länger das sowjetische Junktim zwischen NPT und MLF bestand, desto unwahrscheinlicher wurde ein Zustandekommen der NATO-Streitmacht.

Sir Dixon schlug seiner Regierung daraufhin eine andere Taktik gegenüber Frankreich vor. Die französische Regierung könne nicht dazu gebracht werden, in Moskau für den NV-Vertrag zu werben, aber sie könne dazu gezwungen werden, in der Nichtverbreitungspolitik in Zukunft eine positivere Haltung an den Tag zu legen. Während eines Gipfeltreffens in Manila im April 1964 habe sich Couve de Murville grundsätzlich damit einverstanden erklärt, daß die Außenminister Großbritanniens, Frankreichs und der Vereinigten Staaten das Thema Nichtverbreitung im Rahmen der nächsten NATO-Ministertagung nochmals erörtern sollten. Dixon sah vor, daß während dieser Ministertagung die drei Außenminister eine offizielle Erklärung abgeben sollten, wonach sie sich dem Ziel der Nichtverbreitung von Kernwaffen verpflichtet fühlten. Diese allgemeine Erklärung sollte keine Verpflichtungen beinhalten, wohl aber die Aussage, daß sie in Zukunft eine enge Zusammenarbeit anstrebten, um Weiterverbreitung von Kernwaffen zu verhindern. Eine französische Beteiligung sei nicht unwahrscheinlich, da es sich nur um eine Absichtserklärung handle, und bei einer Weigerung in der Öffentlichkeit der Eindruck entstehe, Frankreich sei gegen Nichtverbreitung. Die Erklärung solle gezielt in der Öffentlichkeit hochgespielt werden, um Frankreich auf Dauer zu verpflichten.[28] Die britische Strategie, de Gaulle in Sachen Nonproliferation in die Pflicht zu nehmen, scheiterte ebenso wie die amerikanische Variante. Die französische Regierung bezeichnete die Erklärung als überflüssig. Sie sei zudem direkt gegen China gerichtet und treibe Peking nur weiter in die Opposition. Die Hoffnungen des britischen Botschafters, bei entsprechendem Druck auf Paris werde die französische Regierung doch noch einlenken, erfüllten sich nicht.

Die britische Regierung versuchte in der folgenden Zeit möglichst gut die Aufgabe zu erfüllen, die US-Außenminister Rusk für Frankreich vorgesehen hatte. Die Briten war-

---

EA 19 (1964) 24, S. D 608–610, Rede des französischen Außenministers Couve de Murville vor der Nationalversammlung, 03. 11. 1964.

[26] PRO, FO 371/176383, Dixon to FO, 07. 03. 1964.

[27] PRO, FO 371/176383, FO to Dixon, 13. 03. 1964 und Dixon to FO, 17. 03. 1964. Die Briten waren überzeugt, daß sich de Gaulle gegenüber Moskau keinesfalls für ein Anliegen der ‚Angelsachsen' stark machen würde und auch deshalb den NPT nicht aktiv unterstützen wollte, da dieser den Interessen Chinas zuwiderlief.

[28] PRO, FO 371/176384, Dixon to FO, 22. 04. 1964. In der Einschätzung, de Gaulle wolle sich die Option für eine chinesisch-französische Kooperation sichern, geht Dixon vermutlich zu weit. Der General betrachtete das chinesische Atomprogramm sicherlich mit wohlwollender Neutralität, aber es lassen sich keine Hinweise für Pläne für eine chinesisch-französische Kooperation finden.

ben bei der Kreml-Führung nachdrücklich für einen Nichtverbreitungsvertrag. Obwohl die Briten nicht weniger als die Kreml-Führung fürchteten, die Deutschen könnten über die MLF auf lange Sicht Kontrolle über Kernwaffen erhalten, waren sie gezwungen, die MLF als geeignetste Maßnahme zu preisen, um „einen deutschen Finger am Abzug" zu verhindern.[29] Außenminister Butler argumentierte im Juli 1964 in Moskau, daß die Sowjetunion einen NPT vor der Gründung einer MLF anstreben solle. In diesem Fall müsse eine zukünftige MLF den Bedingungen eines NPT entsprechen. Butler versicherte auch, daß das britische Veto in einer MLF von Dauer sein werde. Die Bemühungen der Briten waren aber sowohl in Moskau als auch in Genf vergeblich. Der Kreml war nicht bereit, das Junktim zwischen einer Aufgabe der MLF und dem Abschluß eines NPT fallenzulassen.

Als im Oktober 1964 in Großbritannien die Wahlen vor der Tür standen, mußte die Regierung Macmillan die Genfer Verhandlungen seit dem Abschluß des Teststopp-Abkommens im August 1963 als Serie von Mißerfolgen verbuchen. In bezug auf die jüngsten amerikanischen und sowjetischen Abrüstungsinitiativen war die Regierung gespalten und in erster Linie auf die Erhaltung der nationalen Potentiale fixiert. Sie konnte nicht wie in den Teststopp-Verhandlungen als treibende Kraft mit neuen Initiativen zwischen den Supermächten vermitteln. In den Verhandlungen um einen NV-Vertrag war man seit dem Abschluß des Teststopp-Vertrags keinen Schritt weitergekommen. Die USA akzeptierten keinen NPT, der eine Rücktrittsklausel enthielt. Eine einseitige Verzichtserklärung der Nichtkernwaffenstaaten war nicht durchsetzbar. Die amerikanische Regierung war nicht bereit, die MLF aufzugeben. Außenminister Rusk betonte zudem, daß eine Beteiligung Chinas Voraussetzung für ein Abkommen sei. Die Briten hielten diese Bedingung für unrealistisch und wiesen vergeblich darauf hin, daß auch ein Abkommen ohne chinesische Unterschrift sehr wertvoll sei.[30] Die amerikanische Politik gegenüber Frankreich war ebenso verfehlt. De Gaulle mit seiner Abneigung gegen den Bilateralismus der Angelsachsen würde niemals eine anglo-amerikanische Idee in Moskau verkaufen. In Großbritannien sah man die französische Position realistischer. Dennoch war auch der britische Versuch aussichtslos, Paris mit einer List auf die anglo-amerikanische Linie zu bringen. Gegenüber der Sowjetunion warb die britische Regierung vergeblich für die Akzeptanz der MLF, die in London nicht weniger verhaßt war als in Moskau.

2. Die Politik der Labour-Regierung in den Genfer Verhandlungen

Die Labour-Mannschaft um Harold Wilson hatte bereits vor den für sie erfolgreichen Wahlen deutlich gemacht, daß eines ihrer Hauptziele der Abschluß eines Nichtverbreitungsvertrages sein werde. Wilson war als Oppositionsführer im Juni nach Moskau gereist, um die abrüstungspolitische Zielsetzung einer Labour-Regierung zu erläutern. Er

---

[29] Memo of Conversation between Mr. Zorin and Mr. Thomas (UK-Del., Geneva), 10. 06. 1964.
[30] „It should be noted that on the question of China, Mr. Rusk has usually taken the line with us that Congress would not ratify an agreement to which the Chinese Communists did not adhere. We consider this unfortunate. We know the Chinese will not adhere, but we consider that an agreement without China could still be of the greatest value." PRO, FO 371/176384, FO-Memo: Tripartite Meeting in Manila, 13. 04. 1964.

mußte ebenso wie der konservative Außenminister Butler der mißtrauischen Kreml-Spitze versichern, daß die MLF keinen „deutschen Finger am Abzug" zur Folge haben würde. Er schlug nicht nur den baldigen Abschluß eines NPT vor, sondern auch noch eine zusätzliche Klausel, nach der es Staatsbürgern der Atommächte verboten sein sollte, Nichtkernwaffenstaaten bei der Entwicklung von Kernwaffen zu helfen. Wilson bezeichnete auch eine Einigung über *bonfire* und *freeze* als wünschenswert.[31] Lord Chalfont, frischgebackener Abrüstungsminister der Labour-Regierung,[32] erklärte im Dezember 1964, Großbritannien werde nun zum Zugpferd in den Abrüstungsverhandlungen: „We in this country have an important and specific role to play: we have our own ideas for initiatives designed to break the stalemate that has frozen serious disarmament negotiations for the last year or so."[33] Die Labour-Partei beschuldigte die scheidende Regierung, die Abrüstungspolitik vernachlässigt zu haben, und kündigte eine Fülle neuer Initiativen an. Wenig später klangen die Töne der neuen Regierung schon bald sehr viel verhaltener. Ein Memorandum über die *freeze*-Pläne Johnsons sah vor, nochmals eine Bestätigung zu fordern, daß das Abkommen von Nassau nicht gefährdet sei. Die Lieferung der *Polaris*-Raketen werde erst im Juli 1969 abgeschlossen sein. Falls vorher ein Abkommen in Reichweite rücke, müßten die USA die Raketen früher liefern. Die Labour-Regierung werde keinesfalls auf einen Teil der Raketen verzichten. Außerdem forderten die Briten, den *freeze*-Vorschlag der USA so abzuändern, daß die britischen *TSR-2* Bomber nicht darunterfielen.[34] Die neue Regierung wollte den *cut-off* nicht international unterstützen, bevor die britische Uran- und Plutoniumversorgung sichergestellt war. Der konservative Premier Home hatte um eine vorzeitige Lieferung der bis 1969 vorgesehenen Uranmenge gebeten. Dies hatte die amerikanische Regierung mit dem Hinweis abgelehnt, ein *cut-off* sei nicht aktuell. Nun wollte die neue Regierung noch einmal eine Anfrage starten, ob Großbritannien zusätzliche Mengen Uran kaufen könne und ob außerdem im Falle eines *cut-off* die gesamte, bis 1969 zur Lieferung vorgesehene Menge vor dem Inkrafttreten des Produktionsstopps geliefert werden könne. Damit wäre nicht nur die Uranversorgung sichergestellt, sondern auch noch ein kleiner Vorrat gebildet worden. Falls die amerikanische Regierung nicht einverstanden sei, müsse Großbritannien schlimmstenfalls die Uranproduktion für militärische Zwecke wieder aufnehmen und weiterhin Plutonium produzieren (anstatt, wie geplant, 1969 die Plutoniumproduktion einzustellen).[35]

Für die Labour-Regierung stand die Sicherung der unabhängigen britischen Abschreckung ebenso an erster Stelle wie für die konservativen Vorgänger. Von einer vorbehaltlosen Unterstützung eines *bonfire* und *freeze*, wie Wilson dies in Moskau angekündigt hatte, war keine Rede mehr. Die Labour-Führung schien jedoch ein wenig mehr Flexibilität zu zeigen. Während der Besprechung über den Kurs in der Abrüstungspolitik vom Februar 1965 wurde immerhin beschlossen, Studien über Möglichkeiten zur Aufrechterhaltung eines *minimum deterrent* erarbeiten zu lassen. Diese Idee sah vor, daß langfristig nur die kleinstmögliche Anzahl an Kernwaffen erhalten bleiben sollte, die

[31] PRO, PREM 11/4894, Memo of Conversation, 10. 06. 1964.

[32] Chalfont war als Staatsminster für Abrüstung dem Foreign Office unterstellt.

[33] HL Debs., Vol. 262, c. 575, 17. 12. 1964.

[34] PRO, FO 371/176417, President Johnson's Offer to Freeze Stocks of Certain Nuclear Delivery Vehicles: UK Position, 17. 11. 1964.

[35] PRO, FO 371/176417, Memo by the Foreign Office: The Cut-off of Production of Fissile Material for Weapons Purposes, November 1964, ohne genaues Datum.

zur glaubwürdigen Aufrechterhaltung der Abschreckungsbalance zwischen Ost und West nötig war.[36]

In bezug auf den Nichtverbreitungsvertrag war die Zielrichtung klar: „Our basic policy must be to continue to press for a non-dissemination agreement and to argue that there is no necessary incompatibility between it and a reorganisation of nuclear responsibilities in NATO."[37] In diesem Punkt war somit eine absolute Kontinuität der britischen Politik gewährleistet. Da die Chancen für ein globales Abkommen nicht gut standen, schien es nun wichtig, kleinere Dämme gegen Proliferation zu errichten. Die Labour-Regierung hatte dabei offensichtlich zwei Möglichkeiten im Visier: Das Abkommen über die Gründung einer multilateralen NATO-Atomstreitmacht sollte eine nukleare Verzichtserklärung der Nichtkernwaffenstaaten enthalten. Diese Strategie wurde mit der britischen ANF-Konzeption verfolgt. Parallel dazu sollte die britische Delegation in Genf darauf hinarbeiten, eine Mehrheit der Nichtkernwaffenstaaten für eine freiwillige Verzichtserklärung auf den Erwerb von Kernwaffen zu gewinnen.[38] Um einem globalen Abkommen näher zu kommen, war Druck auf Washington notwendig. Die Sowjetunion solle eine offizielle Garantie erhalten, daß das amerikanische Veto über die MLF von Dauer sein werde. Ferner müßten die USA ihre starre Haltung hinsichtlich einer Beteiligung Chinas aufgeben.[39] In diesem Punkt war die amerikanische Regierung ohnehin gezwungen, ihre Position zu überdenken, da der erste chinesische Atombombentest im Oktober 1964 eine Beteiligung Chinas als Nichtkernwaffenstaat hinfällig gemacht hatte. In Großbritannien wirkte sich der chinesische Test nicht nachhaltig auf die Nichtverbreitungspolitik aus. Die britische Regierung hatte eine Beteiligung Chinas für unwahrscheinlich gehalten und mit dem chinesischen Test gerechnet. Es bestand zwar eine gewisse Gefahr, daß die Regierung in Peking Kernwaffen an befreundete Staaten weitergeben könnte, aber dies betraf nicht die Situation in Europa, an der Großbritannien unmittelbares Interesse hatte.

Im Drängen auf einen Nichtverbreitungsvertrag hatten die Briten im Laufe der letzten beiden Jahre einen Verbündeten innerhalb der amerikanischen Regierung bekommen. Die *Arms Control and Disarmament Agency* (ACDA) argumentierte seit Beginn 1963 verhalten aber stetig dafür, die Chancen für den Abschluß eines Nichtverbreitungsvertrages mit der Sowjetunion zu verbessern und die Außenpolitik entsprechend zu modifizieren. Die ACDA war aus einer kleinen Abteilung für Abrüstungsfragen innerhalb des State Departments entstanden.[40] Im September 1961 hatte der Kongreß die Gründung einer vom State Department unabhängigen Abrüstungsbehörde genehmigt. ACDA-Direktor Foster protestierte im April 1964 vergeblich dagegen, daß Präsident Johnson den MLF-Befürwortern im State Department freie Hand ließ. Der stellvertretende Direktor Fisher entwarf daraufhin eine „Kompromißstrategie", um den widerstreitenden Interessen gerecht zu werden. Er ging davon aus, daß die nuklearen Ambitionen der Deutschen

---

[36] PRO, FO 371/181366, Record of Meeting on Disarmament, 12. 02. 1965.

[37] PRO, FO 371/176417, Talking Points on Non-Dissemination, 18. 11. 1964.

[38] PRO, PREM 13/652, Foreign Secretary to Prime Minister, 19. 11. 1964. Dieser Vorschlag stammte von Außenminister Stewart. Premierminister Wilson gab seine Zustimmung: „Prime Minister agrees with outline." PRO, PREM 13/652, Note by Sir O. Wright (Private Secretary to PM), 21. 11. 1964.

[39] PRO, FO 371/176417, FO-Memo on Non-Dissemination, 17. 11. 1964.

[40] Zur Entstehung der ACDA siehe: Bunn, Arms Control, S. 29–30.

durch die MLF nur so lange gezügelt werden könnten, als kein weiterer Staat ein nationales Atompotential entwickelte. Sobald aber Indien, Israel und einige andere Länder unabhängige Atommächte würden, werde sich auch die Bundesrepublik nicht mehr mit
dem nuklearen Minderstatus in der MLF zufriedengeben. Deshalb sei es wichtig, die
MLF so schnell wie möglich unter Dach und Fach zu bringen und zugleich die nichtnuklearen Mitgliedstaaten dazu zu verpflichten, auf den Erwerb eines nationalen Potentials
zu verzichten. Gegenüber der Sowjetführung sollten die USA höchstes Interesse am baldigen Abschluß eines NPT verstärkt zum Ausdruck bringen und nicht mehr auf einer
chinesischen Beteiligung bestehen.[41] Die ACDA befürchtete angesichts des sowjetischen
Junktims und der europäischen Opposition gegen die MLF, daß die amerikanische Regierung schließlich weder eine MLF noch einen NPT bekommen werde.[42]

Die Kassandrarufe der ACDA wurden jedoch ignoriert. Bei der Besprechung von
Fishers Memorandum schien es sogar zweifelhaft, ob Nichtverbreitung überhaupt eines
der außenpolitischen Ziele der Johnson-Administration war. Seaborg berichtet, Außenminister Rusk habe überlegt, ob es möglicherweise irgendwann im Interesse der USA liegen
werde, Indien und Japan Kernwaffen zu überlassen, falls China ein nukleares Waffenarsenal entwickeln würde. Rusk sei dagegen gewesen, eine Teilnahme Chinas als *conditio sine
qua non* für einen NPT aufzugeben.[43] Der Vorschlag, eine nukleare Verzichtserklärung
der MLF-Mitglieder zu fordern, wurde verworfen, da eine solche Erklärung die nichtnuklearen Europäer gegenüber den übrigen Nichtkernwaffenstaaten diskriminieren würde.

Als Reaktion auf den ersten chinesischen Atomtest ließ Präsident Johnson unabhängig
von der Abrüstungsbehörde eine weitere Arbeitsgruppe gründen. Sie wurde nach ihrem
Vorsitzenden Roswell Gilpatric als *Gilpatric Committee* bezeichnet. Das *Gilpatric Committee* sollte in einem ausführlichen Memorandum das Problem der Weiterverbreitung
von Kernwaffen erörtern und neue Leitlinien für die amerikanische Nichtverbreitungspolitik erstellen. Das Ergebnis der Arbeit wurde Johnson im Januar 1965 vorgelegt. Der
Gilpatric-Report kam zu der Schlußfolgerung, daß in der Außenpolitik die Prioritäten
zugunsten eines NPT geändert werden sollten, und forderte einen radikalen Kurswechsel
in der Nichtverbreitungspolitik.[44] Die ACDA-Mitarbeiter produzierten zu dieser Zeit
eine Fülle von Memoranden über die Gefahren der Proliferation.[45] Zahlreiche Mitglieder
des Kongresses forderten Anfang Dezember 1964 in einem Schreiben an Außenminister
Rusk, die MLF-Pläne auf Eis zu legen und Non-Proliferation zum wichtigsten Ziel der
amerikanischen Außenpolitik zu machen.[46]

Der chinesische Atomtest verlieh jedoch keineswegs nur den Stimmen mehr Gewicht,
die nachdrücklich ein Nichtverbreitungsabkommen forderten. Der Aufstieg Chinas zur
Atommacht und der zu erwartende Dominoeffekt führten dazu, daß im State Depart-

---

[41] NSA, MC, Doc. Nr. 981, Memo by Adrian Fisher, 15. 06. 1964.

[42] Bunn, Arms Control, S. 69.

[43] Seaborg, Tide, S. 132.

[44] LBJL, Committee File, box 5, Committee on Non-Proliferation, A Report to the President,
21. 01. 1965.

[45] Zum Beispiel: LBJL, NSF, Subject File: MLF, box 23, Program to Limit the Spread of Nuclear
Weapons, 03. 11. 1964, Nuclear Weapons Programs Around the World, 03. 12. 1964, Europe,
NATO, Germany and the MLF, 12. 12. 1964, Security Guarantees and Non-Proliferation of Nu-
clear Weapons, 28. 12. 1964.

[46] NSA, MC, Doc. Nr. 1062, Letter to the Secretary of State, 07. 12. 1964.

ment ein ganz neuer Ansatz verfolgt wurde, Proliferation zu bekämpfen. Ein globaler NPT könne dem Problem nicht gerecht werden. Statt dessen müsse jede potentielle zukünftige Atommacht individuell betrachtet werden. Ein Land wie Indien wäre durch die chinesische Bombe direkt bedroht und hätte ganz andere Motive, Kernwaffen zu erwerben, als zum Beispiel die Vereinigte Arabische Republik (Ägypten), die zwar mißtrauisch auf Israel blicke, aber nicht unmittelbar einer nuklearen Bedrohung ausgesetzt sei. Deshalb müßten auch individuelle Maßnahmen ergriffen werden, um weitere nationale Atompotentiale zu verhindern. Rusk machte diese Position in Gesprächen mit Vertretern des *Gilpatric Committees* deutlich.[47] In diesem Zusammenhang ist auch die Äußerung Rusks zu verstehen, man müsse vielleicht Indien und Japan Kernwaffen geben. Rusk dachte nicht an nationale Arsenale, wie die Schilderung bei Seaborg impliziert, sondern an die Gründung einer asiatischen MLF.[48] Walt Rostow, ab 1965 Sicherheitsberater von Präsident Johnson, wurde in seinem Memorandum „A Way of Thinking about Nuclear Proliferation" noch konkreter. Er forderte nicht nur kollektive Sicherheitssysteme in Asien, sondern auch Maßnahmen, um das Prestige von Atomwaffen zu senken, darunter Abrüstungsmaßnahmen der beiden Supermächte und eine Aufgabe der nationalen französischen und britischen Arsenale.[49] Der chinesische Atomtest bestärkte die Befürworter, den Abschluß eines NPT nun zur *top priority* in der Außenpolitik zu machen, aber als Reaktion auf den chinesischen Test wurden auch ganz andere Konzepte zur Bekämpfung von Proliferation entwickelt. Die Meinungspalette in Washington war sehr bunt.

Es gab sogar Überlegungen, in einem militärischen Angriff die chinesischen Atomanlagen zu zerstören, um zu verhindern, daß der Aufstieg Chinas zur Atommacht einen weiteren Dominoeffekt zur Folge haben könnte. Ein Papier des State Departments hierzu ging davon aus, daß dieser Angriff auch als gemeinsame Aktion der beiden Supermächte ausgeführt werden könnte. Eine weitere Möglichkeit bestehe darin, ein drittes Land im amerikanischen Auftrag diesen Schlag ausführen zu lassen. Die Studie kam jedoch zu dem Schluß, daß die geringe Bedeutung des chinesischen Atomprogramms das Risiko eines Militärschlags nicht rechtfertige.[50]

Bei einer Zerstörung des chinesischen Atompotentials wäre ein Nichtverbreitungsvertrag in naher Zukunft nicht unbedingt erforderlich gewesen. Der Militärschlag hätte seine Signalwirkung auf potentielle Nachahmer Chinas nicht verfehlt. Die Überlegung, einen Angriff zusammen mit der Sowjetunion durchzuführen, belegt eindrucksvoll, daß

---

[47] NSA, Unpublished Sources on Nuclear History. Memo of Conversation, 07. 01. 1965. Bluth schreibt, Rusk distanzierte sich erst im Frühjahr 1965 von den Vorschlägen des *Gilpatric-Reports*, als Bundesaußenminister Schröder in einem Interview erklärte, die Bundesrepublik werde einen NPT erst nach der Gründung der MLF unterzeichnen. Bluth, Britain, S. 163. Rusk hatte jedoch immer schon ganz andere Vorstellungen von Nichtverbreitungspolitik als das *Gilpatric Committee*.

[48] Siehe Seaborg, Tide, S. 135.

[49] LBJL, NSF, Committee File, box 1/2, Committee on Non-Proliferation (= Gilpatric Committee), Memo by Walt Rostow, 19. 11. 1964.

[50] Spekulationen über derartige Pläne hatte es immer gegeben. Maddock konnte diese Vermutungen nun erstmals mit einem entsprechenden Dokument belegen. Dieses Dokument bezieht sich auf eine Studie des State Departments, die zu dem Schluß kam, ein Militärschlag sei nicht gerechtfertigt. Das vorgelegte Memorandum bezweifelt dies, da es davon ausgeht, daß der Aufstieg Chinas zur Atommacht langfristig im – nicht unwahrscheinlichen – Falle eines amerikanisch-chinesischen Konflikts eine massive Bedrohung darstellen werde. Maddock, Bomb, S. 1–5.

Proliferation als eine unmittelbare Gefahr für beide Supermächte gesehen wurde. Die USA waren bereit, eng mit der Sowjetunion zusammenzuarbeiten, um die bilaterale Abschreckungsbalance zu verteidigen. Gerade ein chinesisches Atompotential gefährdete den amerikanisch-sowjetischen Bilateralismus unmittelbar. Insofern ging es nicht nur darum, ein Zeichen für andere Staaten zu setzen, die mit Kernwaffenbesitz liebäugelten, sondern ein fundamentales Eigeninteresse beider Supermächte zu wahren.

Als Präsident Johnson die MLF im Dezember 1964 fallenließ, war das Haupthindernis für einen Kurswechsel in der Nichtverbreitungspolitik aus dem Weg geräumt. Trotzdem war der amerikanische Präsident nicht geneigt, die Außenpolitik den Empfehlungen des *Gilpatric-Reports* anzupassen. Dies geschah weniger aufgrund inhaltlicher Kontroversen sondern mehr aus persönlichen Gründen. Johnson fürchtete offensichtlich, die Außenpolitik werde ihm aus der Hand genommen.[51] Wahrscheinlich wollte Johnson auch vermeiden, daß die Aufgabe der MLF durch einen abrupten Richtungswechsel in der Nichtverbreitungspolitik allzu deutlich zu Tage trat. Die Abrüstungsbehörde kämpfte aber weiterhin um mehr Einfluß auf die Außenpolitik, und der amerikanische Präsident sollte schließlich doch langsam Kurs auf einen Nichtverbreitungsvertrag nehmen – allerdings nicht in dem vom *Gilpatric-Report* vorgeschlagenen Tempo.

Anfang des Jahres 1965 legte die Republik Irland in der Vollversammlung der Vereinten Nationen eine Resolution vor, die Proliferation verurteilte und den baldigen Abschluß eines globalen Nichtverbreitungsabkommens verlangte. Dies geschah auf Initiative der amerikanischen Regierung. In Washington sah man die Gefahr, daß im Rahmen der Vereinten Nationen eine Resolution verabschiedet werden könnte, die die geplante MLF attackierte und die USA zur Aufgabe der Pläne aufforderte. Deshalb sollte rechtzeitig eine Resolution, die eine Option für die MLF nicht ausschloß, zur Abstimmung vorliegen. Um der Resolution einen neutralen Anstrich zu verpassen, wurde die irische Regierung gebeten, diese einzubringen.[52] Damit deutete nichts auf eine baldige Aufgabe der MLF-Pläne hin. Trotzdem war man in London bereits dabei, erste Entwürfe für ein Abkommen zu erstellen. Gleichzeitig suchten die Briten nach weiteren Möglichkeiten für neue Initiativen in der Abrüstungs- und Nichtverbreitungspolitik.

Lord Chalfont wollte als zweiten Damm gegen Nichtverbreitung die Verhandlungen über ein umfassendes Teststopp-Abkommen wiederbeleben. Ein CTBT war nicht durch das MLF-Junktim blockiert und schob der Entstehung weiterer Atommächte einen Riegel vor. Chalfont erwog, dem Kreml inoffizielle bilaterale Verhandlungen mit der britischen Führung vorzuschlagen. Sir Harold Beeley, ein Mitglied der britischen Delegation in Genf, riet statt dessen, einen Vorstoß zu unternehmen, China in die Abrüstungsverhandlungen einzubeziehen. Die sowjetischen Vertreter in Genf unterhielten bereits bilaterale Kontakte mit der amerikanischen Abrüstungsbehörde und legten auf einen weiteren bilateralen Kanal keinen Wert.[53] Chalfont griff diese Idee auf, indem er einen möglichst baldigen Besuch in Peking ins Auge faßte. Die chinesische Führung zeigte sich al-

---

[51] Seaborg, Tide, S. 150. Diesen Eindruck gewann auch Premierminister Wilson während seines Besuchs in Washington im Dezember 1964: „The Prime Minister said he had the feeling that the President tended to suspect that he might be pushed around by his own people on defence matters." PRO, PREM 13/103, Memo of Conversation between Wilson and Johnson, 07. 12. 1964.

[52] NA, RG 59, CFPF, DEF 18, box 1593, Memo of Conversation between Mr. Faber (First Secretary, Brit. Embassy) and Mr. de Palma (ACDA), 04. 01. 1965.

[53] PRO, FO 371/181366, Note by Mr. J. Street (FO), 25. 01. 1965.

lerdings an einem Besuch des britischen Abrüstungsministers uninteressiert. Chalfont setzte auch auf intensive bilaterale Konsultationen mit den Vereinigten Staaten. Ziel war es jedoch nicht, den Plänen der US-Regierung in jedem Fall zu folgen. Der Abrüstungsminister hatte vor, eng mit der ACDA zusammenzuarbeiten, aber unter Umständen die USA auch über eigenständige britische Positionen zu informieren.

Chalfonts Bemühungen zielten darauf, die Anzahl der von den USA geforderten Inspektionen vor Ort zur Überwachung eines CTBT von sieben pro Jahr auf drei zu senken. Eine Einigung schien möglich, da die Sowjetführung 1962 in den Teststopp-Verhandlungen kurzzeitig bereit war, drei Inspektionen zu akzeptieren. Chalfont erklärte im Februar 1965 in einer Rede, die westlichen Atommächte könnten dank verbesserter Überwachungsmethoden die geforderte Anzahl der Inspektionen beträchtlich senken. Dieser Vorstoß war mit der amerikanischen Abrüstungsbehörde nicht abgesprochen. ACDA-Vertreter Freund machte daraufhin klar, daß die Briten mit ihrem Übereifer unter Umständen genau das Gegenteil erreichten. Die britische Initiative, so Freund, provoziere möglicherweise nichts als heftige Gegenreaktionen in Washington.[54] Trotzdem schnitt Chalfont in seinen Gesprächen mit ACDA-Direktor Foster das Thema noch einmal an. Man verschloß offenbar die Augen davor, daß ein Abkommen mit drei Inspektionen keine Chance hatte, den Kongreß zu passieren, selbst wenn es gelänge, die amerikanische Regierung zur Zustimmung zu nötigen. Die amerikanische Regierung hatte im Herbst 1963 Mühe gehabt, gegen Widerstände im Kongreß und in der militärischen Führung die Ratifizierung des PTBT zu erreichen. Die Briten hatten 1964 vergeblich auf weitere Expertengespräche gedrängt, um in der Frage der Überwachung eine Lösung zu finden. Damals war die konservative Regierung von amerikanischer Seite gebeten worden, nicht weiter darauf zu insistieren, da weder innerhalb der Regierung noch im Kongreß eine Mehrheit für den CTBT vorhanden war.[55]

Der britische Vorstoß erwies sich schon bald als Eigentor. Mit der Aussicht auf ein rasches *cut-off*-Abkommen entstand die Gefahr, daß Großbritannien nicht genug Plutonium produzieren könnte, um rechtzeitig ausreichende Vorräte zu schaffen. Es gab aber die Möglichkeit, den Sprengkopf für die *Polaris*-Raketen so zu verbessern, daß weniger spaltbares Material benötigt würde. Dazu war allerdings ein weiterer Test notwendig. Dieser mußte streng geheim bleiben, da die Regierung die internationalen Reaktionen ebenso fürchtete wie den Proteststurm des linken Labour-Flügels. Premierminister Wilson und Verteidigungsminister Healey wollten den Test im Interesse der Sicherung des *Polaris*-Programms jedoch unbedingt durchführen. Die Position des Abrüstungsministers wurde damit in Washington unmöglich gemacht. Chalfont war nicht nur ein überzeugter Befürworter eines umfassenden Testverbots, sondern auch gegen weitere britische Tests. Damit stand er allerdings innerhalb der Labour-Führungsspitze alleine. Während Chalfont in Washington auf neue Initiativen in den Verhandlungen über einen CTBT drängte, fragte zur gleichen Zeit das Verteidigungsministerium an, ob die Briten

---

[54] LBJL, NSF, Country File: UK, box 207, Memo of Conversation between Mr. Faber and Mr. Freund, 05. 03. 1965.

[55] PRO, FO 371/176437, UK-Del., Geneva, to FO, 24. 01. 1964. Präsident Johnson sah im Gegensatz zu seinem Vorgänger keine Vorteile in einem Teststopp-Abkommen. Johnson hatte den CTBT nur in seine Abrüstungsinitiative aufgenommen, weil nicht der Eindruck entstehen durfte, die USA seien gegen einen Teststopp. Siehe hierzu: Seaborg, Tide, S. 205–221.

auf dem Testgelände in Nevada unter strengster Geheimhaltung einen unterirdischen Test durchführen könnten.[56] Auf dem internationalen Parkett als Vorreiter in der Nichtverbreitung auftretend – unter Umständen auch auf Kosten des engsten Verbündeten –, war man nicht bereit, für sich zu akzeptieren, was man von anderen Nationen verlangte.

Ein weiterer Widerspruch zwischen Anspruch und Wirklichkeit in der britischen Abrüstungspolitik zeigte sich in der Frage der internationalen Inspektion von Atomanlagen. Die USA hatten im Rahmen von Johnsons Abrüstungsvorschlägen angeboten, eine zivile Atomanlage und deren Plutoniumproduktion für Inspektionen der internationalen Atomenergiebehörde freizugeben. Damit sollten die Argumente der Nichtkernwaffenstaaten gegen internationale Kontrollen ihrer zivilen Atomanlagen im Rahmen eines NPT entkräftet werden. Das Foreign Office hatte keine Einwände und schlug vor, den Reaktor in Bradwell und das dort produzierte Plutonium kontrollieren zu lassen. Allerdings bestand das Problem, daß das meiste Plutonium aus Bradwell an die USA geliefert wurde und wenig Material für Kontrollen übrigblieb. Großbritannien hätte ersatzweise die Uranproduktion kontrollieren lassen können, was aber die IAEA wohl nicht als gleichwertig akzeptiert hätte. Eine zweite Möglichkeit bestand darin, daß die USA einer Inspektion der Plutoniumexporte zustimmten. Im Foreign Office wollte man diese Frage offen mit den USA diskutieren. Das Verteidigungsministerium war jedoch strikt dagegen.[57] Lord Chalfont blieb daher nichts anderes übrig, als in Washington darauf zu verweisen, daß Großbritannien sich dem amerikanischen Vorschlag derzeit nicht anschließen könne. Diese Episode zeigt zum einen, daß die Meinungsverschiedenheiten zwischen dem Außen- und dem Verteidigungsministerium unter der neuen Regierung ungemindert andauerten. Sie zeigt auch, daß die Briten zwar am liebsten sofort einen NPT unterzeichnet hätten, aber nicht in der Lage waren, die notwendigen Bedingungen für eine möglichst breite Akzeptanz eines Abkommens bei den Nichtnuklearen zu schaffen.

Nichtsdestoweniger drängten die Briten auf eine baldige Unterzeichnung eines NPT. Der britische Abrüstungsminister informierte ACDA-Direktor Foster in Washington darüber, daß die Briten beabsichtigten, in Genf einen Vertragsentwurf vorzulegen, sobald Moskau einverstanden sei, die Verhandlungen fortzusetzen. Der britische Entwurf vom Februar 1965, den Chalfont mit Foster diskutierte, ermöglichte die Realisierung der britischen ANF-Pläne, schloß aber eine zukünftige europäische Option der MLF eindeutig aus. Er sah ferner eine unbegrenzte Vertragsdauer vor und enthielt eine Rücktrittsklausel. Die Atommächte wurden nicht namentlich genannt, um die Frage zu umgehen, ob China offiziell als Atommacht anerkannt werden sollte. Die Problematik der internationalen

---

[56] PRO, PREM 13/123, Memo by the Minister of Defence, 27. 1. 1965. Minute by the Prime Minister, 27. 01. 1965. Der Test wurde schließlich im September 1965 unbemerkt von der Weltöffentlichkeit durchgeführt. Der *Daily Express* berichtete fälschlicherweise Ende Oktober über einen angeblich bevorstehenden Test. Der Artikel bezieht sich jedoch zweifelsfrei auf den Test, der im September bereits stattgefunden hatte. Interessant ist folgender Abschnitt des Berichts, der andeutet, daß die Labour-Partei in der Testfrage tief gespalten war: „The Right wing of the Government, led in this case by Mr Denis Healey, the Defence Minister, is urging that Britain should carry out one more nuclear test. . . . The weapon-hating Left wing, led by Lord Chalfont . . . is insisting that the test would be disastrous, even though it is permitted under the test ban treaty which forbids explosions above ground." The Daily Express, 27. 10. 1965.

[57] PRO, FO 371/181354, FO-Memo: Lord Chalfont's Visit to Washington, März 1965, ohne genaues Datum.

Überwachung blieb ebenfalls unerwähnt. Falls sich Sicherheitsgarantien für die Nicht-kernwaffenstaaten finden ließen, sollte die Anwendung der Rücktrittsklausel von einem Versagen der Garantien abhängig sein.[58] Foster machte deutlich, daß die Bundesrepublik Deutschland einen Vertrag, der die europäische Option ausschloß, nicht akzeptieren werde. Chalfont schlug daraufhin vor, den Entwurf dahingehend zu ändern, daß die europäische Option erhalten blieb, und zugleich ein explizites Verbot einzufügen, Kernwaffen in nationale Kontrolle der Bundesrepublik zu überführen. Fosters Bedenken waren damit nicht aus dem Weg geräumt. Er hielt die britischen Pläne, so bald wie möglich einen Vertrag vorzulegen, für verfrüht.[59]

Die ACDA plante statt dessen, der Sowjetunion so bald wie möglich nochmals einen modifizierten *cut-off* gekoppelt mit der Zerstörung von nuklearen Sprengköpfen vorzuschlagen. ACDA-Direktor Foster, der die USA auch bei den Abrüstungsverhandlungen in den Vereinten Nationen vertrat, unterrichtete die britischen Vertreter bei den Abrüstungsverhandlungen, Lord Chalfont und Sir Harold Beeley, im Mai von dem amerikanischen Vorhaben. Chalfont ging auf die Probleme ein, die ein Produktionsstopp für die britische Regierung bedeutete, aber er war zuversichtlich, daß es mit entsprechender amerikanischer Hilfe in der Uranversorgung möglich sei, die Initiative mitzutragen. Er versprach Foster sogar, eine britische Unterstützung auch gegen innenpolitische Widerstände durchzusetzen.[60] Sir Harold Beeley bestätigte, daß das Foreign Office grünes Licht für eine positive Haltung gegeben habe. Gleichzeitig wies jedoch ein weiteres Mitglied der britischen Delegation in Genf, John Tahourdin, darauf hin, daß es taktisch geschickter wäre, wenn die USA diesen Vorschlag erst bei der Wiederaufnahme der Genfer Verhandlungen präsentierten. Die Verhandlungen benötigten dringend neuen Schwung. Auf amerikanischer Seite vermutete man allerdings wieder einmal eine britische Verzögerungstaktik.[61] Als die amerikanischen Vertreter in Genf den britischen Kollegen einen Entwurf vorlegten, kam prompt das Veto aus dem Foreign Office.[62] Die britische Regierung bewies damit einmal mehr, daß auf ihre Loyalität in den internationalen Verhandlungen kein Verlaß war. Foster bekundete schließlich in seiner Rede bei Beginn der neuen Verhandlungsrunde in Genf im Sommer 1965 nachhaltiges amerikanisches Interesse sowohl an einem Produktionsstopp als auch an einem *freeze* bzw. einer Zerstörung von Waffen- und Trägersystemen.

Besondere Schwierigkeiten bereitete Großbritannien und den USA unterdessen ein Antrag Jugoslawiens, unabhängig von den Verhandlungen in den Vereinten Nationen eine weltweite Abrüstungskonferenz einzuberufen. Die USA waren gegen eine derartige Konferenz, da sie der Sowjetunion und China als Propagandaforum dienen würde. Sollte China teilnehmen, zöge dies wieder Diskussionen über den chinesischen Ausschluß aus den Vereinten Nationen nach sich. Zudem stünde eine derartige Konferenz der Wiederaufnahme der ENDC-Verhandlungen in Genf im Weg. Ferner war die Frage ungelöst,

---

[58] PRO, FO 371/181387, British Draft Treaty, 22. 02. 1965.
[59] NA, RG 59, CFPF, DEF 18, box 1591, Memo of Conversation between Chalfont and Foster, 08. 03. 1965.
[60] NA, RG 59, CFPF, DEF 18, box 1591, Memo of Conversation between Foster, Chalfont and Beeley, 07. 05. 1965.
[61] NA, RG 59, CFPF, DEF 18, box 1591, US-Del. to UN, New York, to Secretary of State, 12. 05. 1965.
[62] PRO, PREM 13/652, FO to Beeley, 02. 06. 1965.

ob Staaten wie Nordkorea oder Taiwan eingeladen werden sollten. Die Bonner Regierung war gegen die Konferenz, weil sie eine Einladung der DDR befürchtete. Die britische Regierung war von dem Vorschlag ebenfalls nicht begeistert, vertrat aber die Ansicht, daß man sich nicht gegen eine Konferenz aussprechen könne, falls diese von einer Mehrheit gewünscht werde. Damit bahnte sich ein Konflikt zwischen Großbritannien und den USA an. Außenminister Rusk bat die britische Regierung dringend, nicht für die Resolution zu stimmen, um die westliche Einheit zu wahren. Die Briten waren jedoch entschlossen, die jugoslawische Resolution zu unterstützen, da sie eine Mehrheit zu finden schien.[63] Die USA und die Bundesrepublik zeigten sich offen enttäuscht über die mangelnde Solidarität. Eine ernsthafte Krise wurde nur dadurch vermieden, daß China schließlich eine Teilnahme ablehnte und zunächst ein Ende der Unterstützung für die Regierung von Chiang Kai-shek in Taiwan sowie die Aufnahme in die Vereinten Nationen forderte. Damit war das ganze Vorhaben zunächst wieder in Frage gestellt.

Im Wahlkampf hatte die Labour-Party Fortschritte in den internationalen Verhandlungen um nukleare Abrüstung zu einem ihrer vordringlichsten Ziele erklärt. Den Ankündigungen folgten allerdings keine spektakulären Maßnahmen. In den Verhandlungen verhielt sich die Regierung mehrmals illoyal gegenüber den engsten Verbündeten. In bezug auf die *freeze*- und *cut-off*-Vorschläge war die Regierung unflexibel, solange eine ausreichende eigene Uran- und Plutoniumversorgung nicht garantiert war. Sie fürchtete weitere Vorstöße der USA auf diesem Gebiet, denen man in Genf keine uneingeschränkte Zustimmung geben wollte. Eine prestigeträchtige Ankündigung, IAEA-Kontrollen an zivilen Atomanlagen zuzulassen, wurde vom Verteidigungsministerium blockiert. Die USA waren an einem umfassenden Teststopp nicht interessiert. Zudem mußte die europäische Option einer MLF weiterhin offiziell aufrechterhalten werden. Selbst wenn die MLF niemals Wirklichkeit werden sollte, so wollte Johnson einem geeinten Europa nicht die Möglichkeit verbauen, irgendwann eine eigene Atomstreitmacht zu gründen.[64] Die Regierung in London geriet in diesem politischen Umfeld mehr und mehr unter Zugzwang. Sie mußte den Wählern beweisen, daß sie es mit der Abrüstung ernst meinte. Die Forderung Chalfonts, die Anzahl der Kontrollen für einen CTBT zu senken, war insofern – ungeachtet seines aufrichtigen Interesses an einem Verhandlungserfolg – auch innenpolitisch motiviert.[65] Wenn schon die Erfolge ausblieben, so mußte doch ein gewisser Aktionismus die Ernsthaftigkeit der britischen Absichten belegen. Dieser trug jedoch wenig dazu bei, einem Abkommen näher zu kommen.

Im Juli 1965 veröffentlichte ACDA-Direktor Foster in der Zeitschrift *Foreign Affairs* einen Beitrag mit dem Titel „New Directions in Arms Control and Disarmament". Foster forderte ein „reassessment of priorities" in der Außenpolitik beider Supermächte.[66] Er erklärte den Abschluß eines NV-Vertrags zum wichtigsten Ziel beider Supermächte, da Proliferation die Interessen der USA und der Sowjetunion massiv gefährde. Foster verlangte nicht explizit, die MLF aufzugeben, sondern appellierte vielmehr an die

---

[63] NA, RG 59, CFPF, DEF 18, box 1591, US-Embassy, London, to Dept of State, 11.06.1965.
[64] Bunn, Arms Control, S. 72.
[65] Gegenüber den ACDA-Vertretern wurde die innenpolitische Motivation von britischer Seite besonders hervorgehoben. LBJL, NSF, Country File: UK, box 207, Memo of Conversation between Mr. Freund and Mr. Faber, 05.03.1965.
[66] Foster, Arms Control, S. 588.

Kreml-Führung, ihre Haltung zu überdenken und vor allem den Nutzen ihrer Propaganda gegen das MLF-Projekt kritisch zu prüfen. Trotzdem war dieser Artikel ein Wink mit dem Zaunpfahl an die eigene Regierung, die entgegen den Empfehlungen des *Gilpatric-Reports* der Nichtverbreitungspolitik nach wie vor kein besonderes Interesse zollte. Zur gleichen Zeit veröffentlichte die *New York Times* den *Report*. Diese Plädoyers für einen NPT waren ganz im Sinne der Labour-Regierung. In London argwöhnte man jedoch auch, daß das wiedererwachte Interesse an Non-Proliferation in Washington Gefahren für das britische Atomprogramm barg. Konkret fürchteten die Briten, der Kongreß werde im Zuge einer globalen Nichtverbreitungspolitik auch einen Stopp der Uranlieferungen an Großbritannien fordern. Die Bedenken gingen noch viel weiter – die USA könnten auch die ANF-Pläne fallenlassen und die Lieferung der *Polaris*-Raketen stornieren.[67] In London war man der Ansicht, daß es höchste Zeit sei, mit einem Vorstoß in der Nichtverbreitungspolitik für Furore zu sorgen. Die Genfer Verhandlungen würden sich sonst von den britischen Interessen hinsichtlich der Non-Proliferation immer mehr entfernen. Die Labour-Regierung könnte dann ihr Ziel, treibende Kraft am *top table* in Genf zu sein, nicht mehr erreichen. Mit der Vorlage eines britischen Vertragsentwurfs hingegen würde Großbritannien – wie in den Teststopp-Verhandlungen – wieder zu einem der Hauptakteure in Genf.

Die Labour-Regierung wollte nicht weniger als die Konservativen eine tragende Rolle in der Weltpolitik einnehmen. Der Status als Großmacht mit internationalen Verpflichtungen in Verteidigungsfragen sollte auch in den internationalen Verhandlungen entsprechend behauptet werden. Premierminister Wilson machte dies gegenüber den USA deutlich: „One thing that we have stressed is the essential recognition that Britain, so far as defense is concerned, must have a world role."[68] Der Großmachtstatus mußte natürlich auch in den internationalen Verhandlungen entsprechend dargestellt werden. Gerade da der amerikanische Präsident ein gewisses Desinteresse in der Abrüstungspolitik zeigte, sah man in London eine Chance für Großbritannien, verstärkt „haute politique" zu betreiben.[69] Davon war jedoch bisher – abgesehen von den ANF-Vorschlägen – wenig zu sehen gewesen.

3. Der Nichtverbreitungsvertrag ruft Differenzen in der NATO hervor

Die Präsentation des amerikanischen Vertragsentwurfs (Juli 1965)

Die britische Regierung plante, den Verbündeten während der NATO-Ratstagung am 7. Juli einen britischen Entwurf für einen Nichtverbreitungsvertrag vorzulegen, obwohl ACDA-Direktor Foster im Gespräch mit Lord Chalfont einige Monate zuvor schwere Vorbehalte gegen die ersten britischen Entwürfe deutlich gemacht hatte. Die Regierung in Washington wurde vorab davon informiert, daß die britsche Regierung erwarte, ihren Entwurf zur Wiedereröffnung der *Eighteen Nation Disarmament Conference* (ENDC) in Genf Anfang August als gemeinsamen westlichen Vorschlag präsentieren zu können.

---

[67] PRO, FO 371/181388, Brit. Embassy, Washington, to FO, 24. 06. 1965.
[68] NA, RG 59, CFPF, DEF 1, box 1691, PM Wilson to Dept. of State, 12. 01. 1965.
[69] PRO, PREM 13/316, Memo by Mr. Shaw (Secretary to PM), 12. 02. 1965.

Das britische Nichtverbreitungsabkommen sah als zentrale Klausel ein Verbot der Weitergabe von Kernwaffen an Nichtkernwaffenstaaten und Staatengruppen vor.[70] Damit schlossen die Briten eine europäische Option einer MLF oder einen Mehrheitsentscheid über den Einsatz von Kernwaffen definitiv aus. Eine ANF war nach dieser Formulierung jedoch möglich, da sie ein dauerhaftes Veto der Atommächte über die Kernwaffen der Streitmacht enthielt. Der Vertrag enthielt keinerlei Bestimmungen über Verifikation, und er sah auch keine Sicherheitsgarantien für Nichtkernwaffenstaaten vor. Das Problem der Sicherheitsgarantien sollte nach einem Vertragsabschluß separat gelöst werden. Die Frage der internationalen Kontrollen blieb ausgeklammert, um eine höhere Akzeptanz bei den Nichtnuklearen und der Sowjetunion zu erreichen. Die Verpflichtungen waren von unbegrenzter Dauer, aber eine *escape clause* bot die Möglichkeit zum Rücktritt, falls ein Staat höchste nationale Sicherheitsinteressen gefährdet sah.

Die kanadische Regierung beabsichtigte ebenfalls auf der NATO-Ratstagung einen Entwurf für ein Nichtverbreitungsabkommen vorzulegen. Der kanadische Vertrag unterschied sich ganz erheblich von der britischen Konzeption. Er differenzierte nicht zwischen Staaten und Staatengruppen.[71] Die kanadische Formulierung ließ damit offen, ob es einem Nichtkernwaffenstaat verboten war, innerhalb einer Staatengemeinschaft Kontrolle über Kernwaffen auszuüben. Die Kanadier sahen für alle Unterzeichnerstaaten eine internationale Kontrolle des Abkommens durch die IAEO vor. Ausgenommen davon waren nur die militärischen Anlagen der Atommächte. Der Entwurf enthielt eine Sicherheitsgarantie für die Nichtkernwaffenstaaten, wobei die Atommächte kollektiv für die Sicherheit der Nichtnuklearen verantwortlich waren.[72] Der Vertrag sollte erst in Kraft treten, sobald er von allen Atommächten und einer bestimmten Anzahl von Nichtkernwaffenstaaten ratifiziert war. Das Abkommen enthielt keine Rücktrittsklausel und war von begrenzter Dauer, wobei der genaue Zeitrahmen offengelassen war.

Die Briten waren mit dem kanadischen Vorschlag nicht zufrieden und übten deutliche Kritik.[73] Großbritannien wollte kein Abkommen unterstützen, das eine europäische Option nicht explizit ausschloß. Ferner war man in der Frage der Sicherheitsgarantien und der Überwachung uneins. Die Labour-Regierung behauptete, die Überwachung stelle ein Problem für die nichtnuklearen Staaten dar, was sicherlich nicht ganz von der Hand zu weisen war. Tatsächlich wollten die Briten aber vor allem eine Inspektion der eigenen zivilen Atomanlagen vermeiden. Der britische Entwurf indes erntete von den Verbündeten nicht weniger Kritik als der kanadische von den Briten. Die Bundesrepublik

---

[70] „Each of the nuclear States party to this Treaty undertakes not to transfer control of nuclear weapons to any non-nuclear State, or to any associaton of States. Each of the nuclear States party to this Treaty undertakes not to assist any non-nuclear State in the manufacture of nuclear weapons." PRO, FO 371/181388, British Draft Treaty, Juni 1965, ohne genaues Datum.

[71] „The non-nuclear states party to the Treaty undertake not to: a) manufacture nuclear weapons; b) otherwise acquire control of nuclear weapons; c) permit any individual or association under its jurisdiction to participate in any of the acts prohibited in sub-paras a) and b) of this article." PRO, FO 371/181389, Canadian Draft Treaty, Juli 1965, ohne genaues Datum.

[72] „The nuclear states party to the Treaty undertake to come to the assistance of a non-nuclear state, party to the Treaty, which is subjected to nuclear attack, provided the non-nuclear state has not already received a similar assurance from a nuclear state." PRO, FO 371/181389, Canadian Draft Treaty, Juli 1965, ohne genaues Datum.

[73] Einen kurzen Vergleich zwischen dem kanadischen Vertragsentwurf und den britischen Vorstellungen gibt: Freeman, Arms Control Policy, S. 212–214.

Deutschland lehnte die britische Fassung kategorisch ab. Auch Italien wollte die europäische Option gewahrt wissen. Die USA hatten bereits im Frühjahr in bilateralen Gesprächen erklärt, daß im Interesse einer deutschen Beteiligung eine Chance für die MLF bestehenbleiben müsse. Sowohl Foster als auch Außenminister Rusk fürchteten einen tiefen Riß in der Allianz, sollten die Briten tatsächlich einen Alleingang wagen. In Washington sah man aber auch, daß die Labour-Regierung einen innenpolitischen Erfolg brauchte und deshalb auf die baldige Vorlage eines NPT drängte. „The Government sorely needs a success that will enhance its political credit and standing with the British voter and the field for picking a winner is severely limited. An achievement, or even a start in the right direction, in the disarmament area as a result of British efforts would enhance the Government's standing domestically in considerable measure."[74] Foster schlug Chalfont daher vor, daß die USA einige geringfügige Änderungen anbringen könnten, um innerhalb der NATO einen Kompromiß zu finden, der für alle Mitgliedstaaten tragbar war.

Der amerikanische Alternativvorschlag ließ nach wie vor die Möglichkeit zur Gründung einer MLF offen.[75] Der Entwurf sah Kontrollen der Nichtkernwaffenstaaten durch die IAEO vor. Die Kernwaffenstaaten sollten einen Teil ihres für zivile Zwecke bestimmten spaltbaren Materials kontrollieren lassen und solches auch den Nichtkernwaffenstaaten zur Verfügung stellen. Der Verzicht auf Sicherheitsgarantien war ohnehin im amerikanischen Sinne. Die USA beließen auch die britischen Vorschläge hinsichtlich unbegrenzter Dauer und einer *escape clause*. Foster machte gegenüber Chalfont deutlich, daß diese Version die äußerste Grenze einer für die amerikanische Regierung akzeptablen Fassung darstelle. Die amerikanische Formulierung schloß aus, daß die Bundesrepublik durch eine MLF oder eine europäische Atommacht nationale Kontrolle über Kernwaffen erhielte. Da aber die Möglichkeit für einen Mehrheitsentscheid innerhalb einer europäischen Atommacht offenblieb, lehnte das Foreign Office den Kompromiß ab. London machte auch Einwände gegen den Artikel III des amerikanischen Entwurfs geltend. Großbritannien war von der Lieferung spaltbaren Materials aus den USA abhängig und befürchtete, daß dieser Artikel die amerikanischen Lieferungen an Großbritannien er-

---

[74] NA, RG 59, CFPF, DEF 18, box 1600, Ambassador Bruce to Dept of State, 16. 07. 1965. Freeman begründet die britische Haltung damit, daß der amerikanische Vorschlag eine europäische Option offengelassen habe. Freeman, Arms Control, S. 217. Der innenpolitische Aspekt war jedoch mindestens genauso bedeutend. Die Labour-Partei hatte vor den Wahlen neue Initiativen in der Abrüstungspolitik versprochen. Die Partei stand unter dem Druck des linken Wählerflügels, der mehrheitlich den baldigen Verzicht Großbritanniens auf Kernwaffen wünschte. Hinzu kamen die schwierige wirtschaftliche Lage in Großbritannien und vergebliche Bemühungen der Labour-Regierung 1965, durch eine „Commonwealth peace mission" in Vietnam zu vermitteln. Wilson unternahm noch weitere ergebnislose Versuche, als ‚honest broker' in Vietnam zu vermitteln. Auch hier wurde man dem Anspruch einer einflußreichen Großmacht nicht gerecht. Die Erfolglosigkeit der britischen Vermittlungsbemühungen wird vom britischen Premierminister selbst beschrieben: Wilson, Labour Government, S. 105–123. Siehe außerdem zur britischen Position gegenüber der amerikanischen Vietnam-Politik: Steininger, Vietnamkrieg und Arendt, Vietnam sowie Baylis, Defence Relations, S. 153–157, White, Britain, S. 109–114.

[75] „Each of the nuclear States party to this Treaty undertakes not to transfer any nuclear weapons into the national control of any non-nuclear State, either directly, or indirectly through a military alliance; and each undertakes not to take any other action which would cause an increase in the total number of States and other organizations having independent power to use nuclear weapons." LBJL, NSF, Country File: UK, box 208, Dept of State to US-Embassy, London: Draft Non-Dissemination Treaty, 17. 07. 1965.

heblich einschränken werde.[76] Eine Annahme der amerikanischen Version kam somit
nicht in Frage. In diesem Punkt bestand ausnahmsweise Einigkeit zwischen dem britischen Außen- und dem Verteidigungsministerium.[77]

Die amerikanische Delegation in Genf tat in dieser Zeit alles, um eine Einigung doch
noch zu ermöglichen. Foster schlug vor, die Briten sollten zusammen mit der Präsentation des amerikanischen Entwurfs eine öffentliche Erklärung abgeben, daß ein britisches
Veto auch bei einer Umwandlung in eine europäische Atommacht auf jeden Fall beste-
henbliebe. Schließlich waren die USA sogar bereit, den problematischen Artikel III entsprechend den britischen Wünschen zu ändern und auch auf die Nennung der IAEO zu
verzichten.[78] Chalfont und Sir Harold Beeley bemühten sich unterdessen, herauszufinden, ob eine Einigung mit der kanadischen Regierung möglich sei. Dies war mit den
USA abgesprochen. Ein gemeinsam mit Kanada präsentierter britischer Vorschlag, so
hatte Beeley gegenüber dem Foreign Office argumentiert, würde beträchtliches Gewicht
haben. Kanada genieße unter den Nichtkernwaffenstaaten hohes Ansehen, und die Haltung Kanadas habe für viele Staaten entscheidende Bedeutung.[79] Das Foreign Office
prüfte daraufhin, welche Bestimmungen aus dem kanadischen Entwurf übernommen
werden könnten. Kanada solle dazu bewegt werden, Artikel I und II des britischen Textes zu akzeptieren, die die europäische Option einer MLF ausschlossen. Eine Erwähnung
von IAEO-Kontrollen kam für die Briten nach wie vor nicht in Frage. Man wollte auch
auf der unbegrenzten Dauer des Vertrags bestehen. Allerdings sollte dies alle fünf Jahre
überprüft werden können, und für den Fall, daß mehr als zwei Drittel aller Staaten gegen
ein Fortbestehen seien, wurde die Möglichkeit vorgesehen, den Vertrag aufzulösen. Das
Foreign Office war bereit, folgende Formel als Sicherheitsgarantie für die Nichtnuklearen in den Text aufzunehmen: „Each of the States Party to this Treaty undertakes to provide or support the provision of immediate assistance to any non-nuclear State Party to
the Treaty which is the victim of an act of aggression in which nuclear weapons are
used."[80] Die Bedingungen waren jedoch für Kanada nicht akzeptabel. Somit konnten
sich die Briten weder mit den USA noch mit Kanada auf einen gemeinsamen Vertragstext
einigen.

Nachdem auch dieser Versuch gescheitert war, ließ der britische Außenminister
Stewart seinen Kollegen Rusk wissen, daß die Briten nun ungeachtet der Meinung der
Verbündeten ihren Entwurf vorlegen wollten. Rusk hatte Stewart zuvor in mehreren
Schreiben dringend gebeten, im Interesse der Allianz die britische Position zu überdenken und einen Kompromiß zu akzeptieren. Angesichts der starren Haltung der Briten
fand Rusk schließlich sehr deutliche Worte: „I therefore urge that you review your position and hope that you will find it possible, for the sake of allied unity, to revise your
draft accordingly."[81] Chalfont sah, daß ein britischer Alleingang einen ernsthaften Streit
mit der US-Regierung zur Folge haben würde, und riet aus Genf, auf eine Präsentation
des britischen Vertrages zu verzichten. Stewart gab daraufhin Anweisung, die Vorlage

---

[76] NA, RG 59, CFPF, DEF 18, box 1600, US-Del., Geneva, to Dept of State, 05. 08. 1965.
[77] PRO, FO 371/181389, FO to Brit. Embassy, Washington, 21. 07. 1965 bzw. FO 371/181389,
Ministry of Defence to Foreign Office, 21. 07. 1965.
[78] PRO, PREM 13/652, Beeley to FO, 11. 08. 1965.
[79] PRO, FO 371/181390, Beeley to FO, 31. 07. 1965.
[80] PRO, FO 371/181390, FO to UK-Del., Geneva, 03. 08. 1965.
[81] PRO, PREM 13/652, Rusk to Stewart, 06. 08. 1965.

zurückzuziehen, falls die USA einverstanden seien, ihren Entwurf ohne die britische Unterstützung einzubringen. „Reluctantly I accept that we should agree to the Americans tabling their draft. Lord Chalfont must, however, make very clear our reservations to articles I and II. These articles are so wrong that if, even by silence, we appear to acquiesce, we shall prejudice our whole position for the future. If the Americans should decide not to table their draft, then, despite the difficulties we must table our own."[82] Chalfont und Foster konnten sich in Genf darauf verständigen, daß die USA ihren Entwurf vorlegen sollten, aber die USA befürchteten, Chalfont werde den Anweisungen Stewarts folgen und den amerikanischen Text scharf kritisieren. Dies war jedoch nicht der Fall.

Die britische Regierung erreichte mit diesem Vorstoß genau das Gegenteil dessen, was sie beabsichtigt hatte. Die Presse wertete die Aktion durchgängig als schwere außenpolitische Niederlage der Labour-Regierung.[83] Premierminister Wilson versucht dagegen in seinen Memoiren, die Episode als Durchbruch in den internationalen Nichtverbreitungsverhandlungen darzustellen.[84] Der britische Alleingang hätte um ein Haar eine schwere Krise der *special relationship* heraufbeschworen. Die starre Haltung der Briten führte auch zu einer Verhärtung der deutschen Position. In Bonn fühlte man sich von den Verbündeten in die Enge getrieben. Die bundesdeutsche Regierung brachte sogar gegen den amerikanischen Entwurf schwere Einwände vor. Die Sowjetunion war nicht geneigt, die amerikanische oder die britische Version als Basis für weitere Verhandlungen zu akzeptieren.

Wer war für diese diplomatische Niederlage verantwortlich? Freeman beschreibt die Situation wie folgt: Nach Aussagen von Außenminister Stewart habe Lord Chalfont beabsichtigt, einen Entwurf vorzulegen, und ihn und Premierminister Wilson gedrängt, diesen Vorstoß zu unterstützen. Die mittlere Ebene des Foreign Office sei hingegen dafür gewesen, sich gegenüber den USA absolut loyal zu verhalten.[85] Aus den Dokumenten ergibt sich jedoch ein etwas anderes Bild. Die Einschätzung, daß viele Mitarbeiter im Außenministerium gegen den britischen Alleingang waren, bestätigt sich. Auch die britische Botschaft in Bonn riet dringend zu einer Annahme, um unnötige Spannungen mit der deutschen Regierung zu vermeiden.[86] Botschafter Roberts wies vergeblich darauf hin, daß das eigentliche Ansinnen, die Bundesrepublik Deutschland für die Unterzeichnung eines NPT zu gewinnen, mit dem britischen Entwurf nicht erreicht werden könne. Sicherlich ging die Initiative von Chalfont aus. Er hatte bereits im Frühjahr gegenüber Foster deutlich gemacht, daß ihm an der baldigen Vorlage eines Entwurfs lag. Chalfont war jedoch nicht für die Eskalation des Streits verantwortlich. Gerade in der Endphase der Verhandlungen mit den USA sah es so aus, als dränge Außenminister Stewart auf die Beibehaltung des Konfrontationskurses. Der amerikanische Botschafter in London, Bruce, berichtete dem State Department, daß Lord Chalfont zunächst bereit gewesen sei, dem amerikanischen Entgegenkommen ein Stück britisches Entgegenkommen folgen

---

[82] PRO, PREM 13/652, Foreign Secretary to Undersecretary, 10. 08. 1965.

[83] Daily Express, 16. 08. 1965, Daily Mail, 16. 08. 1965, Observer, 16. 08. 1965, Daily Telegraph, 17. 08. 1965.

[84] Wilson, Labour Government, S. 130.

[85] Freeman, Arms Control, S. 218–219.

[86] PRO, FO 371/181389, Brit. Embassy, Bonn, to FO, 20. 07. 1965.

zu lassen und die Änderungen zu akzeptieren: „It appears that other ministers on basis of domestic political considerations overwhelmed Chalfont, who in conversation with Emboff *[embassy officials]* continued to express feelings that US amendments were in same direction he wishes to go on dissemination problem."[87] Chalfont war in seiner Fixierung auf die europäische Option nicht weniger rigide als seine Kollegen in London, aber er wollte offensichtlich keine ernsthafte Krise der *special relationship* riskieren. Chalfont hatte immer deutlich gemacht, daß eine enge Kooperation mit den Verbündeten einer der wichtigsten Bestandteile seiner Politik war. In diese Zusammenarbeit sollte Großbritannien eigenständige und unabhängige Ideen und Konzepte einbringen. Ein Bruch der *special relationship* war hingegen genau das Gegenteil dessen, was Chalfont anstrebte.

Warum beharrte die britische Regierung geradezu verbissen auf einer endgültigen Aufgabe der europäischen Option? Man hatte die Stimmung in der amerikanischen Regierung offensichtlich falsch eingeschätzt und mit viel weniger Widerstand gerechnet. Lord Chalfont erklärte Foster, die britische Regierung habe wahrscheinlich die Bedeutung von Fosters Aufsatz und die Ergebnisse des *Gilpatric-Reports* überinterpretiert und angenommen, daß ein Nichtverbreitungsvertrag nun auch „top priority" in Washington sei.[88] Die Labour-Regierung war davon ausgegangen, daß die USA nun dazu gebracht werden könnten, die MLF mit einer europäischen Option auch offiziell aufzugeben. In London wurde das Argument einer deutschen Nichtbeteiligung nicht als Problem gesehen. Die Bundesrepublik, so Chalfont, werde gar keine andere Wahl haben als einem Abkommen beizutreten. Eine Nichtunterzeichnung werde sich Bonn nicht leisten können.[89] Die Labour-Regierung sah die Möglichkeit, mit einem außenpolitischen Coup einen innenpolitischen Erfolg zu landen. Zugleich wäre die westliche Allianz hinsichtlich eines multilateralen Abkommens auf die ANF festgelegt gewesen. Damit schien der nächste außenpolitische Erfolg in Reichweite.[90] Die Befürchtungen, die Bundesrepublik könne auf dem Weg über die MLF Atommacht werden, hatten seit Jahren die britische Nichtverbreitungspolitik dominiert. Nun bestand endlich die Chance, dieses Schlupfloch endgültig und dauerhaft zu verschließen. Entsprechend den britischen Vorstellungen bedeutete dies die Einbindung der Deutschen in die ANF und den Abschluß eines Nichtverbreitungsvertrages. Nichtverbreitungspolitik war in Großbritannien hauptsächlich Deutschlandpolitik, wie der amerikanische Botschafter in London treffend bemerkte: „To many Britishers the issue of non-proliferation is simply defined as being whether or not the Germans will have their own nuclear weapons or be able to control the firing of such weapons."[91]

---

[87] NA, RG 59, CFPF, DEF 18, box 1600, Ambassador Bruce to Dept of State, 21. 07. 1965.
[88] FRUS, 1964–1968, Vol. XI, S. 234, Memo of Conversation, 01. 08. 1965.
[89] PRO, FO 371/181390, Memo by Lord Chalfont, 04. 08. 1965.
[90] Bluth und Freeman behaupten, Chalfont sei bereit gewesen, die ANF für einen NPT fallenzulassen. Freeman, Arms Control, S. 219, Bluth, Britain, S. 164. Dies ist prinzipiell richtig, gilt allerdings noch nicht für diesen Zeitpunkt. Chalfont vertrat Ende Juli 1965 noch die Ansicht, sowjetischem Drängen nach einer Aufgabe der ANF dürfe nicht nachgegeben werden. PRO, FO 371/181389, FO to Brit. Embassy, Washington, 22. 07. 1965. Chalfont entwickelte diese Überlegungen im Herbst 1965, im Zusammenhang mit der Vorlage eines sowjetischen NPT-Entwurfs. Aus diesem ging hervor, daß Moskau in der Frage einer multilateralen Atomstreitmacht, sei es eine MLF oder eine ANF, bei der harten Haltung bleiben werde.
[91] LBJL, NSF, Country File: UK, box 208, Ambassador Bruce to Dept of State, 16. 07. 1965.

Warum legte die Johnson-Regierung immer noch soviel Wert darauf, alle Möglichkeiten für eine MLF offenzulassen? Johnson hatte ja eigentlich Ende 1964 die mulitlaterale
Atomstreitmacht schon aufgegeben. Nun hätte eine Chance bestanden, auch offiziell
eine Kurskorrektur zu vollziehen. Die amerikanische Regierung hätte einer Formulierung, die ein dauerhaftes Veto der USA über eine zukünftige NATO-Atomstreitmacht
vorsah, mit Hinweis auf die sowjetischen Interessen zustimmen können. Damit wäre
die MLF noch nicht endgültig begraben gewesen und der Bundesrepublik die Aussicht
auf eine nukleare Beteiligung nicht genommen worden. Tatsächlich aber hatte die Veröf-
fentlichung des *Gilpatric-Reports* und des Foster-Artikels ziemlich heftige Reaktionen in
Bonn ausgelöst. Außenminister Schröders Interview, in dem er das deutsche Junktim
zwischen der Gründung einer MLF und der Unterzeichnung eines NPT bekräftigte,
kann neben der innenpolitischen Motivation Schröders als direkte Reaktion auf den ver-
meintlich neuen Kurs der USA gesehen werden.[92] Der amerikanische Außenminister
Rusk unterstrich daraufhin, die amerikanische Regierung plane keineswegs, die MLF
aufzugeben. Der *Gilpatric-Report* stelle nicht die Haltung der Regierung dar. In
Washington hoffte man offensichtlich immer noch, die sowjetische Führung würde das
MLF/NPT-Junktim aufgeben. Außerdem wollte man wohl eine Konfrontation mit
Bonn vermeiden, da die Bundesrepublik ihre Drohung wahr machen und sich weigern
könnte, einen NPT ohne vorherige MLF-Einigung zu unterzeichnen.[93] Ein Nichtverbreitungsvertrag ohne deutsche Beteiligung hätte ein Fernbleiben der Sowjetunion zur Folge
gehabt. Für den Kreml war ein Abkommen ohne die Bundesrepublik wertlos.

Hinzu kamen jedoch noch weitere Aspekte. Die Gründung der MLF war nicht mehr
aktuell. In der anglo-amerikanischen Diskussion um die europäische Option der MLF
ging es den USA nicht mehr um die faktische Gründung einer NATO-Streitmacht, die
irgendwann im Zuge der europäischen Integration in eine europäische Atommacht umgewandelt werden könnte, sondern vielmehr darum, den Europäern nicht die Möglichkeit zu verbauen, in Zukunft eine Form der kollektiven Nuklearverteidigung aufzubau-
en.[94] Gleichzeitig gewannen die MLF-Befürworter in der amerikanischen Regierung wieder an Boden. Einerseits stärkte die harte Haltung der Bonner Regierung die Argumentation, daß eine MLF der Preis sei, den man für die deutsche Beteiligung am NPT zahlen
müsse. Andererseits widmete der amerikanische Präsident Johnson sein hauptsächliches
Interesse der Innenpolitik und dem Vietnam-Krieg.[95] In der Abrüstungspolitik übernahm Johnson keine Führungsinitiative und überließ dieses Feld komplett seinen Beratern. Daher hatte die europäische Fraktion im State Department wenig Mühe, die MLF
langsam durch die Hintertür wieder auf die Tagesordnung der amerikanischen Politik
zu bringen.

---

[92] Küntzel behandelt diesen Zusammenhang ausführlich. Küntzel, Bonn, S. 86. Siehe hierzu auch:
Clausen, Non-Proliferation, S. 82. Clausen sieht ebenfalls einen direkten Zusammenhang zwischen Fosters Aufsatz und dem Schröder-Interview.
[93] Küntzel, Bonn, S. 87.
[94] Siehe hierzu: Seaborg, Tide, S. 164–165.
[95] Zu den politischen Schwerpunkten Präsident Johnsons siehe: Firestone, Lyndon Johnson. Be-
zeichnend ist, daß in dieser 400 Seiten umfassenden Aufsatzsammlung über die Politik Johnsons
kein einziger Beitrag der Abrüstungs-, Europa- oder NATO-Politik gewidmet ist.

Eine kurze Renaissance der MLF

Der sowjetische Vertreter in Genf, Zarapkin, wies den amerikanischen Entwurf, den Foster am 17. August der Achtzehn-Mächte-Konferenz präsentierte, umgehend zurück. Die Begründung war, wie erwartet, die mögliche Gründung einer europäischen Atommacht mit deutscher Beteiligung. Die Genfer Konferenz endete Anfang September, ohne einen nennenswerten Schritt weitergekommen zu sein. Die Nichtverbreitungsverhandlungen wurden in der Vollversammlung der Vereinten Nationen fortgesetzt. Dort legte der sowjetische Außenminister Gromyko Ende September einen sowjetischen Vertragsentwurf vor. Dieser schloß sowohl die Gründung einer MLF – mit oder ohne amerikanisches Veto – als auch der ANF kategorisch aus.[96] Damit war klar, daß von der Kreml-Führung keine Kompromisse in der Frage einer MLF/ANF zu erwarten waren. Die Aussichten auf eine baldige Einigung waren damit nach wie vor sehr gering. Allerdings verständigten sich Foster und Zarapkin in New York darauf, umgehend intensive bilaterale Gespräche aufzunehmen. Diese waren bereits Anfang Juli durch eine geheime Mission des Sonderbeauftragten Harriman nach Moskau vorbereitet worden. Die Vollversammlung konnte schließlich eine Resolution der Nichtnuklearen verabschieden, die allgemeine Bestimmungen eines Nichtverbreitungsabkommens festlegte.[97] Grundsätzlich sollte der NPT ein ausgewogenes Verhältnis von Pflichten und Verpflichtungen sowohl der Kernwaffenstaaten als auch der Nichtkernwaffenstaaten darstellen. Es dürften keine Schlupflöcher für Proliferation offenbleiben und der Vertrag sollte Abrüstungsmaßnahmen vorsehen sowie effektive Kontrollen beinhalten. Foster und Zarapkin wollten unabhängig von den bilateralen Verhandlungen die Verhandlungen 1966 im Rahmen der Achtzehn-Mächte-Konferenz fortsetzen. Dies konnte jedoch nicht darüber hinwegtäuschen, daß die Vorlage erster Vertragsentwürfe keine Annäherung der unterschiedlichen Positionen bewirkt hatte.

Das anglo-amerikanische Verhältnis überstand die Krise offensichtlich unbeschadet. Die intensiven Kontakte zwischen Foster und Chalfont blieben während der UN-Verhandlungen in New York bestehen. Der britische Abrüstungsminister war aber nicht geneigt, sich nun dem amerikanischen Kurs anzupassen. Im Gegenteil, Chalfont brachte weiterhin seine eigenen Vorstellungen in die Gespräche ein. Im Oktober ließ er Foster wissen, die britische Regierung sei zu dem Schluß gekommen, daß Inspektionen vor Ort zur effektiven Überwachung eines CTBT nicht notwendig seien. Die britische Regierung wisse, daß man sich in Washington dieser Position nicht anschließen könne. Die amerikanische Regierung, so schlug Chalfont vor, solle aber zumindest einem zweijährigen Testmoratorium zustimmen. Gleichzeitig forderte er, die USA und Großbritannien sollten in bilateralen Gesprächen festlegen, wieviel nukleare Mitsprache die Bundesrepublik erhalten solle. Er gab auch zu erkennen, daß London bereit sei, die ANF für einen NPT fallenzulassen, auch wenn dies noch nicht offizielle Haltung der briti-

---

[96] „Nuclear weapon powers oblige not to transfer nuclear weapons in any form – directly or indirectly through third States or groups of States – to the ownership or control of States or groups of States not possessing nuclear weapons and not to accord to such States or groups of States the right to participate in the ownership, control or use of nuclear weapons." EA 20 (1965) 24, S. D 518–520, Sowjetischer Vertragsentwurf vom 24. 09. 1965.

[97] ENDC/158 (ENDC Documents) submitted to ENDC/PV. 233, 15. 09. 1965.

schen Regierung war.[98] Die USA setzten die Konsultationen mit den Briten routinemä-
ßig fort, verhandelten aber von nun an vor allem bilateral mit der Sowjetunion. Foster
informierte Chalfont kurz darüber und versprach, die Briten über den Fortgang der Gespräche auf dem laufenden zu halten. Eine Einladung, an diesen Gesprächen teilzunehmen, erhielt London jedoch nicht. Eine britische „Selbsteinladung" wurde rundweg abgelehnt.[99] Damit war die britische Regierung von den unmittelbaren Verhandlungen ausgeschlossen.

Der britische Vorstoß hatte viel Porzellan in den deutsch-englischen Beziehungen zer-
schlagen. Chalfont hatte versucht, den britischen Entwurf in Bonn als eine Initiative gegen die fortscheitende Proliferation in Asien zu verkaufen, was natürlich angesichts der
Fixierung der Briten auf die europäische Option völlig unglaubwürdig war. Das Befremden über das britische Verhalten machte Minister Westrick in einem Gespräch mit dem
britischen Botschafter in Bonn deutlich: „The Federal Government had been shocked
by statements made by Lord Chalfont in Geneva which they had interpreted as meaning
that Her Majesty's Government would never allow non-nuclear allies and the Federal
Government more specifically any real voice in NATO nuclear strategy."[100] Der amerikanische Vorschlag kam in der Bonner Beurteilung nicht viel besser weg.[101] Die Präsentation des amerikanischen Entwurfs löste einen Proteststurm der Bonner Gaullisten aus,
der in verbalen Entgleisungen von Altkanzler Adenauer gipfelte, der das Projekt mit einer Auslieferung Europas an die Sowjetunion gleichsetzte.[102] Während Washington in
der folgenden Zeit versuchte, behutsam mit den bundesdeutschen Interessen umzugehen
und der Bundesregierung intensive Konsultationen anbot, verhärteten sich die Fronten
zwischen Bonn und London.

Chalfont hatte im Verlauf der Verhandlungen über die Vertragsentwürfe mehrfach wissen lassen, daß seiner Meinung nach die Stimme der Bundesrepublik in Genf viel zuviel
Gewicht habe. Er bemerkte nicht ohne Verbitterung, daß die Deutschen in Genf auf die
USA mehr Einfluß hätten als die Briten. Der Abrüstungsminister schrieb an Außenminister Stewart, er hoffe sehr, daß die Bundesregierung nach den Wahlen ihren Widerstand
aufgeben werde.[103] Anstatt zu versuchen, die Bundesregierung nun für die geplante britische Kompromißlösung – die ANF – zu gewinnen, wollte Chalfont die britische
NATO-Streitmacht einem baldigen Abkommen mit der Sowjetunion opfern. Chalfont
war nach der Vorlage des sowjetischen Vertrags zu der Überzeugung gelangt, daß der
Westen nur bei einer Aufgabe aller *nuclear-sharing*-Pläne ein Abkommen erreichen werde. Der Bundesregierung, so Chalfont, werde gar nichts anderes übrigbleiben, als diese
Entscheidung zu akzeptieren.[104]

---

[98] NA, RG 59, CFPF, DEF 18, box 1600, US-Delegation to UN, New York, to Dept of State,
15. 10. 1965.
[99] LBJL, NSF, Country File: UK, box 215, Visit of PM Wilson, Talking Points: Disarmament and
Non-Proliferation, 13. 12. 1965.
[100] PRO, FO 371/181392, Sir F. Roberts to FO, 25. 08. 1965.
[101] Siehe: Hoppe, Teilhabe, S. 270–271.
[102] Siehe auch: Küntzel, Bonn, S. 91–92.
[103] PRO, PREM 13/652, Chalfont to FO, 01. 09. 1965.
[104] „Chalfont also said he felt that on the question of setting one desideratum against another we
should remember that, considering the situation from the point of view of real-politik, the Germans have very little bargaining power, provided of course that the Americans are prepared to
take a stand." PRO, FO 371/181367, Discussion with Lord Chalfont, 30. 10. 1965.

Das Foreign Office war jedoch nicht bereit, die Position des Abrüstungsministers zur offiziellen Politik zu machen, obwohl in London befürchtet wurde, Chalfont liege mit seiner Einschätzung richtig. Die Solidarität mit den Verbündeten gebot ein Festhalten an der ANF. Eine Studie des Foreign Office kam zu dem Ergebnis, daß eine Aufgabe der ANF nicht nur verhängnisvoll für die deutsch-englischen Beziehungen wäre, sondern auch negative Auswirkungen auf die *special relationship* hätte.[105] Die USA kämen möglicherweise auf den Gedanken, die *special relationship* zu kündigen und die Bundesrepublik Deutschland zum wichtigsten Partner im Bündnis zu machen. Im Außenministerium erkannte man, daß die britische Regierung Gefahr lief, ähnlich wie zuvor de Gaulle, zum Außenseiter im westlichen Bündnis zu werden, wenn man dem außenpolitischen Kurs des Abrüstungsministers folgen würde. Der britische Botschafter in Bonn, Sir Frank Roberts, mahnte ebenfalls zu intensiven Konsultationen, da die Briten auf eine Unterstützung der Deutschen in den weiteren Verhandlungen angewiesen seien. Ein Kompromiß zwischen Bonn und London wäre zu dieser Zeit auch gar nicht unmöglich gewesen. Die Gespräche zwischen Stewart und Schröder im Herbst 1965 zeigten, daß sich die moderaten Kräfte in Bonn und London durchaus hätten einigen können. Schröder erklärte im Gespräch mit Stewart, ein dauerhaftes amerikanisches Veto sei akzeptabel und eine Kontrolle per Mehrheitsentscheid, eine *majority voting-option*, stehe für ihn gar nicht zur Debatte.[106] Die gesamte MLF-Diskussion war jedoch bereits völlig festgefahren, und auch in diesem Gespräch blieben die starren Positionen bestehen. Schröder beharrte auf einer Überwasserflotte, Stewart pries die ANF.[107] Zudem sprach nicht nur die Labour-Regierung, sondern auch Bonn in der MLF-Frage mit vielen Stimmen. Kurt Birrenbach, enger Vertrauter von Kanzler Erhard, erhob gegenüber den USA die Forderung, die Bundesrepublik müsse in nuklearen Angelegenheiten mit Großbritannien gleichgestellt werden. Die Briten müßten jetzt einer MLF zustimmen und ihre unabhängige Atomstreitmacht aufgeben. Die finanzielle Lage werde die Briten ohnehin dazu zwingen.[108] Die Fronten zwischen Bonn und London hatten sich verhärtet, der Riß, der mit der Vorlage der Vertragsentwürfe in Genf entstanden war, konnte nicht gekittet werden.

Für die USA skizzierte die amerikanische Botschaft in Bonn nach der Krise in Genf in einem Memorandum die zukünftige Vorgehensweise gegenüber der Bundesrepublik: „We have a double task of education and persuasion. Neither will be easy. We must avoid giving the impression that we are unmindful of their interests. At the same time we should not hesitate to tell them frankly where narrowness of perspective threatens to damage their position in the eyes of the world."[109] Die Regierung in Bonn sah die nukleare Option als Faustpfand in den Verhandlungen um die deutsche Wiedervereinigung.[110] Sie setzte – wie in den Verhandlungen um die Wiedervereinigung Anfang der fünfziger Jahre – nach wie vor auf den *hardline approach* gegenüber der Sowjetunion: Verhandeln aus einer Position der Stärke. Im Zuge der Entspannungspolitik war „die deutsche Frage" mehr und mehr ein Hindernis für die bilaterale Verständigung mit der

---

[105] PRO, FO 371/181392, Brief for Bilateral Talks, 08. 10. 1965. Chalfont konnte es allerdings nicht lassen, die Möglichkeit der Aufgabe der ANF gegenüber Foster zumindest anzudeuten.
[106] PRO, PREM 13/220, Record of Converation, 19. 11. 1965.
[107] Ebenda.
[108] Schertz, Deutschlandpolitik, S. 338/339.
[109] NA, RG 59, CFPF, DEF 18, box 1992, US-Embassy, Bonn, to Dept of State, 18. 08. 1965.
[110] Osterheld, Außenpolitik, S. 218.

Sowjetunion geworden.[111] Dies wurde den Deutschen in den Verhandlungen um den NPT einmal mehr schmerzlich bewußt. Der rechte Regierungsflügel war außerstande, die amerikanische „Realpolitik" zu erfassen, fühlte sich von den USA im Stich gelassen und wandte sich an Frankreich. Die USA waren nicht mehr bereit, Verhandlungen mit dem Kreml von Zugeständnissen in der Deutschlandpolitik abhängig zu machen. Insofern war in Washington ein Junktim zwischen Wiedervereinigung und nuklearem Verzicht nicht akzeptabel.

Das Junktim zwischen einer nuklearen Mitsprache und dem NPT wollten die Bonner allerdings nicht aufgeben. Aus bundesdeutscher Sicht war nach den Wahlen im Herbst 1965 der Weg frei für ein Abkommen über die nukleare Beteiligung der Bundesrepublik. Allerdings hatten die Atlantiker im Laufe des Jahres 1965 an ihren Forderungen erhebliche Abstriche gemacht. Natürlich war auch Bonn nicht verborgen geblieben, daß Johnson das Interesse am MLF-Projekt weitgehend verloren hatte und es in Genf hauptsächlich darum ging, die europäische Option theoretisch zu wahren. Fosters Artikel tat ein übriges, diesen Eindruck zu verstärken. Um so erstaunter waren die Deutschen im Herbst, als die Johnson-Regierung die deutsche Regierung ermunterte, ihre genauen Vorstellungen bezüglich nuklearer Mitsprache darzulegen. Die MLF-Lobby hatte angesichts der Führungslosigkeit des Präsidenten auf diesem Gebiet und der Mißerfolge in Genf wieder an Einfluß gewonnen und startete mit einer Flut von Analysen und Konzepten eine erneute Offensive.[112] Im Dezember war ein Besuch von Kanzler Erhard bei Johnson geplant. Im Vorfeld dieses Treffens sollten sowohl in Washington als auch in Bonn exakte Konzeptionen für die nukleare Beteiligung der Deutschen erstellt werden. In Washington herrschte inzwischen in der MLF-Frage völlige Uneinigkeit. Befürworter und Gegner konnten sich, wie Verteidigungsminister McNamara später den Briten berichtete, nicht auf eine gemeinsame Linie verständigen.[113]

Nachdem die Chancen für eine nukleare Beteiligung offensichtlich wieder gestiegen waren, präsentierten die Deutschen in den Vorbesprechungen Maximalforderungen.[114]

---

[111] Zur deutschen Frage in den deutsch-amerikanischen Beziehungen und dem Wandel in der amerikanischen Deutschlandpolitik siehe: Haftendorn, Sicherheit; Hanrieder, Deutschland.

[112] Zum Beispiel: LBJL, WHCF, Confidential File, box 44, Memo by John Leddy, A Fresh Start on the Collective Nuclear Problem, 07. 10. 1965. Ebenda: Memo by Walt Rostow, The European Non-Proliferation Problem, 27. 09. 1965. Die MLF-Befürworter im State Department führten gegenüber bundesdeutschen Regierungsvertretern nun ein weiteres Argument für die MLF ins Feld: „Die Lösung des nuklearen Problems stünde in unmittelbarem Zusammenhang mit der monetären Frage. Die Vereinigten Staaten, so erklärte man, seien besorgt um die Währungslage in England, die ernste Auswirkungen auch auf die amerikanische Situation ausüben könne. Eine kollektive nukleare Lösung könne und müsse zu einer Erleichterung der englischen Devisenlage führen, da England allein die Kosten eines nationalen Waffensystems nicht tragen könne." AAPD, 1965, Dok. Nr. 417, Birrenbach an Schröder, 13. 11. 1965. Im State Department überlegte man nun offensichtlich, eine britische Beteiligung mit Aussichten auf eine Entlastung der englischen Zahlungsbilanz im Rahmen eines nuklearen Systems erreichen zu können. Es ließen sich aber keine Hinweise finden, daß dieser Aspekt zwischen britischen und amerikanischen Regierungsvertretern besprochen wurde. Auf höchster Ebene wurde darüber sicher nicht gesprochen. PRO, PREM 13/686, Records of Conversation between Wilson und Johnson, 16.–17. 12. 1965.

[113] „We were told that staffs were working overtime preparing position papers in preparation for the Erhard visit and that views were changing daily." PRO, PREM 13/805, UK-Del. to NATO to FO, 17. 12. 1965.

[114] Siehe hierzu: Schertz, Deutschlandpolitik, S. 337–339.

Die Bonner Regierung erwartete eine Beteiligung an einer multilateralen Atomstreit-macht mit gemischten Besatzungen und einer europäischen Option. Außerdem forderte sie eine Beteiligung an der nuklear-strategischen Planung der NATO in Form einer nu-klearen Planungsgruppe (*Nuclear Planning Group*, kurz: NPG) der führenden NATO-Staaten, wie sie Verteidigungsminister McNamara und Sicherheitsberater Bundy bereits als Ersatzlösung für die MLF ins Gespräch gebracht hatten.[115] Erhard legte Johnson bei seinem Besuch schließlich in einem umfassenden Memorandum die deutschen Vorstel-lungen dar. Anders als erwartet, ging Johnson jedoch während des Treffens mit Erhard kaum auf die nukleare Frage ein. Der amerikanische Präsident erklärte kurz, daß er einer nuklearen Beteiligung der Bundesrepublik nach wie vor positiv gegenüberstehe. Konkre-te Vereinbarungen wurden aber nicht getroffen.[116] Unmittelbar nach dem Treffen zwi-schen Johnson und Erhard war der britische Premier Wilson zu Unterredungen bei dem amerikanischen Präsidenten in Washington. In den Besprechungen mit Wilson hatte Johnson dem britischen Premier kurz zu verstehen gegeben, daß er sich keinesfalls mehr für eine NATO-Streitmacht engagieren werde.[117] Kurz darauf bat jedoch Johnson unter Bezugnahme auf das deutsche Memorandum den britischen Premierminister Wil-son, die Anliegen der Bundesrepublik wohlwollend zu prüfen und einer NATO-Atom-streitmacht grundsätzlich zuzustimmen.[118] Johnson verfolgte damit in der *nuclear-sharing*-Frage einen Schlingerkurs, der sowohl in der Bundesrepublik als auch in Groß-britannien nur sehr schwer verständlich war.

Wilson war über die unerwarteten, mahnenden Worte bezüglich der deutschen Inter-essen äußerst befremdet. In den Antwortschreiben an Erhard und Johnson ging er mit keinem Wort auf das deutsche Memorandum ein, sondern betonte statt dessen die Vorzü-ge und Möglichkeiten der nuklearen Planungsgruppe. Wilson wies seine Mitarbeiter an, die Korrespondenz mit Johnson in dieser Frage zu verzögern und diskret auf eine Aufga-be aller MLF-Konzepte zu drängen.[119] Der Premierminister teilte die Auffassung seines Abrüstungsministers, wonach die Pläne für die nukleare Streitmacht (Hardware-Lösung)

---

[115] Eine genaue Analyse der Entstehungsgeschichte und der konkreten Ausgstaltung der NPG gibt: Buteux, Nuclear Consultation, S. 39–68. Siehe auch: Haftendorn, Kernwaffen, S. 166–179, Bluth, Britain, S. 179–200.

[116] Zum Treffen Erhard–Johnson siehe Schertz, Deutschlandpolitik, S. 341–342. Interessant sind in diesem Zusammenhang auch die Aufzeichnungen von Staatssekretär Carstens über ein Gespräch mit dem amerikanischen Botschafter McGhee, in dem der Besuch Erhards im Dezember 1965 und die MLF zur Sprache kamen: „Ich wies den Botschafter auf das Gespräch zwischen dem Bundeskanzler und Präsident Johnson in Washington im Dezember 1965 hin, bei dem der Präsi-dent unsere Vorschläge als sehr hilfreich bezeichnet habe. Der Botschafter erwiderte, in einem vorangegangenen Gespräch habe aber Präsident Johnson versucht, dem Bundeskanzler das Pro-jekt auszureden (was richtig ist)." AAPD 1966, Dok. Nr. 268, Aufzeichnungen von Staatssekretär Carstens, 25. 08. 1966.

[117] Aus den Gesprächsprotokollen ergeben sich keine Hinweise, daß Johnson mit Wilson überhaupt über die MLF-Frage gesprochen hat. PRO, PREM 13/686, Records of Conversation, 16.–17. 12. 1965. Aus Wilsons persönlichen Notizen über die Begegnung geht hervor, daß Johnson Wilson kurz über die MLF-Diskussion innerhalb der amerikanischen Regierung im vergangenen Dezem-ber unterrichtete und versicherte, daß er in dieser Frage keine weitere Initiative mehr ergreifen werde. PRO, PREM 13/686, Notes of Prime Minister Wilson, 16. 12. 1965.

[118] Haftendorn, Glaubwürdigkeit, S. 146.

[119] PRO, PREM 13/805, Wilson to Erhard, 03. 01. 1966, Wilson to Johnson, 03. 01. 1966, Sir Oliver Wright (Private Secretary to PM) to Mr. MacLehouse (FO), 16. 03. 1966.

begraben und die Deutschen mit einer Beteiligung an der nuklearen Planungsgruppe (Software-Lösung) zufriedengestellt werden sollten. Auch das Foreign Office wies in einer ausführlichen Analyse die Forderungen Erhards zurück.[120] Johnson hatte unterdessen das Problem wieder aus den Augen verloren. US-Botschafter Bruce ließ die britische Regierung im Januar wissen, der Präsident habe noch keine Zeit gehabt, das weitere Vorgehen festzulegen. Zudem sei die Regierung in dieser Frage noch immer tief gespalten.[121] Vor Überraschungen aus Washington war man damit nach wie vor nicht sicher.

4. Großbritannien und die Verhandlungen zum Jahreswechsel 1965/1966. Ein Verzicht auf alle nuclear-sharing-Pläne?

Sicherheitsberater Bundy und Verteidigungsminister McNamara versuchten im Zuge der wiederaufgeflammten MLF-Debatte herauszufinden, ob die Briten nun bereit waren, ihre unabhängige Atommacht aufzugeben, wenn sich dadurch die Chancen für den Abschluß eines NPT erhöhten. Bundy und McNamara hatten folgenden Plan ausgearbeitet: Großbritannien sollte seine *Polaris*-U-Boote zusammen mit amerikanischen in eine multilaterale Streitmacht einbringen. Die USA, nicht jedoch Großbritannien, würden ein dauerhaftes Veto über diese Flotte haben. Die Bundesrepublik solle an dieser Flotte in einer noch nicht näher definierten Form beteiligt werden. Damit könne man zwei Fliegen mit einer Klappe schlagen. Bonn wäre die geforderte nukleare Mitsprache eingeräumt und das britische Atompotential unter Kontrolle gebracht worden. Die Sowjetunion, so nahm man an, würde möglicherweise eine Flotte mit einem garantierten dauerhaften Veto der USA akzeptieren.[122] Bundy und McNamarara sondierten daher während des Besuchs von Premier Wilson, welche Vorstellungen die britische Regierung in bezug auf die angekündigte Internationalisierung des britischen Arsenals und die Zukunft Großbritanniens als Atommacht hatte. Die amerikanischen Hoffnungen, dem britischen Atompotential Zügel anlegen zu können, waren gleichwohl unrealistisch. Die ANF-Konzeption der Labour-Regierung hatte bereits deutliche Hinweise auf die Zielsetzung der Nichtverbreitungspolitik gegeben. Premierminister Wilson, Außenminister Stewart und Verteidigungsminister Healey hatten diese grundlegende Frage im Juni 1965 theoretisch erörtert. Dabei bestand absolute Einigkeit, daß Großbritannien auch angesichts der fortschreitenden Proliferation ein eigenständiges Nuklearprogramm unbedingt fortsetzen sollte.[123]

[120] PRO, FO 371/181393, The NATO Nuclear Question, Dezember 1965, ohne genaues Datum.
[121] PRO, PREM 13/805, Sir P. Gore-Booth to FO, 14. 01. 1966.
[122] LBJL, NSF, Country File, UK, box 215, Briefing Paper: Points for Discussion with Prime Minister Wilson, 13. 12. 1965.
[123] PRO, PREM 13/128, Record of Conversation between Wilson, Stewart, Healey, Zuckerman and Trend, 02. 06. 1965. Interessant ist dabei besonders die Argumentation von Außenminister Healey: „The increasing risk of nuclear proliferation can not now be reduced by our abandoning the nuclear weapons and if a spread should take place, we might need our own weapons for defence purposes. If we decide to keep going the nuclear weapons programme we still retain the option of abandoning it later, should there be advantage in doing so; if we should decide on abandonment now we should be dropping irrevocably a capability which may prove of great value in a future period which we can not now foresee." Healey war damit gegen einen einseitigen Verzicht Großbritanniens, für ihn waren diese Waffen auch ein Faustpfand in der internationalen Politik.

Unabhängig davon sprach Wilson im Dezember 1965 mit Bundy, McNamara und Ball freimütig über die Zukunft der britischen Abschreckung. Dabei zeigte sich deutlich, daß für den britischen Premier die ANF nicht mehr aktuell war. Wilson plante, die *Polaris*-Flotte in Asien einzusetzen und für Großbritannien eine neue *world role* in Form einer asiatischen Atomstreitmacht unter britischer Führung zu suchen.[124] Großbritannien sollte als nukleare Schutzmacht der asiatischen Commonwealth-Staaten Weltgeltung zurückerlangen. Staaten wie Indien würden im Rahmen einer asiatischen Atomstreitmacht oder „Commonwealth-ANF", wie Außenminister Stewart das Projekt bezeichnete, an der nuklearen Verteidigung beteiligt und dadurch davon abgehalten, eigene Kernwaffen zu entwickeln. Von einer Aufgabe der unabhängigen Abschreckung, wie sie die Labour-Partei im Wahlkampf gefordert hatte, war dabei freilich nicht die Rede. Großbritannien würde natürlich ein Veto über diese *Pacific Nuclear Force* behalten. Im europäischen Rahmen, so Wilson, wäre die Bundesrepublik nicht mehr unmittelbar mit dem britischen Atompotential konfrontiert, da es in Europa keine Rolle mehr spielen würde.[125] Die Labour-Regierung sah damit die Zukunft der unabhängigen britischen Abschreckung in Form einer *Pacific Nuclear Force* unter britischer Führung. Die amerikanischen Verteidigungsexperten waren dieser Idee nicht abgeneigt. Diese Planung entsprach sehr stark der amerikanischen Konzeption, wonach das Problem Proliferation im Hinblick auf die verschiedenen betroffenen Staaten individuell gelöst werden sollte. Wenn durch ein britisches Engagement in Asien nationale Proliferation verhindert werden konnte, schien dies durchaus im amerikanischen Interesse zu liegen.

Lord Chalfont war unterdessen nicht minder weit als Wilson von der ANF entfernt, er hätte allerdings die Hoffnungen Bundys auf eine Aufgabe des nationalen britischen Atompotentials unter Umständen erfüllt. Der Abrüstungsminister ließ eine Studie zu der Frage erstellen, ob eine einseitige Aufgabe der britischen Nuklearmacht die Chancen auf den Abschluß eines NPT erhöhen würde. Was Chalfont allerdings nicht wollte, war eine nukleare Beteiligung und Aufwertung der Bundesrepublik Deutschland. Dem Abrüstungsminister schwebte die Übergabe des britischen Atompotentials an ein neu zu gründendes, internationales Gremium, eventuell im Rahmen der Vereinten Nationen, bzw. die völlige Aufgabe der Kernwaffen vor, um der deutschen Forderung nach nuklearer Mitsprache die Grundlagen zu entziehen. Er wollte diesen Weg gehen, falls sich dadurch die Aussichten auf einen NPT erheblich verbesserten. Dies bedeutete keineswegs, daß er eine Gleichstellung mit den übrigen europäischen Mächten billigend in Kauf genommen hätte. Chalfont dachte, genau wie Wilson, nicht europäisch, sondern an Großbritannien als führende Macht des Commonwealth. Er sah jedoch einen Statusunterschied zu den anderen europäischen Mächten durch die *special relationship* gewährleistet. Chalfont betonte immer wieder die Bedeutung der engen Zusammenarbeit mit den USA in globalen politischen Fragen. Er verstand die Großmachtrolle Großbritanniens im Kontext eines westlichen Führungsduos, dem die Bundesrepublik Folge zu leisten habe. Großbritanni-

---

Healey argumentierte in dieser Hinsicht ganz ähnlich wie der rechte Regierungsflügel in Bonn. Ein nuklearer Verzicht könne nur gegen eine entsprechend wertvolle Gegenleistung erfolgen. Gleichzeitig kalkulierte er ganz bewußt mit einem tatsächlichen Einsatz der Kernwaffen – auch unabhängig von den USA. PRO, PREM 13/128, Memo by the Minister of Defence, 11. 06. 1965.
[124] PRO, PREM 13/686, Record of Conversation, 17. 12. 1965.
[125] Ebenda.

en sollte in enger Kooperation mit den USA eine aktive Sicherheitspolitik im Nahen und Fernen Osten betreiben, unter Umständen auch ohne eigene Kernwaffen.[126] Dieser entscheidende Punkt machte Chalfont zum Außenseiter innerhalb seiner Regierung.[127]

Die Aufforderung an das Foreign Office, eine Aufgabe des britischen Atompotentials als realistische Möglichkeit in Betracht zu ziehen, war eine Provokation der eigenen Regierung. Chalfont war bereit, tatsächlich eine umfassende nukleare Abrüstung ins Auge zu fassen, vorausgesetzt dadurch könnte eine globale nukleare Abrüstung erreicht werden. Ein Memorandum des Foreign Office kam zu dem Schluß, daß sich die Chancen auf einen NPT durch die Auflösung des britischen Potentials nicht erhöhen würden.[128] Im Foreign Office argumentierte man, daß dieser Schritt nur gemeinsam mit Frankreich Sinn mache. Sonst bestehe die Gefahr, daß auch andere europäische Staaten versuchen könnten, aus Prestigegründen Atommacht zu werden. Sollte sich Großbritannien freiwillig vom *top table* zurückziehen, könnte eine andere europäische Macht diesen Sitz anstreben. Außerdem wolle man Frankreich nicht den Rang der einzigen unabhängigen Atommacht in Europa einräumen.

In der regierungsinternen Auseinandersetzung um die Zukunft des britischen Atompotentials zeigte sich einmal mehr, wie sehr die Statusfrage die Diskussion um Nichtverbreitung dominierte. London suchte eine Rolle für die *Polaris*-Flotte, die die britische Weltmachtstellung garantieren sollte, ohne in Bonn ein Gefühl der Zweitklassigkeit hervorzurufen. Gleichzeitig wollte man unter gar keinen Umständen eine Statusminderung gegenüber Frankreich hinnehmen. In Bonn dachte man ebenfalls in Kategorien von Prestige und internationalem Ansehen. Bonn forderte eben gerade die Aufhebung des nuklearen Minderstatus und nukleare Gleichberechtigung mit Großbritannien im Rahmen einer NATO-Streitmacht. Als die MLF schließlich endgültig aufgegeben wurde, zeigte sich, daß – abgesehen davon, daß man die nukleare Option als *bargaining chip* gegenüber der Sowjetunion behalten wollte – der einseitige nukleare Verzicht bündnisintern hauptsächlich ein Prestigeproblem war. Staatssekretär Carstens stellte zum NPT fest: „Wenn wir dem Abkommen beitreten, vermindert sich unser Status im Vergleich zu den Atommächten weiter; und zwar nicht nur gegenüber den USA und der Sowjetunion, sondern auch gegenüber unseren europäischen Partnern England und Frankreich, mit denen wir uns an Bedeutung und Einfluß vergleichen können und müssen.“[129] Genau das versuchte

---

[126] Chalfont legte sein außenpolitisches Konzept für Großbritannien im April 1964 in der *Times* dar. The Times, 06. 04. 1964. Siehe hierzu auch S. 119.

[127] So rieten beispielsweise die Beamten im Verteidigungsministerium Healey dringend, Chalfont wegen seiner abrüstungspolitischen Äußerungen zur Ordnung zu rufen. PRO, DEFE 24/223, Mr. Andrew to Mr. Healey, 21. 07. 1966. Healey bat Chalfont daraufhin in einem Schreiben um Zurückhaltung mit Aussagen über eine britische Bereitschaft, nukleare Trägersysteme abzuschaffen. PRO, DEFE 24/223, Healey to Chalfont, 22. 07. 1966.

[128] PRO, FO 371/181393, FO-Memo: Non-Dissemination and the UK-Deterrent, November 1965, ohne genaues Datum.

[129] AAPD, 1966, Dok. Nr. 367, Aufzeichnungen von Staatssekretär Carstens, 14. 11. 1966. Carstens' Memorandum lag sowohl Außenminister Schröder als auch dem designierten Bundeskanzler Kiesinger und dem zukünftigen Außenminister Brandt vor. Schröder vermerkte in einem Begleitschreiben: „Ich bin im wesentlichen einverstanden – Bedenken habe ich nur gegen Darstellung der niederländischen Rolle und gegen Teile des Frankreichkapitels." Ebenda, Anmerkung 1. Über den geringen militärischen Nutzen der MLF war man sich sowohl in Bonn als auch in Washington im klaren, siehe: Schertz, Deutschlandpolitik, S. 338.

London zu verhindern. Der Abrüstungsminister ging insofern neue Wege, als er die britische Weltmachtstellung nicht auf den Besitz von Kernwaffen zurückführte, sondern die britische *world role* über die *special relationship* gewährleistet sah.

Die britische Regierung hatte die ANF stillschweigend fallengelassen. Diese Position durfte mit Rücksicht auf die Bundesrepublik und die USA noch nicht die offizielle Politik darstellen. Die amerikanische MLF-Politik war völlig unberechenbar. Die Briten waren Anfang 1966 im unklaren darüber, welchen Kurs Washington nun weiter verfolgen würde. In London hoffte man, die USA würden schließlich und endlich die Hardware-Lösung zugunsten eines NPT begraben und versuchen, die Bundesrepublik für eine nukleare Planungsgruppe zu gewinnen. Andererseits befürchtete die Regierung nach dem Schreiben des amerikanischen Präsidenten, Washington werde irgendwann tatsächlich Druck auf London ausüben, einer Hardware-Lösung zuzustimmen. Gleichzeitig war die Sowjetunion immer noch nicht bereit, das Junktim zwischen einem Verzicht auf alle Konzeptionen über nukleare Mitsprache in der NATO und dem NPT aufzugeben. In dieser Situation blockierte die ungelöste *nuclear-sharing*-Frage nicht nur eine Neuordnung innerhalb des westlichen Bündnisses, sondern vor allem ein Vorankommen in den Genfer Verhandlungen. Der britischen Regierung war nun daran gelegen, diese Situation endlich zu klären. Innerhalb der NATO mußte eine Lösung gefunden werden, damit die NPT-Verhandlungen konstruktiv weitergeführt werden konnten. Es bestand die Gefahr, daß die Sowjetunion angesichts eines endlosen Taktierens um die MLF die Verhandlungen beendete. Zugleich mußte der Kreml dazu gebracht werden, diese Lösung zu akzeptieren. Insofern erachtete London an zwei Fronten Überzeugungsarbeit und „Entscheidungshilfe" für unerläßlich. Der Westen mußte in der Nichtverbreitungspolitik auf eine einheitliche Linie gebracht werden, die nach Möglichkeit ein Entgegenkommen gegenüber den Vorstellungen in Moskau beinhaltete. Den Kreml mußte man davon überzeugen, daß der Westen an einem Abkommen nachhaltig interessiert und Kompromißbereitschaft vorhanden war.

Ende des Jahres 1965 forderte der britische Delegierte in Genf, Sir Harold Beeley, in einem langen Schreiben an das Foreign Office, daß das Außenministerium so schnell wie möglich eine Lösung der *nuclear-sharing*-Frage in Angriff nehmen solle. Beeley bezeichnete alle Verhandlungen mit der Sowjetunion als sinnlos, bevor nicht geklärt sei, wie die NATO-interne nukleare Mitsprache konkret aussehen solle. Zudem sei ein weiteres Verzögern der Verhandlungen mit der Sowjetunion gefährlich, da diese langsam die Geduld mit dem Westen verliere.[130] Lord Chalfont forderte ebenfalls ein Ende der Diskussionen und einen eindeutigen Beschluß. Er fürchtete, die Johnson-Regierung strebe nun doch eine Hardware-Lösung an, daher solle die Entscheidung so bald wie möglich fallen.[131] Chalfont wies Foster in den bilateralen Gesprächen Ende Januar 1966 auch darauf hin, daß die Problematik der nuklearen Mitsprache nun baldmöglichst gelöst werden müsse. Die Briten planten daher, während der anglo-amerikanischen Gespräche noch einmal einen Vertragsentwurf vorzulegen. Sollten sich die USA und die übrigen NATO-Verbündeten auf diese Version einigen können, wäre immerhin in der Frage der Nichtverbreitung endlich eine gemeinsame westliche Position erzielt.

Der zweite britische Vertragsentwurf war so formuliert, daß die Gründung einer europäischen Atomstreitmacht möglich war, vorausgesetzt, eine der bisherigen europäischen

---

[130] PRO, FO 371/187460, Beeley (UK-Del., Geneva) to Street (FO), 29. 12. 1965.
[131] PRO, FO 371/187460, Record of Conversation in the FO, 06. 01. 1966.

Atommächte behielt ein dauerhaftes Vetorecht.[132] Dieser Entwurf war damit weniger restriktiv als der erste. Als die Briten diese Fassung in Washington vorlegten, stellte sich jedoch heraus, daß auch die ACDA den bisherigen amerikanischen Entwurf überarbeitet hatte und ebenfalls einen neuen Text besprechen wollte. Nach längeren Diskussionen um Nuancen in der Formulierung waren Chalfont und Beeley einverstanden, dem amerikanischen Entwurf zuzustimmen.[133] Die USA waren in der Frage der europäischen Option den Briten ein kleines Stück entgegengekommen. Die britische Regierung verstand den Text so, daß eine europäische Option nur noch mit Beteiligung einer der bisherigen europäischen Atommächte möglich sei. Allerdings schloß der Text nach der britischen Interpretation eine *majority-voting option*, also Kontrolle per Mehrheitsentscheid, noch nicht aus.[134] Damit war erstmals eine anglo-amerikanische Einigung über den zentralen Artikel eines Vertragstextes erzielt worden. Großbritannien wollte nun so schnell wie möglich die Zustimmung der übrigen NATO-Partner einholen, um den Text dann in trilateralen Gesprächen mit der Sowjetunion zu diskutieren.

Neben dem zähen Ringen mit dem engsten Verbündeten setzte die Regierung in London auf intensive Kontakte zum Kreml, um die tatsächlichen Chancen für einen NPT zu erforschen und die Moskauer Führung nach Möglichkeit für eine Kompromißlösung zu gewinnen. Lord Chalfont war bereits Anfang Dezember 1965 in Moskau gewesen. Im Februar 1966 reiste Premierminister Wilson in Begleitung des Abrüstungsministers in die Sowjetunion. Premierminister Wilson schlug ein Treffen der drei führenden Atommächte vor, um, wie in den Verhandlungen um den PTBT, in trilateralen Gesprächen einen Kompromiß zu finden.[135] Wilson wollte auf diesem Weg Großbritannien zurück an einen Tisch der „Großen Drei" holen, nachdem sich die USA geweigert hatten, die Briten in die bilateralen Diskussionen mit einzubeziehen. ACDA-Direktor Foster gab dem sowjetischen Außenminister Gromyko auf dessen Anfrage hin zu verstehen, daß die USA keine trilateralen Gespräche auf Außenministerebene wünschten.[136]

Der Abrüstungsminister, der im März 1966 noch einmal zu Gesprächen in Moskau war, hatte in erster Linie versucht herauszufinden, ob die Sowjetunion im Falle einer Aufgabe der Hardware-Lösung tatsächlich bereit sei, einen NPT zu unterzeichnen.[137] Chalfont

---

[132] PRO, FO, 371/187460, British Draft Treaty, Januar 1966, ohne genaues Datum.

[133] Beeley erklärte am Ende der Diskussionen: „Since the UK believed we now had a better treaty, it would support it, and it would not volunteer any statements or reservations regarding the European option part of the problem." NA, RG 59, CFPF, DEF 18, box 1595, Memo of Conversation, 20. 01. 1966. Freeman spricht hingegen davon, daß die USA diesen Entwurf trotz der britischen Ablehnung Ende März in der ENDC vorgelegt hätten. Freeman, Britain's Arms Control Policy, S. 223.

[134] PRO, FO 371/187460, Street (FO) to Barnes (FO), 25. 01. 1966. Der zentrale Artikel I des amerikanischen Entwurfs war äußerst umfangreich und wird deshalb hier nicht wiedergegeben. Er befindet sich in PRO, FO 371/187460, US-Draft Treaty, Januar 1966, ohne genaues Datum. Es zeigt sich, daß die Entwürfe im Laufe der Zeit immer komplizierter wurden und die Frage, was die jeweilige Formulierung definitiv ausschloß bzw. erlaubte, kaum noch zu beantworten war. In der folgenden Zeit gab es im Foreign Office immer wieder Auseinandersetzungen über die Interpretation verschiedener Formulierungen.

[135] PRO, PREM 13/1251, Memo of Conversation, 23. 02. 1966.

[136] PRO, PREM 13/1251, Brit. Emb., Moscow, to FO, 22. 03. 1966.

[137] „Lord Chalfont asked on the hypothetical assumption that the West had to stop discussing consultation on nuclear problems, what would be regarded as a satisfactory sign of this. Mr. Gromyko said that either separately or jointly they should say that they had no such plans. There was no

fragte Gromyko, wie ein Verzicht auf die *nuclear-sharing*-Pläne für die Kreml-Führung zufriedenstellend zum Ausdruck gebracht werden könne. Gromyko gab mit der expliziten Zusicherung, Moskau werde dieses westliche Zugeständnis nicht propagandistisch ausschlachten, deutlich zu verstehen, daß die Aussicht auf eine multilaterale NATO-Streitmacht für die Sowjetunion das zentrale Hindernis gewesen war und ein definitives Ende dieser Pläne den Weg für den NPT frei machen werde. Chalfont empfahl daraufhin seiner Regierung eine „concerted action against the hardware solution"[138]. Hinzu kam noch, daß die Sowjetunion den anglo-amerikanischen Vertragstext Ende März in Genf ablehnte. Der sowjetische Delegierte Roschtschin argumentierte, daß ein Verbot von *control* über Kernwaffen nicht ausreiche. Roschtschin unterstrich, der Sowjetunion komme es darauf an, auch *access* und *transfer* zu verbieten.[139] Dies zielte einmal mehr auf die *nuclear-sharing*-Pläne des Westens. Premierminister Wilson war indes zur selben Überzeugung gekommen wie Chalfont. Wilson ließ auch gegenüber amerikanischen Regierungsvertretern keinen Zweifel mehr daran, daß er – sollten die USA doch noch auf einer NATO-Flotte bestehen – eine Kraftprobe innerhalb des Bündnisses riskieren werde. Wilson erklärte gegenüber Arthur Goldberg, dem amerikanischen Botschafter bei den Vereinten Nationen: „What now had become crystal clear to him [Wilson] was that he would be totally opposed to any solution of the nuclear problems of the Alliance which would give the Germans any access to nuclear hardware. . . . If it ever became necessary for him to bang the table in dealing with the affairs of the Alliance, it would be on this subject that he would bang it."[140] Die ACDA-Führung sollte nun zur Aufgabe der *majority-voting option* überredet werden. Der britische Botschafter in Washington, Dean, richtete im Juni 1966 ein entsprechendes Schreiben an ACDA-Direktor Foster. Dieser teilte die Ansicht der britischen Regierung; er war aber realistisch genug zu sehen, daß die amerikanische Regierung nicht in der Lage war, eine Entscheidung zu treffen.[141]

Der verstärkte Druck, die MLF-Pläne endgültig fallenzulassen, wurde von Sir Shuckburgh, dem britischen Vertreter bei den Vereinten Nationen, und dem britischen Botschafter in Bonn, Roberts, nicht begrüßt. Beide forderten mehr Rücksicht auf die Bundesrepublik. Zunächst müsse die durch den französischen Austritt aus der NATO im März 1966 provozierte Krise innerhalb des Bündnisses gelöst werden. Frankreich hatte – nicht unerwartet – den Austritt aus dem Bündnis mit Wirkung vom 1. Juli 1966 erklärt.[142]

---

fear that the Soviet Government would make public capital of a Western abandonment of position. They would simply take note of it and proceed with the negotiations. This was because each side would gain equally by such act." PREM 13/1251, Record of Conversation, 22. 02. 1966.

[138] PRO, PREM 13/1251, Chalfont to FO, 26. 03. 1966.

[139] Zu den genauen Details der Roschtschin-Begründung siehe: Seaborg, Tide, S. 177–178.

[140] PRO, PREM 13/805, Memo of Conversation, 04. 03. 1966. Interessant ist in diesem Zusammenhang folgender Eindruck aus Washington über die angebliche Haltung der britischen Regierung: „Dazu berichtete Botschafter Knappstein, Washington, bereits am 30. November 1965, im amerikanischen Außenministerium bestehe der Eindruck, daß die Haltung von Stewart, der offenbar von Chalfont beeinflußt sei, und auch die von Healey gegenüber hardware-Lösungen recht negativ erscheint. In etwas geringerem Maße gelte das von Wilson selbst. Vermutlich werde die britische Regierung sich letzten Endes doch zu einer hardware-Lösung verstehen. . ." AAPD, 1965, Dok. Nr. 468, Anm. 6.

[141] PRO, FO 371/187465, Dean to Hood, 01. 06. 1966.

[142] Zum Austritt Frankreichs aus der NATO siehe: Haftendorn, Glaubwürdigkeit, S. 11–23 sowie Bozo, France, Kap. 2 und Harrison, Reluctant Ally, S. 49–71.

_Dieser Schritt muß im Zusammenhang mit de Gaulles Ablehnung der Strategie der *flexible response*, seinen Vorstellungen von der Rolle Frankreichs in der NATO – seinem Vorschlag einer nuklearen Dreierherrschaft von 1958 – und dem Nassauer Abkommen gesehen werden und war eine Herausforderung an die Vereinigten Staaten, die Frankreich eine gleichberechtigte Rolle im westlichen Bündnis und nukleare Kooperation verweigert hatten. In dieser Situation warnte Roberts davor, die ohnehin angespannten Beziehungen zu Bonn zusätzlich mit der MLF-Diskussion zu belasten.[143] Der amerikanische Außenminister war ebenfalls der Ansicht, daß die Regierung in Bonn zunächst mit dieser Krisensituation genug zu tun habe. Er sah eine Stabilisierung des westlichen Bündnisses als vorrangig an. Rusk machte auch in den Gesprächen mit dem britischen Außenminister deutlich, daß seiner Meinung nach die Verhandlungen mit der Sowjetunion um den Nichtverbreitungsvertrag erst einmal zurückgestellt werden sollten.[144] Damit prallten trotz der anglo-amerikanischen Einigung über einen Vertragstext nun zwei Extrempositionen aufeinander. Rusk sah in bezug auf den NPT keinen akuten Handlungsbedarf. Für ihn war klar, daß die Atommächte ohnehin nicht weiterverbreiten würden. Er hatte wiederholt deutlich gemacht, daß für ihn das Problem nicht in Bonn, sondern in der Eigeninitiative von Staaten wie Indien und Israel liege, dem man auf bilateraler Ebene begegnen solle. Der britische Premier Wilson und die britische Delegation in Genf drängten darauf, den Weg für einen NPT so schnell wie möglich frei zu machen. Dafür war man auch durchaus bereit, die Deutschen ein wenig *rude* zu behandeln.

Die Erwartungen bezüglich einer französischen Mitarbeit in Genf waren schon vor dem französischen NATO-Austritt nahezu auf den Nullpunkt gesunken. Ende des Jahres 1965 hatten noch verschiedene Anzeichen aus Paris darauf hingedeutet, daß Frankreich im folgenden Jahr möglicherweise seinen Sitz in der Genfer Konferenz einnehmen würde. Frankreich war den Genfer Verhandlungen mit der Begründung ferngeblieben, in Genf würde nicht über tatsächliche nukleare Abrüstung verhandelt, sondern über eine Zementierung des nuklearen Klubs der Atommächte. Diese ablehnende Position resultierte aus der Haltung de Gaulles, der die *force de frappe* als ein Instrument betrachtete, das nukleare Monopol der Supermächte zu brechen und die Glaubwürdigkeit der Abschreckung wiederherzustellen, die durch die Strategie der *flexible response* verlorengegangen war. Im Laufe des Jahres 1965 hatte die französische Regierung allerdings mit dem Kreml über Abrüstungsfragen gesprochen. Gromyko unterstützte bei einem Besuch in Paris im Mai eine Forderung Frankreichs nach einer Konferenz der Atommächte. Die französische Regierung vertrat in der Abrüstungspolitik einen Ansatz, der in direktem Gegensatz zu den britischen und amerikanischen Zielen stand. Frankreich forderte umfassende nukleare Abrüstung der Supermächte als ersten Schritt, dann werde sich das Problem der Nichtverbreitung von selbst lösen. Die Briten drängten darauf, zunächst die Gefahr der Weiterverbreitung von Kernwaffen zu bannen, danach könne über Abrüstung verhandelt werden. Im Oktober hattte Außenminister Couve die französische Haltung nochmals deutlich gemacht. Die Kommentare aus London waren wenig freundlich: „The French approach to non-dissemination contains elements of practically every attitude of which we disapprove. M. Couve follows the most extreme Indian position in suggesting that measures of nuclear disarmament should precede a non-dissemination

---

[143] PRO, FO 371/187466, Shuckburgh to Hood, 17. 6. 1966, sowie Roberts to Hood, 01. 07. 1966.
[144] PRO, PREM 13/1251, Record of Conversation, Juni 1966, ohne genaues Datum.

agreement. . . . Fortunately whether France is or is not prepared to sign a non-dissemination treaty is of less importance than in the case of the Test Ban Treaty, except as a disruptive example to the near-nuclear states."[145]

Folglich war man im Foreign Office über das französische Fernbleiben in Genf nicht unglücklich. Auf eine Anfrage der britischen Botschaft in Paris, ob Frankreich doch noch zu einer Teilnahme bewegt werden solle, kam man im Foreign Office zu dem Schluß, daß die Franzosen in Genf nur „furchtbare Nervensägen" wären.[146] Einige Monate später versuchten die USA herauszufinden, ob eine Chance bestehe, daß Frankreich seinen Sitz in Genf doch noch einnehme.[147] Der nächste Paukenschlag de Gaulles war jedoch keineswegs eine Ankündigung der französischen Teilnahme in Genf, sondern der Austritt Frankreichs aus der NATO. Damit endeten zugleich die anglo-amerikanischen Bemühungen, Frankreich zur Zusammenarbeit in Genf zu bewegen. Gleichzeitig bestand nun die Notwendigkeit, Solidarität mit der Bundesrepublik zu zeigen, um Bonn auf seiten der USA zu halten.

5. Die Einigung der Supermächte Ende 1966

Großbritannien und die bilateralen Verhandlungen

Mit dem französischen NATO-Austritt rückten die Sicherheitsinteressen der Bundesrepublik wieder stärker in das Blickfeld der westlichen Allianz. Damit schienen die Chancen für eine nukleare Beteiligung der Bundesrepublik wieder zu wachsen. Unterdessen war allerdings der Druck auf Präsident Johnson, den Weg für ein Nichtverbreitungsabkommens frei zu machen, beträchtlich gestiegen. Im Januar hatte Senator John Pastore, zweiter Vorsitzender des *Joint Committee on Atomic Energy*, eine Resolution eingebracht, die verstärkte Maßnahmen des Präsidenten forderte, um das Problem der Weiterverbreitung von Kernwaffen so schnell wie möglich zu lösen.[148] Im März fanden verschiedene Anhörungen im Senat statt, bei denen unter anderem der Außen- und der Verteidigungsminister sowie die ACDA-Führung über die Nichtverbreitungspolitik Rede und Antwort stehen mußten. Die Differenzen innerhalb der Johnson-Regierung zwischen Befürwortern und Gegnern eines NPT offenbarten sich dabei an den Vorträgen von Rusk und McNamara. McNamara, Foster und Seaborg lieferten gleichwohl zusammen mit Senator Pastore ein überzeugendes Plädoyer dafür, dem Abschluß eines NPT nun eindeutigen Vorrang vor einer kollektiven NATO-Nuklearstreitmacht einzuräumen.[149] Die Pastore-Resolution wurde schließlich im Juni im Senat ohne eine einzige Gegenstimme angenommen. Johnson gratulierte Pastore in einem Schreiben zu diesem Er-

---

[145] PRO, FO 371/181393, Brit. Embassy, Paris, to FO, 22.10.1965. Minute by Stuart (FO), 28.10.1965.

[146] PRO, FO 371/181365, Brit. Embassy, Paris, to FO, 21.12.1965. Minute by Street (FO), 06.01.1966.

[147] NA, RG 59, CFPF, DEF 18, box 1592, Memo of Conversation, 19.02.1966.

[148] Seaborg, Tide, S. 180. Bunn, Arms Control, S. 73.

[149] Seaborg gibt einen genauen Überblick über die verschiedenen Argumente. Danach erklärte vor allem Verteidigungsminister McNamara in einer engagierten Rede, daß es ein absolutes Sicherheitsinteresse der USA sei, die Anzahl der Atommächte auf die bestehenden zu begrenzen. Siehe: Seaborg, Tide, S. 181–182.

folg und informierte ihn davon, daß er ACDA-Direktor Foster angewiesen habe, so bald wie möglich einen neuen Anlauf zu starten, um ein Abkommen mit der Sowjetunion zu erreichen.

Die Pastore-Resolution hatte damit ihren Zweck erreicht. Die Idee zu dieser Resolution stammte von ACDA-Vize Fisher, der nach Möglichkeiten gesucht hatte, den Präsidenten indirekt positiv zu beeinflussen, denn die Abrüstungsbehörde hatte keinen direkten Zugang zum Präsidenten. Fisher war es leid, daß Johnson alle abrüstungspolitischen Vorschläge mit dem Außenminister, aber niemals mit der ACDA-Führung besprach. Von Rusk war in bezug auf den NV-Vertrag keine engagierte Haltung zu erwarten. Das eindeutige Votum des Senats gab dem Präsidenten die Sicherheit, daß er mit einem Nichtverbreitungsvertrag keinerlei Gefahr lief, im Kongreß eine Niederlage hinnehmen zu müssen. Johnson hatte eine traumatische Angst davor, ein Debakel à la Wilson zu erleben, dies hatte sich schon deutlich in der MLF-Frage gezeigt. Mit dem positiven Votum des Senats war für Johnson ein ganz entscheidender Unsicherheitsfaktor beseitigt. Der Präsident konnte sich nun des Rückhalts und der Unterstützung der Abgeordneten sicher sein.

Die ACDA-Führung nahm auch weiterhin über Umwege Einfluß auf den Präsidenten. Fisher wandte sich zusammen mit Spurgeon Keeny, einem Mitglied des *Gilpatric Committee*, sowie John McNaughton, einem engen Vertrauten von Verteidigungsminister McNamara, an den neuen außenpolitischen Berater des Präsidenten, Bill Moyers.[150] Moyers wurde nach eingehenden Gesprächen mit der ACDA-Führung zu einem überzeugten Befürworter eines NPT und machte seinen Einfluß bei Johnson geltend. Nach der Annahme der Pastore-Resolution fielen die Argumente der Abrüstungsbehörde auch bei Johnson auf fruchtbaren Boden.[151] Am 5. Juli signalisierte Johnson während einer Pressekonferenz nicht nur der Sowjetunion, sondern auch der eigenen Regierung, daß er in der Nichtverbreitungspolitik eine Entscheidung getroffen hatte: „We are doing everything we can to reach an agreement on such a treaty. We are very anxious to do it. We hope the Soviet Union will meet us and find an acceptable compromise in language which we can both live with. . . . We think it is the most important decision of our time and we are going to do everything to bring people together on it.“[152] Johnsons Aussage war klar: Die USA würden von nun an in den bilateralen Verhandlungen nicht mehr versuchen, Forderungen, die die Gegenseite ablehnte, in dem Vertragstext zu verankern, sondern sich bemühen, einfache Formulierungen zu finden, die beide Seiten zu ihren Gunsten interpretieren konnten. Eine Einigung der Supermächte sollte nun innerhalb von wenigen Monaten gelingen.

Warum erfolgte die Entscheidung des Präsidenten so spät? Immerhin war Johnson – anders als Rusk oder Sicherheitsberater Rostow – kein überzeugter Befürworter einer nuklearen NATO-Streitmacht. Johnsons ganzes außenpolitisches Interesse galt dem Vietnamkrieg. Dies wurde insbesondere zum Jahreswechsel 1965/66 deutlich. Erhard und Wilson waren im Dezember 1965 nach Washington gekommen, um die *nuclearsharing*-Frage zu klären. Mit beiden sprach Johnson aber hauptsächlich über Vietnam.

---

[150] Bunn, Arms Control, S. 73–74. Bunn nannte diese Gruppe „the cabal within the Johnson-Administration“.
[151] Bunn, Arms Control, S 74.
[152] Documents on Disarmament 1966, S. 405.

Die ACDA-Führung hatte, anders als unter Präsident Kennedy, keinen direkten Zugang zum Präsidenten. Johnson befürchtete mangelnde Unterstützung für ein Nichtverbreitungsabkommen im Kongreß, und mit Sicherheitsberater Rostow und Außenminister Rusk waren seine engsten Berater auf die nukleare Hardware-Lösung fixiert und an einem NPT uninteressiert. Rusk registrierte allerdings als einer der ersten den Prioritätenwechsel im Weißen Haus und vollzog innerhalb kürzester Zeit eine Kehrtwendung. Er wies bereits Ende Juni die ACDA-Führung an, den jüngsten hochkomplizierten Vertragsentwurf durch einen vereinfachten Text zu ersetzen.[153]

Der neue sowjetische Delegationsleiter in Genf, Roschtschin, erklärte Ende Juli, daß das Kernstück eines Vertrags das Verbot des „Transfers" von Kernwaffen sein müsse.[154] Foster griff diese Aussage Roschtschins auf und wies Fisher in Genf an, seinem sowjetischen Kollegen eine einfache Formulierung vorzulegen, die ohne nähere Definition schlichtweg „the transfer of nuclear weapons" verbieten würde. Fisher sollte diesen Entwurf auf für beide Seiten unverbindlicher Basis mit Roschtschin diskutieren.[155] Roschtschin lehnte die Formulierung ab, da sie ein Verbot des Transfers an Nichtkernwaffenstaaten, nicht jedoch an Staatengruppen, vorsah. Foster schlug daraufhin in einem Memorandum an Rusk folgendes weitere Vorgehen vor: „I think in order to obtain a treaty, we would have to prohibit the transfer of nuclear weapons to a non-nuclear weapon state either directly or indirectly through a group of states. . . . I would recommend a letter from the President to the Chancellor indicating that a NATO force involving mixed ownership of nuclear weapons supplied by the US does not appear to be feasible . . . Once this had been accomplished the United States would be in a position to undertake serious negotiations with the Soviet Union . . . ."[156] Johnson war noch nicht bereit, Erhard die Illusion im bezug auf die MLF zu nehmen, aber die beiden Außenminister Rusk und Gromyko vereinbarten, daß eine amerikanisch-sowjetische Arbeitsgruppe umgehend beginnen solle, einen gemeinsamen Text zu formulieren. Als sich diese Gruppe unter der Leitung von Foster und Roschtschin einige Wochen später auf einen ersten Entwurf geeinigt hatte, traf sich Präsident Johnson mit seinen engsten Beratern in Camp David, um über den Text zu beraten. Dort wurde beschlossen, die Formulierung zurückzuweisen. Johnson befürchtete, eine Annahme könne die NATO vor eine Zerreißprobe stellen und die Deutschen dazu veranlassen, dem Vorbild de Gaulles zu folgen.

Anfang Dezember 1966 akzeptierten Rusk und Gromyko unter Vorbehalt folgende Version: „Each nuclear-weapon State Party to this Treaty undertakes not to transfer to any recipient whatsoever nuclear weapons or other nuclear explosive devices or control over such weapons or explosive devices directly, or indirectly; and not in any way to as-

---

[153] Seaborg, Tide, S. 189.
[154] Die Betonung lag dabei auf „transfer". Die Sowjetunion hatte an dem letzten amerikanischen Entwurf kritisiert, daß er nur „transfer of control" verbieten würde, nicht aber „transfer of weapons". Die entscheidende Phase der bilateralen Verhandlungen zwischen der Sowjetunion und den USA ist sowohl bei Bunn als auch bei Seaborg minutiös dokumentiert. Bunn gehörte der Gruppe an, die ab September an der Formulierung eines gemeinsamen Textes arbeitete. Daher wird das amerikanisch-sowjetische Ringen um einen gemeinsamen Text im folgenden verhältnismäßig knapp behandelt. Zu den verschiedenen Formulierungen, die zur Diskussion standen, siehe insbesondere: Bunn, Arms Control, S. 75–79.
[155] LBJL, NSF, National Security Council History, NPT, box 55, Foster to Fisher, 27. 07. 1966.
[156] LBJL, NSF, National Security Council, History, NPT, box 55, Foster to Rusk, 30. 08. 1966.

sist, encourage, or induce any non-nuclear-weapon State to manufacture or otherwise acquire nuclear weapons or other nuclear explosive devices, or control over such weapons or explosive devices."[157] Die Formulierung „to any recipient whatsoever" zielte nicht direkt auf das Problem der nuklearen Teilhabe innerhalb von Staatengruppen und schien damit für die Deutschen ein klein wenig leichter verträglich als die letzte Version, die die Staatengruppen explizit genannt hatte. Trotzdem umfaßte der Text auch ein Weitergabeverbot an Staatengruppen. Außerdem verbot er nicht nur „transfer of control", sondern auch „transfer of ownership". Dies waren die zentralen westlichen Zugeständnisse an Moskau. Er erlaubte die Gründung einer nuklearen Planungsgruppe und die Stationierung von amerikanischen Atomwaffen auf NATO-Gebiet, solange diese Waffen unter der Kontrolle und im Besitz der USA blieben. Er erlaubte auch, daß ein zukünftiges vereintes Europa die Nachfolge Frankreichs und Großbritanniens als Kernwaffenstaat antreten könnte. Damit hatte Johnson den Europäern die Chance auf eine nukleare Verteidigung gewahrt. Diese Interpretation war für den Westen von zentraler Bedeutung. Bei der Unterzeichnung des Vertrags 1968 veröffentlichten die USA ein separates Memorandum, das die westliche Interpretation enthielt. Die US-Regierung hatte deutlich gemacht, daß sie den Vertrag nicht ratifizieren könne, falls Moskau öffentlich dieser Interpretation widerspräche. Die Einigung der Supermächte über den zentralen Artikel I im Dezember 1966 wurde in geheimen bilateralen Verhandlungen erzielt. Die engsten Verbündeten hatten spätestens mit der Entscheidung Johnsons, dem NV-Vertrag Priorität einzuräumen, den Anschluß an die amerikanische Nichtverbreitungspolitik verloren.

Der britische Abrüstungsminister sah Anfang Juli 1966 die Aussichten für ein Abkommen positiv, da in den USA die Befürworter eines NV-Vertrags langsam die Oberhand gewännen und Johnson nach der Eskalation in Vietnam einen außenpolitischen Erfolg dringend benötige. „With a firm push from the Prime Minister", so Chalfont, könne noch im Sommer ein Vertrag unterzeichnet werden.[158] Die Briten hatten zudem unerwartete Hilfe erhalten. Ende Juli machten die Vertreter der Niederlande, Belgiens, Norwegens und Kanadas auf einer NATO-Sitzung überraschend klar, daß sie für den baldigen Abschluß eines NPT waren und daher eine Aufgabe der europäischen Option mit der Möglichkeit eines Mehrheitsentscheids wünschten. Der Vertreter der Niederlande brachte sogar einen entsprechenden Änderungsvorschlag für den amerikanischen Vertragsentwurf ein.[159] Damit verstärkte sich auch der Druck auf die amerikanische Delegation in Genf. In einer Besprechung der *Western Four* in Genf[160] drängten nun General Burns aus Kanada und Lord Chalfont gemeinsam die ACDA-Vertreter zur Aufgabe. Burns wies deutlich darauf hin, daß abgesehen von Deutschland und Italien kein NATO-Staat für eine Beibehaltung der derzeitigen Position sei. Die kleineren Mitglieder des Bündnisses hatten neben dem NPT nach dem Austritt Frankreichs aus der NATO noch einen weiteren Grund, gegen einen Mehrheitsentscheid innerhalb einer NATO-Streitmacht und auch gegen eine Hardware-Lösung überhaupt zu sein. Nun war klar, daß Frankreich niemals einer NATO-Nuklearstreitmacht beitreten würde. Eine britische Beteiligung

---

[157] Zitiert nach: EA 23 (1968) 14, S. D 322.
[158] PRO, FO 371/187467, Memo by Lord Chalfont, 04. 07. 1966.
[159] PRO, FO 371/187466, UK-Delegation to NATO to FO, 20. 07. 1966.
[160] Die USA, Kanada, Großbritannien und Italien waren die vier NATO-Mitglieder in der Achtzehn-Mächte-Abrüstungskonferenz in Genf.

war mehr als fraglich. Damit wäre die multilaterale NATO-Flotte eine von den USA und der Bundesrepublik dominierte Streitmacht, in der die Stimmen der übrigen NATO-Mitglieder kaum noch Gewicht hätten.

Nachdem ein Treffen zwischen Johnson und Wilson für Ende Juli geplant war, hatte Chalfont erklärt, der Premierminister solle den amerikanischen Präsidenten bei dieser Gelegenheit noch einmal nachhaltig auf die Bedeutung des Nichtverbreitungsvertrages hinweisen. Johnson brachte das Thema Nichtverbreitungspolitik allerdings mit keinem Wort zur Sprache. Statt dessen konzentrierte sich das Gespräch im wesentlichen auf den Vietnamkrieg.[161] In dieser Situation schlug Chalfont vor, die USA und Großbritannien sollten gemeinsam den Deutschen erklären, daß es keine Hardware-Lösung mehr geben werde. Außerdem sollten beide Staaten umgehend einen gemeinsamen Vertragsentwurf vorlegen, der der Sowjetunion entgegenkäme.[162] Der Abrüstungsminister hatte zuvor Sir Harold Beeley angewiesen, aus den vorliegenden Vertragsentwürfen der Sowjetunion und der USA einen *compromise-treaty* zu basteln. Dieser sollte nun den USA vorgelegt werden. Chalfont ging somit davon aus, daß die Verhandlungen zwischen der Sowjetunion und den USA in einer Sackgasse steckten und dringend eine neue Initiative benötigten. In London bemerkte man nicht, daß die USA das Thema *nuclear-sharing* benutzten, um zu testen, wie ernsthaft der sowjetische Verhandlungswille war. Chalfont verlangte, die Bundesregierung erst vor den Kopf zu stoßen und dann mit der Sowjetunion zu verhandeln. Die USA gingen unterdessen genau den umgekehrten Weg.[163] Dort war man der Ansicht, daß ein offizielles Statement über die Aufgabe der *majority-voting option* zu

---

[161] Johnson bat Wilson vergeblich, wenigstens ein symbolisches Truppenkontingent zu entsenden. Arendt, Vietnam, S. 258. Die mangelnde Unterstützung in Vietnam machte die Johnson-Regierung für das britische Drängen in der Nichtverbreitungsfrage sicher nicht empfänglicher. Arendt spricht sogar davon, daß der Streit um Südostasien und das britische Truppenkontingent „den Tiefpunkt der *special relationship* markierte". Arendt, Vietnam, S. 258.

[162] PRO, FO 371/187438, Memo by P. Buxton (FO, Private Secretary to Lord Chalfont), 05. 08. 1966. Dieser Kurs war mit dem Außenminister abgesprochen: Memo by Lord Chalfont for the Secretary of State, 16. 08. 1966.

[163] Das Memo Chalfonts an den Außenminister offenbart, daß die britische Regierung den entgegengesetzten Ansatz verfolgte. Es weist zudem auch auf das zentrale Problem des britischen Ansatzes hin: Der Westen würde einseitig eine Option aufgeben, ohne zu wissen, was die Sowjetunion zu akzeptieren bereit war. Wie weit würde der Kreml den westlichen Atommächten entgegenkommen? Andererseits war Chalfont nicht bereit, die Probleme der US-Regierung in bezug auf die Bundesrepublik anzuerkennen. Zudem zeigt es, daß auf der Planungsebene des Foreign Office große Unsicherheit über die Vorgehensweise herrschte. Insofern erscheint es lohnenswert, das Memo an dieser Stelle ausführlich zu zitieren. „The policy is controversial in the following respects: i) we do not know that the Russians will even tacitly accept nuclear consultation. Some people in the Foreign Office are convinced that they would not. But I believe that they will, if we can find means of assuring them that we are ruling out any new nuclear force, any mixed manning and any kind of joint ownership of nuclear weapons. ii) To reach the position proposed the Americans have a long way to move. First, they must agree to close the remaining gap in their own treaty, the European Option, which would permit a majority of non-nuclear powers to override the nuclear ones in a mixed association; but they are already moving this way, if only because they are virtually isolated on the issue apart from the Germans. Secondly and more seriously, they must bring themselves at length to agree that any hardware solution to nuclear sharing is a bad one and to tell the Germans so – or to support us if we do. There is a strong body of opinion in the Foreign Office that the Americans will not wear this policy at present and that it is unwise anyway because of the bad effect that it would have on German policy generally." PRO, FO 371/187438, Memo by Lord Chalfont, 16. 08. 1966.

überhaupt nichts führen werde, außer zu Verbitterung in Bonn. Vielmehr sollte in geheimen Verhandlungen mit der Sowjetunion sondiert werden, welche Chancen und Möglichkeiten auf ein Abkommen bestünden. Bestimmte Optionen konnten dann ebensogut
stillschweigend aufgegeben werden.

Die Regierung in London wurde über den Fortgang der bilateralen Verhandlungen nur
noch gelegentlich informiert.[164] Der neue britische Außenminister Brown erfuhr im Oktober bei einem Treffen mit US-Außenminister Rusk nur, daß die USA planten, der Sowjetunion einen neuen Entwurf für den Artikel I vorzulegen. Rusk überreichte Brown
einen Text mit der Bitte um einen britischen Kommentar. Außenminister Brown ließ
wissen, die britische Regierung finde die Formulierung nicht optimal. Er gab allerdings
auch zu verstehen, daß in London niemand daran glaube, daß die Kreml-Führung diese
Fassung akzeptieren werde. Die britische Delegation in Genf stimmte mit dieser Ansicht
überein. Allerdings kritisierte Beeley gegenüber ACDA-Vertreter de Palma den amerikanischen Text aus einem ganz anderen Grund: „Beeley said the new formulation with the
unqualified obligation not to relinquish control raised a serious political problem for his
government which had pledged to internationalize its deterrent. When I expressed sur-
prise that the UK seemed to want to hold open options of the kind they have been urging
the US to close, he stressed that this was a political problem and implied that the problem was largely presentational. . . . I told him it was hard for me to take this seriously
. . . and I wondered how real the prospect was in view of recent indications that the UK
intended to retain its deterrent.“[165] Damit verstärkte die britische Regierung einmal
mehr den Eindruck, daß sie konstruktiven Verhandlungen eher hinderlich als förderlich
war. Beeley sah wohl plötzlich das Problem, daß die Labour-Partei bei den nächsten
Wahlen nicht mehr mit dem Versprechen, die unabhängige nukleare Abschreckung aufzugeben, die linken Wählerstimmen mobilisieren könne. Davon abgesehen wollte Lord
Chalfont sicherlich die Möglichkeit erhalten, im Zuge weiterer Abrüstungsmaßnahmen
die britische Atomstreitmacht unter internationale Verwaltung zu stellen. Beeley übergab
de Palma schließlich noch den britischen Enwurf als Alternativvorschlag und bat seinen
Kollegen, diesen eingehend zu prüfen.

Foster unterrichtete Lord Chalfont Ende Oktober über die amerikanisch-sowjetische
Arbeitsgruppe und die Gespräche in Camp David, denen die Ablehnung des ersten gemeinsamen Entwurfs der Arbeitsgruppe folgte. Der Regierung in London wurde also
erst zu diesem Zeitpunkt klar, daß eine Einigung unmittelbar bevorstand und die britische Kritik ebenso überflüssig war wie der jüngste britische Vertragsentwurf. Chalfont
verfügte nun, die Briten sollten keine weitere Initative mehr ergreifen, um die bilateralen
Verhandlungen nicht zu stören.[166] In Washington war allerdings unterdessen der Eindruck entstanden, daß Großbritannien den Entwurf ablehnte, den Rusk seinem briti-

---

[164] Dies zeigt sich ganz deutlich an der Korrespondenz zwischen dem FO und der britischen Delegation in Genf beziehungsweise der britischen Botschaft in Washington. Schreiben wie das folgende
Beispiel sind zahlreich und werden im Laufe des Jahres 1966 immer mehr: „We have received no
report on this Foster/Roshchin meeting from you and John Street has said on his return that he
heard no news of it while he was in Geneva. It may be that the Americans have deliberately neg-
lected to tell us about it, lest it should influence our stand on the draft treaty." PRO, FO 371/
187465, Stuart (FO) to Richardson (Geneva), 27. 06. 1966.
[165] NA, RG 59, CFPF, DEF 18, box 1593, Memo of Conversation, 19. 10. 1966.
[166] PRO, FO 371/187470, Stuart (FO) to UK-Mission to UN, New York, 07. 11. 1966.

schen Kollegen Brown gegeben hatte. Chalfont sah hinter diesen in Washington zirkulierenden Vermutungen eine Intrige innerhalb der amerikanischen Regierung. Die NPT-Gegner wollten die Gespräche beenden und den Briten dann die Verantwortung dafür zuschieben. Botschafter Dean in Washington wiegelte ab, aber die britische Botschaft empfahl ebenfalls, die bilateralen Verhandlungen nicht mehr zu beeinflussen, da das anglo-amerikanische Verhältnis in Sachen Nichtverbreitungspolitik sehr angespannt sei.[167]

Mitte November war ein Besuch des britischen Außenministers Brown in Moskau geplant. Die sowjetisch-britischen Gespräche verliefen im Hinblick auf den Nichtverbreitungsvertrag allerdings ergebnislos. Browns Besuch konnte die bilateralen amerikanisch-sowjetischen Verhandlungen nicht positiv unterstützen. Die Kreml-Führung gewann in den Gesprächen mit Brown den Eindruck, daß die britische Regierung über den Stand der Verhandlungen nicht auf dem laufenden war, und sah in dem britischen Außenminister auch keinen ernstzunehmenden Verhandlungspartner mehr: „Dobrynin *[Soviet Ambassador in Washington]* said that when Brown raised the subject of non-proliferation, he did not seem to be very aware of what had been going on. The Soviets had decided in fact that he was uninformed of recent Soviet-US exchanges on the subject and played the talks accordingly.“[168] Kurz vor Browns Besuch in Moskau hatte die ACDA die Briten davon unterrichtet, daß die jüngste amerikanische Version nicht die Zustimmung der sowjetischen Seite gefunden habe, aber nun die Formulierung „not to transfer to any recipient whatsoever nuclear weapons or other nuclear explosive devices“ diskutiert werde.

Daraufhin kam in London wieder einmal Angst um die britische Atommacht auf. „To any recipient whatsoever“ bedeutete, daß auch der nukleare Transfer unter Kernwaffenstaaten, d. h. zwischen den USA und Großbritannien verboten wäre. Im Foreign Office konnte man sich allerdings nicht mehr darauf einigen, welche Haltung Brown zu dieser Frage in Moskau einnehmen sollte. Brown sollte das Problem nach Möglichkeit nicht zur Sprache bringen und eine Diskussion um die neue Formulierung vermeiden. Die britische Regierung wirkte somit in Moskau noch uninformierter, als sie es ohnehin war. Sir Harold Beeley entwarf daraufhin einen Gegenvorschlag für Artikel I, der Proliferation unter Kernwaffenstaaten explizit erlaubte. Im Foreign Office war man jedoch mehrheitlich dagegen, diesen Entwurf als Änderungsvorschlag den USA zu präsentieren. Dem britischen Außenministerium ging es nicht darum, zu verhindern, daß die Einigung wegen britischer Einwände verzögert wurde. Man wollte vielmehr eine internationale Diskussion um das Thema vertikale Proliferation verhindern.[169] Zunächst war die britische Regierung nicht müde geworden, die USA zur Aufgabe bestimmter Positionen zu drängen und Kompromißbereitschaft anzumahnen. Nun, da ein Abkommen in greifbare Nähe gerückt war, ging es wieder einmal vordringlich um die Sicherung britischer Interessen. Tatsächlich hätte überhaupt kein Grund zur Sorge bestanden, da es sich bei dem

---

[167] PRO, FO 371/187471, Dean to FO, 29. 10. 1966.
[168] NA, RG 59, CFPF, DEF 18, box 1594, Memo of Conversation, 29. 11. 1966.
[169] PRO, FO 371/187475, Stuart (FO) to Street (FO), 09. 12. 1966: „I wonder whether Sir H. Beeley's gimmick is in fact a good idea. Presentationally it looks bad since it draws attention to the permissibility of proliferation between the nuclear states. This is already hidden in the text by the fact that transfer to an individual nuclear state is not forbidden. But the proposed amendment brings the possibility to the surface and might reopen the whole question of vertical and horizontal proliferation.“

Nassauer Abkommen um den Verkauf eines nuklearen Trägersystems und nicht um Kernwaffen im eigentlichen Sinne handelte. Die Weitergabe nuklearer Sprengköpfe war in der nationalen amerikanischen Gesetzgebung ohnehin verboten. In diesem Punkt war auch für Großbritannien mit der Gesetzesänderung von 1958/59 keine Ausnahme gemacht worden.

Der Besuch Browns in Moskau belegte einmal mehr, daß am *top table* der internationalen Politik kein Platz mehr für Großbritannien war. Browns Mission war in bezug auf den NPT völlig überflüssig. Die Regierung in London war – trotz britischer Vorstöße – niemals eingeladen worden, an den bilateralen Verhandlungen der Supermächte teilzunehmen. Großbritannien wurde zwar als einziger Verbündeter über die informellen Gespräche zwischen der Sowjetunion und den USA informiert, jedoch nur nachträglich, ohne vorherige Konsultationen. Streckenweise tappte die britische Regierung genauso im dunklen wie die übrigen westlichen Verbündeten.[170] In den Teststopp-Verhandlungen hatten in der Endphase intensive trilaterale Gespräche in Moskau zum Erfolg geführt. In den Verhandlungen um den NV-Vertrag war Großbritannien nur noch einer von mehreren Verbündeten, denen Bericht erstattet wurde. Einfluß auf den Verhandlungsverlauf hatte die Regierung in London nicht mehr. Mitte Dezember 1966 teilte Foster dem britischen Botschafter in Washington mit, daß sich die USA und die Sowjetunion prinzipiell auf einen gemeinsamen Artikel I geeinigt hätten und Außenminister Rusk bereits erste Gespräche mit dem bundesdeutschen Außenminister Brandt führe.[171] Durch den Regierungswechsel in Bonn im November waren die Hoffnungen der amerikanischen Regierung gestiegen, daß der Vertragsentwurf in Bonn nicht auf blanke Ablehnung stoßen werde.[172] Die scheidende Regierung Erhard hatte im Laufe des Jahres 1966 den Anschluß an die amerikanische Nichtverbreitungspolitik verloren und eine eigene Initiative ergriffen, die den Interessen der USA entgegenlief.

Die Bundesrepublik Deutschland und die Einigung der Supermächte

Die Bundesrepublik Deutschland wurde im Laufe des Jahres 1966 von der internationalen Staatengesellschaft mehr und mehr als Haupthindernis in den Verhandlungen um den NPT betrachtet. Der sowjetische Premier Kossygin erklärte im Februar 1966 vor

---

[170] „It looks rather as if something is up and that the Americans do not want to confide in us at this stage. . . . So it seems to us as if things are starting to move here, though how far the Americans have got in their bilaterals with the Russians is unclear." PRO, FO 371/187470, UK-Del. to UN to FO, 11. 10. 1966. Zu diesem Zeitpunkt arbeitete die bilaterale Arbeitsgruppe schon über zwei Wochen an einer gemeinsamen Formulierung. Auch wenn der erste Versuch in Camp David abgelehnt worden war, so bestand doch die Aussicht auf eine baldige Einigung.

[171] PRO, FO 371/187475, Dean to FO, 19. 12. 1966.

[172] Der neue Außenminister Brandt erklärte im Gespräch mit dem amerikanischen Botschafter in Bonn: „Man hoffe, daß ein Nichtverbreitungsvertrag in einer Weise ausgehandelt werden könne, der den legitimen Interessen der nichtnuklearen Partner des Bündnisses voll Rechnung trage. Um eine Hardware-Lösung wolle man sich nicht bemühen. Wichtig sei aber die gemeinsame Erörterung und Festlegung der strategischen Konzepte sowie der strategischen Planung." AAPD, 1966, Dok. Nr. 390, Gespräch des Bundesministers Brandt mit dem amerikanischen Botschafter McGhee, 08. 12. 1966. Brandt erklärte auch gegenüber Außenminister Rusk den deutschen Verzicht auf die Hardware-Lösung: FRUS 1964–1968, XIII, Memo of Conversation, 16. 12. 1966, S. 517.

der ENDC, daß die Sowjetunion von der Notwendigkeit des NPT überzeugt sei und einen baldigen Abschluß wünsche. Die Kreml-Führung betonte, daß bei einer Preisgabe der *nuclear-sharing*-Pläne ein Abkommen sofort möglich wäre. Somit verstärkte sich der Eindruck, daß ausschließlich die amerikanische Rücksicht auf Bonn ein Vorankommen in dieser wichtigen Frage verhinderte. Viele NATO-Verbündete waren es leid, deutsche Bedürfnisse und Optionen wahren zu müssen. In dieser Situation trat die Bundesregierung die Flucht in die Offensive an. Die Friedensnote, die die Regierung Erhard im März 1966 an alle Staaten der Welt richtete, beinhaltete ein bundesdeutsches Konzept zur Eindämmung von Proliferation. Ein globales Abkommen sei unmöglich, so die Aussage der Friedensnote, daher solle die Weiterverbreitung von Kernwaffen Schritt für Schritt verhindert werden. In einem ersten Schritt sollten die Nichtkernwaffenstaaten der beiden Bündnisse dem deutschen Beispiel folgen und ihren Verzicht auf Kernwaffen erklären. Danach könnten Erklärungen der neutralen Nichtkernwaffenstaaten und schließlich der Kernwaffenstaaten folgen. Obwohl die Friedensnote insgesamt sowohl in der östlichen als auch in der westlichen Welt reserviert bis ablehnend aufgenommen wurde, hielt die Bonner Regierung an ihrer Haltung fest.[173]

Eine neue Initiative auf diesem Gebiet startete die Bundesregierung allerdings erst einige Monate später. Zunächst standen die Verhandlungen mit Paris über die Zukunft der französischen Streitkräfte in der Bundesrepublik im Mittelpunkt der Bonner Außenpolitik. Anfang Oktober wurden die Nichtverbreitungsvorschläge der Friedensnote neu belebt. Bonn plante, alle Nichtkernwaffenstaaten der NATO und des Warschauer Paktes aufzufordern, gemeinsam mit der Bundesrepublik auf die Herstellung von Kernwaffen zu verzichten. Zunächst holten die Deutschen die Stellungnahmen der westlichen Verbündeten zu diesem Vorhaben ein. Die Briten wandten ein, daß die Bundesrepublik im Gegensatz zu den übrigen Nichtkernwaffenstaaten nur eine bereits bestehende Verpflichtung – den bundesdeutschen Verzicht von 1954 – bestätigen würde. Sie sahen daher wenig Aussicht auf Erfolg.[174] In Washington reagierte man entsetzt. Anfang Oktober stand in den geheimen bilateralen Gesprächen zwischen den USA und der Sowjetunion eine Einigung über einen NPT kurz bevor. Der unpassende deutsche Vorschlag würde erneutes Mißtrauen auf östlicher Seite aufkommen lassen. Die italienische Regierung war verunsichert, da sie von Bonn zu einer Teilnahme aufgefordert worden war, aber bereits erfahren hatte, daß die USA strikt gegen die Initiative waren.[175] Der erneute deutsche Vorstoß war damit schon im eigenen Lager ein diplomatischer Faux-pas. Allerdings fanden zunächst nur die USA deutliche Worte. Die Regierung in Rom bat die Bundesregierung, die Initiative zunächst ruhen zu lassen. Die Briten waren bemüht, ihre Kritik vorsichtig

---

[173] Zum Zusammenhang zwischen Nuklearpolitik und Friedensnote siehe: Küntzel, Bonn, S. 94–97. Bluth geht sogar davon aus, daß ein deutscher Vorstoß in der Nichtverbreitungspolitik der ursprüngliche Zweck der Friedensnote gewesen sei: „It should be emphasized that the peace not was initally designed as a response to the problem of non-proliferation and that the emphasis on Deutschlandpolitik in the final version was a later addition by Karl Carstens in the Foreign Ministry." Bluth, Britain, S. 166. Zur Friedensnote der Bundesregierung siehe auch: Haftendorn, Sicherheit, S. 278–294.

[174] In Bonn wußte man sehr wohl um dieses Problem. AAPD 1966, Dok. Nr. 241, Aufzeichnungen des Ministerialdirektors Werz, 29. 07. 1966.

[175] Britische, italienische und amerikanische Reaktionen auf die deutsche Initiative in: PRO, FO 371/ 187469, FO to Brit. Embassy, Bonn, 07. 10. 1966, Brit. Embassy, Rome, to FO, 13. 10. 1966, Brit. Embassy, Washington, to FO, 08. 10. 1966.

zu formulieren, da sie angesichts des Drängens auf den Verzicht der *majority voting opti-on* die Beziehungen zur Bundesrepublik nicht auch noch in dieser Frage belasten woll-ten. Deshalb wiesen die Briten nur darauf hin, daß sie die Erfolgsaussichten äußerst ge-ring einschätzten.[176]

Daraufhin ließ die Regierung in Bonn ungeachtet aller Hinweise auf eine Einigung der Supermächte und ungeachtet der negativen Haltung der Verbündeten einen Entwurf un-ter allen NATO-Mitgliedern zirkulieren. Die ACDA konnte das Ausmaß der deutschen Uneinsichtigkeit nicht verstehen und mutmaßte daraufhin, außer den USA hätte keiner der Verbündeten gegenüber Bonn ein klares Wort gesprochen.[177] Washington machte der Bundesregierung im folgenden unmißverständlich klar, daß man umgehend einen endgültigen Verzicht auf diese Pläne wünsche. Dies war gleichwohl gar nicht mehr erfor-derlich. Das außenpolitische Debakel fiel mit dem Sturz der Regierung in Bonn zusam-men. Diese Episode zeigte, daß die Regierung Erhard in der Nichtverbreitungspolitik im Laufe des Jahres 1966 den Bezug zur Realität völlig verloren hatte.

Die amerikanische Hinhaltetaktik war daran nicht ganz unschuldig. Die amerikanische Regierung hatte Bonn über den tatsächlichen Stand der Verhandlungen nicht informiert, um nicht möglicherweise unnötig oder vorzeitig Spannungen zu erzeugen. Allerdings war seit der Rede Johnsons Anfang Juli klar, daß der amerikanische Präsident nun ein Abkommen forcierte. Die Bundesregierung erhielt im Laufe des Sommers 1966 zahlrei-che Hinweise, daß die USA einen Kurswechsel in der Nichtverbreitungspolitik beabsich-tigten.[178] Während des Treffens zwischen Erhard und Johnson im September 1966 war die NATO-Streitmacht kein Thema mehr gewesen.[179] Der sowjetische Außenminister Gromyko hatte im Oktober verlauten lassen, man sei von einem Abkommen nicht mehr weit entfernt. Im Oktober meldeten auch bereits verschiedene Zeitungen, daß Moskau und Washington im Hinblick auf den NV-Vertrag handelseinig seien. Das blinde Festhalten an einer theoretischen Option ohne Blick auf die politischen Realitäten trug auch seinen Teil zum Sturz der Regierung Erhard bei. Die Ablösung der Bundesregie-rung erleichterte wiederum der amerikanischen Regierung die endgültige Zustimmung zum amerikanisch-sowjetischen Kompromiß. Nach ersten Gesprächen mit dem zukünf-tigen Außenminister Brandt schien die neue Regierung bereit, auf eine Hardware-Lö-sung zu verzichten und mehr Flexibilität in der Nichtverbreitungspolitik zu zeigen.

---

[176] PRO, FO 371/187475, Smart (Brit. Embassy, Washington) to Street (FO), 18. 11. 1966.

[177] Ebenda.

[178] „Im ganzen hatte ich den Eindruck, daß der Botschafter – mutmaßlich auf ausdrückliche Instruk-tion von Washington – mir klar machen wollte, daß die Amerikaner das Projekt einer gemeinsa-men nuklearen Streitmacht nicht weiter verfolgen möchten." AAPD, 1966, Dok. Nr. 268, Auf-zeichnung des Staatssekretärs Carstens, 25. 08. 1966. Botschafter Schnippenkötter über ein Ge-spräch mit Arthur Barber, einem Berater von Verteidigungsminister McNamara: „Wir [die Bun-desregierung] machten uns von dem Verhandlungsstand am Genfer Konferenztisch ein unvollstän-diges Bild. Er dürfe nicht alles sagen, wolle mir aber nicht verschweigen, daß es in den letzten 6–8 Wochen ermutigende zweiseitige Kontakte gegeben habe. . . . Andererseits seien MLF, ANF und andere Hardware-Lösungen tot. . . . Den Präsidenten aber würde unser Abschied von Hardware ungeheuer erleichtern." AAPD, 1966, Dok. Nr. 291, Schnippenkötter an Carstens, 15. 09. 1966.

[179] Auch die Verteidigungsminister McNamara und von Hassel schnitten das Thema nicht an. AAPD, 1966, Dok. Nr. 301 und 302, Gespräch des Bundesministers von Hassel mit dem amerika-nischen Verteidigungsminister McNamara, 27. 09. 1966, Gespräch des Bundeskanzlers Erhard mit Präsident Johnson, 27. 09. 1966.

Obwohl mit dem Regierungswechsel in Bonn die Aussichten auf eine positive Haltung der Bundesrepublik gewachsen schienen, fürchteten sowohl die USA als auch Großbritannien einen deutschen Proteststurm als Antwort auf die Mitteilung, man habe sich mit der Sowjetunion auf die zentralen Artikel eines Vertrages geeinigt. In London wurde ein Strategiepapier erstellt, welches das weitere britische Vorgehen im Falle hartnäckigen deutschen Widerstands diskutierte. Die Briten sahen drei Möglichkeiten: a) die amerikanische Regierung dringend zu bitten, sie möge massiven Druck auf Bonn ausüben, b) selbst gegenüber der deutschen Regierung scharfe Töne anzuschlagen, c) einen eigenen britischen Vertragsentwurf in Genf vorzulegen.[180] Letztendlich war man jedoch mit keinem dieser Vorschläge zufrieden. Die britische Regierung drängte die USA ohnehin schon seit langem, Bonn gegenüber mehr Entschlossenheit zu zeigen. Die Vorlage eines britischen Entwurfs würde nicht weiterhelfen und die Verbündeten nur verärgern. Ein weiterer britischer Entwurf würde von der Sowjetunion auch nicht ernst genommen werden. Andererseits wollte sich die britische Regierung auch nicht direkt an Bonn wenden, da eine Initiative ohne die amerikanische Unterstützung wenig bewirken konnte.

Hinzu kam, daß Großbritannien zu dieser Zeit mit der Bundesrepublik über den Devisenausgleich für die in der Bundesrepublik Deutschland stationierten britischen Truppen verhandelte. Angesichts der schweren Finanzkrise in Großbritannien wollte die Labour-Regierung das entsprechende Abkommen nur verlängern, falls die Bundesregierung in Zukunft zu einem vollständigen Devisenausgleich bereit war. Ansonsten drohte die Labour-Regierung, den Großteil der britischen Truppen aus der Bundesrepublik abzuziehen.[181] In dieser Frage erwartete die Regierung in London von der Bundesregierung erhebliche finanzielle Zugeständnisse. Die Verhandlungen über den Devisenausgleich waren auch schon ein wesentlicher Grund dafür gewesen, daß die Briten im Herbst 1966 in der *nuclear-sharing*-Frage nicht direkt auf die deutsche Regierung einwirken wollten.[182] Da diese Verhandlungen noch nicht abgeschlossen seien, sei es unklug, so das Memorandum des Foreign Office, Bonn nun in der Frage des Nichtverbreitungsvertrages unter Druck zu setzen. Außerdem stehe eine erneute Bewerbung der Briten um die EWG-Mitgliedschaft bevor. Die Regierung in Bonn dürfe keinesfalls mit einer Fülle von britischen Forderungen überhäuft und verärgert werden.[183]

In Washington waren die Befürchtungen hinsichtlich der deutschen Reaktion auf die Einigung mit der Sowjetunion nicht minder groß. Die amerikanische Regierung wandte sich zunächst an Kanada mit der Bitte, in Bonn um Unterstützung für die Artikel I und II zu werben. Die Kanadier waren aufgrund ihrer Rolle als sachliche und unvoreingenommene Fürsprecher der Nichtkernwaffenstaaten am ehesten geeignet, in Bonn Gehör zu finden. Das mußte auch die britische Regierung zugeben, deren Extremposition in Sachen Nichtverbreitung hinlänglich bekannt war. Das Foreign Office informierte die britische Botschaft in Bonn über ein Schreiben des kanadischen Außenministers Martin an seinen deutschen Kollegen Brandt. Im Foreign Office wies man noch einmal ausdrücklich darauf hin, daß von britischer Seite Zurückhaltung geübt werden müsse. Man sei

---

[180] PRO, FO 371/187475, FO-Memo: Non-Proliferation Treaty, 21. 12. 1966.
[181] Zu den Verhandlungen über den Devisenausgleich zwischen der Bundesrepublik und Großbritannien siehe: Haftendorn, Kernwaffen, S. 227–286.
[182] PRO, FO 371/187474, FO-Memo: Non-Proliferation of Nuclear Weapons, 02. 11. 1966.
[183] PRO, FO 371/187475, FO-Memo: Non-Proliferation Treaty, 21. 12. 1966.

von der amerikanischen Seite gebeten worden, unnötige Diskussionen mit den Deutschen zu vermeiden.: „The plea that the Germans should not be put in the position where they could be accused of treaty breaking sounds to us more like an excuse than a reason but it is interesting that the German Government are still taking the line which they did in 1965 that a treaty would only be acceptable if it contributed to reunification and detente in Europe. ... In view of the fact that the German Government may regard us with some suspicion as the advocates of a more restrictive treaty than they would wish to accept ... I think, we must be cautious in commenting to the Germans on the US draft, since at this stage our enthusiastic support might be misinterpreted."[184] Der Bericht über die ersten deutschen Reaktionen deutete schon an, daß sich die westlichen Atommächte hinsichtlich der deutschen Bereitschaft, den Vertragstext zu akzeptieren, keine Illusionen machen durften.

Tatsächlich konnten die USA nicht wie geplant im Februar 1967 zur Eröffnung der ersten Sitzungsperiode der ENDC gemeinsam mit der Sowjetunion einen Vertragsentwurf vorlegen. Der Grund dafür war die Haltung der westlichen Verbündeten. Küntzel schreibt, die NATO habe sich „auf Betreiben der Bundesrepublik und Italiens geweigert, den USA ein diesbezügliches Verhandlungsmandat zu erteilen"[185]. In der Bundesrepublik Deutschland war Anfang des Jahres 1967 eine öffentliche Kampagne gegen den Vertrag gestartet worden, die alle bisher geäußerten Vorbehalte gegen den Nichtverbreitungsvertrag bei weitem übertraf. Diese öffentliche Polemik wurde von der Aussage des neuen Bundeskanzlers Kiesinger gekrönt, der von „atomarer Komplizenschaft" zwischen den Supermächten sprach.[186] Gleichzeitig erwartete die Bundesregierung jedoch weitreichende amerikanische Zugeständnisse bei der Neuregelung des Devisenausgleichs für die amerikanischen Streitkräfte in Deutschland. Die Bundesrepublik verhandelte nicht nur mit Großbritannien, sondern seit einiger Zeit auch mit den USA über ein neues Off-set-Abkommen, da sich Mitte 1966 gezeigt hatte, daß die Bundesregierung ihre laufenden Verpflichtungen nicht einhalten konnte.[187] Die deutsch-amerikanischen Beziehungen waren damit Anfang des Jahres 1967 auf einem Tiefpunkt angelangt.[188]

Die Situation besserte sich erst, als sich der erste Proteststurm in Deutschland gelegt hatte. Im Ausland hatte man die deutsche Reaktion mit Betroffenheit und Unverständnis zur Kenntnis genommen. Die Bundesregierung hegte daraufhin schwere Befürchtungen, international für das Scheitern der Verhandlungen verantwortlich gemacht zu werden. Aufgrund der unklaren Situation im westlichen Lager hatte die Sowjetunion zunächst

---

[184] PRO, FO 371/187475, Street (FO) to Stark (Brit. Embassy, Bonn), 10. 01. 1967.

[185] Küntzel, Bonn, S. 156.

[186] Eine genaue Analyse der deutschen Kampagne gegen den NPT Anfang 1967 findet sich bei Küntzel, Bonn, S. 157–160. Zum Vorwurf der atomaren Komplizenschaft siehe auch: Küntzel, Bonn, S. 164, Schertz, Deutschlandpolitik, S. 421.

[187] Aus den ursprünglich bilateralen Off-set-Verhandlungen zwischen der Bundesrepublik und Großbritannien wurden damit trilaterale Verhandlungen zwischen der Bundesrepublik, Großbritannien und den USA. Siehe hierzu: Haftendorn, Kernwaffen, S. 252–286.

[188] Der amerikanische Deutschlandexperte und Delegationsleiter in den Off-set-Verhandlungen, McCloy, beklagte sich in einer Sitzung bitter über die Äußerungen der Bundesregierung im Zusammenhang mit dem Nichtverbreitungsvertrag. Haftendorn, Kernwaffen, S. 273. Kiesingers Aussagen über die atomare Komplizenschaft hatten Johnson so sehr in Wut versetzt, daß er sich zunächst kategorisch weigerte, mit Kiesinger überhaupt über den NPT zu sprechen. Schertz, Deutschlandpolitik, S. 421.

davon Abstand genommen, der Vorlage eines gemeinsamen Textes zuzustimmen. Die Kreml-Führung fürchtete, die USA würden im Interesse der Bundesrepublik weitere Änderungswünsche anbringen und den Text erneut verändern. Die Johnson-Regierung versuchte nun in intensiven bilateralen Verhandlungen, die Bundesrepublik zur Zustimmung zu bewegen, mit dem Erfolg, daß die Bundesregierung von ihrer kompromißlosen Ablehnung abrückte und sich fortan darauf konzentrierte, in diesen Verhandlungen mit den USA so viele Verbesserungen wie möglich zu erzielen. Dies bedeutete, daß Bonn nun nicht mehr nur die Option auf eine Atomstreitmacht der Vereinigten Staaten von Europa gewahrt wissen wollte. Die Liste der deutschen Vorbehalte wurde unendlich lang. Die Bonner Regierung erklärte, die Möglichkeiten zur friedlichen Nutzung der Atomenergie würden erheblich eingeschränkt, die vorgesehenen Kontrollen seien diskriminierend und umfassende Sicherheitsgarantien für die Nichtkernwaffenstaaten erforderlich. Maßnahmen zur nuklearen Abrüstung wurden ebenso angemahnt wie eine befristete Geltungsdauer des Vertrags. Obwohl über den Kontrollartikel keine Einigung erzielt werden konnte, verständigten sich die Supermächte schließlich darauf, der ENDC im August erstmals gleichlautende Vertragstexte zu präsentieren.[189] Der strittige Kontrollartikel blieb zunächst ausgeklammert.

In London argwöhnte man unterdessen auch, die Bundesregierung könne versuchen, andere Nationen zum Widerstand gegen den NPT zu mobilisieren, um dann einen breiten internationalen Feldzug gegen den Vertrag anzuführen. Diesen Bestrebungen wollte das Foreign Office dadurch Einhalt gebieten, daß möglichst bald Konsultationen mit den Staaten geführt werden sollten, die für deutsche Propaganda gegen den Vertrag anfällig schienen.[190] Die Briten versuchten schon seit einiger Zeit, die Probleme auszuklammern oder zu beseitigen, die andere Staaten dazu bewegen könnten, zusammen mit der Bundesrepublik eine Mehrheit der Nichtkernwaffenstaaten gegen den Vertrag aufzubringen. Immerhin hatten bereits viele Staaten schwere Vorbehalte gegen den Vertrag deutlich gemacht. Mit der Lösung der *nuclear-sharing*-Frage und der Einigung der Supermächte war noch kein globales Abkommen erzielt. Den Interessen der Staaten, die keine Kernwaffen besaßen, mußte ebenfalls Rechnung getragen werden.

---

[189] Die Kreml-Führung wollte keinen gemeinsamen Entwurf vorlegen. Sie bestand auf zwei separaten, aber gleichlautenden Texten.

[190] Andrew Stuart aus dem Foreign Office bemerkte zu den verschiedenen Gerüchten über deutsche Konsultationen mit Japan, Indien und Indonesien folgendes: „It seems not unlikely that the Germans, if hard pressed, might turn to other non-nuclear states for support on the contents of a non-proliferation treaty. This underlines the desirability of being able to talk to the Japanese and others about the treaty as soon as possible as they are almost certainly getting only a one-sided account which could give trouble. ... The particular questions on which there might be an identity of view between the Germans and other non-nuclears are guarantees and safeguards and other elements of a package deal." PRO, FO 371/187475, Note by A. Stuart, 30. 12. 1966.

VI. Die Ausgestaltung des Vertrages: Gegenleistungen für den nuklearen Verzicht der Nichtkernwaffenstaaten?

Die Achtzehn-Mächte-Abrüstungskonferenz in Genf wurde nicht nur von der Konfrontation zwischen den Supermächten und ihren Machtblöcken beherrscht. Während der Verhandlungen um den Nichtverbreitungsvertrag bildete sich eine weitere Frontstellung, die den Ost-West Gegensatz überlagerte. Die Scheidelinie verlief zwischen den Kernwaffenstaaten und den Nichtkernwaffenstaaten.[1] Im Gegensatz zum Teststopp-Abkommen, bei dem sich alle Teilnehmerstaaten zu einem Verzicht auf Tests – unterirdische Tests ausgenommen – verpflichtet hatten, wurde nun eine einseitige Verzichtserklärung erwartet. Die Nichtkernwaffenstaaten fürchteten, die Supermächte könnten über ihre Köpfe hinweg ein *fait accompli* schaffen, das die Interessen der Staaten, die keine Kernwaffen besaßen, überging. Sie fragten im Lauf der Verhandlungen immer lauter nach den Gegenleistungen für den einseitigen Verzicht.

Die Forderungen der Nichtkernwaffenstaaten bezogen sich auf die mit dem Nichtverbreitungsvertrag zu verbindenden nuklearen Abrüstungsmaßnahmen, die Möglichkeiten der Nichtkernwaffenstaaten auf dem Gebiet der friedlichen Nutzung der Kernenergie, ihren Schutz gegen nukleare Erpressung und Bedrohung und die Überwachung des Vertrags durch ein Kontrollsystem. Diese Forderungen bargen ein hohes Konfliktpotential; andererseits war ein Kompromiß mit einer Mehrheit der Nichtkernwaffenstaaten unerläßlich, hing doch der Erfolg des NPT hauptsächlich von der Unterzeichnung bestimmter Schwellenländer ab. Ein Abkommen ohne die deutsche Unterschrift war ebenso wertlos, wie die Teilnahme Indiens, Israels oder Japans von zentraler Bedeutung für die globale Anerkennung des NPT war. In Genf wurde ein aktiver Vermittler zwischen den Nichtkernwaffenstaaten und den beiden nuklearen Riesen gebraucht. Großbritannien befand sich zwischen diesen beiden Lagern und schien damit für diese Rolle besonders geeignet. Inwieweit es sie ausfüllen konnte, soll im folgenden näher beleuchtet werden.

---

[1] Bourantonis spricht von den NPT-Verhandlungen als einen „two step process" mit den Verhandlungen der Supermächte als erste Phase und den Verhandlungen mit den Nichnuklearen als zweite Phase. Unzutreffend ist jedoch die Frontstellung, die Bourantonis für die zweite Phase der Verhandlungen annimmt: „The second stage involved similar methods but this time between the two superpowers supported by their allies on the one hand and the NNWS which were mostly identified with the Non-Aligned states on the other hand." Bourantonis, United Nations, S. 83. Es wird sich zeigen, daß die Forderungen der nichtnuklearen Verbündeten der USA nicht weniger Konfliktpotential bargen als die Interessen der blockfreien Staaten.

1. Sicherheitsgarantien für die Nichtkernwaffenstaaten? Sonderfall Indien

Vorschläge der Atommächte zum Schutz der Nichtkernwaffenstaaten

Die Frage der Sicherheitsgarantien entstand mit der Zündung der ersten chinesischen Bombe und der Befürchtung der Atommächte, Indien würde dem chinesischen Beispiel folgen. In Delhi wurde die chinesische Bombe als direkte Bedrohung angesehen. Indien hatte im chinesisch-indischen Grenzkonflikt von 1962 eine Niederlage erlitten und fürchtete nun, China werde in Zukunft seine Interessen auf dem asiatischen Subkontinent mittels nuklearer Erpressung verfolgen. Indien konnte als blockfreier Staat nicht auf den Schutz durch eine Supermacht vertrauen. Dazu kamen die Spannungen zwischen Indien und seinem Nachbar Pakistan. Durch den indisch-pakistanischen Grenzkrieg im Sommer 1965 wurden die indischen Befürchtungen verstärkt. China drohte während dieser Auseinandersetzung mit der Eröffnung einer zweiten Front. Daraufhin mehrten sich in Indien die Stimmen, die nun ein eigenes Atomprogramm forderten. Sicherheitsgarantien hatten auch im Nahen Osten eine besondere Bedeutung. Israel fürchtete künftige Atomprogramme der arabischen Staaten. Die Araber wiederum bezichtigten Israel solcher Vorhaben. Gleichwohl war die Lösung des indischen Problems von vorrangiger Bedeutung. Die indische Teilnahme oder Nichtteilnahme hatte Signalwirkung auf viele andere Nichtkernwaffenstaaten. Indien galt als die potentielle sechste Atommacht. Sollte sich Delhi die nukleare Option offenhalten, würden viele Staaten, insbesondere im asiatischen Raum, dem indischen Beispiel folgen. Indien hatte daher eine Schlüsselposition nicht nur hinsichtlich der nuklearen Bedrohung, sondern vor allem auch als Vorbild für andere Schwellenländer. Großbritannien alleine konnte den Indern keine überzeugenden Sicherheitgarantien geben. Nur die Supermächte waren in der Lage, Indien glaubhaften nuklearen Schutz zu bieten.

Unmittelbar nach dem ersten chinesischen Atomtest im Oktober 1964 versprach der amerikanische Präsident Johnson allen Nichtkernwaffenstaaten Schutz vor nuklearer Bedrohung.[2] Diese Zusage war allgemein formuliert, bezog sich jedoch direkt auf Indien. Als Irland im Januar 1965 in der Vollversammlung der Vereinten Nationen im Auftrag der USA eine Resolution vorlegte, die den baldigen Abschluß eines Nichtverbreitungsabkommens forderte, um einer gegen die MLF gerichteten Resolution zuvorzukommen, ließ die amerikanische Regierung jedoch die Passagen, die sich auf Sicherheitsgarantien bezogen, aus dem irischen Entwurf streichen.[3] Trotz Johnsons Versprechungen scheute man in Washington davor zurück, frühzeitig bindende Verpflichtungen einzugehen. Wie der Schutz für die Staaten, die bereit waren, auf Kernwaffenbesitz zu verzichten, konkret aussehen sollte, war somit zunächst völlig unklar.

Der *Gilpatric-Report* empfahl, der Regierung in Delhi im Austausch gegen eine nukleare Verzichtserklärung formelle Schutzgarantien anzubieten, aber zunächst schätzte

---

[2] Seaborg, Tide, S. 115.
[3] Der irische Text war sowohl in Washington als auch in London Korrektur gelesen worden. Auch die britische Regierung war dafür, Hinweise auf mögliche Sicherheitsgarantien aus der Resolution zu streichen. NA, RG 59, CFPF, DEF 18, box 1593, Memo of Conversation between Mr. Faber (First Secretary, Brit. Embassy) and Mr. Freud (ACDA), 04. 01. 1965.

man in Washington die Wahrscheinlichkeit eines indischen Kernwaffenprogramms gering ein.[4] Indien hatte nach dem chinesischen Test versichert, es würde auch weiterhin keine eigenen Kernwaffen anstreben. Die indische Regierung hatte sich in den Genfer Verhandlungen nachhaltig für den Abschluß eines NPT und für nukleare Abrüstung eingesetzt. Es stellte sich auch die Frage, ob Indien als blockfreier Staat ein einseitiges amerikanisches Angebot überhaupt akzeptieren würde. Der amerikanische Botschafter in Indien, Bowles, riet dringend, zunächst das Engagement Indiens für ein Nichtverbreitungsabkommen in den Vereinten Nationen zu unterstützen, um der Regierung so internationales Prestige und Ansehen zu sichern und die gemäßigten Kräfte in Delhi zu stärken. Als die US-Regierung Anfang 1965 in Zusammenarbeit mit Irland die oben erwähnte Resolution in der Vollversammlung der Vereinten Nationen vorlegen wollte, wurde überlegt, Indien in die Ausarbeitung und die offizielle Präsentation mit einzubeziehen. Die Johnson-Regierung bat die Iren, Indien die Resolution mit Unterstützung der gesamten westlichen Welt einbringen zu lassen.[5] In Großbritannien folgte Verteidigungsminister Healey dem Vorbild Johnsons und forderte im Unterhaus, daß alle Atommächte den Nichtkernwaffenstaaten Garantien gegen nukleare Erpressungen oder gegen Angriffe geben sollten. Falls sich die Sowjetunion weigere, sollten die westlichen Atommächte dies einseitig tun.[6] Im Foreign Office sah man ebenfalls die Notwendigkeit für Sicherheitsgarantien. Diese sollten jedoch keinesfalls in direkten Zusammenhang mit einem Abkommen über Nichtverbreitung gebracht werden. Die Verhandlungen über Sicherheitsgarantien würden sich sehr schwierig gestalten und den Abschluß des NV-Vertrags nur verzögern. Dies sollte unbedingt vermieden werden.[7]

Im Dezember trafen sich der britische Premier Wilson und sein indischer Amtskollege Shastri zu Gesprächen. Dabei stand auch der chinesische Atomtest auf der Tagesordnung. Shastri fragte aber in diesem Zusammenhang gar nicht nach Sicherheitsgarantien, sondern bat um eine genaue Auskunft über Kosten und Umfang des britischen Atom-

---

[4] LBJL, NSF, Committee File, box 5, Committee on Non-Proliferation, A Report to the President by the Committee on Nuclear Proliferation, January 1965. Ein ACDA-Memorandum zur Frage der Sicherheitsgarantien wies darauf hin, daß Sicherheitsgarantien im Falle von Indien, jedoch auch Schweden, Israel und Japan notwendig seien, stellte aber zugleich fest, daß es äußerst schwierig werden würde, einen Weg zu finden, den Ansprüchen dieser Staaten gerecht zu werden. Die USA könnten schließlich den Nichtkernwaffenländern im Falle eines Angriffs keine automatische nukleare Vergeltung garantieren, was diese sicher als die optimale Schutz betrachten würden. Damit gäbe die amerikanische Regierung jedoch die Kontrolle über den Einsatz ihrer Kernwaffen aus der Hand. LBJL, NSF, Committee File, box 1/2, Committee on Non-Proliferation, Memo by G. Bunn (ACDA): Security Guarantees and Non-Proliferation of Nuclear Weapons, 28. 12. 1964. Demgegenüber vertrat ein Memorandum des State Departments die Ansicht, die Versicherung Johnsons vom Oktober 1964, den Nichtkernwaffenstaaten Schutz zu gewähren, sei ausreichend, um Indien vom Bau der Bombe abzuhalten. NSA, MC, Doc. Nr. 1079, Background Paper: Factors Which Could Influence National Decisions Concerning Acquisition of Nuclear Weapons, 12. 12. 1964.
[5] LBJL, NSF, Committee File, box 6/7, Committee on Non-Proliferation, Bowles (US-Embassy, Delhi) to Rusk and Bundy, 16. 01. 1965. Indien und die USA konnten sich nicht auf eine für beide Seiten akzeptable Formulierung einigen, deshalb brachte schließlich doch Irland im Auftrag der USA die Resolution ein.
[6] HC Debs., Vol. 704, c. 614, 17. 12. 1964.
[7] PRO, FO 371/181386, Memo by Mr. Street (FO), 23. 12. 1964. Diese Position wurde in der folgenden Zeit mehrfach und nachdrücklich bestätigt.

programms. Wilson sandte Shastri eine Studie des britischen Verteidigungsministeriums über den geschätzten Kostenaufwand für ein indisches Atomprogramm[8] und betonte in einem Begleitschreiben die finanziellen Lasten und fand mahnende Worte hinsichtlich des nichtnuklearen Status Indiens: „The paper which I am enclosing does, however, underline the problems and the potential cost to India of embarking upon a nuclear programme which would provide a really effective deterrent against anything the Chinese could produce. This question of cost must, I am sure, be particularly in your minds … I also suggest that continuing restraint by India on this issue would be a gesture of world importance and very much in the interests of world peace."[9] Nach dem Besuch Shastris war damit offensichtlich, daß Indien bereits mit einem nationalen Atomprogramm liebäugelte und diese Option – wenn überhaupt – nur gegen entsprechende Gegenleistungen aufgeben würde.

Der amerikanische Außenminister Rusk kam im März 1965 nach London, um das Problem mit seinem britischen Amtskollegen zu erörtern. Die Vereinigten Staaten suchten in dieser Frage die Zusammenarbeit mit Großbritannien, da man in Washington hoffte, Großbritannien könnte als Führungsnation des Commonwealth Einfluß auf Indien nehmen. Rusk erklärte gegenüber Stewart, er sehe in einem Nichtverbreitungsabkommen als unmittelbare Maßnahme wenig Sinn, da Indien damit nicht geholfen sei und die Nuklearmächte ohnehin nicht weiterverbreiten würden. Er behauptete, die USA hätten in bezug auf Israel und Japan weniger Bedenken. Die USA seien in der Lage, mögliche nukleare Ambitionen dieser Länder individuell in den Griff zu bekommen. Rusk bekannte jedoch, daß Indien ein Problem darstelle, da die USA keine bindenden Sicherheitserklärungen abgeben wollten. Rusk fragte seinen Amtskollegen Stewart schließlich, ob an eine *Pacific Nuclear Force* zu denken sei.[10] Tatsächlich gab es bereits Überlegungen dieser Art. Nachdem der indische Premier nachhaltiges Interesse an einem Atomprogramm bekundet hatte, dachte man in London, eine nukleare Beteiligung Indiens an einer pazifischen Atomstreitmacht könne die nuklearen Interessen Indiens befriedigen. Diese Idee barg jedoch neben dem Problem Pakistan ganz ähnliche Probleme wie die MLF/ANF in Europa: „We could hardly think in terms of nuclear protection for India

---

[8] „It is significant that during his recent visit to London Mr Shastri informed British Ministers in the strictest confidence that his Government was in fact looking into the costs and technical complexities of undertaking at least a nuclear weapon test and asked for information about costs based on British experience." PRO, FO 371/181434, FO-Memo, 30. 12. 1964. In einem Schreiben an das Verteidigungsministerium, das die Kostenaufstellung erarbeiten soll, wird die Episode folgendermaßen geschildert: „At the end … the PM and the Indian PM Mr Shastri had a private talk. Mr Shastri told the PM that he was coming under increasing pressure for India to acquire a nuclear capability. He was resisting this pressure to the best of his ability, but voices were being raised to say that nuclear defence could lead to a saving in overall defence costs. The PM said that … it was not merely a question of constructing a nuclear bomb, the question of delivery systems was far more complicated and expensive. It was an illusion to think that nuclear defence was defence on the cheap. If Mr Shastri so desired, arrangements could be made for him to be supplied on a very confidential basis with a note on this question. Mr Shastri welcomed this offer." PRO, PREM 13/973, Sir O. Wright to Mr Hockaday, 04. 12. 1964. Die Unterredung ist im offiziellen Gesprächsprotokoll nicht enthalten. Glaubwürdiger erscheint jedoch die ‚interne Variante' des Foreign Office, da sich Wilson unmittelbar nach dem Treffen mit Shastri äußerst besorgt über ein indisches Atomprogramm zeigte. Siehe hierzu: Ovendale, Defence Policy, S. 132.

[9] PRO, FO 371/176428, Wilson to Shastri, Dezember 1964, ohne genaues Datum.

[10] PRO, FO 371/181355, Record of Conversation, 22. 03. 1965.

without somehow bringing in Pakistan as well. The question is, whether India would be satisfied with taking part in some control body or whether she would also want to have a share in the ownership of nuclear weapons on the same basis as is proposed for Germany in the ANF. One would hope that the Indian ambitions for a share in the ownership of nuclear weapons have not yet been aroused as much as the German and that it would be possible to confine her participation to some kind of control system. This, however, at once raises all the vexed questions of vetoes and so on. In any case, it would presumably be essential to combine any such scheme with a non-acquisition agreement, at any rate, for the countries taking part in it."[11] Das britische Außenministerium ging zunächst von einer Art pazifischen nuklearen Planungsgruppe aus. Außenminister Stewart dachte eher an eine *Pacific Nuclear Force* ohne amerikanische Beteiligung oder ‚Commonwealth-ANF‘, wie er es nannte. Der Außenminister hatte vor allem Bedenken, über eine multilaterale Atomstreitmacht in Asien, an der die Vereinigten Staaten beteiligt waren, in die amerikanische Vietnam- und Taiwan-Politik hineingezogen zu werden. Außerdem wäre Großbritannien im Vergleich zu den USA in einer solchen Streitmacht unterrepräsentiert gewesen.[12] Eine asiatische Atomstreitmacht war zum gegenwärtigen Zeitpunkt noch nicht durchführbar, darüber war man sich in Washington und London einig.[13] Außerdem hatte sich die indische Regierung in den internationalen Gremien gegen die europäische MLF und ein *nuclear-sharing* innerhalb der NATO ausgesprochen.[14] Die Pläne blieben jedoch aktuell. Insbesondere Premierminister Wilson sah die Zukunft der britischen Atomstreitmacht in einer ‚Commonwealth-ANF‘, nachdem die britische Regierung beschlossen hatte, das ursprüngliche ANF-Konzept ganz aufzugeben.[15]

Nuclear-sharing im Pazifik war eine vage Option für die Zukunft, wirtschaftlicher Druck auf Indien war als Maßnahme, die indische Regierung von einem nuklearen Weg abzuhalten, nicht geeignet.[16] Bindende Sicherheitsgarantien hätten den Nichtkernwaffenstaaten ein erhebliches Maß an Einfluß und Macht über die Atomwaffen der Nuklearmächte gegeben, was für die Kernwaffenstaaten einer Aufgabe der nationalen Kontrolle über ihre Arsenale gleichgekommen wäre. Damit herrschte ein halbes Jahr nach Johnsons Versicherung, allen Nichtkernwaffenstaaten Schutz vor nuklearer Bedrohung zu gewähren, immer noch Ratlosigkeit, wie dieser Schutz aussehen könnte. Im State Department suchte man nun nach einem Weg, diesen Staaten ein Mindestmaß an Sicherheit zu gewährleisten, ohne den Kernwaffenstaaten definitive Zusagen über nukleare

---

[11] PRO, FO 371/181386, Memo by Mr. Barnes (FO), 16. 12. 1964.

[12] PRO, PREM 13/225, Memo by the Foreign Secretary, 26. 03. 1965.

[13] Ein gemeinschaftliches Memorandum des MOD, des FO und CRO zur Frage der Sicherheitsgarantien für Indien angesichts der Bedrohung durch China fand uneingeschränkte Zustimmung in Washington. PRO, FO 371/181401, Memo by the FO, the MOD and the CRO: The Problem of Safeguards for India Against a Chinese Nuclear Threat, März 1965, ohne genaues Datum. LBJL, NSF Country File: UK, box 208, US Comments on the UK Paper, ohne genaues Datum.

[14] PRO, FO 371/181386, Brit. Embassy, New Delhi, to CRO, 07. 01. 1965.

[15] Siehe hierzu auch unten S. 160.

[16] Diese Möglichkeit wurde in London und Washington diskutiert, aber umgehend verworfen. PRO, FO 371/181401, Memo by the FO, the MOD and the CRO: The Problem of Safeguards for India Against a Chinese Nuclear Threat, März 1965, ohne genaues Datum. LBJL, NSF Country File: UK, box 208, US Comments on the UK Paper ‚The Problem of Safeguards for India Against a Chinese Nuclear Threat‘, ohne Datum.

Beistandsverpflichtungen abzuverlangen. Man wollte eine Lösung finden, an der sich auch die Sowjetunion beteiligen konnte und die sich zugleich nicht direkt gegen China richtete. Außenminister Rusk schlug dem amerikanischen Botschafter in Delhi vor, eine multilaterale Sicherheitsgarantie der internationalen Staatengemeinschaft für alle Nichtkernwaffenstaaten in Form einer Resolution der Vereinten Nationen abzugeben. Eine Resolution der Vereinten Nationen, die ein blockfreier Nichtkernwaffenstaat einbringen könne, hatte Rusk zufolge mehrere Vorteile: Moskau müsse sich nicht zwischen Peking und Delhi entscheiden; die Staaten, die auf Atomwaffen verzichteten, hätten nicht nur einseitige Garantien, und China werde nach der Verabschiedung einer derartigen Resolution vor einer nuklearen Aggression zurückschrecken.[17] Rusk hatte folgenden Entwurf vorgesehen: „The General Assembly ... welcomes the intention signified by Member States approving this resolution that they will provide or support immediate assistance to any State not possessing nuclear weapons that is the victim of an act of aggression in which nuclear weapons are used, and calls upon all other States to associate themselves with the objectives of this resolution."[18] Mit dieser Formulierung wären die Kernwaffenstaaten zu keiner konkreten Hilfeleistung, wie etwa nuklearer Vergeltung, verpflichtet gewesen. „Act of aggression" war zudem ein dehnbarer Begriff und ein Eingreifen der Kernwaffenstaaten konnte damit nicht automatisch eingefordert werden.

Dieser Plan wurde zunächst der indischen Regierung unterbreitet. Der indische Premierminister Shastri sollte den Vorschlag bei seinem Besuch in Moskau der Kreml-Führung präsentieren und die Chancen für eine sowjetische Beteiligung abklären. Außer der Regierung in Delhi wurde nur die britische Regierung informiert. Die Briten waren grundsätzlich einverstanden, brachten jedoch noch einen Änderungsvorschlag ein. Die Garantien sollten sich nur auf die Nichtkernwaffenstaaten erstrecken, die sich tatsächlich zu einem nuklearen Verzicht verpflichteten.[19] Indien fand jedoch keine Unterstützung in Moskau und wollte die amerikanische Initiative damit auch nicht weiterverfolgen. Der britische Hochkommissar in Delhi hatte daraufhin über die Erfolgsaussichten keine Illusionen mehr: „Mr. Shastri did not absolutely reject the American draft; but in view of the discouraging Soviet reaction he gave Ambassador Bowles no reason to think that the Indians were attracted by the proposal. ... It looks as though the Indians will now try to brush this American proposal under the carpet and forget about it in the hope that everyone else will too."[20] Im State Department wollte man nun die Idee für eine Weile ruhen lassen und in Delhi sondieren, ob ein Interesse an einseitigen Garantien durch die USA bestehe. Die indische Regierung lehnte dies jedoch mit Hinweis auf die Blockfreiheit Indiens ab. Die Regierung in Delhi schien das Interesse an Sicherheitsgarantien ebenfalls verloren zu haben.

Die USA und Großbritannien setzten unterdessen die gemeinsamen Beratungen fort. Der amerikanische Botschafter in London gab dabei offen zu, daß die amerikanische Regierung momentan keine Antwort auf diese ungelöste Frage wisse. Er dachte dabei auch laut darüber nach, ob die USA möglicherweise nicht umhinkämen, den Indern auf dem

---

[17] NA, RG 59, CFPF, DEF 18, box 1591, Rusk to Bowles (US-Embassy, Delhi), 05. 05. 1965.
[18] Ebenda.
[19] PRO, FO 371/181401, FO to Brit. Embassy, Washington, 14. 05. 1965.
[20] PRO, FO 371/181401, Brit. High Commissioner, Delhi, to CRO, 27. 05. 1965.

Weg zur Atommacht zu Hilfe zu kommen.[21] Diese Überlegungen stellten jedoch keineswegs konkrete Pläne der amerikanischen Regierung dar, sondern waren Ausdruck einer gewissen Resignation angesichts der Unmöglichkeit, eine zufriedenstellende Lösung zu finden. Sollte Washington vor die Wahl zwischen einer bindenden Verpflichtung zur nuklearen Hilfe und einem unabhängigen indischen Atompotential gestellt werden, war das letztere sicher das geringere Übel.

Mit der Vorlage des britischen Entwurfs für einen Atomwaffensperrvertrag im Sommer 1965 war die britische Regierung gezwungen, in dieser Frage offiziell Stellung zu beziehen. Dieser britische Entwurf enthielt keine Sicherheitsgarantie. Diese Frage sollte separat gelöst werden.[22] Der kanadische Vorschlag enthielt unterdessen mit Artikel IV eine eindeutige Verpflichtung aller Atommächte, den Nichtkernwaffenstaaten im Falle eines atomaren Angriffs umgehend zu Hilfe zu kommen. Aber selbst wenn die westlichen Atommächte zu diesem Zugeständnis bereit gewesen wären, hätte es zumindest im Falle Indiens keine Einigung gegeben. Der indische Delegierte in Genf, Trivedi, erklärte seinem kanadischen Kollegen Burns, der kanadische Vorschlag sei ungeeignet. Den Sicherheitsgarantien messe er wenig Bedeutung bei, da Indien Garantien in dieser Form nicht vertrauen könne. Statt dessen betonte Trivedi nun die Bedeutung von umfangreichen Abrüstungsmaßnahmen, die ein Nichtverbreitungsvertrag enthalten müsse.[23] Die Sowjetunion sah in ihrem Alternativvorschlag vom September 1965 ebenfalls keine Garantien vor. Zarapkin erklärte Foster in den bilateralen Gesprächen, er halte Garantien in Form einer Resolution der Vereinten Nationen – wie es die USA vorgeschlagen hatten – für verfrüht. Die Problematik solle nach Abschluß eines Abkommens gelöst werden.[24]

Die Nichtkernwaffenstaaten planten unterdessen, ihre Erwartungen hinsichtlich eines Nichtverbreitungsvertrages in Form einer Resolution zum Ausdruck zu bringen. Lord Chalfont rief im Hinblick auf diese Resolution die Nichtkernwaffenstaaten dazu auf, ihre Vorstellungen von Garantien zu konkretisieren und ihrerseits Lösungsvorschläge zu präsentieren. In den Diskussionen um diese Resolution war das Thema Sicherheitsgarantien allerdings nur ein Randaspekt und wurde von Indien überhaupt nicht zur Sprache gebracht. Im Mittelpunkt stand für Indien nun die Abrüstungsfrage. Auch die Resolution, die schließlich im November verabschiedet wurde, enthielt keine expliziten Forderungen nach Schutz vor nuklearer Bedrohung oder Erpressung.[25]

Obwohl die Sowjetunion Ende 1965 die Sicherheitsleistungen als derzeit noch nicht aktuelles Problem bezeichnet hatte, unterbreitete die Kreml-Führung Anfang Februar 1966 einen Vorschlag, um den Sicherheitsbedürfnissen der Nichtkernwaffenstaaten Rechnung zu tragen. Premier Kossygin schlug vor, den Einsatz von Kernwaffen gegen alle

---

[21] „We may have to come to grips with the question of giving India a potential nuclear capability in some manner. . . . this would present grave problems of various kinds, including the precedent for other countries in the area, the effect on Pakistan, etc., and said we have by no means thought the matter through to any conclusion as yet." LBJL, NSF, Country File: UK, box 208, Memo of Conversation, 12. 06. 1965.

[22] Chalfont fürchtete endlose Diskussionen um Garantien, die den Abschluß des Vertrages verzögern würden. NA, RG 59, CFPF, DEF 18, box 1600, US-Embassy, London, to Dept of State, 27. 07. 1965.

[23] PRO, FO 371/181389, Memo of Conversation, 20. 07. 1965.

[24] PRO, FO 371/181402, Street (FO) to Watt (CRO), 09. 12. 1965.

[25] Documents on Disarmament 1965, S. 533–534.

Staaten zu verbieten, auf deren Territorium sich keine Kernwaffen befänden.[26] Der Kreml brachte die amerikanische Regierung damit in eine schwierige Lage. Dieser Plan fand bei den blockfreien Staaten erheblich mehr Anklang als ungenaue Zusagen in Form von feierlichen, aber unverbindlichen Resolutionen. Der sowjetische Vorschlag war jedoch unmittelbar gegen die Bundesrepublik Deutschland und im weiteren Sinn auch gegen alle NATO-Staaten gerichtet, auf deren Territorien amerikanische Kernwaffen lagerten. Deshalb begrüßte die amerikanische Regierung den Kossygin-Vorschlag zwar als Beitrag, das Problem der Sicherheitsleistungen zu lösen, gab aber zu erkennen, daß sie nicht bereit sei, diesen Plan mitzutragen.[27]

Lord Chalfont und Sir Harold Beeley bezeichneten den Vorschlag in seiner ursprünglichen Form als nicht annehmbar für die NATO, sprachen sich jedoch dafür aus, eine Kombination aus dem Kossygin-Vorschlag und einem Vorschlag Nigerias zu unterstützen.[28] Nigeria hatte angeregt, einen atomaren Erstschlag gegen Länder zu verbieten, die nicht Mitglied einer militärischen Allianz unter dem Schutz einer Nuklearmacht waren. Das britische Außenministerium führte dagegen eine ganze Reihe von Gründen gegen den sowjetischen Vorschlag an und empfahl dringend, weiterhin den amerikanischen Kurs mit der Forderung nach positiven Garantien zu unterstützen.[29] Chalfont und Wilson übergaben schließlich während ihres Besuchs in Moskau im März 1966 eine offizielle britische Antwort auf den Vorschlag. Darin wurde zwar die Initiative Moskaus begrüßt, aber darauf hingewiesen, daß das Problem Indien ungelöst bleibe. Die britische Regierung schlug vor, daß alle Unterzeichner eines NPT – Kernwaffenstaaten wie Nichtkernwaffenstaaten – sich in einer separaten Erklärung verpflichten sollten, einem Opfer nuklearer Aggression Hilfe zu leisten.

Die Ansprüche der Inder wurden unterdessen immer undurchsichtiger und unrealistischer. Im Februar hatte der indische Delegierte in Genf gefordert, ein *freeze-* und ein *cut-off-*Abkommen in den Nichtverbreitungsvertrag zu integrieren, um eine umfassende Abrüstung der Supermächte zu gewährleisten. Der indische Außenminister Singh erklärte in einem Gespräch mit Premierminister Wilson, eine Garantie der westlichen Atommächte sei unzureichend. Er sehe allerdings in absehbarer Zeit keine Chance für eine gemeinsame Garantieerklärung der USA und der Sowjetunion, die den indischen Erwartungen entspräche. Lord Chalfont reiste im Oktober nach Delhi, um endlich die genauen Vorstellungen der Inder zu klären und einen Kompromiß zu suchen. Chalfont berichtete Foster und dem amerikanischen Botschafter bei den Vereinten Nationen, Goldberg, über seinen Besuch, daß die indische Ministerpräsidentin Gandhi mit einer generellen multilateralen Garantie einverstanden zu sein scheine. Chalfont machte aber auch deutlich, daß

---

[26] Diese Form von Sicherheitsgarantien, die ein nukleares Angriffsverbot gegen bestimmte Staaten beinhaltet, wird als negative Garantie bezeichnet. Die amerikanischen Garantievorschläge, die Hilfe im Falle eines Angriffs vorsehen, wurden demgegenüber positive Garantien genannt. Zur Unterscheidung zwischen positiven und negativen Garantien und einer ausführlichen Diskussion der jeweiligen Vor- und Nachteile siehe: Shaker, Non-Proliferation, S. 472–490.

[27] NA, RG 59, CFPF, DEF 18, box 1593, Memo of Conversation, 27. 10. 1966.

[28] Beeley betonte vor allem die Bedeutung eines echten *quid pro quo*. Nichtkernwaffenstaaten, die den NPT nicht unterzeichneten, sollten nicht in den Genuß von Schutzleistungen kommen. PRO, FO 371/187461, Beeley to Street, 09. 02. 1966.

[29] Im Foreign Office wies man vor allem darauf hin, daß der sowjetische Plan der speziellen Situation Indiens nicht gerecht würde, da eine Beteiligung Chinas nicht zu erwarten sei. PRO, FO 371/187461, Memo by FO, 17. 02. 1966.

auf diese Aussage keineswegs Verlaß sei. Er berichtete, er habe sich des Eindrucks nicht erwehren können, daß die Inder nun unerfüllbare Forderungen stellten, um damit eine Unterzeichnung des Vertrags ablehnen zu können.[30] Foster gab in dieser Unterredung zu verstehen, daß die USA in der Frage der Sicherheitsgarantien noch keinen Schritt weitergekommen seien. Eine umfassende Garantie komme schon deshalb nicht in Frage, weil der Kongreß die Zustimmung verweigern würde. Angesichts der Situation in Vietnam war die Johnson-Regierung wenig geneigt, neue Verpflichtungen zu übernehmen. Zudem hatte man in Washington ein wachsendes Interesse daran, die Beziehungen zu Peking zu verbessern. Sowohl Chalfont als auch Foster gaben sich jedoch immer noch der Illusion hin, daß den Indern, wenn sich die Atommächte geeinigt hätten, gar nichts anderes übrigbleiben werde, als den Vertrag zu unterzeichnen.[31] Dabei sprachen alle Anzeichen dafür, daß Chalfont mit seiner Vermutung, die Inder bereiteten ein Fernbleiben vom NV-Vertrag vor, ganz richtig lag.

Die indische Regierung hatte bereits im Dezember 1964 in London nachhaltiges Interesse an einem nationalen Atomprogramm zu erkennen gegeben. Das zivile indische Atomprogramm war weit entwickelt und bot eine ausgezeichnete Voraussetzung für den schnellen Bau einer Bombe. 1965 richtete Indien mit der Entwicklung eines Raketensystems die konventionelle Rüstung darauf aus, eine Basis für ein nukleares Trägersystem zu bilden. Eine Sicherheitsgarantie in Form einer UN-Resolution war den Indern zu wenig, weshalb sie in Moskau auch nicht weiter auf ein Zustandekommen dieser Lösung drängten. Moskau konnte Indien keine direkt gegen China gerichtete Schutzerklärung geben. Auch die USA waren zu weiterreichenden Verpflichtungen als einer UN-Resolution nicht bereit. Indien fühlte sich in dieser Frage von beiden Supermächten im Stich gelassen. Allerdings war die Regierung in Delhi zu keiner Zeit in der Lage, einen konkreten Vorschlag zu formulieren, der den indischen Erwartungen gerecht geworden wäre. Der Eindruck der chinesischen Bedrohung verstärkte sich durch den dritten chinesischen Atomtest Anfang 1966. Dadurch geriet die indische Regierung auch innenpolitisch immer mehr unter Druck. Nicht nur die Opposition, sondern auch weite Teile der Regierungspartei forderten nun öffentlich den Bau einer indischen Bombe. Die Regierung erklärte zwar, Indien stelle den nuklearen Verzicht nicht in Frage, bestätigte aber, daß die Vorbereitungen für eine schnelle Verwirklichung eines militärischen Programms auf Hochtouren liefen. Die Erklärungen von Ministerpräsidentin Gandhi und Außenminister Singh, die die deutsche Botschaft in Delhi nach Bonn übermittelte, waren vielsagend: „Allerdings unternehme Indien nach wie vor jede Anstrengung, um sein nukleares Potential in technischer und wissenschaftlicher Hinsicht so weit wie möglich zu entwickeln, damit es im Ernstfalle ohne allzu langen Zeitverlust auch für Verteidigungszwecke Verwendung finden könnte."[32] Indien beabsichtigte, sich die nukleare Option offenzuhalten. In Delhi ging es aber nicht nur um konkrete militärische Bedrohung, sondern auch um Prestige. Indien wollte in bezug auf Status und internationales Ansehen mit China auf einer Stufe stehen. In Indien war man unzufrieden darüber, daß China mit der Explosion der Bombe als Atommacht anerkannt wurde, Indien jedoch, das ein weit höher ent-

---

[30] NA, RG 59, CFPF, DEF 18, Goldberg to Dept of State, Record of Conversation, box 1593, 19. 10. 1966.
[31] Ebenda.
[32] AdAA, Ref. II B 1, Bd. 977, Botschaftsrat Mirbach, Delhi, an AA, 11. 05. 1966.

wickeltes Atomprogramm besaß, gleichsam degradiert wurde, weil es freiwillig auf den Bau der Bombe verzichtete.[33]

In den internationalen Verhandlungen verstanden es die Inder, sich als Kämpfer für die Interessen der Nichtkernwaffenstaaten, für nukleare Abrüstung und einen fairen Vertrag zu profilieren. Die deutsche Delegation in Genf, die nur Beobachterstatus hatte, gewann im Laufe der Gespräche von ihnen folgenden Eindruck: „Aus den bisher geführten Gesprächen ergab sich, daß die Inder im Rahmen ihrer eigenen Sicherheitserfordernisse flexibel taktieren und sich den diplomatischen weltpolitischen Erfordernissen mit großem Geschick anpassen. Sie waren bisher mit dieser Taktik so erfolgreich, daß Indien es bisher vermeiden konnte, als Saboteur der Non-Proliferation gebrandmarkt zu werden, obwohl die indische Regierung wegen der Atomdrohung an der Nordgrenze ihres Landes einstweilen gar nicht bereit ist, auf die nukleare Option zu verzichten. Dies wurde mir am Ende eines langen Gesprächs unmißverständlich versichert."[34] Die Deutschen gelangten auch zu der Überzeugung, daß Indien im Grunde darauf hoffe, daß die Differenzen um die nukleare Beteiligung Deutschlands den Vertrag schließlich endgültig zu Fall bringen würden. Als sich in dieser Frage eine Einigung abzeichnete, wurde die Situation für Indien ungleich schwieriger. Die Anstrengungen Lord Chalfonts, eine Aufgabe der Hardware-Lösung durchzusetzen, einen Kompromiß über die Sicherheitsgarantien zu erzielen und dann möglichst schnell einen unproblematischen Vertrag zu unterzeichnen, waren Delhi ein besonderer Dorn im Auge.

Schließlich versuchte die indische Delegation in Genf sogar, die britische Delegation bei den Deutschen in Mißkredit zu bringen. Großbritannien habe über Pakistan eine Resolution eingebracht, mit dem Ziel, die Interessen der Nichtkernwaffenstaaten von dem eigentlichen NPT abzukoppeln und diese zu einer baldigen Unterzeichnung zu nötigen: „Aus indischer Abrüstungsdelegation verlautet, der pakistanische Vorschlag in den Vereinten Nationen eine Konferenz aller Nichtkernwaffenmächte einzuberufen, sei ein britischer Vorschlag, den die Briten lediglich von den Pakistanis lancieren ließen. Die Briten glaubten, mit einer auf einer solchen Konferenz zu formulierenden, für alle Seiten akzeptablen Fassung des Kossygin-Vorschlags, den Sowjets entgegenzukommen. Die britischen Vorstellungen gingen so weit, zu glauben, daß damit der NV-Vertrag für die Sowjets verlockender und annehmbarer werde. ... Die zur Zeit in New York zwischen den vier Genfer Westmächten stattfindenden Konsultationen zur Vorbereitung der Debatte im ersten Ausschuß seien wesentlich auf britischen Wunsch zurückzuführen. Es solle dabei auch wieder der Kossygin-Vorschlag erörtert werden. Aber auch sonst hätten die Briten vor ... die Amerikaner auf eine Einschränkung ihres NV-Vertrages zu drän-

---

[33] Der Prestigeaspekt wird in einer Rede des indischen Deligierten in Genf, Trivedi, besonders deutlich: „India has large uranium deposits and extensive thorium rich minerals, the largest in the world. We started work on our first reactor in 1955, ten years ago, and it became critical in 1956 – the first in Asia. Besides the four nuclear-weapon countries we are the only country having a plutonium extraction plant in operation. The country which wishes now to be described as a nuclear power in fact told us a few years ago that we were 15 years ahead of it in nuclear technology and yet, we have refrained from manufacturing nuclear weapons." AdAA, Ref. II B 1, Bd. 973, MD Diesel, New York, an AA, 27. 10. 1965. Zur Frage nach der indischen Motivation für die Aufrechterhaltung der nuklearen Option siehe auch: Sahni, Going Nuclear, S. 85–108. Sahni mißt dem Prestigeaspekt ebenfalls erhebliche Bedeutung bei.

[34] AdAA, Ref. II B 1, Bd. 970, Keller (dt. Del. Genf) an AA, 02. 05. 1966.

gen, derzufolge Hardware-Lösungen sowie eine europäische Kernstreitmacht im Vertrag ausgeschlossen werden sollten."[35] Zur gleichen Zeit verlautete erstmals aus der indischen Delegation, daß Indien dem NPT nur beitreten werde, wenn auch Peking den Vertrag unterzeichne.[36] Nachdem ein chinesischer Beitritt praktisch ausgeschlossen werden konnte, kam dies einer definitiven indischen Absage gleich.

Sicherheitsgarantien in Form einer Resolution der Vereinten Nationen

Nachdem auch die Sowjetunion in den bilateralen Gesprächen deutlich gemacht hatte, daß sie ein Ende dieser Diskussionen wünsche, und die Frage der Garantien durch die Diskussion um die Überwachung des Vertrages verdrängt wurde, erlangte dieses Problem erst wieder Aktualität, als die Supermächte im August 1967 gleichlautende Vertragsentwürfe präsentierten. Ein Artikel über Sicherheitsgarantien war darin nicht enthalten. Der Vertreter Nigerias schlug daraufhin vor, folgende Formulierung als eigenen Artikel in den Vertrag aufzunehmen: „Each nuclear-weapon State Party to this treaty undertakes, if requested, to come to the aid of any non-nuclear weapon State which is threatened or attacked with nuclear weapons."[37] Nigeria fügte hinzu, daß sich der Schutz nur auf die Unterzeichner des NPT erstrecken solle. Der Vorschlag wurde nicht nur von den Kernwaffenstaaten negativ aufgenommen. Die Supermächte lehnten derart weitreichende Verpflichtungen ab, die Blockfreien fürchteten um die Wahrung ihres Status, und die Nichtkernwaffenstaaten, die mit einer Nichtunterzeichnung liebäugelten, waren selbstverständlich ebenfalls gegen diese Regelung.

Kanada schlug schließlich vor, parallel zum Vertrag sollten die Atommächte separate, aber gleichlautende Deklarationen abgeben, allen Nichtkernwaffenstaaten im Falle von nuklearer Erpressung oder Bedrohung zu Hilfe zu kommen. Als Alternative zu den Deklarationen könnten die Atommächte eine UN-Resolution einbringen, nach der sie Opfern eines nuklearen Angriffs Beistand leisten würden. Dieser Plan entsprach ziemlich genau den amerikanischen Vorstellungen und dürfte auf Bitten der amerikanischen Regierung von Kanada eingebracht worden sein.[38] Ein kanadischer Vorschlag hatte als Initiative eines Nichtkernwaffenstaates erheblich mehr Chancen, von der internationalen Staatengemeinschaft akzeptiert zu werden, auch wenn er auf den Interessen der Atom-

---

[35] AdAA, Ref. II B 1, Bd. 965, Mangold (dt. Del. Genf) an AA, 10. 10. 1966. Die Behauptung der Inder ist absolut unzutreffend. Die Briten waren über die pakistanische Initiative, eine Konferenz der Nichtkernwaffenstaaten einzuberufen, keineswegs erfreut. Großbritannien war erst bereit, der Resolution zuzustimmen, als ein Änderungsantrag Kuweits angenommen wurde, der vorsah, daß diese Konferenz nicht vor Mitte 1968 stattfinden sollte. FO 371/187471, FO to UK-Mission, New York, 10. 11. 1966. „Beeley added that UK continued hope that Pak Conference, [sic!] like WDC, would never eventuate." NA, RG 59, CFPF, DEF 18, box 1593, US-Ambassador to UN, Goldberg to Dept of State, 02. 12. 1966. Es muß an dieser Stelle allerdings auch noch einmal betont werden, daß weder der Kossygin-Vorschlag noch Garantien in Form einer Resolution der Vereinten Nationen geeignet waren, dem indischen Sicherheitsbedürfnis gegenüber der chinesischen Bedrohung gerecht zu werden.

[36] AdAA, Ref. II B 1, Bd. 965, Mangold (dt. Del. Genf) an AA, 10. 10. 1966.

[37] Zitiert nach: Shaker, Non-Proliferation, S. 523.

[38] Eine „Zusammenarbeit" in dieser Form war unter den Verbündeten durchaus üblich. Die USA hatten bereits früher über Irland eine Resolution eingebracht, um einer offenen Verurteilung der MLF zu entgehen. Siehe S. 142.

mächte basierte. Washington hatte Anfang 1967 Delhi noch vergeblich bilaterale Diskussionen über Vorsorge- und Gegenmaßnahmen gegen mögliche nukleare Erpressungsversuche von seiten Chinas angeboten.[39] Die Sowjetunion unternahm einen letzten Anlauf, sich mit Indien über einseitige sowjetische Garantien zu verständigen. Die sowjetischen Entwürfe gingen Delhi jedoch nicht weit genug.[40] Daraufhin war auch die Kreml-Führung einverstanden, nicht auf ihrem Vorschlag zu beharren, sondern eine Lösung gemäß der kanadischen Initiative zu unterstützen. Der kanadische Vorschlag wurde schließlich in doppelter Hinsicht verwirklicht. Im März 1968 präsentierten die USA, Großbritannien und die Sowjetunion der Achtzehn-Mächte-Abrüstungskonferenz einen gemeinsamen Entwurf für eine Resolution des Sicherheitsrats der Vereinten Nationen. Zusätzlich beabsichtigten diese Atommächte, Deklarationen in der von Kanada vorgeschlagenen Version abzugeben.

Der Sicherheitsrat nahm nach heftigen Diskussionen in der Vollversammlung im Juni 1968 die folgende Resolution an: „1. [The UN Security Resolution 255] Recognizes that aggression with nuclear weapons or the threat of such aggression against a non-nuclear-weapon State would create a situation in which the Security Council and above all its nuclear-weapon State permanent members, would have to act immediately in accordance with their obligations under the United Nations Charter; 2. Welcomes the intention expressed by certain States that they will provide or support immediate assistance in accordance with the Charter, to any non-nuclear-weapon State Party to the Treaty on the Non-Proliferation of Nuclear Weapons that is a victim of an act or an object of a threat of aggression in which nuclear weapons are used."[41] Indien und Pakistan stimmten gegen diese Resolution, ebenso Frankreich. Die französische Regierung argumentierte, nur ein völliger Verzicht aller Nationen auf Kernwaffen könne die weltweite nukleare Bedrohung beenden. Indien kritisierte, daß die Resolution ausdrücklich nur für Unterzeichner des Atomwaffensperrvertrags gelte und sich nicht generell auf alle Nichtkernwaffenstaaten erstrecke. Gegen diese Lösung ließen sich auch noch weitere, stichhaltigere Kritikpunkte anbringen. Sollte eine der Garantiemächte zum Aggressor werden, wäre die Resolution hinfällig und der Sicherheitsrat handlungsunfähig. In diesem Fall würde das gesamte Sicherheitssystem sofort zusammenbrechen. Da nur drei der fünf Ständigen Mitglieder im Sicherheitsrat der Vereinten Nationen die Resolution unterstützten, bestand immer die Gefahr, daß der Sicherheitsrat im Falle eines Konfliktes durch ein Veto blockiert werden würde. Die chinesische Republik (Taiwan), die China im Sicherheitsrat der Vereinten Nationen vertrat, hatte zwar für die Resolution gestimmt, aber dieses Votum war in bezug auf Indien bedeutungslos. Außerdem blieb die Frage offen, ob die Volksrepublik China in absehbarer Zeit wieder in die Vereinten Nationen aufgenommen werden würde. Die Resolution war zudem ganz offensichtlich gegen die Volksrepublik gerichtet, deren Außenseiterrolle in der internationalen Staatengemeinschaft damit bekräftigt wurde. Als Nichtmitglied der Vereinten Nationen hatte China auch keine theoretische Chance, sich irgendwann der gemeinsamen Garantieerklärung der Kernwaffenstaaten anzuschließen.

---

[39] LBJL, NSF, Subject File: NPT, box 26, Memo by Dept of State, 06. 04. 1967.
[40] LBJL, NSF, Subject File: NPT, box 26, Memo: Status of Negotiations on the Non-Proliferation Treaty, 08. 05. 1967.
[41] Zitiert nach: Shaker, Non-Prolifcration, S. 471.

Allerdings war diese Resolution das Ergebnis einer beachtlichen und bisher einzigartigen blockübergreifenden Zusammenarbeit. Eine Verständigung der beiden Supermächte war auf einem Gebiet möglich geworden, bei dem innerhalb der Blöcke die Bündnisdisziplin versagte und keine einheitliche Politik verfolgt wurde. Dies wurde auch von einer Mehrheit der Nichtkernwaffenstaaten positiv anerkannt. Es bestand aber der Wunsch, einen generellen Aufruf zum Gewaltverzicht in irgendeiner Form auch in den Nichtverbreitungsvertrag aufzunehmen. Dieser Gedanke wurde schließlich in der Präambel des Vertrages verankert. Während der Konferenz der Nichtkernwaffenstaaten sollte nach Möglichkeiten gesucht werden, die Garantien noch zu verstärken. Dort scheiterten jedoch zwei Anträge lateinamerikanischer und afrikanischer Staaten, von den Supermächten umfassende Nichtangriffsgarantien zu fordern. Die Konferenzteilnehmer konnten sich nur darauf verständigen, eine Resolution der Bundesrepublik Deutschland anzunehmen, die noch einmal die Prinzipien des Gewaltverzichts, der Nichteinmischung in die inneren Angelegenheiten anderer Staaten sowie des Rechts auf individuelle und kollektive Selbstverteidigung bekräftigte. Zudem wurde in der Schlußerklärung festgehalten, daß baldmöglichst die Schaffung eines umfassenden Sicherheitssystems angestrebt werden sollte, das den Erfordernissen des Atomzeitalters gerecht werde.[42] Die Konferenz konnte sich in der Frage der Sicherheitsgarantien nicht zuletzt deswegen nicht auf weiterreichende Beschlüsse bzw. auf Forderungen an die Kernwaffenstaaten verständigen, da die Nichtkernwaffenstaaten, die durch das westliche oder östliche Bündnissystem ohnehin nuklearen Schutz genossen, dieser Frage weniger Bedeutung beimaßen als die blockfreien Staaten. Den meisten Staaten waren Fragen wie die Überwachung des Vertrags oder die Möglichkeiten zur friedlichen Nutzung der Kernenergie wesentlich wichtiger.

Großbritanniens Wünsche hinsichtlich der Form der Sicherheitsgarantien hatten sich damit weitgehend erfüllt. Es wurde eine Lösung gefunden, die nicht dazu führte, die Verhandlungen um den eigentlichen Vertrag endlos zu verzögern. Gleichwohl hatten es die USA und Großbritannien nicht geschafft, Indien in einen globalen Nichtverbreitungsvertrag einzubinden. In Washington und London hatte man zu lange gehofft, die Inder würden nach einer Einigung der Atommächte dem massiven internationalen Druck nicht widerstehen können und schließlich unterzeichnen. Sie hielten die zahlreichen Hinweise auf die Nichtbeteiligung für ein taktisches Spiel der Inder, um möglichst weitreichende Zugeständnisse der Supermächte zu erhalten. Indien hatte sich aber dafür entschieden, den militärischen Weg einzuschlagen. Dies geschah nicht nur aus militärisch-strategischen Erwägungen, sondern auch aus Prestigegründen. Großbritannien hatte sich bemüht, in Zusammenarbeit mit den USA eine Kompromißlösung für Indien zu finden. Lord Chalfont gab während seines Besuchs in Delhi den Indern sogar eine einseitige britische Garantie.[43] Andererseits machten die Briten auch immer unmißverständlich deutlich, daß sie auf einen baldigen Abschluß des Vertrags drängten. Die Anliegen der Nichtkernwaffenstaaten – ob Sicherheitsgarantien oder Abrüstungsmaßnahmen – sollten erst nach ihrer Verzichtserklärung erörtert werden. Diese Haltung erweckte natürlich auch

---

[42] EA 23 (1968) 21, S. D 495–498 sowie S. D 544–546, Erklärung der Nichtkernwaffenstaaten, 28. 09. 1968.
[43] Dies berichtete die *Times of India*. Lord Chalfont äußerte sich dazu nicht explizit. Times of India, 11. 10. 1966.

berechtigtes Mißtrauen. Die anglo-amerikanischen Bemühungen waren jedoch im Fall von Indien zum Scheitern verurteilt, da die indischen Forderungen die realistischen Möglichkeiten bei weitem überstiegen.

Weder die Sowjetunion noch die Vereinigten Staaten waren bereit, bindende Beistandsverpflichtungen einzugehen und allen Staaten, die keine Kernwaffen besaßen, im Gegenzug für ihren offiziellen Verzicht verbindliche Hilfe im Falle eines nuklearen Angriffs zuzusagen. Die Nichtkernwaffenstaaten bildeten in der Frage der Sicherheitsgarantien aber keine geschlossene Front, die auf umfassendem Schutz beharrte, da viele Staaten ohnehin unter dem Schutz einer nuklearen Supermacht standen. Die gemeinsame Resolution der USA und der Sowjetunion bedeutete aber ein außergewöhnlich weitreichendes Zusammenspiel der Supermächte. Diese Resolution dürfte einen gewissen Abschreckungseffekt auf Staaten wie Israel, die Vereinigte Arabische Republik oder Südafrika, die aus konkreten militärischen Erwägungen nukleare Ambitionen hatten, nicht verfehlt haben. Für diese Länder war es nun nicht mehr sonderlich attraktiv, im Konflikt mit dem verfeindeten Nachbarn einen Einsatz von Kernwaffen ins Auge zu fassen.

Indien blieb dem Vertrag schließlich unter anderem mit dem Hinweis auf unzureichende Sicherheitsleistungen für die blockfreien Nichtkernwaffenstaaten fern. Die indische Regierung unternahm in den Jahren 1967/68 auch keinerlei Initiativen mehr, Sicherheitsgarantien, die ihren Erwartungen gerecht würden, in den internationalen Gremien zu fordern, wie dies zum Beispiel die Vereinigte Arabische Republik oder Nigeria taten. Quester beschreibt das indische Verhalten in der Endphase der Verhandlungen folgendermaßen: „For a time in late 1967, it seemed that India might be trying to organize states such as West Germany, Japan, Sweden, and Italy into a nonsigning bloc. ... In spring 1968, perhaps at great-power behest, New Delhi apparently decided to avoid agitating against the treaty rather than simply to state its own unwillingness to sign."[44] Allerdings tat zu dieser Zeit die amerikanische und die sowjetische Außenpolitik gegenüber Indien ein übriges, das Vertrauen der Inder in die Supermächte zu ruinieren.[45] Die indische Nichtteilnahme zog automatisch das Fernbleiben Pakistans nach sich. Die folgende rasche Annäherung zwischen den USA und China machte schließlich auch die Aussichten auf einen Kurswechsel in Delhi zunichte.[46]

---

[44] Quester, Politics, S. 75. Vor allem 1966 gab es Konsultationen zwischen Indien und der Bundesrepublik sowie zwischen Japan und der Bundesrepublik. Die indischen Bemühungen, ein *gang-up* der Nichtnuklearen zu organisieren, dürften allerdings bereits 1967 abgeflaut sein.

[45] Quester schreibt hierzu: „To pressure India to sign the NPT, the United States presumably had some leverage in its policies on foreign aid, in direct programs and indirectly, as in World Bank decisions on non-project loan assistance. The Soviet Union had similar options in economic aid and military assistance programs and in its yearly U.N. Security Council votes on Kashmir. All such levers could have been used to pressure India to sign the Nuclear Non-Proliferation Treaty, but they were not. Nineteen sixty-eight saw the United States Congress reduce foreign aid and the Soviet Union offer military equipment to India's worst enemy, Pakistan." Quester, Politics, S. 57.

[46] Zur weiteren Entwicklung der Diskussion um die Sicherheitsgarantien nach dem NPT siehe: Bunn/Timerbaev, Security Assurances.

2. Die Überwachung des Nichtverbreitungsvertrages (Artikel III)

Wer wird kontrolliert? Die Diskussion über die Kontrollmodalitäten

Mit der Präsentation der ersten Vertragsentwürfe im Sommer 1965 wurde die Frage aktuell, ob und in welcher Form Maßnahmen zur Überwachung der zivilen Atomprogramme (in den Verhandlungen kurz *safeguards* bezeichnet) in den NPT aufgenommen werden sollten. Die amerikanische Regierung drängte damals schon seit längerem darauf, die IAEO-Kontrollen grundsätzlich auf alle zivilen Nukleartransfers an Nichtkernwaffenstaaten zu erweitern. Um mit gutem Beispiel voranzugehen, stellten die USA 1964 einen zivilen Atomreaktor für Inspektionen zur Verfügung. Damit wollte man die Vorwürfe der Nichtkernwaffenstaaten entkräften, daß ausschließlich deren Atomprogramme diskriminierenden Kontrollen unterliegen sollten. Diese Politik sah vor allem der amerikanische Kongreß zunächst als geeignete Maßnahme, um parallel zu den Bemühungen, ein Nichtverbreitungsabkommen zu erreichen, alle Möglichkeiten auszuschöpfen, die Weiterverbreitung von Kernwaffen zu unterbinden. In Washington war klar, daß ein NPT auch einen Artikel beinhalten sollte, der die umfassende Inspektion aller zivilen Nukleartransfers gewährleistete. Kongreß, Pentagon und ACDA waren dafür, die IAEO mit der Überwachung zu betrauen. Das State Department wollte mit Rücksicht auf die europäische Integration Euratom, die Atomenergiebehörde der europäischen Gemeinschaft, als gleichwertige Kontrollbehörde zulassen. In jedem Fall aber sollte ein Nichtverbreitungsvertrag adäquate Maßnahmen zur Überwachung beinhalten.

In London war man anderer Ansicht. Der erste britische Entwurf vom Juli 1965 enthielt keinen Artikel über *safeguards*, da die Briten fürchteten, dies würde zu Differenzen mit den Nichtkernwaffenstaaten führen. Die Briten argumentierten, sie wollten einen konsensfähigen Text präsentieren. Lord Chalfont machte einmal mehr deutlich, daß es den Briten um den zügigen Abschluß eines möglichst schlichten Abkommens ging. Die Kontrollfrage könne im Anschluß an den Vertrag verhandelt werden, so Chalfont.[47] Der amerikanische Alternativvorschlag sah zunächst IAEO-Kontrollen oder gleichwertige Kontrollen (gemeint waren Euratom-Kontrollen) für alle Nichtkernwaffenstaaten vor. Die Kernwaffenstaaten sollten einen Teil ihres für zivile Zwecke bestimmten spaltbaren Materials kontrollieren lassen und den Nichtkernwaffenstaaten zur Verfügung stellen. Nachdem Großbritannien und Kanada einwandten, dies sei für einen Großteil der internationalen Staatengemeinschaft unannehmbar, fand ACDA-Direktor Foster für den Artikel III folgende Formulierung: „Each of the State Party to the Treaty undertakes to cooperate in facilitating the application of IAEA or equivalent safeguards."[48] Kontrollen waren damit nicht mehr zwingend vorgeschrieben, aber nun sollten auch die Kernwaffenstaaten ihre zivilen Atomprogramme kontrollieren lassen.

Nun stand man in London vor dem Dilemma, daß die erste amerikanische Formulierung mit dem Hinweis auf die Diskriminierung der Nichtkernwaffenstaaten abgelehnt

---

[47] NA, CFPF, DEF 18, box 1600, Ambassador Bruce, London, to Dept of State, 23. 07. 1965.

[48] Bunn berichtet, daß Fosters Vorschlag zu heftigen Kontroversen in Washington führte: „Seaborg and Senator Pastore, Chairman of the Joint Committee on Atomic Energy, were outraged at Foster for not hanging tough to the first proposal, saying the fallback was weak and noncommittal." Bunn, Arms Control, S. 89.

worden war, aber die amerikanische Alternative noch weniger akzeptabel war, da diese eine Kontrolle des britischen Atomprogramms zur Folge gehabt hätte. Die Regierung in London wollte den völligen Verzicht auf einen Kontrollartikel, da man von der Lieferung von spaltbarem Material aus den USA abhängig war und befürchtete, der Artikel III werde die amerikanischen Lieferungen an Großbritannien erheblich einschränken.[49] Die amerikanische Delegation war schließlich sogar bereit, den Artikel III fallenzulassen. Nachdem aber mit den Briten keine Einigung über Artikel I und II erzielt werden konnte, legten die USA einen Entwurf vor, der Fosters Version des Kontrollartikels enthielt.

Der sowjetische Gegenvorschlag sah wie der britische Entwurf keinerlei Maßnahmen zur Überwachung des Abkommens vor. Die Briten standen damit nicht nur in der *nuclear-sharing*-Frage der Kreml-Führung näher als den engsten Verbündeten in Washington. Gleichwohl war auch diese Position nicht mehrheitsfähig, da die Nichtkernwaffenstaaten überwiegend strenge Kontrollmaßnahmen für alle Staaten forderten.[50] In Washington zeigte sich unterdessen, daß der Kongreß auf einem strikten Kontrollartikel bestand und eine unverbindliche Formulierung, wie sie der amerikanische Entwurf von 1965 vorsah, nicht akzeptierte.[51] Die ACDA, die Anfang 1966 an einem neuen Text arbeitete, mußte somit einerseits den Forderungen des Kongresses nach strikten Kontrollen Rechnung tragen, andererseits war sie bemüht, eine Lösung zu finden, die für die Briten akzeptabel war. Schließlich wollte man einen erneuten Disput um die Unterstützung des Vertragstextes vermeiden. In Washington wurde mit Rücksicht auf Großbritannien eine Formulierung gewählt, die verpflichtende Kontrollen für die Nichtkernwaffenstaaten vorsah und die Kernwaffenstaaten aufforderte, Kontrollen ihrer zivilen Atomprogramme zuzulassen. Diese Klausel war jedoch nicht verpflichtend.[52] Die britische Regierung war nun bereit, diesen amerikanischen Vertragsentwurf zu unterstützen.[53]

Damit war jedoch noch nicht geklärt, wie die Staaten, die keine Kernwaffen besaßen, zur Annahme dieser ungleichen Verpflichtungen gebracht werden sollten. Der amerikanische Entwurf stieß prompt bereits bei den westlichen Verbündeten, die in Genf vertreten waren, auf heftige Ablehnung. Die italienische Reaktion war negativ, und auch die Kanadier übten gegenüber ihren britischen Kollegen deutliche Kritik. Sie wandten ein, daß der Artikel einen Proteststurm der blockfreien Staaten auslösen werde. Zudem sahen die Kanadier die kommerziellen Interessen der westlichen Nichtkernwaffenstaaten beeinträchtigt. Die Kontrollen benachteiligten Kanada im Wettbewerb um Exportaufträge in der zivilen Technologie, da die nichtnuklearen Exportländer der Gefahr von Industriespionage schutzlos ausgeliefert seien. General Burns präsentierte den Briten umgehend

---

[49] NA, CFPF, DEF 18, box 1600, US-Del., Geneva, to Dept of State, 05. 08. 1965. Bunn schreibt, die Briten hätten Kontrollen für die Nichtnuklearen favorisiert. Bunn, Arms Control, S. 88. Dies ist nicht richtig.

[50] Der kanadische Vertragsentwurf hatte eine Kontrolle aller Unterzeichnerstaaten vorgesehen. PRO, FO 371/181389, Canadian Draft Treaty, Juli 1965, ohne genaues Datum. Die Resolution der Nichtkernwaffenstaaten hatte zum Ziel, Schlupflöcher für Proliferation zu schließen und einen ausgewogenen Vertrag anzustreben. Damit war auch eine strikte Überwachung aller zivilen Atomprogramme gemeint. ENDC/158 submitted to ENDC/PV. 233, 15. 09. 1965.

[51] Dies ging aus der Pastore-Resolution vom 18. 01. 1966 deutlich hervor. Bunn, Arms Control, S. 73.

[52] PRO, FO 371/187464, Proposed Revision of Article III, 23. 03. 1966.

[53] PRO, FO 371/187464, Street (FO) to Richardson (UK-Del. Geneva), 30. 03. 1966.

einen kanadischen Gegenvorschlag, den Lord Chalfont wiederum als nicht annehmbar bezeichnete. Chalfont erklärte nochmals, daß er eine Streichung des Kontrollartikels für den besten Weg halte. Er begründete diese Haltung mit der Problematik, daß die meisten britischen Atomanlagen sowohl für zivile als auch für militärische Zwecke genutzt wurden. Chalfont argumentierte auch, daß die Sowjetunion ohnehin keiner Inspektion ihrer zivilen Kernanlagen zustimmen werde. General Burns erwiderte daraufhin, dann solle es auch der Sowjetunion überlassen bleiben, diese Haltung vor den Vereinten Nationen zu rechtfertigen.[54] Die Differenzen zwischen den Briten und den Kanadiern bzw. den Italienern konnten somit nicht beigelegt werden. Innerhalb des westlichen Bündnisses war vorläufig keine Einigung über einen Artikel III möglich.

In London fürchtete man unterdessen, daß die britische Position in Washington auf wachsende Kritik stoßen werde. Der Kongreß machte die Briten bereits dafür verantwortlich, daß die Durchsetzung strikter Kontrollen blockiert war. Richard Faber von der britischen Botschaft in Washington äußerte sich besorgt über das Konfliktpotential, das die ungelöste Frage der Überwachung für Großbritannien barg: „The American redraft of Article III was of course devised to be helpful to us and I realise that, if the Canadians were not being so tiresome, we would be supporting it. What I am afraid of, however, is that if – because of the Canadian attitude – we lead a movement to revert to the original US formula *[Artikel III des Entwurfs vom Sommer 1965, den Kanada akzeptiert hatte]*, we shall be picked out by the Joint Committee as having once more sabotaged American efforts to tighten up the safeguards provisions."[55] In Washington fand sich unterdessen ein Konsens für die Position, verpflichtende Kontrollen ausschließlich für die Nichtkernwaffenstaaten zu fordern, auch wenn es schwierig werden würde, diese zu einer Annahme eines diskriminierenden Kontrollartikels zu bewegen. Damit wäre aber immerhin der massiven Kritik des Kongresses an einer Lösung, die auf unverbindliche Inspektionen aller Unterzeichnerstaaten hinauslief, Rechnung getragen worden. Die ACDA-Führung versuchte nun, London zu einem Einlenken zu bewegen.

Anfang Juli 1966 reiste ACDA-Vizedirektor Fisher nach London, um mit den Briten eine modifizierte Version des *safeguards*-Artikels zu diskutieren. Demnach sollte der Transfer von Atomanlagen, Ausrüstung und spaltbarem Material für zivile Zwecke nicht nur an Nichtkernwaffenstaaten, sondern an alle Staaten kontrolliert werden. Mit dieser Änderung kam man den kanadischen Forderungen ein Stück weit entgegen. Die Regierung in Ottawa hatte sich mit dieser Lösung einverstanden erklärt. Die britische Regierung sträubte sich jedoch vehement gegen die Änderung. Sie argumentierte in der Besprechung mit den amerikanischen Kollegen, daß Großbritannien als einziger Kernwaffenstaat auf den Import von spaltbarem Material angewiesen und damit im Vergleich zu den Supermächten benachteiligt sei. Großbritannien könne das Problem der *mixed plants*, d. h. der Atomanlagen, die sowohl für zivile als auch für militärische Zwecke arbeiteten, in absehbarer Zeit nicht lösen und fürchte Nachteile für das militärische Atomprogramm. Besonders ärgerlich war man in London darüber, daß auch die gerade vertraglich verlängerten bilateralen Transfers von spaltbarem Material zwischen den USA und Großbritannien unter die Kontrollen fallen sollten. Die britische Seite wandte darüber hinaus ein, daß die neue Fassung für die Mehrheit der Nichtkernwaffenstaaten im-

---

[54] PRO, FO 371/187464, Richardson to Street, 15. 04. 1966.
[55] PRO, FO 371/187464, Faber (Brit. Embassy, Washington) to Street (FO), 28. 04. 1966.

mer noch nicht akzeptabel sei und deshalb niemanden geholfen sei. Außerdem erklärte
sie, daß eine Vorlage eines Kontrollartikels zum gegebenen Zeitpunkt noch gar nicht erforderlich sei, vielmehr sollten die Vereinigten Staaten ihren Standpunkt in der *safeguards*-Frage vor der ENDC zum Ausdruck bringen und die Reaktionen der anderen
Staaten abwarten.[56] Die Besprechung endete schließlich ergebnislos.

Großbritannien weigerte sich, ein entscheidendes Zugeständnis zu machen oder wenigstens auf der Suche nach einem tragfähigen Kompromiß den Dialog mit Kanada zu suchen. Dies beeinträchtigte die Einigung im westlichen Lager und damit den gesamten Ver-
handlungsprozeß. Immerhin war die Position der unter den Nichtkernwaffenstaaten
hochangesehenen Kanadier wegweisend für viele Staaten. Zur gleichen Zeit drängte die
britische Regierung in Washington zur Aufgabe der *majority voting option*. Sie argumentierte, ein baldiger Vertragsabschluß sei wünschenswert, und die Vereinigten Staaten müßten im Interesse der Sache bereit sein, Kompromisse zu schließen. Dies galt offensichtlich
nur für die USA, nicht aber für die Briten selbst. In der Frage des *safeguards*-Artikels war
aus ihrer Sicht auch keine Eile vonnöten. Relevant war für London nur eine baldige Einigung der Supermächte über die grundsätzlichen Artikel. Die Besprechung über den Artikel III des NV-Vertrages zeigte auch, daß die Vereinigten Staaten zu dieser Zeit keinen
ernsthaften Widerstand der blockfreien Staaten gegen diskriminierende Kontrollen in Betracht zogen. Indien und auch andere Blockfreie wie Brasilien hatten zwar mehrfach Inspektionen der zivilen und der militärischen Aktivitäten aller Staaten sowie die Überwachung eines gleichzeitigen Produktionsstopps für spaltbares Material als unerläßlich bezeichnet. Diese Forderungen wurden jedoch in Washington nicht ernstgenommen.[57]

Für Großbritannien schien sich das Problem von selbst zu lösen, als die sowjetische
Delegation in den bilateralen Verhandlungen erklärte, die Sowjetunion könne unter keinen Umständen eine Kontrolle ihrer zivilen Atomindustrie akzeptieren. Im Foreign Office wollte man sich jedoch nicht darauf verlassen, daß damit die Frage der Inspektionen
für Kernwaffenstaaten vom Tisch war. Man müsse davon ausgehen, daß die USA das
Moskauer Nein nicht ohne weiteres hinnehmen würden. Für diesen Fall müsse man einen Alternativvorschlag parat haben, auch wenn der Verzicht auf einen Kontrollartikel
nach wie vor für die beste Lösung gehalten würde. Falls die USA auf *safeguards* bestünden, könnten die Briten vorschlagen, alle nichtnuklearen Unterzeichnerstaaten sollten
sich sofort einer Kontrolle sowohl ihrer Atomanlagen als auch aller nuklearen Importe
unterziehen. Die Kernwaffenstaaten sollten nach Inkrafttreten des Abkommens fünf Jahre Zeit haben, um ihre zivilen und militärischen Anlagen zu entflechten. Danach würden
auch die Kernwaffenstaaten verpflichtet sein, ihre gesamte zivile Atomindustrie kontrollieren zu lassen. Dieser Vorschlag sei für die Nichtkernwaffenstaaten akzeptabel, da er
Ausgewogenheit und gleiche Pflichten garantiere und zugleich den Briten Zeit lasse, ihr
militärisches Atomprogramm abzukoppeln. Außerdem würde diese Initiative dem Westen einen billigen Propagandasieg bescheren, da es höchst unwahrscheinlich sei, daß
die Sowjetunion diesen Vorschlag annehmen werde.[58]

---

[56] NA, RG 59, CFPF, DEF 18, box 1595, Memo of Conversation, 19. 07. 1966.
[57] Ebenda. Indien, so konstatierte ACDA-Vizedirektor Fisher in der Diskussion mit den Briten,
     werde noch eine Weile maßlose Forderungen stellen, aber schließlich einem fertigen Vertragstext
     zustimmen.
[58] Im Foreign Office veranschlagte man ungefähr diesen Zeitraum, um die Versorgung des militäri-

In der Tat blieb die Sowjetunion in der Frage der Inspektionen unnachgiebig. Eine Kontrolle der zivilen Atomanlagen stand für die Kreml-Führung ebensowenig zur Diskussion wie die Inspektion der nuklearen Importe zu zivilen Zwecken. Gleichzeitig machte Moskau deutlich, daß die von den USA angestrebte Lösung, eine Kontrolle der EWG-Mitgliedstaaten ersatzweise durch Euratom zu ermöglichen, für die Sowjetunion nicht in Frage komme. Die Sowjetunion fürchtete eine Selbstinspektion der Bundesrepublik Deutschland und ein Schlupfloch für bundesdeutsche nukleare Ambitionen. Mit der starren sowjetischen Haltung waren im westlichen Lager die Diskussionen um die Frage, wer kontrolliert werden sollte, beendet. Nun galt es eine Antwort auf die Frage zu finden: Welche Institution kontrolliert die Nichtkernwaffenstaaten?

Welche Behörde kontrolliert? IAEO versus Euratom

Die Moskauer Position stieß in Washington durchaus auf ein gewisses Verständnis. Der AEC-Vorsitzende Seaborg forderte im Dezember 1966 zum wiederholten Male, ausschließlich die IAEO als Kontrollbehörde zuzulassen.[59] Auch Spurgeon Keeny, einflußreiches Mitglied des *Gilpatric Committee* und Sicherheitsberater im Weißen Haus, erklärte in einem Memorandum zum *safeguards*-Artikel Euratom-Kontrollen für nicht wünschenswert: „I believe the Soviets have a very strong position since international inspection of the Euratom countries by Euratom is clearly self-inspection. Moreover, self-inspection by Euratom would be against our own self-interest since it would invite the establishment of similar procedures for Sovatom, Arabatom, etc."[60] Außenminister Rusk war jedoch der Ansicht, den europäischen Verbündeten sei es nicht zuzumuten, nun auch noch IAEO-Kontrollen zu schlucken.[61] ACDA-Direktor Foster wollte daraufhin den europäischen Verbündeten einen Entwurf vorlegen, der IAEO-Kontrollen für alle Nichtkernwaffenstaaten vorsah, wobei den EG-Mitgliedstaaten eine gewisse Übergangsfrist eingeräumt werden sollte.[62]

Der Vorschlag wurde nicht nur von der Euratom-Kommission umgehend zurückgewiesen. Besonders harsche Kritik hagelte es aus der Bundesrepublik Deutschland. Im März 1967 hieß es in einer Denkschrift der Bundesregierung, der Vertrag dürfe die zukünftige Einigung Europas nicht stören und die friedliche Nutzung der Kernenergie nicht beeinträchtigen.[63] Dies zielte ganz eindeutig auf die IAEO-Kontrollen, durch die die Bundesregierung neben Rückschlägen in der europäischen Integration vor allem Indu-

---

schen Komplexes mit spaltbarem Material sicherzustellen und die Atomanlagen in zivile und militärische Anlagen zu trennen. PRO, FO 371/187475, Memo by Mr. J. Street (FO), 06. 12. 1966.

[59] LBJL, NSF, National Security Council, box 55, History of the NPT, Seaborg to Rusk, 23. 12. 1966. Aus dem Schreiben geht auch hervor, daß Rusk mit seiner Präferenz für Euratom aus Rücksicht auf die Europäer wenig Unterstützung hatte. ACDA-Direktor Foster war ebenso für eine Aufgabe der Euratom-Lösung wie der amerikanische Botschafter bei den Vereinten Nationen, Goldberg. Auch innerhalb des State Departments hatten sich offensichtlich einige Stimmen für die IAEO als einzige Kontrollbehörde ausgesprochen. Siehe auch: Seaborg, Tide, S. 266–285.

[60] LBJL, NSF, Subject File: NPT, box 26, Memo by Spurgeon Keeny, 23. 06. 1967.

[61] Bunn, Arms Control, S. 93.

[62] Die genaue Formulierung lautete: „to accept IAEA safeguards on all peaceful nuclear activities as soon as practicable", Bunn, Arms Control, S. 93. Am 1. Juli 1967 wurde aus EWG, Euratom und EGKG die EG.

[63] Zitiert nach: Haftendorn, Sicherheit, S. 663. Die bilateralen deutsch-amerikanischen Verhandlun-

striespionage und kommerzielle Wettbewerbsnachteile fürchtete.[64] Die ACDA konstruierte daraufhin ein System, nach dem sich Euratom und IAEO die Arbeit gleichsam teilen würden. Die Euratom sollte die Kontrollen der Europäer durchführen und die IAEO würde in bestimmten Abständen regelmäßig kontrollieren, ob die Euratom-Kontrollen dem Standard der IAEO entsprächen. Falls sich IAEO und Euratom innerhalb von drei Jahren auf keine Kontrollnormen für die EG-Mitgliedstaaten einigen könnten, würde automatisch die IAEO die Kontrollen übernehmen. Außenminister Brandt bezeichnete dies zwar als Schritt in die richtige Richtung, lehnte aber die Dreijahresfrist als „Guillotine" für die Europäer ab. Ein weiterer amerikanischer Entwurf, der auf die Nennung einer zeitlichen Frist verzichtete, wurde schließlich Ende April von der Sowjetunion zurückgewiesen. Damit drohte die Kontrollfrage – nach der Einigung der Supermächte über die zentralen Artikel – den Nichtverbreitungsvertrag zum Scheitern zu bringen.

Die Differenzen um die Euratom als Kontrollbehörde brachten Großbritannien in eine schwierige Situation. Einerseits wollten die Briten den Vertrag so schnell wie möglich unter Dach und Fach bringen und hätten den sowjetischen Forderungen nach IAEO-Kontrollen gerne entsprochen, andererseits führte Großbritannien seit 1966 wieder Verhandlungen mit den Europäern über eine Aufnahme in die Europäische Gemeinschaft. In dieser Situation mußte die britische Regierung ihre Europazugehörigkeit unter Beweis stellen. In den Verhandlungen um den Nichtverbreitungsvertrag war daher viel Fingerspitzengefühl gefordert. Als Advokaten eines NPT betonten die Briten ihr Selbstverständnis als internationale Großmacht und die Bedeutung der anglo-amerikanischen *special relationship*. Die Europäer erwarteten jedoch ein Großbritannien, das seinen Platz innerhalb der europäischen Staatengemeinschaft sah und sich für die Interessen der Europäischen Gemeinschaft einsetzte. Die britische Regierung konnte es sich nicht leisten, die Zukunft der Euratom auf Spiel zu setzen und den NPT auch gegen die Interessen der nichtnuklearen Europäer voranzutreiben.[65] Konkret bedeutete dies ein nachdrückliches britisches Engagement für Euratom. Bonn hatte die meisten Probleme mit dem NV-Vertrag, andererseits hatte die bundesdeutsche Regierung als Fürsprecher der Briten in Brüssel einiges Gewicht in die Waagschale zu werfen. Der von Lord Chalfont so häufig angemahnte harte Kurs gegenüber der Bundesrepublik konnte damit nicht weitergeführt werden. Nun mußte die britische Delegation in Genf die Interessen der Europäer, vor allem die der Bundesrepublik, vertreten.

Im Februar 1967 fragte das Foreign Office in Washington an, ob britische Vermittlungsdienste bei den europäischen Verbündeten erwünscht seien. Außenminister Rusk antwortete, britische Unterstützung in den problematischen Fragen wie der zivilen

---

gen und die deutsche Haltung zum Kontrollartikel sind genau dokumentiert bei: Küntzel, Bonn, S. 172–183. Haftendorn, Sicherheit, S. 632–692.

[64] Außenminister Brandt machte gegenüber den USA auch die besondere Rolle Frankreichs deutlich. Frankreich sei Mitglied in der Euratom, würde aber den NPT nicht unterzeichnen und damit als einziges Euratom-Mitglied nicht den IAEO-Kontrollen unterliegen. Damit entstünde für Frankreich ein kommerzieller Vorteil, da viele Firmen, um die IAEO-Kontrollen zu umgehen, nach Frankreich abwandern würden. LBJL, NSF, Subject File, box 26, Record of Conversation, 13. 12. 1967. Folglich war Frankreich auch nicht daran interessiert, in dieser Auseinandersetzung für die Euratom Partei zu ergreifen. Siehe hierzu auch: Küntzel, Bonn, S. 174.

[65] Die deutlichsten Warnungen kamen von der *Financial Times*. Siehe: Financial Times, 21. 01. 1967, 16. 02. 1967 sowie 18. 02. 1967.

Atomtechnologie und besonders des Kontrollartikels sei willkommen, ebenso alle Maßnahmen, die den Europäern das Gefühl gäben, in Statusfragen den Briten nicht untergeordnet zu sein. Rusk betonte jedoch ausdrücklich, die Briten mögen es künftig unterlas-
sen, eigene Vorschläge für eine Formulierung strittiger Artikel zu präsentieren. Mögliche
britische Initiativen sollten auch nicht in Genf gestartet werden, damit amerikanische
und britische Bemühungen sich nicht überschnitten oder sich gar in die Quere kämen.[66]
Kurz zuvor waren bereits Premierminister Wilson und Außenminister Brown nach
Bonn gereist, um die Bundesregierung für eine Unterstützung des britischen Beitrittsge-
suchs zu gewinnen und für den Nichtverbreitungsvertrag zu werben.[67]

Premierminister Wilson favorisierte außerdem bilaterale Expertengespräche zwischen
britischen und deutschen Sachverständigen bzw. Vertretern der Euratom, um einen Meinungswandel hinsichtlich der geplanten IAEO-Inspektionen zu bewirken.[68] Der technische Berater der britischen Regierung, Sir Solly Zuckerman, sollte zu diesem Zweck Anfang März zu Gesprächen nach Bonn kommen, Lord Chalfont verhandelte mit Euratom-
Vertretern in Brüssel. Die Strategie der Labour-Regierung lief allerdings nicht darauf hinaus, sich in Genf für die Euratom als Kontrollbehörde stark zu machen. Die britische Regierung versuchte vielmehr in intensiven Konsultationen und Stellungnahmen, die Bedenken der Europäer gegen den NPT im allgemeinen und die IAEO im besonderen zu
zerstreuen. Solly Zuckerman wies in Bonn darauf hin, daß die britische Regierung keine
Vorbehalte dagegen habe, IAEO-Kontrollen in Großbritannien zuzulassen. Zuckerman
sprach sich dafür aus, die IAEO nun zu akzeptieren und danach eine generelle Revision
des IAEO-Kontrollsystems anzustreben, damit die Organisation den neuen Anforderun-
gen gerecht werde. Nach dieser Revision solle es unter anderem allen Staaten möglich
sein, bestimmte Inspektoren zurückzuweisen.[69]

Die britische Regierung wurde nicht müde, in einer Flut von Stellungnahmen sowohl
die Argumente gegen IAEO-Kontrollen zu entkräften als auch die Europazugehörigkeit
der Briten zu betonen. Ausgerechnet Lord Chalfont, der seit seinem Amtsantritt die *special relationship* als eines der wichtigsten Elemente der britischen Außenpolitik betrachtet hatte, erklärte nun, statt eines besonderen Verhältnisses zwischen Großbritannien
und den USA sei jetzt ein besonderes Verhältnis zwischen den USA und den Vereinigten
Staaten von Europa notwendig. Großbritannien fühle sich den Vereinigten Staaten von
Europa zugehörig.[70] Premierminister Wilson machte jedoch angesichts seines Pessimis-
mus bezüglich de Gaulles Haltung zum britischen Beitritt bei einem Besuch in Washington im Juli 1967 seine Entschlossenheit deutlich, die anglo-amerikanischen Bande und
die damit verbundene Großmachtrolle Großbritanniens nicht aufzugeben.[71] Die Europa-

---

[66] LBJL, NSF, Country File: UK, box 210, Rusk to US-Embassy, London, 23. 02. 1967.
[67] PRO, PREM 13/1478, Record of Conversation, 16. 02. 1967.
[68] British Information Services, britische Nachrichten, 01. 03. 1967, Pressekonferenz Wilsons in Den
Haag, 27. 02. 1967.
[69] PRO, PREM 13/1888, Record of Conversation, 03. 03. 1967.
[70] British Information Services, britische Nachrichten, 12. 10. 1967, BBC-Interview mit Lord Chalfont, 09. 10. 67. Chalfont betonte auch später oft das Ende der anglo-amerikanischen *special relationship* und den Platz Großbritanniens in Europa, vor allem, nachdem er im Mai 1967 Delegationsleiter bei den Beitrittsverhandlungen in Brüssel wurde. The Guardian, 10. 10. 1967.
[71] Darauf wird in einem Memorandum zur Vorbereitung auf den Besuch des britischen Außenministers Brown im Oktober 1967 ausdrücklich hingewiesen. LBJL, NSF, Country File: UK, box 216,
Background Paper, Visit of UK Foreign Secretary Brown, UK-Policy Toward EEC, 10. 10. 1967.

zugehörigkeit wurde also hauptsächlich über verbale Lippenbekenntnisse unter Beweis
gestellt. Chalfont betonte auch, Großbritannien arbeite bereits seit 1959 mit Euratom zusammen und würde niemals ein Abkommen unterzeichnen, das die europäische Zusammenarbeit bei der Entwicklung der Atomenergie für friedliche Zwecke behindere.[72] Die
Möglichkeit, doch noch eine Lösung für die Anerkennung der Euratom zu finden, wurde
jedoch nicht ins Auge gefaßt.[73]

In London setzte man außerdem auf die hochentwickelte zivile Atomindustrie Großbritanniens als Anreiz für die Europäer, das Vereinigte Königreich in die Gemeinschaft
aufzunehmen. Der Abschluß des Nichtverbreitungsvertrages und der britische EG-Beitritt würden den Grundstein für eine intensive Zusammenarbeit auf dem Sektor der zivilen Atomenergie legen, erklärte die Labour-Regierung. Premierminister Wilson behauptete, der Vertrag sei alles andere als ein Hindernis für eine britische Mitgliedschaft im Gemeinsamen Markt. Vielmehr sei er einer solchen geradezu förderlich, denn Euratom könne wesentlich von dem Beitrag profitieren, den Großbritannien auf dem Gebiet der friedlichen Nutzung der Atomenergie anzubieten habe. In bestimmten Bereichen der zivilen
Kernenergie sei Großbritannien heute in der Welt führend.[74] Solly Zuckerman argumentierte, Europa könne nur gemeinsam die Vormachtstellung der USA auf dem Sektor der
zivilen Atomtechnologie brechen. Aus diesem Grund solle Großbritannien baldmöglichst Mitglied der Euratom werden.[75]

Zivile nukleare Kooperation mochte Italien und der Bundesrepublik verlockend erscheinen, Frankreich war damit nicht zu beeindrucken. Die Weitergabe militärischer nuklearer Technologie als Lockvogel in den Verhandlungen mit de Gaulle wurde deshalb
ebenfalls in Betracht gezogen. Der britische Botschafter in Frankreich schlug in einem
Schreiben an Fred Mulley, Verhandlungsführer der Briten in Brüssel, vor, de Gaulle das
technologische Know-how zum Bau der H-Bombe zur Verfügung zu stellen.[76] Überlegungen dieser Art führten aber, so scheint es, zu keinem offiziellen Angebot.[77] Die briti-

---

[72] British Information Services, britische Nachrichten, 15. 03. 1967, Rede Lord Chalfonts vor Vertretern der Euratom in Brüssel, 09. 03. 1967. Gleichzeitig erklärte Chalfont vor der ENDC:
„My clear impression is that if there are to be safeguards they must be international and the treaty
must not be the subject of self-policing." The Times, 24. 02. 1967.

[73] Die Briten betonten vielmehr die Argumente, die für IAEO-Kontrollen sprachen: „The British
reply that unless IAEA inspection is accepted, the Russians will not sign the treaty so that the
Germans would be throwing out the baby with the bath water." Financial Times, 16. 02. 1967.

[74] British Information Services, britische Nachrichten, 01. 03. 1967, Pressekonferenz Wilsons in Den
Haag, 26. 02. 1967. Lord Chalfont wurde in einer Rede vor dem Europarat noch konkreter und
stellte den Europäern lukrative Technologietransfers in Aussicht. British Information Services,
britische Nachrichten, 02. 10. 1967, Lord Chalfont vor dem Europarat in Straßburg, 26. 09.
1967, The Times, 27. 09. 1967.

[75] PRO, PREM 13/1888, Record of Conversation, 03. 03. 1967.

[76] „Our information is that the French do not yet know how to make a thermo-nuclear bomb. If
this is correct, the General faces the humiliating prospect of having a completely useless nuclear
submarine force on his hands in a few years' time, unless the French have made the breakthrough
by then. In this situation, the General might be tempted if we could offer to tell him how to make
a thermo-nuclear bomb as soon as we are safely in the E.E.C. with his help." PRO, PREM 13/
1479, Sir Patrick Reilly to Fred Mulley, 20. 04. 1967.

[77] Reilly schrieb, ein Angebot könne nur in einem „Tête-à-tête zwischen de Gaulle und Wilson" erfolgen. Aus den Gesprächsprotokollen ergeben sich jedoch keine Hinweise. Im Foreign Office
hatte man zunächst versucht, die Weiterleitung dieses Schreibens an den Premierminister zu verhindern. PRO, PREM 13/1482, Memo for the Prime Minister, 13. 05. 1967.

schen Angebote zur zivilen Zusammenarbeit wurden dagegen in Frankreich wahrscheinlich mit Mißfallen betrachtet und dürften eher gegen die britische Aufnahme gesprochen haben. Die kommerziellen Offerten der Briten liefen auf eine Kampfansage an die französischen Anbieter auf dem europäischen Atomenergiemarkt hinaus. Die britischen Versprechungen, die vor allem an Bonn und Rom gerichtet waren, bedeuteten in Paris unliebsame Konkurrenz.

Im April 1967 reiste Bundesaußenminister Brandt nach London. Auch bei diesem Besuch war der Nichtverbreitungsvertrag eines der Hauptthemen, die Brandt mit seinem britischen Kollegen besprach.[78] Brandt ging es vor allem um mögliche kommerzielle Nachteile für die Bundesrepublik. Amerikanische Anbieter ziviler Atomenergie hätten auf dem Markt bessere Chancen, da die Käufer keinerlei Probleme mit Kontrollen befürchten müßten. Eine amerikanische Firma hätte bereits versucht, bundesdeutsche Konkurrenz mit diesem Argument auszuschalten.[79] Brandt forderte daher, daß in jedem Fall auch die zivilen Bereiche der USA und Großbritanniens Kontrollen unterworfen sein sollten, auch wenn die Sowjetunion nicht zu diesem Schritt bereit sei.[80] Unmittelbar nach den Gesprächen mit Brandt traf eine Anfrage im Foreign Office ein, ob Großbritannien bereit sei, zusammen mit den USA einige zivile Atomanlagen freiwilligen Kontrollen zu unterstellen, um den deutschen Vorbehalten Rechnung zu tragen.[81] Einen derartigen Schritt hatten die Briten bisher abgelehnt. Nun ging es darum, einen Zusammenbruch der Verhandlungen zu verhindern und bundesdeutsche Bedenken zu entkräften, ohne damit gleichzeitig sowjetische Ablehnung zu provozieren. Dieses Angebot sollte auch nicht als Verpflichtung in den eigentlichen Vertrag aufgenommen werden. In London wußte man, daß es keine andere Wahl gab, als der amerikanischen Initiative zu folgen, ohne die eigene Glaubwürdigkeit zu verlieren. Ende April 1967 unterbreiteten die USA und Großbritannien den NATO-Staaten unter Vorbehalt ein entsprechendes Angebot.[82]

Die USA und die Sowjetunion kamen unterdessen überein, im August der ENDC in Genf zunächst gemeinsame Vertragsentwürfe zu präsentieren, die den strittigen Kontrollartikel offenließen. Als Reaktion auf die Unfähigkeit der Supermächte, einen Artikel III auszuarbeiten, legte Schweden schließlich einen entsprechenden Entwurf vor, der IAEO-Kontrollen für alle zivilen Atomtransfers – sowohl der Kernwaffenstaaten als auch der Nichtkernwaffenstaaten – vorsah.[83] Schweden hatte damit eine Mehrheit der Nichtkernwaffenstaaten, vor allem der Industrienationen, hinter sich, die eine Gleichbehandlung wünschten, da sie sonst kommerzielle Benachteiligung und Industriespionage befürchteten. Die Schweiz forderte kurze Zeit später ebenfalls Kontrollen für alle Vertragsparteien, um gleiche Wettbewerbsbedingungen zu garantieren. Dabei war auch diesen Nationen klar, daß eine Öffnung der sowjetischen Atomanlagen für Inspektionen un-

[78] Financial Times, 14. 04. 1967 und 16. 04. 1967, The Times, 15. 04. 1967.
[79] Tatsächlich waren die deutschen Klagen in diesem Punkt berechtigt. Der amerikanischen und der britischen Regierung war zu diesem Zeitpunkt bereits ein weiterer Fall bekannt. PRO, PREM 13/1888, Memo of Conversation between Prime Minister Wilson and Vice-President Humphrey, 04. 04. 1967.
[80] PRO, PREM 13/1888, Record of Conversation, 12. 04. 1967. Dieses Problem war auch ein Hauptaspekt in den Gesprächen mit Zuckerman gewesen.
[81] PRO, PREM 13/1888, Brit. Embassy, Washington, to FO, 13. 04. 1967.
[82] PRO, PREM 13/1888, Brit. Del. to NATO to FO, 20. 04. 1967.
[83] Shaker, Non-Proliferation, S. 669.

realistisch war. Aus diesem Grund sah der schwedische Vorschlag nur eine Überwachung der Transfers als verpflichtend vor. Eine Inspektion der zivilen Atomanlagen war zwar dringend erwünscht, aber für die Atommächte nicht verbindlich. In diesem Punkt ging es den nichtnuklearen Industrienationen auch viel mehr darum, gleiche Wettbewerbsbedingungen unter den Nationen zu schaffen, die nicht dem östlichen Bündnissystem angehörten, als eine Inspektion der zivilen sowjetischen Anlagen zu erreichen. Andere Nichtkernwaffenstaaten wie Indien oder Brasilien forderten eine Inspektion aller zivilen und militärischen Atomanlagen sowie aller Nuklearexporte.[84] Erklärtes Ziel dieser Staaten war es, auf einen umfassenden Produktionsstopp für Kernwaffen hinzuarbeiten. Diese Forderungen waren höchst unrealistisch und können nur als fundamentale Opposition gegen ein Abkommen im Rahmen der bestehenden Möglichkeiten gewertet werden.

Eine Gleichbehandlung von Kernwaffenstaaten und Nichtkernwaffenstaaten in der Kontrollfrage war mit der Sowjetunion nicht zu haben, aber die USA gaben schließlich im Dezember 1967 ihr Angebot, einige zivile Atomanlagen in den Vereinigten Staaten für Inspektionen zur Verfügung zu stellen, offiziell bekannt. Damit wurde der Beschluß von 1964, einen amerikanischen Reaktor für Kontrollen freizugeben, erheblich erweitert. Großbritannien folgte der amerikanischen Initiative wenig später. Die britische Regierung war aber immer noch nicht bereit, umfassende Kontrollen des zivilen Atomprogramms zuzulassen. Die britische Offerte enthielt eine Fülle von Ausnahmeregelungen, um eine absolute Geheimhaltung des mit dem zivilen Sektor verflochtenen militärischen Atomprogramms zu gewährleisten. Das entsprechende Abkommen mit der IAEO trat in Großbritannien erst 1978 in Kraft.[85] Während in Genf über den unvollständigen Vertragstext diskutiert wurde, gingen die bilateralen Verhandlungen zwischen den USA und der Sowjetunion über den strittigen Artikel III weiter.[86]

Die Verbündeten waren davon nicht informiert. Die beiden Delegationen konnten sich relativ bald auf eine Lösung einigen, die die IAEO als oberste Kontrollbehörde festschrieb. Die unterzeichnenden Nichtkernwaffenstaaten sollten mit der IAEO ein Abkommen schließen, damit das Kontrollsystem in dem jeweiligen Land zur Anwendung kommen konnte. Das Abkommen konnte jeder Staat individuell mit der IAEO schließen, oder aber mehrere Staaten im Verbund, was nichts anderes als eine Umschreibung für die Euratom bedeutete.[87] Dieser Kompromiß existierte jedoch nur auf Delegationsebene und mußte zunächst den Regierungen in Washington und Moskau vorgelegt werden. Die Delegationsleiter griffen nun zu einem taktischen Manöver: Foster präsentierte den Kompromiß als Vorschlag Roschtschins, dieser legte ihn in Moskau als neuen Vorschlag der Vereinigten Staaten vor. Damit entsprachen beide Seiten ihren Vorgaben, nicht

---

[84] Ebenda, S. 668.

[85] Walker, Proliferation, S. 215.

[86] Diese letzte Runde der Verhandlungen wird sowohl von Seaborg als auch von Bunn detailgenau dargestellt und deshalb hier nicht ausführlich behandelt. Siehe: Bunn, Arms Control, S. 93–98 und Seaborg, Tide, S. 292–304.

[87] Bunn, der an der Ausarbeitung der Kompromißformel beteiligt war, schreibt hierzu: „The most important concession . . . [we] made was to hide references to Euratom in the „individually or together" language. We agreed to language requiring acceptance of IAEA safeguards defined, of course, by the IAEA-Euratom negotiation. Our next, most important, concession was probably to shorten the time for IAEA-Euratom negotiations from three years to eighteen months. . . . The Soviets' biggest concession, a substantial one, was to accept the Fisher idea that IAEA would verify Euratom safeguards, rather than duplicate them. . ." Bunn, Arms Control, S. 97.

von der eigenen Position abzuweichen.[88] Die USA hatten der Bundesregierung versprochen, den amerikanischen Vorschlag nicht ohne vorherige Konsultationen abzuändern. Der neue Text wurde den Verbündeten im NATO-Rat als jüngster sowjetischer Kompromißvorschlag präsentiert. Die Benelux-Staaten reagierten positiv auf den Roschtschin-Entwurf, ebenso Großbritannien und Kanada, sowie Japan, das zunächst einer Sonderrolle der Euratom skeptisch gegenübergestanden hatte. Die Euratom-Kommission, Italien und die Bundesrepublik Deutschland waren jedoch immer noch nicht zu einer Zustimmung bereit.

Die Bundesrepublik Deutschland und Italien akzeptierten den Roschtschin-Entwurf erst, nachdem noch eine geringfügige Änderung vorgenommen worden war. Die Akzentverschiebung sollte den Euratom-Kontrollen ein wenig mehr Bedeutung beimessen.[89] In Moskau wurde diese Änderung jedoch abgelehnt. Die britische Regierung versuchte daraufhin, mit einem weiteren Formulierungsvorschlag die Situation zu retten. Die USA reagierten trotz einer früheren Bitte von Außenminister Rusk, keine britischen Entwürfe mehr vorzulegen, positiv, da sie glaubten, diese Formulierung hätte gute Chancen, von der Kreml-Führung angenommen zu werden. Sie unterschied sich wiederum nur in Nuancen von den beiden jüngsten Entwürfen. Mit der britischen Formulierung war man aber in Bonn nicht einverstanden.[90] Die Bundesregierung übergab Foster statt dessen eine weitere lange Liste mit deutschen Forderungen. In Washington wurde diese Haltung mehr und mehr als Provokation empfunden. Seaborg berichtet, daß Foster und Henry Smyth, der amerikanische Vertreter bei der IAEO, sowie er selbst nun davon ausgegangen seien, die Bundesrepublik lege es auf ein Scheitern der Verhandlungen an. Seaborg schlug Rusk vor, Bonn gegenüber andere Töne anzuschlagen.[91] Die Sowjetunion akzeptierte jedoch überraschenderweise Ende des Jahres 1967 die modifizierte Version des Kontrollartikels, die sie zunächst abgelehnt hatte. Damit war das Eis gebrochen, und die beiden Supermächte konnten am 18. Januar der Achtzehn-Mächte-Konferenz schließlich einen vollständigen Vertragstext vorlegen. Die sowjetische Zustimmung war möglich geworden, nachdem die USA in weiteren bilateralen Verhandlungen Konzessionen in der Frage der Vertragsdauer gemacht hatten. Die Sowjetunion wollte den Vertrag

---

[88] Diese Episode berichten: Seaborg, Tide, S. 294, sowie Bunn, Arms Control, S. 98.

[89] Seaborg, Tide, S. 299. Der Roschtschin-Entwurf lautete folgendermaßen: „Each non-nuclear weapon state party to the treaty undertakes to accept safeguards in accordance with the Statute of the IAEA and the Agency's safeguards system, as set forth in an agreement to be concluded with the IAEA, . . ." Die NATO-Verbündeten forderten folgende Formulierung: „Each non-nuclear weapon state undertakes to accept safeguards, as set forth in an agreement to be negotiated and concluded with the IAEA in accordance with the Statute of the IAEA and the Agency's safeguards system, . . ." Zitiert bei: Seaborg, Tide, S. 299.

[90] LBJL, NSF, Subject File: NPT, box 26, Memo for the President by Adrian Fisher: Alternatives for the First Sentence of Article III, 05. 12. 1967. Die britische Formulierung lautete: „Each non-nuclear weapon state party to the treaty undertakes to accept safeguards, as set forth in an agreement to be concluded with the IAEA in accordance with the Statute of the IAEA." Walker behauptet: „The Article III compromise lay in a phrase suggested by the British that safeguards agreements would be set forth in a separate agreement with the IAEA, rather than acceptance of IAEA safeguards as such." Walker, Proliferation, S. 216. Diese Interpretation erscheint angesichts der Darstellungen von Bunn und Seaborg fragwürdig. Weder Seaborg noch Bunn erwähnen jedoch die britische Initiative. Da beide äußerst detailgenau berichten, kann der britische Vorschlag nicht von herausragender Bedeutung gewesen sein.

[91] Seaborg, Tide, S. 300.

zeitlich nur dann auf zunächst 25 Jahre mit anschließender Überprüfungskonferenz begrenzen, falls dafür das Rücktrittsrecht entfallen würde. Dies wurde von den USA im
Gegenzug für die sowjetische Zustimmung zum Artikel III akzeptiert. Damit waren
auch die Fragen nach Vertragsdauer und Rücktrittsrecht schon sehr früh gelöst.[92] Die
britische Regierung hatte geplant, in dieser Frage zu taktieren und die Stimmung unter
den Nichtkernwaffenstaaten zu sondieren.[93] Dies war mit der amerikanisch-sowjetischen
Einigung hinfällig.

Der Vertragsentwurf wurde nun in der ENDC diskutiert. Dabei galten jedoch die Artikel I, II und III von vornherein als unantastbar. Die Supermächte betrachteten die Verhandlungen über diese zentralen Punkte als abgeschlossen. Sowohl der sowjetische Delegationsleiter als auch sein amerikanischer Kollege weigerten sich mit dem Hinweis auf
die besonders sorgfältige Ausarbeitung dieser Artikel, Änderungswünsche entgegenzu-
nehmen.[94] Der Artikel III wurde damit bis zur Unterzeichnung des Abkommens nicht
mehr weiter verändert. Die Konferenz der Nichtkernwaffenstaaten beschäftigte sich
noch einmal mit der Kontrollfrage. Es wurde aber lediglich eine Anweisung an die Kernwaffenstaaten verabschiedet, den Versprechen, ihre zivilen Atomanlagen unter IAEO-In-
spektion zu stellen, bald nachzukommen.[95] Mit der Unterzeichnung des Nichtverbreitungsvertrages verpflichteten sich die Nichtkernwaffenstaaten, spätestens 180 Tage nach
Inkrafttreten des Vertrages, Verhandlungen mit der IAEO über ein *safeguards*-Abkom-
men zu beginnen. Staaten, die später unterzeichneten, sollten zugleich mit der Ratifikation des Vertrages die Verhandlungen mit der IAEO aufnehmen. Die Kontrollen hatten
den ausschließlichen Zweck, eine Verwendung von Atomenergie für militärische Zwecke
zu verhindern. Sie durften ausdrücklich keine Behinderung der friedlichen Nutzung von
Atomenergie mit sich bringen und technologische Fortschritte auf dem zivilen Sektor
nicht blockieren. Die Unausgewogenheit der Verpflichtungen von Nuklearmächten und
Nichtkernwaffenstaaten wurde durch diese genauen Vorgaben gemindert – ebenso wie
durch die Erklärungen der USA und Großbritanniens, ihre Anlagen freiwillig für Inspektionen zur Verfügung zu stellen. Diese waren jedoch weder verpflichtend noch zeitlich gebunden und jederzeit widerrufbar. Nur die Nichtkernwaffenstaaten waren verpflichtet, in absehbarer Zeit und auf Dauer ihr gesamtes ziviles Atomprogramm überwachen zu lassen.

3. Zivile Nutzung der Atomenergie und friedliche Atomexplosionen

Die Atommächte hatten es zunächst nicht für erforderlich gehalten, den Nichtkernwaffenstaaten im Nichtverbreitungsvertrag den uneingeschränkten Zugang zu allen Bereichen der friedlichen Atomenergie explizit zu garantieren. Als jedoch die USA im Som-

---

[92] Italien hatte von den USA im Laufe des Jahres 1967 mehrfach nachdrücklich gefordert, die Vertragsdauer zeitlich zu begrenzen. Die italienische Regierung hatte jedoch nur vage Antworten
von Außenminister Rusk erhalten. Zudem wollte die italienische Regierung ein Rücktrittsrecht
im Vertrag verankert wissen. Nuti, ‚Me too, please‘, S. 134–135.
[93] PRO, FO 371/181392, FO-Memo for the 20th UN-General Assemby Session: Non-Proliferation, Sept. 1965, ohne genaues Datum.
[94] Shaker, Non-Proliferation, S. 116.
[95] EA 23 (1968) 21, S. D 499, 28. 09. 1968.

mer 1966 vor der ENDC erklärten, ein NPT müsse auch ein Verbot friedlicher Atomexplosionen beinhalten, wuchs unter den Nichtkernwaffenstaaten die Sorge, die Kernwaffenstaaten würden den NPT dazu benützen, sich auch auf dem zivilen Sektor lukrative Monopole sowie einen Technologievorsprung zu sichern. In Großbritannien war diese Thematik bis dahin nur einmal kurz zur Sprache gekommen, als ein Mitglied der britischen Delegation in Genf, Mr. Duncan, anregte, den Nichtkernwaffenstaaten bestimmte zivile Technologien vorzuenthalten, um zivile Transfers als Möglichkeit zur Vorbereitung eines militärischen Programms auszuschließen.[96] Sowohl im Foreign Office als auch im Verteidigungsministerium wurde dieser Vorschlag umgehend zurückgewiesen.[97] Als die Nichtkernwaffenstaaten, allen voran die Bundesrepublik Deutschland, immer lauter Garantien gegen Beschränkungen auf dem zivilen Sektor forderten, reagierten die USA zunächst mit einer Rede des amerikanischen Präsidenten vor der ENDC, in der Johnson erklärte, die friedliche Entwicklung der Atomenergie solle durch den NPT in keiner Weise beeinträchtigt werden.[98]

Die USA versuchten, diese Bedenken der Bundesregierung auch in bilateralen Gesprächen zu widerlegen. Das State Department erklärte gegenüber der deutschen Regierung, daß eine umfassende Kooperation zwischen der Bundesrepublik und den USA auf dem zivilen Gebiet durch den NPT nicht behindert werden werde.[99] Bundesaußenminister Brandt brachte das Argument vor, die zivile Technologie in den Kernwaffenstaaten profitiere von den Ergebnissen in der militärischen Forschung. Der deutschen Atomindustrie entstünden dadurch erhebliche Nachteile. Außenminster Rusk versicherte Brandt bei dessen Besuch im Februar 1967, keine Behinderung der zivilen Nutzung der Atomenergie eintreten zu lassen.[100] Wie bereits beschrieben, tat die britische Regierung in den deutsch-britischen Konsultationen ebenfalls alles – nicht nur in bezug auf den Kontrollartikel, sondern auch was die friedliche Nutzung der Atomenergie betraf –, um die deutschen Bedenken zu zerstreuen. Lord Chalfont betonte mehrmals vor der ENDC, daß die britische Regierung die Rechte der Nichtkernwaffenstaaten auf uneingeschränkte Entwicklung der zivilen Technologie nicht beschneiden wolle.[101] Die Briten hatten schon aufgrund ihrer Interessen auf dem nuklearen Exportmarkt keine Absichten, den Handel mit ziviler Technologie zu unterbinden. Gleichzeitig mußte man natürlich in dieser Frage auf die Europäer besondere Rücksicht nehmen.

Die mexikanische Delegation in Genf schlug der ENDC schließlich eine Formulierung für einen Artikel zur Sicherung des Rechts auf Entwicklung der friedlichen Atomtechnologie vor.[102] Der mexikanische Entwurf bildete die Vorlage für den Artikel IV des ersten gemeinsamen Vertragstextes der Supermächte. Die USA machten jedoch deutlich, daß

---

[96] PRO, FO 371/187465, Duncan to Stuart, 18. 05. 1966.
[97] PRO, FO 371/187465, Street to UK-Del., Geneva, 27. 06. 1966 und PRO, FO 371/187465, Dr. Press (MOD) to Street, (FO), 10. 06. 1966.
[98] Seaborg, Tide, S. 360.
[99] Siehe hierzu: Haftendorn, Sicherheit, S. 681–682.
[100] Küntzel, Bonn, S. 163.
[101] Rede Chalfonts vor der ENDC am 23. 02. 1967, zitiert nach: The Guardian, 24. 02. 1967. Vgl. Lord Chalfont vor der ENDC am 21. 03. 1967: „No non-proliferation treaty is meant to impede civil nuclear development, and no treaty must be allowed to do so." ENDC/PV. 295, 21. 03. 1967.
[102] ENDC/PV. 295, 21. 03. 1967.

der Artikel IV den Bestimmungen des *Atomic-Energy-Acts* und den amerikanischen Ex-
portbestimmungen unterliege. Daraufhin verlangte eine Mehrheit der Nichtkernwaffenstaaten unter Führung Mexikos, es solle die Pflicht der Atommächte sein, den Staaten,
die auf Kernwaffenbesitz verzichteten, bei der Entwicklung ihrer zivilen Atomprogramme konkrete Hilfe zu leisten. Kanada und Großbritannien wandten sich gemeinsam gegen diesen Vorstoß. Nach Ansicht der Kanadier waren die Nichtkernwaffenstaaten in
diesem Punkt zu weit gegangen, da nach dieser Auslegung maßlose Forderungen geltend
gemacht werden konnten. Der Regierung in London ging es um den finanziellen Aspekt.
Die Nichtkernwaffenstaaten könnten nicht die Früchte der jahrelangen, kostenintensiven
Forschungsarbeit der Atommächte kostenlos ernten wollen, erklärte Staatsminister Mulley, der Lord Chalfont als Verhandlungsführer der britischen Delegation in Genf abgelöst hatte.[103] Damit sprachen sich die Briten nicht gegen umfangreiche Technologietransfers aus, nur umsonst wollte Großbritannien seine Erkenntnisse auf dem Gebiet der
Atomforschung nicht weitergeben. Italien unternahm zwei Anläufe, über den Artikel
IV die Versorgung der Nichtkernwaffenstaaten mit spaltbarem Material zu gewährleisten.[104] Der freie Zugang zu den Ausgangsmaterialien sei die Voraussetzung für jedes zivile Atomprogramm, argumentierte die italienische Regierung und avancierte damit neben der Bundesregierung zum hartnäckigsten Opponenten jeglicher Beschränkung auf
dem zivilen Sektor.

Die italienische Initiative wurde ebenso fallengelassen wie verschiedene andere Änderungswünsche nichtnuklearer Delegationen. Die Forderung nach einer Verpflichtung
der Kernwaffenstaaten, zivile Technologie bereitzustellen, bezeichnete der amerikanische
Vertreter in Genf, Fisher, als übertrieben. Er äußerte aber zugleich auch Verständnis für
die Haltung der Nichtkernwaffenstaaten.[105] Die endgültige Formulierung stellte schließlich eine Kompromißlösung dar. Die Atommächte unterlagen keiner expliziten Verpflichtung, aber alle Unterzeichnerstaaten, die dazu in der Lage waren, sollten zum Aufbau ziviler Atomprogramme in Nichtkernwaffenstaaten beitragen. Der Artikel IV ver-
körperte damit auch die Fortsetzung von *Atoms-for-Peace* in einer neuen, verbesserten
Form. Die Formulierung, „Parties to the Treaty in a position to do so", war damit auch
eine Aufforderung an die Nichtkernwaffenstaaten mit einem hochentwickelten Atomprogramm, sich auf diesem Gebiet zu engagieren und die Kooperation in der zivilen
Kernkraft auch unter den Nichtkernwaffenstaaten zu fördern. Den britischen Vorstellungen von einer Förderung des Handels auf dem zivilen Sektor als Mittel zur Begrenzung
von Proliferation wurde damit entsprochen. Der Artikel IV erhöhte einerseits die Attraktivität des Vertrages für alle Staaten und eröffnete andererseits der britischen Wirtschaft
einen lukrativen Markt. Im Rahmen eines britischen Beitritts zur EG konnte der Artikel IV des Nichtverbreitungsvertrages die Basis für intensive Kooperation mit den Un-

---

[103] ENDC/PV. 337, 10. 10. 1967.

[104] Der erste Vorschlag forderte die Atommächte dazu auf, den Nichtkernwaffenstaaten eine bestimmte Menge an spaltbarem Material zur Verfügung zu stellen. Nachdem diese Initiative gescheitert war, wollte Italien wenigstens das Recht auf freien Zugang zu spaltbarem Material im
Vertrag verankert wissen. ENDC/PV. 318, 01. 08. 1967 und ENDC/PV. 367, 20. 02. 1968.

[105] Die Frage der Sicherung des Zugangs zu friedlicher Technologie war hauptsächlich ein Konflikt
zwischen den USA und den westlichen bzw. den blockfreien Staaten, da die meisten Nichtkernwaffenstaaten an westlicher Atomtechnologie interessiert waren. Die Sowjetunion hielt sich in
dieser Frage sehr bedeckt.

terzeichnerstaaten innerhalb der Gemeinschaft bilden. Zudem bestand die Aussicht, daß sich auch die globalen Exportmöglichkeiten erheblich verbesserten. Andererseits bedeutete er auch wachsende Konkurrenz. Der Artikel IV war gleichsam eine Einladung an die Bundesrepublik Deutschland, ihre hochentwickelte zivile Atomtechnologie in großem Maße zu exportieren.

Die Durchführung von Atomexplosionen zu friedlichen Zwecken (*Peaceful Nuclear Explosion*, kurz: PNE), zum Beispiel für wissenschaftliche Experimente oder verschiedene Großprojekte wie den Bau von Schiffahrtsstraßen oder Stauseen oder die Freilegung von Rohstoffvorkommen, war ein Problemfeld, das im Rahmen der friedlichen Nutzung der Atomenergie gesondert diskutiert wurde. Einerseits konnte gleichsam jeder Atomtest als friedlich deklariert und damit die Entwicklung von Waffen legalisiert werden. Andererseits war es besonders schwierig, den Nichtkernwaffenstaaten die Durchführung von friedlichen Explosionen zu verbieten, da gerade viele unterentwickelte Nationen der Dritten Welt hofften, mit Hilfe von atomaren Explosionen Probleme wie mangelnde Wasserversorgung oder den Abbau von bisher unerreichbaren Rohstoffen langfristig bewältigen zu können.[106] Die nichtnuklearen Industrienationen wiederum konnten die Atommächte der Sicherung eines Technologiemonopols und der Zementierung unfairer Wettbewerbsbedingungen bezichtigen. Die Frage, ob PNEs in einem Nichtverbreitungsabkommen explizit verboten werden sollten, wurde aber erst mit dem amerikanischen Vertragsentwurf vom Frühjahr 1966 aktuell. Die Vertragsentwürfe vom Sommer 1965 hatten diese Problematik außer acht gelassen. Der überarbeitete amerikanische Entwurf enthielt jedoch im zentralen Artikel I des Vertragstextes eine Passage, die friedliche Atomexplosionen der Nichtkernwaffenstaaten verbot.[107]

Bei der Diskussion der *Western Four* in Genf über den neuen amerikanischen Entwurf brachten die Kanadier die Vor- und Nachteile eines Verbots friedlicher Explosionen zur Sprache. Sie wiesen darauf hin, daß die amerikanische Formulierung von den Nichtkernwaffenstaaten als diskriminierend zurückgewiesen und möglicherweise unerwünschte Gegenreaktionen auslösen werde: „The US proposal could be interpreted as leading to a monopoly by the nuclear powers – a limited comprehensive test ban, limited to the non-nuclear powers. The Indians might respond by racing ahead to conduct a peaceful test before a treaty could be agreed; or else they and the other non-aligned might renew their demands for a full comprehensive test ban or a moratorium."[108] General Burns warf aber auch die Frage auf, wie die Sowjetunion auf eine bundesdeutsche friedliche Explosion reagieren würde, und ob es möglich sei, PNEs unter internationaler Überwachung durchzuführen. Der ACDA-Vertreter Fisher betonte, daß friedliche Explosionen und Waffentests kaum zu unterscheiden seien. Die meisten friedlichen Explosionen seien bereits durch den PTBT verboten, und die Unterzeichnerstaaten hätten damals schon umfassende Restriktionen akzeptiert. Außerdem, so Fisher, hätten die USA Hinweise, daß in Indien eine sogenannte friedliche Explosion vorbereitet werde. Die

[106] Siehe hierzu: Shaker, Non-Proliferation, S. 416.

[107] Der amerikanische Vertragsentwurf von 1965 hatte diese Frage ausgeklammert, da innerhalb der amerikanischen Regierung unterschiedliche Auffassungen bestanden, ob ein Verbot der friedlichen Explosionen wünschenswert sei. Die ACDA wollte ein Verbot, die AEC war dagegen, da dies möglicherweise ein generelles Verbot friedlicher Explosionen nach sich ziehen würde. Seaborg, Tide, S. 364.

[108] PRO, FO 371/187462, Richardson (UK-Del., Geneva) to Stuart (FO), 02. 03. 1966.

Wirkung eines angeblich friedlichen Tests auf die internationale Staatengemeinschaft und die möglichen Reaktionen würden ähnlich sein wie bei einem militärischen Test. Fisher bezeichnete schließlich sogar einen NPT ohne Verbot der friedlichen Tests als nutzlos.[109]

Lord Chalfont sprach sich dafür aus, daß alle Nationen gleichermaßen von den Errungenschaften auf dem Gebiet der zivilen Atomenergie und damit auch von friedlichen Explosionen profitieren sollten. Er hielt das amerikanische Verbot für höchst diskriminierend und betrachtete auch eine indische Explosion keineswegs als ersten Schritt Indiens auf dem Weg zur militärischen Atommacht. Zudem, erklärte Chalfont, sei es taktisch höchst ungeschickt, die Nichtkernwaffenstaaten nun mit dieser Forderung zu konfrontieren. Dies werde den Abschluß eines Abkommens nur verzögern. Vielmehr könne darüber nachgedacht werden, Restriktionen dieser Art in einen CTBT aufzunehmen.[110] Chalfonts Position war klar: Er wollte einem baldigen Vertragsabschluß keinerlei Hindernisse in den Weg legen. Klauseln, die Konfliktpunkte mit den Nichtkernwaffenstaaten bargen, sollten im Interesse einer breiten Akzeptanz des Abkommens weggelassen werden. In diesem Punkt war man jedoch in London anderer Ansicht als Lord Chalfont. Nach Rücksprache mit dem Verteidigungsministerium schrieb der Leiter des *Atomic Energy Department* im Foreign Office, Street, an die britische Delegation in Genf, daß die Regierung die amerikanische Einschätzung teile, der Vertrag solle Nichtkernwaffenstaaten die Durchführung von PNEs verbieten. Das Foreign Office gehe davon aus, daß eine friedliche Explosion eines Nichtkernwaffenstaates dem Beweis gleichkomme, daß dieser Staat in der Lage sei, Waffen zu produzieren. So würde dieser Test auch von allen anderen Staaten verstanden werden.[111]

Die USA waren entschlossen, das Thema nun zur Sprache zu bringen. Ende Juni übergab die amerikanische Delegation ihren sowjetischen Kollegen in Genf ein Memorandum, in dem der Vorschlag erörtert wurde, die Kernwaffenstaaten sollten friedliche Explosionen im Auftrag der Nichtkernwaffenstaaten durchführen. Nachdem Moskau nicht ablehnend reagierte, legten die USA den Plan im August der Achtzehn-Mächte-Konferenz vor.[112] In der folgenden Zeit konzentrierte sich jedoch alles auf die Lösung der *nuclear-sharing*-Frage und die grundsätzliche Einigung der Supermächte, so daß eine breitere Diskussion des amerikanischen Vorschlages bzw. anderer Lösungsmöglichkeiten nicht erfolgte. Die Briten sahen unterdessen in der Frage der friedlichen Explosionen eine ernsthafte Gefahr für einen baldigen Vertragsabschluß erwachsen. Die Reaktionen auf britischer Seite waren unterschiedlich. Die britische Delegation in Genf sprach sich gegenüber den amerikanischen Kollegen wiederholt dafür aus, das Problem auszuklammern und separat zu behandeln.[113] Die britische Vertretung bei den Vereinten Nationen wies darauf hin, daß dieser Punkt wenigstens aus den zentralen Vertragsartikeln I und II gestrichen werden sollte.[114] In diesem Zusammenhang hatte das Foreign Office auch bemerkt, daß die Nichtkernwaffenstaaten nicht zu einem einseitigen Verzicht gedrängt

---

[109] Ebenda.
[110] PRO, FO 371/187462, Richardson to Stuart, 02. 03. 1966.
[111] PRO, FO 371/187462, Street to Richardson, 01. 04. 1966.
[112] Seaborg, Tide, S. 364–365.
[113] PRO, FO 371/187470, FO to Brit. Embassy, Washington, 19. 10. 1966.
[114] PRO, FO 371/187470, UK-Mission to UN to FO, 19. 10. 1966.

werden dürften, sondern die Atommächte in jedem Fall einen fairen Ausgleich anbieten müßten.[115] Dort unterstützte man aber nach wie vor die amerikanische Forderung nach einem Verbot aller Explosionen. Besondere Bedeutung wurde der deutschen Reaktion auf ein Verbot beigemessen. Allerdings ging man in London davon aus, daß die USA die unangenehme Aufgabe übernehmen würden, der Bundesregierung zu erklären, daß eine Unterscheidung zwischen militärischen und zivilen Tests nicht möglich sei. Man wollte sich nicht auch noch in dieser Frage in Bonn unbeliebt machen.[116]

Im März 1967 legten die Vereinigten Staaten einen konkreten Plan vor, wie die Nichtkernwaffenstaaten die Durchführung einer PNE „in Auftrag geben" könnten: Demnach sollten derartige Explosionen von einer Atommacht und unter internationaler Beobachtung durchgeführt und die Kosten für den Nichtkernwaffenstaat so gering wie möglich gehalten werden.[117] Die Bedingungen für internationale Zusammenarbeit auf dem Gebiet der friedlichen Explosionen sollten grundsätzlich erweitert und verbessert werden. In den gemeinsamen Vertragsentwürfen vom August 1967 kam dieser Plan in der Präambel zur Sprache, die zentralen Artikel schlossen ein Verbot der friedlichen Explosionen ein. Der Vertragstext enthielt keinen eigenen Artikel über friedliche Explosionen. Dies war den Nichtkernwaffenstaaten zu wenig. Die Mehrheit war zwar gewillt, den amerikanischen Plan grundsätzlich zu akzeptieren, jedoch sollte die Möglichkeit, PNEs von einer Atommacht durchführen zu lassen, fest im Vertrag verankert werden. Die mexikanische Delegation übernahm nun eine führende Rolle bei der Ausarbeitung eines eigenen Artikels, der genau dies zum Inhalt haben sollte.[118] Bei der Formulierung hielten sich die Mexikaner eng an die Vorgaben des amerikanischen Plans vom März 1967. Die meisten Nichtkernwaffenstaaten unterstützten schließlich den Antrag Mexikos, die mexikanische Formulierung als Artikel V in den Vertragstext aufzunehmen. Nur Indien und Brasilien beharrten auf dem individuellen Recht jedes Staates, friedliche Explosionen selbständig durchführen zu dürfen.

Neben Indien und Brasilien hatte auch Großbritannien gegen den Artikel V gestimmt. Die Briten argumentierten, Großbritannien unterhalte nicht, wie die USA oder die Sowjetunion, ein nationales Programm zur Durchführung friedlicher Explosionen und sehe sich deshalb auch nicht in der Lage, der internationalen Staatengemeinschaft ein entsprechendes Angebot zu machen. Tatsächlich fürchtete die britische Regierung nun offensichtlich durch ein *quid pro quo* unkalkulierbar hohe Kosten auf sich zukommen, sollten die Atommächte in dieser Frage von den Nichtkernwaffenstaaten in die Pflicht genommen werden können: „[The Article V] could be interpreted as obliging nuclear-weapon States to develop a peaceful explosives technology and service for the benefit of others even if they had neither the desire nor the resources to develop such a

---

[115] PRO, FO 371/187465, Street to Richardson, 12. 07. 1966.

[116] Ian Smart von der britischen Botschaft in Washington hatte gefordert, die britische Botschaft in Bonn sollte umgehend Konsultationen mit der Bonner Regierung aufnehmen „to rub in the impossibility of discriminating between peaceful explosive devices and weapons". PRO, FO 371/187473, Smart to Street, 18. 11. 1966. Street antwortete jedoch folgendermaßen: „It is not a point on which we need to take a lead in convincing the Germans of its necessity. . . . We can presumably rely on the Americans to push this strongly." PRO, FO 371/187473, Street to Smart, 25. 11. 1966.

[117] Shaker, Non-Proliferation, S. 381.

[118] Ebenda, S. 382–383.

service."[119] Die Gegner des Artikels V wurden jedoch überstimmt, und die Supermächte trugen diesem Votum Rechnung, indem sie den von Mexiko formulierten Artikel in den zweiten gemeinsamen Vertragsentwurf aufnahmen, der Anfang des Jahres 1968 vorgelegt wurde. Es sollte sich allerdings zeigen, daß die britischen Befürchtungen unbegründet waren, da die Bedeutung von Atomexplosionen zu friedlichen Zwecken stark überschätzt worden war.

4. Verpflichtung der Supermächte zu nuklearer Abrüstung

Im Laufe des Jahres 1965 forderten immer mehr Nichtkernwaffenstaaten, der Nichtverbreitungsvertrag solle mit umfangreichen Abrüstungsmaßnahmen der Supermächte gekoppelt sein. Die radikalsten Forderungen kamen aus der indischen Delegation. Die Inder verlangten, der NPT müsse ein *freeze-* und ein *cut-off*-Abkommen enthalten und langfristig zu völliger nuklearen Abrüstung führen. Die Nichtkernwaffenstaaten müßten sich dabei erst dann zum nuklearen Verzicht bereit erklären, wenn die Atommächte die Produktion von weiteren Waffen eingestellt und ihre Arsenale reduziert hätten.[120] Auch Kanada und Ägypten sprachen sich für einen konkreten Abrüstungsplan innerhalb des NPT aus.[121] Der italienische Außenminister Fanfani hatte im Juli 1965 ein zeitlich begrenztes Moratorium der Nichtkernwaffenstaaten vorgeschlagen. In dieser Zeit sollten sich die Supermächte auf ein Abrüstungsabkommen einigen.[122] Schweden wollte zudem baldmöglichst zu einem CTBT kommen.[123] Die Resolution der Nichtkernwaffenstaaten vom November 1965 verlangte die Aufnahme von Abrüstungsmaßnahmen in den Vertrag. Dies wurde in einem Memorandum der acht blockfreien Staaten der ENDC im August 1966 noch einmal ausdrücklich bestätigt.[124]

Die Nichtkernwaffenstaaten sprachen damit in der Frage der Abrüstungsmaßnahmen eine deutliche Sprache.[125] Warum sollten sie auf Kernwaffen verzichten, wenn sich dadurch die globale nukleare Bedrohung in keiner Weise verringern würde? Die Supermächte schienen indes nicht bereit, als Gegenleistung für die Verzichtserklärung zumindest eine Reduzierung der eigenen Arsenale vorzunehmen, denn keiner der 1965 vorgelegten Vertragsentwürfe enthielt konkrete Bestimmungen über begleitende Abrüstungsmaßnahmen. Die Resolution der Nichtkernwaffenstaaten bedeutete den Atommächten jedoch unmißverständlich, daß die bisherigen Entwürfe in bezug auf Abrüstungsmaßnahmen völlig unzureichend waren. Die USA hatten zwar ebenso wie die Sowjetunion 1965 einen umfassenden Abrüstungsplan vorgelegt, und die amerikanische Delegation in Genf hatte auch noch einmal Gespräche über einen Produktionsstopp von spaltbarem

---

[119] ENDC/PV. 337, 10. 10. 1967. Rede von Staatsminister Mulley vor der ENDC.
[120] ENDC/PV. 222, 10. 10. 1965.
[121] Ebenda.
[122] Nuti, „Me too, please', S. 133.
[123] ENDC/PV. 222, 10. 10. 1965.
[124] ENDC/Doc. 178 submitted to ENDC/PV. 284, 23. 08. 1966.
[125] Die Verhandlungen um die Sicherheitsgarantien und den Artikel III zeigten, daß die Nichtkernwaffenstaaten keineswegs eine einheitliche Front gegenüber den Atommächten bildeten. In der Frage der Abrüstungsmaßnahmen gab es jedoch einen breiten Konsens für eine Verbindung von Nichtverbreitungsvertrag und Abrüstungsmaßnahmen.

Material sowie ein Einfrieren bestimmter Waffensysteme angeboten. Das Interesse war jedoch auf beiden Seiten eher mäßig. Vor dem Hintergrund des eskalierenden Vietnam-Konflikts war keine der Supermächte an Abrüstungsverhandlungen interessiert. Präsident Johnson hatte – abgesehen von den Abrüstungsvorschlägen in seiner Rede vor der ENDC Anfang 1964 – Abrüstungsfragen ohnehin nie besondere Beachtung geschenkt. Die Kreml-Führung gab zu erkennen, daß für sie ein anderes Abkommen als der Nichtverbreitungsvertrag derzeit nicht aktuell war. Aus Moskau verlautete stereotyp, daß wirkliche Abrüstung nur in Form eines umfassenden Abrüstungsplans erfolgen könne.[126]

Die britische Regierung hatte den *cut-off* nur unter Vorbehalt unterstützt und war immer mehr an einem umfassenden Teststopp-Abkommen interessiert gewesen. Nachdem klar wurde, daß in keinem der konkreten Abrüstungsvorschläge ein Vorankommen zu erwarten war, konzentrierten die Briten ihre ganzen Bemühungen auf den Abschluß eines CTBT. Lord Chalfont drängte schon seit einiger Zeit in Washington immer heftiger darauf, die USA sollten die Bedingung aufgeben, ein CTBT müsse durch eine bestimmte Anzahl von Kontrollen vor Ort überwacht werden. Die Verhandlungen über ein umfassendes Testverbot sollten jedoch separat von den Nichtverbreitungsverhandlungen geführt werden. Auch in der Abrüstungsfrage galt: London wollte den NV-Vertrag so bald wie möglich, daher war man strikt dagegen, Bestimmungen über Abrüstungsmaßnahmen zu einem Bestandteil des Vertrages zu machen. Ein Memoranum des Foreign Office gab für die Verhandlungen in den Vereinten Nationen im Herbst 1965 folgenden Kurs vor: „Her Majesty's Government's attitude is that to tie an agreement on non-dissemination to a package of other disarmament proposals would be to delay and possibly to prevent the acceptance of a Treaty. Her Majesty's Government will continue to work for G.C.D. as well as other collateral disarmament measures. But negotiations on these measures have proved long and difficult, and the need for a non-dissemination agreement is so urgent that it ought not to be held up by any lack of progress in collateral negotiations."[127] Abrüstungspolitik bedeutete für die britische Regierung in der folgenden Zeit, die amerikanische Regierung zur Aufgabe der *nuclear-sharing*-Pläne zu drängen, um möglichst schnell eine Einigung der Supermächte zu erzielen. Daneben bestand die Notwendigkeit, das Problem der Sicherheitsgarantien zu lösen und die Kontrollfrage nach den britischen Vorstellungen zu regeln, nicht aber Bemühungen, den NPT zu einem tatsächlichen Abrüstungsabkommen auszubauen.[128] Unabhängig davon war man nur

---

[126] PRO, PREM 13/1251, Chalfont to FO, 25. 03. 1966 sowie NA, RG 59, CFPF, DEF 18, box 1592, US-Del., Geneva, to Dept of State, 06. 02. 1966. Verhandlungen über G.C.D. fanden jedoch schon seit einiger Zeit nicht mehr statt. Ein ACDA-Memorandum über G.C.D. berichtet: „The Indian representative was not greatly exaggerating when he told the ENDC in 1968 that there had been no negotiations on general and complete disarmament since 1964. Both the United States and the Soviet Union realized that it was fruitless to continue the discussions on general and complete disarmament." NSA, MC, Doc. Nr. 1232, ACDA Memo: The US-Arms-Control and Disarmament Agency During the Johnson-Administration, 04. 11. 1968.

[127] PRO, FO 371/181392, FO-Memo: UN General Assembly 20th Session, Supplementary Brief: Non-Dissemination, September 1965, ohne genaues Datum.

[128] Nachdem im März 1966 die Sowjetunion mit dem Kossygin-Vorschlag beträchtliche Sympathien bei den Nichtkernwaffenstaaten erzielt hatte und keine Einigung zwischen den Supermächten in Aussicht war, überlegte man kurzeitig im Foreign Office, ein westliches Angebot in Form eines kombinierten NPT/*freeze*/*cut-off* in Genf vorzulegen, wohlwissend, daß die Sowjetunion dieses

daran interessiert, die Fortsetzung der Verhandlungen über ein umfassendes Teststopp-
abkommen als weiteren Damm gegen Proliferation zu forcieren. Im Frühjahr 1966 wurde die amerikanische Regierung davon informiert, daß die Briten nun offiziell die Position verträten, eine Überwachung eines CTBT sei nicht erforderlich.[129] Dabei spielte es
keine Rolle, daß dies innenpolitisch bei den engsten Verbündeten nicht durchsetzbar
war.

Während die Atommächte über nukleare Abrüstung sprachen, betrieben verschiedene
Nichtkernwaffenstaaten aktive Nichtverbreitungspolitik. So verhandelten die Staaten
Mittel- und Südamerikas über einen Vertrag, der die südliche Hälfte des amerikanischen
Kontinents zur atomwaffenfreien Zone erklären sollte. Ähnliche Überlegungen gab es
in verschiedenen afrikanischen Staaten. Die Atommächte sollten sich verpflichten, diese
Zone zu respektieren und den beteiligten Staaten eine nukleare Nichtangriffsgarantie zuzusagen. Die Atommächte reagierten auf dieses Vorhaben positiv. Innerhalb der britischen Regierung war insbesondere Premierminister Wilson von den Plänen begeistert
und sprach sich für eine Förderung dieser Bestrebungen vor allem in Afrika aus.[130] Das
britische Verteidigungsministerium machte jedoch Vorbehalte deutlich, da ein solches
Abkommen gerade in Afrika eine Einschränkung der britischen Transit- und Überflugrechte zur Folge gehabt hätte.[131] Nachdem ACDA-Mitarbeiter versicherten, die südame-
rikanischen Staaten hätten zugesagt, sämtliche Transitrechte zu respektieren, unterstützte
die britische Regierung die Schaffung einer kernwaffenfreien Zone in Südamerika vorbehaltlos. Sie sprach sich auch für eine möglichst breite Beteiligung aus, machte aber deutlich, daß sie auch ein Abkommen unterstützen werde, das nur einige wenige Staaten um-
fasse.[132] Die britische Regierung unterzeichnete schließlich im Februar 1967 den Vertrag
von Tlateloco, der Südamerika für kernwaffenfrei erklärte. Sie unterstützte auch einen
Antrag Mexikos, nach dem ein Artikel in den NPT aufgenommen werden sollte, der
nichtnuklearen Staatengruppen das Recht zusicherte, sich zu einer kernwaffenfreien
Zone zusammenzuschließen. Damit blieb die Option auf ein ähnliches Abkommen in
Afrika gewahrt. Mit dem Vertrag von Tlateloco leisteten die nichtnuklearen Staaten Süd-
amerikas schon vor dem Abschluß des NPT einen großen Beitrag zur Verhinderung von
Proliferation.

Der erste gemeinsame Vertragstext der USA und der Sowjetunion vom August 1967
nahm wenigstens in der Präambel auf die Abrüstungsfrage Bezug. Außer einer Willenser-

---

Angebot zurückweisen würde. Der Westen würde damit zwar in der Sache nicht vorankommen,
aber einen Propagandaerfolg erzielen und die Sympathien der Nichtkernwaffenstaaten zurückge-
winnen. Diese Überlegungen wurden jedoch umgehend wieder fallengelassen. Zum einen bestanden in Großbritannien selbst nach wie vor Bedenken gegen den *cut-off*, zum anderen kam man zu
dem Schluß, daß diese Initiative die eigentlichen Verhandlungen um den NPT möglicherweise
ernsthaft gefährden könnte. PRO, FO 371/187463, Street to Beeley, 30. 03. 1966.

[129] PRO, FO 371/187437, FO Position Paper, 17. 05. 1966.

[130] PRO, PREM 13/1251, Minute of PM Wilson, 15. 10. 1965.

[131] Großbritannien müsse sich das Recht vorbehalten, bei militärischen Überflügen Geheimhaltung
darüber zu wahren, ob Kernwaffen transportiert würden. Damit bestehe die Gefahr, daß Großbritannien sämtliche militärischen Überflugrechte verlieren werde. Ähnliches gelte für die Schiff-
fahrt. PRO, PREM 13/1251, Mr. Hastie-Smith (MOD) to Mr. Wright (Private Secretary to PM),
20. 10. 1965.

[132] LBJL, NSF, Country File: UK, box 209, Memo of Conversation, 12. 10. 1965. NA, RG 59, CFPF,
DEF 18, box 1595, 08. 07. 1966.

klärung, die Abrüstungsverhandlungen fortzusetzen und umfassende nukleare Abrüstung anzustreben, enthielt der Text aber keinerlei Vorgaben zur Reduzierung der nuklearen Waffenarsenale. Dies provozierte eine Fülle von Vorschlägen, die alle zum Ziel
hatten, eine Verpflichtung zur Abrüstung in einem eigenen Artikel im Vertrag zu verankern.[133] Die Supermächte sahen sich daraufhin gezwungen, dem Druck nachzugeben
und Zugeständnisse zu machen. Die überarbeitete Fassung vom Januar 1968 enthielt einen Artikel VI, demzufolge alle Staaten verpflichtet waren, weitere Abrüstungsverhandlungen anzustreben.[134] Die Formulierung „to pursue in good faith" entband die Supermächte freilich von jeglicher Erfolgsverpflichtung in den Verhandlungen. Der sowjetische Delegationsleiter in Genf betonte in einer Rede, daß die Nichtkernwaffenstaaten,
sollten sie auf konkreteren Maßnahmen beharren, den NPT zu Fall bringen würden.
Die Positionen der Supermächte lägen in der Abrüstungspolitik zu weit auseinander. In
dieser Argumentation wurde er von seinem amerikanischen Kollegen unterstützt. Wenn
die internationale Staatengemeinschaft diesen Vertrag so nicht akzeptieren könne, erklärten Zarapkin und Fisher, werde es gar keinen Vertrag geben.[135] Die Sowjetunion drohte
außerdem den Staaten, die einem Vertrag fernblieben, die zivile nukleare Hilfe deutlich
zu reduzieren und die Mitgliedstaaten zu bevorzugen.[136]

Die Briten versuchten in dieser Situation, die Nichtkernwaffenstaaten davon zu überzeugen, daß es unrealistisch war, konkrete Abrüstungszusagen von den Supermächten
zu fordern. Dies verzögere und gefährde nur den Vertragsabschluß.[137] Die britische Regierung schlug den Nichtkernwaffenstaaten vor, sie sollten eine Absichtserklärung der
USA und der Sowjetunion in bezug auf Abrüstungsverhandlungen akzeptieren. Zugleich
könne ein Beschwerderecht in den Vertrag aufgenommen werden, falls die Supermächte
in den Verhandlungen keine ernsthaften Bemühungen an den Tag legten.[138] Diese Lösung
stärkte nicht nur die Position der Staaten, die auf Kernwaffen verzichteten, ohne die Supermächte unmittelbar zu binden, sie wurde auch den britischen Interessen in der Abrüstungspolitik gerecht. Der NPT mußte keine weiteren abrüstungspolitischen Hürden
mehr nehmen, und die Fortsetzung intensiver Verhandlungen um den CTBT konnte
mit dem Beschwerderecht jederzeit angemahnt werden. Konkret sollte alle fünf Jahre
eine Konferenz der Unterzeichnerstaaten stattfinden, um sicherzustellen, daß die Zielsetzung des Vertrags von allen Parteien ordnungsgemäß erfüllt werde. Außerdem schlugen
die Briten noch einige Änderungen des Artikels VI vor, um hervorzuheben, daß es nicht
nur darum ging, daß die Supermächte im Gespräch blieben.[139] Großbritannien unterstützte auch einen schwedischen Antrag, nach dem in der Präambel auf den Teststopp-
Vertrag von 1963 Bezug genommen werden sollte und die baldige Erweiterung des Vertrags zu einem umfassenden Teststopp-Abkommen als Ziel vorgesehen war. Die Schweden bestanden ferner darauf, daß die Formulierung „at an early date" in den Artikel VI

---

[133] Vorschläge kamen unter anderem von Mexiko, Brasilien und Rumänien. Siehe hierzu: Shaker,
Non-Proliferation, S. 573–576.
[134] ENDC/Doc. 193 submitted to ENDC/PV. 357, 18. 01. 1968.
[135] ENDC/PV. 361, 01. 02. 1968.
[136] New York Herald Tribune, 17. 02. 1968. Die Atommächte hatten in allen Punkten mit viel weniger Widerstand der Nichtkernwaffenstaaten gerechnet. The Guardian, 15. 03. 1967.
[137] ENDC/PV. 295, 21. 03. 1967.
[138] ENDC/PV. 337, 10. 10. 1967.
[139] ENDC/Doc. 203 submitted to ENDC/PV. 350, 23. 11. 1967.

eingefügt wurde, um die unmittelbare Fortsetzung der Verhandlungen im Anschluß an die Unterzeichnung des NPT zu gewährleisten.[140]

Schweden vertrat jedoch wie viele andere Staaten auch die Ansicht, daß der Abschluß des Vertrages nun nicht länger durch weitere komplizierte Verhandlungen blockiert werden sollte.[141] Damit war auch in der Abrüstungsfrage ein Kompromiß erzielt, und der Vertrag konnte im Juli 1968 zur Unterzeichnung vorgelegt werden. Im September 1968 bot die Konferenz der Nichtkernwaffenstaaten diesen noch einmal die Gelegenheit, den Atommächten deutlich zu verstehen zu geben, daß sie sich mit feierlichen Absichtserklärungen nicht zufriedengeben würden und baldige Abrüstungsmaßnahmen dringend erwarteten. Die Abschlußerklärung der Konferenz listete die Maßnahmen auf, die die Nichtkernwaffenstaaten in naher Zukunft verwirklicht sehen wollten. Zunächst sollte ein Verbot der Entwicklung von neuen Waffensystemen bzw. ein Einfrieren der bestehenden Bestände *(freeze)* erfolgen. Als nächste Schritte wurden der Abschluß des CTBT sowie ein *cut-off*-Abkommen gefordert. Ein Vertrag über umfassende und vollständige nukleare Abrüstung stellte schließlich das Endziel dar.[142]

5. Die Verhandlungen über den NPT – eine Bilanz aus britischer Sicht

Der Vertrag über die Nichtverbreitung von Kernwaffen wurde am 1. Juli 1968 in Washington, Moskau und London unterzeichnet. Mehr als 50 Nichtkernwaffenstaaten leisteten noch an diesem Tag ihren offiziellen Verzicht auf nukleare Waffen. Bis zur Überprüfungskonferenz 1975 traten insgesamt 95 Staaten dem NPT bei. Trotzdem stellte der Nichtverbreitungsvertrag schließlich keinen globalen Damm gegen Proliferation dar, da viele „Schlüsselstaaten", wie Indien und Pakistan, Israel, Südafrika und Brasilien, den Vertrag nicht unterzeichneten. Gerade diese Staaten, deren Beitritt die internationale Staatengemeinschaft für wesentlich erachtete und der Signalwirkung auf viele Nichtkernwaffenstaaten gehabt hätte, blieben schließlich dem Abkommen fern. Neben vielen atomaren Schwellenländern weigerten sich auch China und Frankreich beizutreten, wobei dies jedoch schon vorher feststand. General de Gaulle festigte damit die Rolle Frankreichs als *enfant terrible* im westlichen Lager, aber er erklärte immerhin, Frankreich werde sich so verhalten, als ob es den Vertrag unterzeichnet hätte.[143] Das britische Interesse konzentrierte sich allerdings viel mehr auf die Bundesrepublik und die anderen Verbündeten. Die Gefahr, daß ein atomares Schwellenland heimlich ein primitives Atomprogramm entwickelte, war für die Briten weniger bedeutsam.

Die Bundesregierung war zunächst nicht zu einer Unterzeichnung bereit. Sie bezeichnete den sowjetischen Einmarsch in die Tschechoslowakei als weiteren Grund gegen das Abkommen und fühlte sich in ihren Warnungen vor einem Entgegenkommen gegenüber Moskau zutiefst bestätigt. Die Kreml-Führung erklärte in dieser Situation, daß die Sowjetunion gemäß den Feindstaatklauseln 53 und 107 der Charta der Vereinten Nationen ein Recht habe, sich in die inneren Angelegenheiten der Bundesrepublik einzumischen,

---

[140] ENDC/Doc. 215 submitted to ENDC/PV. 364, 13. 02. 1968.
[141] ENDC/PV. 363, 20. 02. 1968.
[142] EA 23 (1968) 21, S. D 544–545, 29. 09. 1968.
[143] EA 23 (1968) 19, S. D 332, 01. 07. 1968.

falls sich die Bundesrepublik provokativ verhalte. Die Regierung in Bonn verlangte daraufhin Garantien gegen eine sowjetische Intervention, bevor sie das Abkommen unterzeichnete. Hinzu kam, daß die Kreml-Führung ein Inkrafttreten des Vertrages von der deutschen Unterschrift abhängig machte. Durch die abwartende Haltung Moskaus entstand der Eindruck, daß die Sowjetunion den Vertrag ausschließlich als Mittel betrachtete, um die Bundesrepublik Deutschland zu kontrollieren. Bonn machte aus diesem Grund auch die Ratifikation in Moskau zu einer Vorbedingung für ihren Beitritt.[144] In den USA ließ der neue Präsident Nixon die Ratifizierung des Abkommens aufgrund der sowjetischen Aggression zunächst auf unbestimmte Zeit verschieben. Damit verringerte sich auch der amerikanische Druck auf Bonn, dem Vertrag beizutreten.[145] In dieser Situation hatte Großbritannien wenig Einfluß auf das Geschehen. Dabei kam gerade zu diesem Zeitpunkt ein Aspekt hinzu, der die Unterzeichnung der Bundesrepublik für Großbritannien noch wichtiger erscheinen ließ. Seit 1968 gabe es Pläne für den Bau einer deutsch-niederländisch-britischen Isotopentrennanlage. Nachdem das Projekt bekannt worden war, mußte Großbritannien auch international erhobene Vorwürfe abwehren, die Briten verschafften den Deutschen Zugang zu Atombomben.[146] Die Regierung in London konnte jedoch nur darauf hoffen, daß sich die Lage entspannte. Der bundesdeutsche Beitritt wurde erst möglich, als die Kreml-Führung der Bundesrepublik in der Frage des Interventionsverzichts einen Schritt entgegenkam und die Supermächte schließlich eine gleichzeitige Ratifizierung beschlossen. Die sowjetische Führung überreichte in Bonn eine Erklärung, in der die Einbeziehung der Bundesrepublik Deutschland in die Resolution der Vereinten Nationen zum Schutz der Nichtkernwaffenstaaten ausdrücklich bestätigt wurde.[147] Washington und Moskau einigten sich im Herbst 1969 darauf, den Vertrag so bald wie möglich in Kraft treten zu lassen. Unmittelbar nach dieser Erklärung unterzeichnete Bundesaußenminister Brandt am 28. November 1969 den Vertrag.[148] Die übrigen europäischen Verbündeten waren unterdessen ebenfalls beigetreten. Die Aussicht, daß die Bundesrepublik oder ein anderer NATO-Partner eine Kontrollbefugnis über Kernwaffen erhalten könnte, war damit in weite Ferne gerückt.

Die Bundesrepublik hatte auf Dauer auf den Besitz von Atomwaffen verzichtet, Großbritannien konnte die unabhängige Nuklearmacht nicht nur behalten, sondern sogar jederzeit erweitern. Der Nichtverbreitungsvertrag verbot nur die horizontale, nicht aber die vertikale Proliferation. Die nukleare *special relationship*, der Vertrag von Nassau und alle zukünftigen Waffenkäufe in den USA waren von dem Abkommen in keiner Weise betroffen. Eine Beschränkung der Waffentransfers unter Atommächten hatte während der Verhandlungen überhaupt keine Rolle gespielt. Gleichzeitig unterstrich der Vertrag indirekt die anglo-amerikanische Führung im westlichen Verteidigungsbündnis. Damit schien Großbritannien zunächst alle wesentlichen Ziele erreicht zu haben: den Briten war es gelungen, einen offizell anerkannten, exklusiven Klub der Atommächte zu schaf-

[144] Quester, Politics, S. 169.
[145] Hersh behauptet, die Nixon-Regierung hätte jeglichen Druck auf die Bundesregierung, dem Vertrag beizutreten, beendet und nur öffentlich weiterhin für eine bundesdeutsche Unterzeichnung plädiert. Hersh, Samson Option, S. 209–210.
[146] The Times, 23. 01. 1969.
[147] Küntzel, Bonn, S. 193.
[148] Zur Bonner NPT-Politik nach der Unterzeichnung des Abkommens bis zur deutschen Unterschrift siehe: Küntzel, Bonn, S. 189–205.

fen. Der Statusunterschied zwischen Großbritannien und der Bundesrepublik Deutschland war ebenso garantiert wie der Fortbestand der unabhängigen britischen Abschreckung. Daraus resultiert die Frage, ob sich die Durchsetzung dieser Ziele für Großbritannien auch langfristig gelohnt hat.

Schon während der Verhandlungen um den Vertrag zeichnete sich ab, daß Großbritannien die Kosten zur Erhaltung der unabhängigen Nuklearstreitmacht kaum noch tragen konnte. Im technologischen Wettlauf mit den Supermächten hatten die Briten den Anschluß längst verloren. Die Zeitschrift *Economist* veröffentlichte im Dezember 1966 einen Beitrag über mögliche Pläne der Supermächte, Raketenabwehrsysteme zu stationieren. Der Artikel befaßte sich vor allem mit den Auswirkungen dieser neuen Generation von Atomwaffen auf die Glaubwürdigkeit der britischen Abschreckung: „Russia and America are embarked on another round of technological rivalry. This has an important consequence for the rest of the world. This new round widens still further the gap between the strategic capabilities of Russia and America and those of second-class nuclear powers. In the future, these ultra-sophisticated gadgets ... are likely to be the mark of first-class membership of the nuclear club. In that case ... the British deterrent will be to deter other second-class powers. It will be no good for the big league."[149] Im Februar 1967 führte eine vorgesehene Erhöhung des Verteidigungshaushalts um 8,5 % zu einer Regierungskrise. Daraufhin mußte Verteidigungsminister Healey den geplanten Kauf von amerikanischen *Poseidon*-Raketen stornieren.[150] Gleichzeitig plante der Verteidigungsminister, die britischen Truppen aus dem Persischen Golf, Malaysia und Singapur bis 1971 nahezu vollständig abzuziehen.[151] 1973 sah sich die britische Regierung gezwungen, ein Angebot der USA, *Trident*- oder *Poseidon*-Raketen zu kaufen, aus finanziellen Gründen abzulehnen. Anfang der siebziger Jahre hatte die unabhängige britische Abschreckung nicht nur ihre militärische Glaubwürdigkeit, sondern auch ihren Symbolwert als Ausdruck nationaler Größe verloren.

Der Nichtverbreitungsvertrag war für Großbritannien auch ein Mittel, um die Vorrangstellung gegenüber den europäischen NATO-Mitgliedern und die anglo-amerikanische *special relationship* zu bestätigen. Allerdings hatte die *special relationship* während der Verhandlungen erheblich gelitten. Die britische Politik zeugte nicht von diplomatischem Geschick und hinterließ in Washington mehrfach den unangenehmen Eindruck, London versuche die amerikanische Nichtverbreitungspolitik zu diktieren. Davon abgesehen hätte es die amerikanische Regierung gerne gesehen, wenn die Briten den NPT zum Anlaß genommen hätten, ihr Atomwaffenarsenal aufzugeben. Gerade mit Blick auf die Bundesrepublik hatte die Regierung in Washington versucht, die Briten für eine schrittweise Einebnung des Status statt einer Zementierung des Unterschieds zu gewinnen. Der Verzicht auf den nuklearen Status hätte es für die Mittelmächte, die sich mit Großbritannien gleichwertig fühlten, wie Deutschland, Italien, Schweden oder Japan, leichter gemacht, den NPT zu akzeptieren. Zugleich drängten die USA auf einen baldigen britischen EG-Beitritt und drückten die Hoffnung aus, daß die Briten nach einer Aufnahme in die EG die unabhängige Atomstreitmacht aufgeben würden.[152] Großbritan-

---

[149] The Economist, 17. 12. 1966.
[150] The Times, 17. 02. 1967 und The Guardian, 09. 03. 1967.
[151] Carver, Tightrope Walking, S. 77–80.
[152] LBJL, NSF, Subject File: NPT, box 26, Memo by the Dept of State, 06. 04. 1967.

nien und die Vereinigten Staaten verbanden mit der Unterzeichnung des NPT in bezug auf die Folgen für Großbritannien gegensätzliche Erwartungen. In Washington hoffte man, Großbritannien werde sich unter die europäischen Mittelmächte einreihen und die Rolle als zweitklassige Nuklearmacht aufgeben. Genau dies wollten die Briten mit dem Vertrag verhindern.

Die *special relationship* erhielt nach dem Abschluß des NPT keinen neuen Auftrieb. Nixon propagierte eine „neue Partnerschaft" zwischen Europa und den USA. Im wesentlichen war damit gemeint, daß ein geeintes Europa ein größeres Maß an Eigenverantwortung in der Verteidigungspolitik übernehmen und die zweite Säule im westlichen Bündnis bilden sollte. Für eine anglo-amerikanische Führung war in dieser Konzeption kein Platz. Die Nixon-Regierung drängte damit zwar nicht weiter auf die Aufgabe des britischen Atomwaffenarsenals, aber stellte nun nicht nur die *special relationship*, sondern auch die nukleare *special relationship* zu Großbritannien in Frage. Sie suchte eine *special relationship* mit der Europäischen Gemeinschaft, vor allem mit der Führungsnation der Gemeinschaft der Sechs. Mit dem Ende der Regierung de Gaulles wurde Frankreich als Bündnispartner wiederentdeckt, der eine eigenverantwortliche Verteidigungspolitik für Europa verfolgte. Melandri schreibt, die USA erweckten den Eindruck, Sonderbeziehungen mit Frankreich anzustreben.[153] Damit nicht genug, boten Nixon und Kissinger Pompidou Anfang der siebziger Jahre nukleare Hilfe an und beteuerten, in der Nuklearpolitik gegenüber Frankreich habe sich die Situation um hundertachtzig Grad gewandelt.[154] Die USA waren grundsätzlich nicht länger bereit, den Briten *preferential treatment* zu gewähren, obwohl die Offerte an Frankreich zunächst am *McMahon-Act* und dem tiefverwurzelten französischen Mißtrauen scheiterte.[155] Im Hinblick auf die Außenpolitik der Europäer sollte sich das amerikanische Interesse in der folgenden Zeit hauptsächlich auf die Ostpolitik der Bundesrepublik Deutschland konzentrieren. Auch auf britischer Seite relativierte sich schließlich mit der Aufnahme in die Europäische Gemeinschaft 1971 das Interesse an der *special relationship*.[156]

Im Dezember 1967 verkündete General de Gaulle zum zweiten Mal sein Veto gegen den britischen Beitritt zur Gemeinschaft der Sechs. Das Nein des Generals war zwar erwartet worden, allerdings wäre diese Position innerhalb der Gemeinschaft nur schwer durchsetzbar gewesen, wenn sich Deutschland, Italien und die Benelux-Staaten nachdrücklicher für einen Beitritt Großbritanniens eingesetzt hätten. Von offizieller Seite war man zwar bemüht, einen Zusammenhang zwischen den Verhandlungen in Genf und in Brüssel stets zu verneinen, aber es tauchten immer wieder Vermutungen auf, daß die Regierung in Bonn gute Gründe habe, dem britischen Beitrittsgesuch mit Zurückhaltung zu begegnen.[157] In der Bundesrepublik war zumindest eine bestimmte Gereiztheit

---

[153] Melandri, Origines, S. 236.
[154] Ebenda, S. 247.
[155] Ebenda, S. 250–255.
[156] Bartlett, Special Relationship, S. 129.
[157] Die Labour-Regierung leistete sich noch weitere diplomatische Verfehlungen. Außenminister Brown verscherzte sich mit Äußerungen über eine baldige Anerkennung der Oder-Neiße-Linie als endgültige Grenze viele Symathien. Die zahlreichen anti-deutschen Äußerungen des sowjetischen Premiers Kossygin während dessen Besuch in London blieben weitgehend unwidersprochen. Siehe u. a. The Times, 15. 02. 1967. Der *Guardian* mutmaßte, daß die deutsche Abneigung gegenüber Lord Chalfont wegen seines Verhaltens in Genf ein Grund für die mangelnde Bereit-

gegenüber dem britischen Verhalten zu spüren.[158] Wenn sich die Briten in Genf zum Fürsprecher der europäischen Belange gemacht hätten, wären die Europäer eher bereit gewesen, das britische Anliegen in Brüssel nachdrücklich zu unterstützen und die Konfrontation mit de Gaulle zu riskieren. So aber hatte insbesondere die Bundesrepublik Deutschland keinen Grund, sich für Großbritannien einzusetzen und die guten Beziehungen zu Frankreich aufs Spiel zu setzen.[159] Selbst in Großbritannien wurde die britische Haltung gegenüber den Europäern als kurzsichtig und europafeindlich verurteilt. Die britische Wochenzeitschrift *Spectator* fällte ein vernichtendes Urteil: „The Government's conduct over the non-proliferation treaty at a time when it is ostensibly seeking membership of the Common Market and in particular, Italian and German help in gaining it – represents one of the most inept episodes in the annals of British diplomacy."[160]

Die nukleare *special relationship* erwies sich als nicht mehr finanzierbar, die Aufnahme in das europäische Haus war gescheitert. Eine gemeinsame europäische nukleare Verteidigungspolitik hatte die britische Regierung strikt abgelehnt. Mit dem NPT war andererseits nichts gewonnen. Was hätte eine Verzögerung oder ein Scheitern des Vertrages für Großbritannien bedeutet? Der nukleare Statusunterschied zu den übrigen NATO-Verbündeten wäre auch ohne den NPT nicht vollständig eingeebnet worden. Welche Atommacht wäre bereit gewesen, Kernwaffen an Deutschland weiterzugeben? Die nukleare NATO-Flotte war in Washington längst begraben. Selbst wenn in ferner Zukunft eine MLF realisiert worden wäre, hätte Großbritannien das Recht gehabt, seine nukleare Flotte jederzeit abzuziehen und unter nationale Kontrolle zu stellen. Außerdem hätte eine MLF niemals „einen deutschen Finger am nuklearen Abzugshahn" bedeutet, wie der britische Premierminister sich – sehr zum Mißfallen der Bundesregierung – auszudrücken pflegte.[161]

Die britische Regierung versuchte zwar die Tradition des *top table* der internationalen Abrüstungsverhandlungen aufrechtzuerhalten und legte unmittelbar nach Abschluß des Nichtverbreitungsvertrages einen Plan zur Ausarbeitung eines umfassenden Teststopp-Vertrages vor. Überdies forderte sie, die geltenden Bestimmungen über die Ächtung von

schaft der Deutschen gewesen sei, sich für Großbritannien zu engagieren. The Guardian, 21. 02. 1968. Kiesinger und Brandt waren während Wilsons Besuch in Bonn tatsächlich eher zurückhaltend. Beide versprachen zwar, in Paris für den britischen Beitritt zu werben, aber machten auch klar, daß Bonn das britische Beitrittsgesuch nicht enthusiastisch unterstützen werde – mit dem Argument, dies würde de Gaulle nur noch stärker gegen den britischen Beitritt aufbringen. PRO, PREM, 13/1478, Memo of Conversation, 16. 02. 1967.

[158] Der Kommentator der FAZ, Heinz Höpfl, schrieb: „Angesichts des Hochmuts der nuklearen Supermächte, die für die Erhaltung ihrer Hegemonie nur von den anderen, nicht von sich selbst Opfer fordern, hätte Großbritannien sich und seiner europäischen Sache besser gedient, wenn es sich als mittlere, aber nukleare Macht zum Anwalt der Bedenken und Sorgen der Habenichtse gemacht hätte." FAZ, 02. 03. 1967.

[159] Kiesinger machte in den Gesprächen mit Wilson und Brown explizit deutlich, daß er wegen der unterschiedlichen Ansichten in Bonn und Paris bezüglich des britischen EG-Beitritts keinen Krach mit de Gaulle riskieren werde. PRO, PREM 13/1478, Memo of Conversation, 15. 02. 1967.

[160] The Spectator, 24. 02. 1967.

[161] Im Auswärtigen Amt wurde dazu bemerkt: „Wir halten diese bildhafte Beschreibung der nuklearen Verfügungsgewalt in keinem Falle für glücklich. . . . Es wird vorgeschlagen, der Herr Bundeskanzler möge den britischen Premierminister . . . darauf hinweisen, wie wichtig es im Interesse aller Allianzpartner ist, daß ihre Verteidigungspolitik der Öffentlichkeit in unangreifbarer Weise dargestellt wird." AdAA, Ref. 2, B 1, Bd. 972, Aufzeichnung von MD Werz, 16. 05. 1966.

bakteriologischen und chemischen Waffen zu verschärfen. Vom Abschluß des NPT gingen jedoch keine entscheidenden Impulse für weitere Abrüstungsverhandlungen aus. Die Supermächte hatten sich unabhängig von den NPT-Verhandlungen im März 1967 auf bilaterale Gespräche zur Begrenzung von Raketenabwehrsystemen und strategischen Atomwaffen verständigt.[162] Mit dem Aufkommen von Raketenabwehrsystemen drohte erneut eine Destabilisierung der Abschreckungsbalance und die Gefahr einer nuklearen Eskalation. Auch angesichts der Situation in Vietnam waren bilaterale Verständigung und Entspannung wichtigstes Ziel der Supermächte geworden. Für Großbritannien war in diesen Verhandlungen kein Platz. In London mußte man von nun an gemeinsam mit den übrigen westeuropäischen Regierungen darauf achten, daß die USA im Zuge der Entspannungspolitik die strategischen Interessen der Europäer nicht einer Verständigung mit der Sowjetunion opferten. Gleichzeitig mußten die Briten erkennen, daß die Bundesrepublik Deutschland mit der Ostpolitik der sozialliberalen Koalition als Akteur ins Rampenlicht der internationalen Politik rückte. Die Bundesrepublik saß damit nicht am *top table*, aber sie zeigte, daß erfolgreiche, engagierte Außenpolitik internationalen Prestigegewinn nach sich zog, der nicht an Kernwaffenbesitz gebunden war.

Zusammenfassend läßt sich damit folgendes Fazit ziehen: Großbritannien strebte nach einem international anerkannten, letztlich aber doch bedeutungslosen Sonderstatus, der die Stellung als Großmacht zu garantieren schien. Großbritannien hatte durch diesen Sonderstatus, für den sowohl eine konservative als auch eine Labour-Regierung so erbittert gekämpft hatten, jedoch nichts gewonnen. Der *Spectator* bezeichnete den Nichtverbreitungsvertrag treffend als „worthless triumph" für Großbritannien.[163]

---

[162] Zur Geschichte der SALT-Verträge siehe: Smith, Doubletalk.
[163] The Spectator, 24. 02. 1967.

Zusammenfassung, Ergebnisse, Ausblick

In Großbritannien lagen nicht nur dem Premierminister Macmillan die Schreckensszenarien drohender nuklearer Vernichtung wie ein Alpdruck auf der Seele,[1] Großbritannien gehörte auch zu den Staaten, die das nukleare Zeitalter maßgeblich prägten. Mit der Entscheidung des Kabinetts Churchill von 1941, eine Atombombe zu entwickeln, war Großbritannien das erste Land, das den Bau einer Atombombe programmatisch beschloß. Auch wenn dieses Vorhaben zunächst mißlang, war Großbritannien nach den Supermächten die erste Nation, die zur Atommacht aufstieg, und die erste Nation überhaupt, die 1952 mit dem *Global Strategy Paper* Kernwaffen zur Grundlage ihres Verteidigungskonzeptes machte. In den ersten Nachkriegsjahren wäre ein Kernwaffenmonopol der Supermächte möglicherweise international respektiert worden. Mit der Zündung der ersten britischen Bombe fiel diese Barriere. Die Entwicklung der britischen Bombe zog das französische Atomprogramm nach sich. Die britische Bombe dürfte auch die sowjetische Entscheidung, China zum nuklearen Juniorpartner aufzubauen, beeinflußt haben. Das *Global Strategy Paper*, das Atomwaffen zum Kernstück der westlichen Verteidigung erklärte, beeinflußte auch alle übrigen NATO-Mitgliedstaaten. Kernwaffen schienen die Wunderwaffen schlechthin zu sein, die konventionelle Rüstung nahezu unnötig machten und eine Art Eintrittskarte in das Konzert der Großmächte darstellten.

Das Vereinigte Königreich gab zu Beginn des Atomzeitalters der Ausbreitung von Kernwaffen entscheidende Impulse, es spielte aber gleichzeitig eine Schlüsselrolle in den Bemühungen um Non-Proliferation, vor allem in den Verhandlungen um den Nichtverbreitungsvertrag. Ein Abkommen über die Nichtverbreitung von Kernwaffen wurde in Großbritannien als Mittel gesehen, um einen Statusunterschied gegenüber der Bundesrepublik Deutschland und den europäischen Verbündeten zu sichern. Gleichzeitig sollte das Abkommen aber die nukleare Zusammenarbeit zwischen den USA und Großbritannien nicht beeinträchtigen. Wenn Macmillan davon sprach, daß Vorkehrungen gegen eine weltweite Ausbreitung des nuklearen Vernichtungspotentials getroffen werden müßten, beinhaltete dies keineswegs die Bereitschaft zur Reduzierung oder gar Abschaffung der eigenen Arsenale. Nichtverbreitungspolitik bedeutete für Großbritannien in erster Linie die Verhinderung von horizontaler Proliferation sowie die Sicherung der vertikalen Proliferation.

Die britische Politik bis zum Abschluß des Nichtverbreitungsvertrages läßt sich in drei Phasen unterteilen. Die erste Phase währte bis 1958 und war bestimmt vom Ziel, den Aufstieg zur vollwertigen Atommacht zu schaffen, d. h. insbesondere den technologischen Anschluß an die Supermächte herzustellen. Dies bedeutete zunächst die Weiterentwicklung der nuklearen Technologie von der Atombombe zur Wasserstoffbombe, ungeachtet der Gefahr, daß dies ein Startsignal für andere Staaten sein könnte, Atomwaffen zu entwickeln. Jedoch wurde mit der Entscheidung zum Bau der Wasserstoffbombe im

---

[1] Vgl. oben S. 9.

Jahre 1954 das Problem der Proliferation erstmals explizit thematisiert. Die britische Besorgnis galt dabei nicht in erster Linie der generellen Gefahr der Proliferation, sondern konkret der Möglichkeit, daß die Bundesrepublik Deutschland den Weg zur Atommacht einschlagen könnte. Zu dieser Zeit hatte aber in Großbritannien die Sicherung des eigenen Status als Atommacht absoluten Vorrang vor einer aktiven Nichtverbreitungspolitik. Das amerikanische *Atoms-for-Peace*-Programm war als Maßnahme gegen Nichtverbreitung willkommen, da die Chance bestand, nukleare Ambitionen anderer Staaten in zivile Bahnen zu lenken und somit militärische Wege zu verhindern. *Atoms-for-Peace* behinderte auch nicht die technologische Weiterentwicklung des britischen Atomprogramms, wie es ein Teststopp-Abkommen damals getan hätte. Das Teststopp-Abkommen war für Großbritannien zunächst ein Mittel, um 1958 die unbeschränkte nukleare Kooperation zwischen den westlichen Atommächten wiederherzustellen, nachdem die USA nach Kriegsende die Zusammenarbeit mit Großbritannien zunächst eingestellt hatten. Der britische Premierminister hatte die Unterstützung für ein Testverbot vom Transfer amerikanischen Know-hows abhängig gemacht, das die Durchführung weiterer britischer Tests erübrigte und garantierte, daß Großbritannien nicht eine Atommacht zweiter Klasse blieb.

Die Wiederaufnahme der nuklearen Zusammenarbeit zwischen den USA und Großbritannien im Jahre 1958 markiert den Anfang der zweiten Phase der britischen Nichtverbreitungspolitik. Nachdem die USA die letzten Hürden auf dem britischen Weg zur vollwertigen Atommacht beseitigt hatten, begann Premierminister Macmillan, eine aktive Nichtverbreitungspolitik zu betreiben und die Teststopp-Verhandlungen zu forcieren. Dem Teststopp-Abkommen sollte ein Nichtverbreitungsvertrag so bald wie möglich folgen. Die Abkommen zur Verhinderung von Proliferation sollten die Exklusivität des Klubs der Atommächte erhalten. Gleichzeitig übernahm Macmillan die Idee von General de Gaulle, ein westliches Großmächtetriumvirat, bestehend aus den USA, Großbritannien und Frankreich, zu bilden, dem die Aufgabe zukommen sollte, das westliche Atompotential gemeinsam zu verwalten. Der Nichtverbreitungsvertrag und das nukleare Triumvirat sollten gemeinsam den britischen und französischen Großmachtstatus sichern und einen dauerhaften Unterschied zu den übrigen europäischen Verbündeten sicherstellen. Der Prozeß der Dekolonisation hatte die historisch begründeten Großmachtansprüche in Frage gestellt. Gleichzeitig wuchs die Gefahr, daß die Bundesrepublik Deutschland als aufstrebende Wirtschaftsmacht Großbritannien im Hinblick auf internationales Prestige überholte und zudem zum wichtigsten Verbündeten der USA innerhalb des Bündnisses wurde. Damit wäre die *special relationship* beendet gewesen. Der nukleare Statusunterschied sollte in dieser Situation garantieren, daß der Verlierer des Zweiten Weltkrieges nicht zu einer führenden Nation in Europa wurde, während gleichzeitig das Vereinigte Königreich zu einer europäischen Mittelmacht absank.

In den Vereinigten Staaten hatte mit dem Amtsantritt der Kennedy-Regierung ein Wandel hin zu einer aktiven Nichtverbreitungspolitik eingesetzt. Nach den Erfahrungen der Kuba-Krise war beiden Supermächten daran gelegen, die bilaterale Abschreckungsbalance kalkulierbar zu machen und zu stabilisieren. Den USA lag zum einen daran, die Entstehung unkontrollierbarer Nuklearmächte, die in keiner Weise an die Bündnisdisziplin gebunden waren, durch ein globales Nichtverbreitungsabkommen zu verhindern. Zum anderen galt es, sich vor möglicher nuklearer Erpressung durch die eigenen Verbündeten zu schützen. Dabei unterschied die Regierung in Washington auf lange Sicht nicht mehr wesentlich zwischen Großbritannien, Frankreich oder der Bundesrepublik Deutschland. Eine multilaterale Atomstreitmacht im NATO-Rahmen hätte dem französischen und dem britischen Atomprogramm Zügel angelegt und westdeutsche Nuklearwaffen-Ambitionen unterlaufen. Eine deutsche Atombombe mußte auch im Hinblick auf mögliche sowjetische Reaktionen unbedingt verhindert werden. Das State Department verband zudem mit der MLF das Ziel, die europäische Integration zu fördern. Dort sah man die NATO-Streitmacht als Grundlage für eine rein europäische Atomstreitmacht, die die nationalen europäischen Atomprogramme zugunsten einer gemeinsamen europäischen Verteidigung im NATO-Rahmen beendet hätte. Die britische Regierung weigerte sich, diese neue Politik zur Kenntnis zu nehmen. Premierminister Macmillan verstand unter *nuclear sharing* die gemeinsame Verwaltung des westlichen Atompotentials durch die Großmächte Frankreich, Großbritannien und die USA sowie einen völligen nuklearen Verzicht der Bundesrepublik und der übrigen Verbündeten. Der amerikanische Präsident Kennedy lehnte es allerdings strikt ab, auf die Triumviratspläne von de Gaulle und Macmillan einzugehen. Damit lag nur der Abschluß eines Nichtverbreitungsvertrages in der Schnittmenge des gemeinsamen Interesses Großbritanniens und der USA.

Als die Briten sich 1962 halbherzig dazu entschlossen, einen neuen Platz innerhalb des europäischen Hauses zu suchen, mußten sie feststellen, daß die nukleare Kooperation mit den USA ein Hineinwachsen Großbritanniens in die Europäische Gemeinschaft behinderte. Die USA waren weder zu einer Unterstützung des französischen Atomprogramms bereit, noch war es der britischen Regierung im Rahmen der anglo-amerikanischen Abkommen erlaubt, nukleares Know-how an Frankreich oder andere Nationen weiterzugeben. In dieser Situation standen die Briten vor der Entscheidung, ob die nukleare *special relationship* geopfert werden solle, um eine neue nukleare Partnerschaft mit Frankreich einzugehen und dafür möglicherweise die Aufnahme in die Europäische Gemeinschaft zu erlangen. Grundsätzlich hatte de Gaulle kein Interesse an einem Beitritt Großbritanniens, der die französische Vormachtstellung nur hätte gefährden können. Britische Unentschlossenheit und ungeschicktes Taktieren trugen aber mit dazu bei, daß de Gaulle den Briten die Tür nach Europa nicht öffnete. Das Abkommen von Nassau, in dem die USA mit dem Verkauf des nuklearen *Polaris*-Systems an Großbritannien den Fortbestand der unabhängigen britischen Abschreckung sicherten, stellte schließlich eindeutig die Weichen zugunsten einer Fortsetzung der nuklearen *special relationship*. Der nachträgliche Versuch, infolge des Nassau-Abkommens de Gaulle ebenfalls *Polaris*-U-Boote zum Kauf anzubieten, konnte in Paris nur als angelsächsischer Trick gesehen werden, um die nukleare Unabhängigkeit Frankreichs zu beenden. Letztendlich lag den Briten die *special relationship* auch näher als die Europäische Gemeinschaft. De Gaulles Veto bestärkte das amerikanische State Department in der Annahme, daß die multilaterale Atomstreitmacht als Maßnahme zur Förderung der europäischen Integration notwendig sei.

Der britische Erfolg in Nassau hatte nicht nur gezeigt, daß die transatlantische Partnerschaft nach wie vor funktionierte, sondern auch die Basis für weitere globale Großmachtpolitik geschaffen. Aus Sicht der konservativen Regierung war der Fortbestand der politisch unabhängigen Abschreckung gesichert worden. Macmillans Insistieren auf einen Großmächtetriumvirat und auf nukleare Zusammenarbeit mit Frankreich war allerdings vergeblich gewesen, und der Verkauf des *Polaris*-Systems war an die Bedingung geknüpft, dieses zu einem späteren Zeitpunkt in eine multilaterale NATO-Streitmacht einzubringen. Die amerikanische Regierung war sich darüber im klaren, daß die Bevorzugung der Briten in Nassau Zerfallstendenzen und Mißtrauen innerhalb der NATO Vorschub geleistet und in Bonn den Wunsch nach einer nuklearen Beteiligung kräftig gefördert hatte. Der deutsch-französische Vertrag vom Januar 1963 schürte überdies Vermutungen über eine deutsch-französische Nuklearkooperation, da General de Gaulle, nachdem Kennedy die Triumviratspläne abgelehnt hatte, eine eigenständige nukleare Verteidigung der Europäer propagierte. Die Kennedy-Regierung begann nun, die Gründung einer NATO-Streitmacht in die Wege zu leiten.

Die Pläne der Vereinigten Staaten, infolge des Abkommens von Nassau und zur Kanalisierung bundesdeutscher nuklearer Ambitionen eine multilaterale Atomstreitmacht ins Leben zu rufen, stellten eine weitere bedeutende Zäsur für die britische Atompolitik dar. Die dritte Phase der britischen Nichtverbreitungspolitik setzte somit im Jahre 1963 ein. Sie bestand darin, mit allen Mitteln für den Abschluß des Nichtverbreitungsvertrages zu kämpfen, der als letzte Chance gesehen wurde, um einen exklusiven Klub von nuklearen Großmächten zu erhalten und die drohende nukleare Teilhabe der Bundesrepublik zu verhindern. Zunächst jedoch galt es, eine MLF in der von der amerikanischen Regierung vorgesehenen Form zu unterbinden. Nach der amerikanisch-sowjetischen Einigung über die Aufgabe der MLF Ende 1966 mußten dann die Nichtkernwaffenstaaten für die Unterzeichnung des NPT gewonnen werden.

Die NATO-Streitmacht, so stand zu befürchten, würde die Unabhängigkeit der nationalen britischen Abschreckung gefährden und die Bundesrepublik Deutschland in bezug auf Status und Ansehen mit Großbritannien mehr oder weniger auf einer Stufe stellen. Die Sowjetunion hatte die Preisgabe des Projektes zur Vorbedingung für die Unterzeichnung eines Nichtverbreitungsvertrages gemacht. Die MLF gefährdete damit alle wesentlichen Ziele der britischen Atompolitik. Vor allem die europäische Option, die langfristig den Unterschied zwischen der Bundesrepublik Deutschland und Großbritannien eingeebnet hätte, widersprach den britischen Vorstellungen von Nichtverbreitungspolitik. Die britische Regierung reagierte zunächst mit Gegenvorschlägen: Ein absolutes und dauerhaftes Veto der Atommächte sollte den Sonderstatus der USA und Großbritanniens garantieren. Genauso wichtig war es den Briten, eine Überwasserflotte als zentralen Bestandteil der Streitmacht zu verhindern. Eine nukleare Überwasserflotte, an der – wie vorgesehen – Deutschland zu 40 Prozent beteiligt gewesen wäre, hätte historische Reminiszenzen an deutsch-englische Rivalitäten geweckt. Die voraussichtlich größte Flotte der Welt, nuklear bestückt, unter deutsch-amerikanischer Dominanz, hätte nicht nur eine erhebliche nukleare Mitsprache für die Bundesrepublik, sondern aus britischer Sicht eine Demütigung für Großbritannien bedeutet.

Die im Oktober 1964 neu gewählte Labour-Regierung setzte diese Politik konsequent fort. Premierminister Wilson präsentierte dem amerikanischen Präsidenten Johnson mit dem britischen Plan zur Gründung einer *Atlantic Nuclear Force* (ANF) einen Alternativvorschlag, der zwar eine multinationale Komponente enthielt, aber so angelegt war, daß der nukleare Status quo in Europa zementiert und die anglo-amerikanische Führung bei der Verteidigung des Westens festgeschrieben worden wäre. Die von der Labour-Partei vorgeschlagene Konzeption war, genaugenommen, ein ausschließlich NATO-interner Nichtverbreitungsvertrag, der nicht wie die amerikanischen Pläne nationale Proliferation durch ein bestimmtes – kontrolliertes – Maß an nuklearer Teilhabe stoppen sollte. Die

ANF hätte auch langfristig nicht zu einer nuklearen Gleichstellung unter den europäischen Mitgliedstaaten geführt. In der ANF war das Element der Mitsprache auf ein absolutes Minimum reduziert und ein dauerhafter Verzicht der nichtnuklearen Europäer garantiert. Die ANF schien damit auch für die sowjetische Führung akzeptabel und konnte als Basis für einen globalen Nichtverbreitungsvertrag dienen. Während die Briten nun an der Durchsetzung ihres Alternativkonzepts äußerst interessiert waren, hatte der amerikanische Präsident Johnson die MLF kurzerhand auf Eis gelegt. Mit Rücksicht auf die Bundesregierung, die auf eine baldige Verwirklichung einer nuklearen NATO-Streitmacht mit möglichst weitreichenden Mitspracherechten drängte, konnte das Projekt aber noch nicht offiziell aufgegeben werden.

Seitdem die Pläne für die NATO-Flotte Anfang des Jahres 1963 aktuell geworden waren, verschärften sich die Attacken der Sowjetunion gegen dieses Vorhaben. Das Thema MLF dominierte damit auch in den internationalen Verhandlungen der Achtzehn-Mächte-Abrüstungskonferenz in Genf. Nachdem der Fortbestand der Abschreckung gesichert und der britische Beitritt zur EWG nach dem Veto de Gaulles zunächst vom Tisch war, konzentrierte sich die konservative Regierung 1963 ganz auf die Verhandlungen über das Teststopp- bzw. das Nichtverbreitungsabkommen. Der britische Versuch, während der trilateralen Verhandlungen in Moskau mit dem Teststopp-Abkommen zugleich einen Nichtverbreitungsvertrag zu erlangen, wurde von amerikanischer Seite unterbunden. Die USA fürchteten, in Moskau von den Briten und der Sowjetunion schließlich gemeinsam zur Aufgabe der MLF genötigt zu werden. Als Präsident Johnson Anfang 1964 einen Produktionsstopp für spaltbares Material und eine Begrenzung der nuklearen Trägersysteme (d. h. eine genaue Limitierung der Anzahl der nuklear bestückten Raketen oder Flugzeuge, nicht aber der eigentlichen Sprengköpfe) vorschlug, zeigte sich, daß die Regierung in London an nuklearer Abrüstung nur dann interessiert war, wenn die britische Atomstreitmacht davon unberührt blieb. Die britische Regierung verlangte, die USA sollten sich dazu verpflichten, den Fortbestand der unabhängigen Abschreckung zu sichern, bevor ein Abrüstungsvertrag mit der Sowjetunion unterzeichnet würde. Die Macmillan-Regierung hatte zwar ein Teststopp-Abkommen als Erfolg und wirksame Maßnahme gegen Proliferation verbuchen können. Die Bemühungen, dem Teststopp-Vertrag einen Nichtverbreitungsvertrag unmittelbar folgen zu lassen, waren jedoch erfolglos geblieben.

Die Labour-Regierung setzte 1964 im Hinblick auf die multilaterale NATO-Streitmacht mit dem alternativen ANF-Vorschlag die Politik der Konservativen grundsätzlich fort. Auch in der Abrüstungspolitik blieben die Vorbehalte der britischen Regierung gegen die Abrüstungsvorschläge bestehen. Das Engagement der Labour-Regierung für Abrüstungsmaßnahmen wurde ebenso unter der Prämisse der Erhaltung des britischen Atompotentials geführt wie unter der konservativen Regierung Macmillan. Damit knüpfte die Labour-Regierung auch in den internationalen Abrüstungsverhandlungen an die Politik ihrer Vorgänger an. Die Präsentation eines britischen Vorschlags für einen Nichtverbreitungsvertrag innerhalb der *Western Four* in Genf war eine lange geplante diplomatische Offensive mit dem Ziel, einen offiziellen Verzicht auf Pläne zu erwirken, die eine NATO-Streitmacht ohne dauerhaftes Veto der Atommächte vorsahen. Die USA bestanden mit Rücksicht auf die Bundesrepublik auf der europäischen Option und präsentierten schließlich ohne die britische Unterstützung einen Alternativvorschlag. Der britische Vorstoß vom Juli 1965, der auch innenpolitisch motiviert war – den Versprechungen des

Wahlkampfes sollten endlich Taten folgen –, endete mit einer schweren diplomatischen Niederlage. Die starre Haltung der Briten verursachte nicht nur einen Riß in den deutsch-englischen Beziehungen, sie hatte, was weiterreichender war, zur Folge, daß die USA dazu übergingen, die Verhandlungen auf bilateraler Ebene mit der Sowjetunion zu führen.

Die USA wollten in den bilateralen Verhandlungen herausfinden, ob die Sowjetunion ernsthaft an einem Abkommen interessiert war und die *nuclear-sharing*-Frage das einzige Hindernis darstellte. Die britische Regierung versuchte, die USA auf den umgekehrten Weg zu bringen. Sie drängte auf eine offizielle Aufgabe der MLF, um eine Einigung mit der Sowjetunion möglich zu machen. In London war man zu dem Schluß gekommen, daß jede Form von nuklearer Beteiligung der Deutschen an einer NATO-Streitmacht für die Sowjetunion inakzeptabel sei und daher im Hinblick auf einen Nichtverbreitungsvertrag aufgegeben werden solle. Der britische Premierminister erwog, die *Polaris*-Flotte in Asien einzusetzen und über eine *Pacific Nuclear Force* Großbritannien zu einer neuen *world role* zu verhelfen. Mit der Stationierung der britischen Atomstreitmacht in Asien wären die Deutschen nicht unmittelbar mit ihrem nuklearen Minderstatus konfrontiert gewesen. Außerdem wäre das Vereinigte Königreich innerhalb einer europäischen ANF unter anglo-amerikanischer Führung Frankreich an Unabhängigkeit unterlegen, als Führungsnation einer asiatischen Streitmacht hingegen eine unabhängige Großmacht geblieben. Die britische Regierung war zu dieser Zeit aber über den Stand der bilateralen Verhandlungen zwischen den USA und der Sowjetunion nicht mehr hinreichend im Bilde. Als sie davon informiert wurde, daß eine Einigung in Sicht sei, galt die erste Sorge der Frage, ob die Formulierung des ersten amerikanisch-sowjetischen Vertragsentwurfs nicht auch ein Verbot der vertikalen Proliferation, das heißt der Lieferung der *Polaris*-Raketen an Großbritannien umfassen würde. Dies verdeutlichte einmal mehr, wie fixiert man in London auf die Sicherung der unabhängigen Abschreckung und wie abhängig man dabei von den USA war.

Der Kompromiß der Supermächte erlaubte einem künftigen Vereinigten Europa, die Nachfolge Großbritanniens und Frankreichs als Kernwaffenstaaten anzutreten, und ermöglichte die Gründung einer nuklearen Planungsgruppe, nicht jedoch einer nuklearen NATO-Streitmacht, egal in welcher Form. Die nukleare Planungsgruppe, seit einiger Zeit von den USA als Ersatzlösung für die MLF geplant, sollte den europäischen Verbündeten Mitsprache bei der nuklear-strategischen Verteidigungsplanung (Software-Lösung) einräumen, nicht aber die Teilhabe an den Waffensystemen (Hardware-Lösung) gestatten. Der westdeutsche Protesturm, der auf die Nachricht der Einigung der Supermächte folgte, vergegenwärtigte den Atommächten, daß damit noch kein global bindendes Abkommen zu erreichen war. London konnte keinen direkten Einfluß auf Bonn nehmen, da im Herbst 1966 die Verhandlungen über den Devisenausgleich für die in Deutschland stationierten britischen Truppen liefen und die britische Regierung finanzielle Zugeständnisse der Bundesregierung erwartete. In Großbritannien hoffte man, daß die USA nun dem deutschen Widerstand nicht nachgeben und die Bundesrepublik in bilateralen Gesprächen zur Akzeptanz der Kompromißlösung drängen würden. Unabhängig von der Opposition der Bundesrepublik bargen die Forderungen, die viele andere Nichtkernwaffenstaaten mit der Unterzeichnung des NPT verbanden, eine Menge Konfliktpotential. Die britische Regierung war grundsätzlich der Ansicht, daß nach der Einigung der Supermächte nun so schnell wie möglich ein Abkommen unterzeichnet werden sollte. Mit dieser Prämisse versuchte man, zwischen den Nichtkernwaffenstaaten und den Supermächten zu vermitteln.

Weder die USA noch die Sowjetunion waren bereit, den Nichtkernwaffenstaaten als Gegenleistung für den nuklearen Verzicht bindende Beistandsverpflichtungen gegen eine nukleare Bedrohung zu geben, denn damit hätten die Nichtkernwaffenstaaten Mitspracherechte über den Einsatz der Atomwaffen erhalten. Die Briten wollten das Problem der Sicherheitsgarantien zwar immer separat vom eigentlichen Nichtverbreitungsvertrag lösen, aber sie hatten sich in enger Kooperation mit den USA bemüht, den Forderungen Indiens nach nuklearem Schutz im Falle einer chinesischen Aggression entgegenzukommen. Britische Pläne, anstelle von Sicherheitsgarantien Indien in eine *Pacific Nuclear Force* einzubinden, waren in absehbarer Zeit noch nicht realisierbar, und die Inder hatten sich in der MLF-Diskussion schon gegen das *nuclear-sharing*-Prinzip ausgesprochen. Die indische Regierung hatte in intensiven Konsultationen mit Großbritannien und den USA deren Vorschläge als nicht weitreichend genug abgelehnt und schließlich zu erkennen gegeben, daß Indien sich die nukleare Option offenhalten wolle. Großbritannien garantierte schließlich gemeinsam mit den Supermächten den Nichtkernwaffenstaaten in Form einer Resolution der Vereinten Nationen, Opfern eines nuklearen Angriffs Hilfe zu leisten.

Die britische Regierung versuchte gegen den Widerstand der USA und der nichtnuklearen Verbündeten entweder den völligen Verzicht auf eine Überwachung des Vertrages oder einen diskriminierenden Kontrollartikel zu erreichen. Letztere Variante hätte eine internationale Überwachung der zivilen Atomprogramme der Nichtkernwaffenstaaten vorgesehen, aber die Atommächte von jeglichen Kontrollen freigestellt. Daran zeigte sich, daß Großbritannien in dieser Frage zunächst das Eigeninteresse verfolgte, von Kontrollen befreit zu sein. Die britische Delegation in Genf konnte ihre Position schließlich durchsetzen, da eine Kontrolle der zivilen Atomanlagen von Atommächten und Nichtkernwaffenstaaten, wie von den USA und den Nichtkernwaffenstaaten gefordert, an der Haltung der Sowjetunion scheiterte. Die Sowjetunion lehnte eine Kontrolle ihrer zivilen Atomanlagen strikt ab. In der Kontrollfrage hatte sich damit eine Interessenkonstellation ergeben, in der die Sowjetunion und Großbritannien den USA und den moderaten Nichtkernwaffenstaaten gegenüberstanden. Moskau lehnte zudem die Forderung der EWG-Mitgliedstaaten ab, die Kontrollen an ihren Anlagen von der europäischen Atomenergiebehörde Euratom, und nicht – wie alle anderen Staaten – von der IAEO durchführen zu lassen. Großbritannien war jedoch gezwungen, eine pro-europäische Haltung zu vertreten, da man sich zum zweiten Mal um die Aufnahme in die Europäische Gemeinschaft bemühte. Die Briten versuchten, die Bedenken der Verbündeten – vor allem der Deutschen – gegen die IAEO in intensiven Konsultationen abzubauen und die Europäer zu einer Akzeptanz der IAEO zu überreden. Als Zuckerbrot dienten dabei lukrative Angebote nuklearer Zusammenarbeit, sobald der NPT unterzeichnet und die Briten in die Europäische Gemeinschaft aufgenommen wären. Ein aktives Engagement für die Europäische Atomenergiebehörde blieb allerdings aus.

Großbritannien setzte sich zwar nachdrücklich für eine Sicherung des Rechts auf ungehinderte Nutzung der zivilen Atomenergie und Förderung der zivilen Programme durch Technologietransfers ein, da dies einen großen Anreiz für die Nichtkernwaffenstaaten darstellte, dem Vertrag beizutreten. Während jedoch die USA einen Kompromißvorschlag erarbeiteten, um ein Verbot der sogenannten friedlichen Atomexplosionen für die Nichtkernwaffenstaaten annehmbar zu machen, sahen sich die britischen Verhandlungsführer in Genf auch in diesem Punkt nicht in der Lage, eine tatsächliche Vermittlerrolle zu übernehmen. Die britische Regierung wollte sich angesichts der laufenden EWG-Verhandlungen gegenüber der Bundesrepublik nicht für ein Verbot aussprechen. Diese Aufgabe wollte man einmal mehr den USA überlassen, da heftige negative Reaktionen aus Bonn befürchtet wurden. In London befürwortete man ein Verbot von Explosionen zu zivilen Zwecken, z. B. zur Erschließung von Rohstoffvorkommen, da gleichsam jede Atomexplosion eines Nichtkernwaffenstaates als zivil deklariert werden konnte, aber von der internationalen Staatengemeinschaft als Demonstration des nunmehr nuklearen Status verstanden würde. (Genau dieses Problem sollte sich schließlich mit der Zündung der ersten indischen Bombe 1974 ergeben, die als friedliche Explosion deklariert war.)

Die Labour-Regierung hatte während des Wahlkampfes 1964 eine aktive Rolle in der Abrüstungspolitik zu einem Hauptziel ihrer Außenpolitik erklärt. Als es darum ging, sich im Rahmen eines Nichtverbreitungsvertrages für Abrüstungsmaßnahmen einzusetzen, scheute sie ein Engagement. In London war man an der Aufnahme konkreter Abrüstungsmaßnahmen in den NV-Vertrag ebensowenig interessiert wie in Washington und Moskau. Da viele Nichtkernwaffenstaaten die Verknüpfung des NPT mit einer Reduzierung der nuklearen Waffenarsenale als *conditio sine qua non* betrachteten, bemühte sich die britische Delegation in Genf zu vermitteln. Der britische Kompromißvorschlag, der regelmäßige Überprüfungskonferenzen empfahl, gewährleistete, daß die Forderungen der Nichtkernwaffenstaaten nicht in Vergessenheit geraten würden, ohne aber die Supermächte unmittelbar zu binden. Großbritannien trug damit wesentlich dazu bei, daß die Abrüstungsfrage nicht zum Grund für einen Abbruch der Verhandlungen wurde. Das britische Engagement resultierte aus dem Eigeninteresse, ein Scheitern des Vertrages unbedingt zu verhindern und trotz fehlender Abrüstungsmaßnahmen eine möglichst breite Akzeptanz des Vertrags unter den Nichtkernwaffenstaaten zu erreichen. Der Wunsch vieler Staaten nach genuinen Abrüstungsverhandlungen durfte die Nichtverbreitungspolitik nicht stören. Innenpolitisch ließ sich ein Nichtverbreitungsvertrag als Erfolg in der Abrüstungspolitik verkaufen, auch wenn er keine Abrüstungsmaßnahmen enthielt.

Mit dem Abschluß des Nichtverbreitungsvertrages erreichte die Labour-Regierung von Premierminister Wilson eines ihrer herausragenden außenpolitischen Ziele, das bereits die konservative Regierung Macmillan nicht weniger konsequent verfolgt hatte. Der nukleare Statusunterschied als Waffe im Kampf gegen Großbritanniens Abstieg zur europäischen Mittelmacht erwies sich allerdings in vielerlei Hinsicht als stumpfes Schwert. Die Haltung, die die Briten in den Verhandlungen über den Vertrag einnahmen, trug zum Scheitern des britischen EWG-Beitrittsgesuchs bei. Einen kompromißlosen Einsatz für die Belange der Europäer hätten Italien und die Bundesrepublik wohl mit einem nachdrücklichen Engagement für den britischen Beitritt gedankt, dem sich General de Gaulle nur schwer hätte widersetzen können. So blieb die Tür nach Europa geschlossen, während gleichzeitig die *special relationship* zusehends verblaßte. Die USA suchten Anfang der siebziger Jahre die Beziehungen zu Europa auf eine neue, unabhängigere Ebene zu bringen. Die USA und ein geeintes Europa sollten sich als selbständige Partner gegenüberstehen. Dies galt im besonderen Maß für die Verteidigungspolitik. Die nukleare *special relationship* wurde nicht nur durch die angespannte Finanzlage in Großbritannien relativiert, die die Unterhaltung einer unabhängigen Atomstreitmacht immer schwieriger machte. Die Nixon-Administration war nun auch bereit, die nukleare Kooperation auf Frankreich auszudehnen. Die Supermächte suchten Anfang der siebziger Jahre mehr und mehr nach bilateraler Verständigung. Innerhalb einer weitgehend eigenständigen europäischen Atomstreitmacht hätte Großbritannien eine Führungsrolle übernehmen können, selbst wenn de Gaulle weiterhin einen EG-Beitritt blockiert hätte. Diese Option war jedoch konsequent ausgeschlossen worden. Damit hatten sich die Briten einen Weg verstellt, Großbritannien ein neues Selbstverständnis als regionale Großmacht in Europa und Führungsnation in der europäischen Verteidigungspolitik aufzubauen.

Wer war für diese Politik verantwortlich? Gab es innerhalb der Regierung Stimmen, die einen anderen Weg, eine andere Nichtverbreitungspolitik befürworteten? Die britische Nichtverbreitungspolitik wurde im wesentlichen vom Foreign Office gestaltet, wobei das Verteidigungsministerium erheblichen Einfluß auf die Beschlüsse des Foreign Office nahm. Andere Ministerien wie das Energie- oder das Luftfahrtministerium hatten auf diesen Aspekt der Atompolitik, der die internationale Diplomatie betraf, nur marginalen Einfluß. Dagegen sprachen die britischen Botschaften in den Vereinigten Staaten, der Bundesrepublik Deutschland und Frankreich ein gewichtiges Wort mit. Zur Regierungszeit von Harold Macmillan wurde die Nichtverbreitungspolitik zu einem erheblichen Teil vom Premierminister selbst gestaltet. Auch in den Ministerien war die nukleare Frage Chefsache, allerdings konnten weder Außenminister Lloyd noch sein Nachfolger Home eine eigenständige Außenpolitik betreiben. Beide sprachen sich klar gegen nukleare Hilfe an Frankreich aus, konnten sich damit jedoch nicht gegen Premierminister Macmillan durchsetzen, der in dieser Frage einen Mittelweg beschritt. Home votierte aus Gründen der politischen Räson für die Beteiligung an einer MLF, falls sich diese nicht verhindern ließ. Verteidigungsminister Watkinson war wie sein Nachfolger Thorneycroft im wesentlichen darauf bedacht, die Wahrung der unabhängigen britischen Abschreckung zu garantieren. Gleichzeitig galt Thorneycroft innerhalb der Macmillan-Regierung als entschiedenster Befürworter einer anglo-französischen Kooperation. Die engsten Berater Macmillans waren nicht nur die Minister. Macmillan legte besonderen Wert auf die Meinung des britischen Botschafters in den USA, David Ormsby-Gore, der als sicherer Kenner der Stimmung in Washington galt. Auch Macmillans Privatsekretär Philip de Zulueta nahm mittels zahlreicher Vorschläge und Memoranden direkten Einfluß auf den Premier. Sir Solly Zuckerman, *Chief Scientific Adviser* sowohl der konservativen als auch der Labour-Regierung und offiziell dem Verteidigungsministerium unterstellt, schaltete sich nicht selten auch in die politischen Fragen ein. Abgesehen von Meinungsverschiedenheiten in der Frage der nuklearen Hilfe an Frankreich oder der Verhinderungspolitik gegenüber der MLF wurde die Atompolitik in dieser Zeit nicht grundsätzlich kontrovers diskutiert. Nach außen sprach die britische Regierung meist mit einer Stimme, und das war die des Premierministers.

Die britische Nichtverbreitungspolitik der Labour-Regierung in den Genfer Abrüstungsverhandlungen wurde von Abrüstungsminister Chalfont geprägt, der als Staatsminister dem Foreign Office unterstellt war. Im Foreign Office in London liefen die Fäden beim Leiter des *Atomic Energy Department*, John Street, zusammen. Street koordinierte die Zusammenarbeit zwischen dem Foreign Office und der britischen Delegation in Genf. Die ANF-Konzeption war dagegen im wesentlichen vom Premierminister und Verteidigungsminister Healey erarbeitet worden. Außenminister Stewart schaltete sich nur gelegentlich aktiv in die Nichtverbreitungspolitik ein. Nach dem Fiasko des britischen Vertragsentwurfs von 1965, das er im wesentlichen zu verantworten hatte, verfolgte Stewart grundsätzlich eine moderatere Haltung gegenüber den USA und der Bundesrepublik als Chalfont oder Wilson. Sein Nachfolger Brown konzentrierte sich in erster Linie auf die Europapolitik. Chalfont vertrat in Genf die Interessen seiner Regierung, solange es um die Forcierung des NPT und einer harten Haltung gegenüber der Bundesrepublik ging. Chalfont war jedoch der einzige innerhalb der Regierung, der auch konkrete Abrüstungsmaßnahmen befürwortete. „Die Beamten im Foreign Office verfaßten keine Memoranden, in denen sie ihre Minister zu nuklearer Abrüstung aufforderten", schreibt O'Neill völlig treffend.[2] Dagegen scheute sich Chalfont nicht, bei Premierminister Wilson mit offenen Worten einen neuen Kurs in der Atompolitik anzumahnen. Er war bereit, die unabhängige Abschreckung zugunsten einer nuklearen Abrüstung aufzugeben. Wilson ließ Chalfont als engagiertem Verfechter eines NPT freie Hand. Die konkrete Strategie in Genf bestimmte Chalfont nach Rücksprache mit Street und dessen Mitarbeiterstab. Das Verteidigungsministerium wurde dabei regelmäßig konsultiert. Das *Commonwealth Relations Office* lieferte dem *Atomic Energy Department* Informationen, die die Nichtverbreitungspolitik der Commonwealth-Mitglieder betrafen, ohne dabei auf die Atompolitik Einfluß nehmen zu wollen. Besondere Beachtung fanden die Kommentare der britischen Botschaft in Washington. Die mahnenden Worte des Botschafters in Bonn, Roberts, gegenüber der Regierung in Bonn einen rücksichtsvolleren Kurs zu vertreten, verhallten dagegen meist ungehört. Lord Chalfont konnte sich mit seinen abrüstungspolitischen Vorstellungen nicht durchsetzen. Gerade gegenüber den USA machte Wilson unmißverständlich deutlich, daß ein Verzicht auf Kernwaffen für Großbritannien nicht in Frage komme. Harold Wilson ließ im Gegensatz zu seinem Vorgänger Macmillan die Nichtverbreitungspolitik im wesentlichen vom Foreign Office gestalten. Wilson verlor dabei aber nie die Kontrolle über den eingeschlagenen Kurs.

Innerhalb der konservativen Regierung gab es in der Non-Proliferationspolitik einen Konsens, was die grundsätzliche Zielrichtung betraf. Allerdings kam es in verschiedenen Fragen zwischen dem Premierminister und dem Verteidigungsministerium einerseits und dem Foreign Office andererseits zu Spannungen. In der Labour-Regierung Wilsons wurde der Konsens durch Abrüstungsminister Lord Chalfont empfindlich gestört. Gleichzeitig zeigte sich, wie groß die Gemeinsamkeiten zwischen den Konservativen und der Labour-Partei waren. Beide wollten für Großbritannien eine unabhängige Atomstreitmacht, beide wollten ein Nichtverbreitungsabkommen, um den nuklearen Statusunterschied zur Bundesrepublik Deutschland festzuschreiben. Der Unterschied zwischen beiden Regierungen bestand darin, daß die konservative Regierung immer öffentlich für die Erhaltung der unabhängigen Abschreckung eintrat, während die Labour-Regierung ständig von einem Ausscheiden Großbritanniens als unabhängiger Atommacht sprach und sich als Vorreiter in der Abrüstungspolitk präsentierte. Chalfont wurde zum „Rebellen" innerhalb der Labour-Regierung, obwohl er eigentlich genau die Ziele vertrat, die sich die Labour Party während des Wahlkampfs auf ihre Fahnen geschrieben hatte. Die Täuschung der britischen Öffentlichkeit gelang, da der NPT als Erfolg in der Abrüstungspolitik verkauft werden konnte und die Entscheidung über den Kauf des *Polaris*-Systems noch in die Amtszeit Macmillans fiel. Labour kam damit nicht in die Verlegenheit, über

---

[2] O'Neill, Großbritannien, S. 599.

den Kauf eines neuen Waffensystems und die Fortsetzung der unabhängigen Abschreckung entscheiden zu müssen. Die Beibehaltung des *Polaris*-Systems erregte kein Aufsehen. Die Erhaltung der unabhängigen Abschreckung war auch für die Wilson-Regierung vorrangigstes Ziel.

Die Nichtverbreitungspolitik kann aber nicht nur als Produkt der handelnden Personen betrachtet werden. Baylis argumentiert in seiner Arbeit über die britische Nuklearstrategie, daß historisch-kulturelle Faktoren die Diskussion um die nukleare Verteidigungsstrategie in den fünfziger und sechziger Jahren ganz wesentlich mitbestimmten.[3] Diese These gilt im gleichen Maße für die Nichtverbreitungspolitik. Historische Anliegen und Erfahrungen wie die Rolle als Seemacht, der Großmachtstatus, die Verpflichtungen als Mutterland des Commonwealth, die nukleare Zusammenarbeit mit den Vereinigten Staaten während der Kriegszeit und schließlich die Suezkrise schufen den Kontext für die Nichtverbreitungspolitik der Regierungen Macmillan und Wilson. Der Widerspruch zwischen der Betonung der nuklearen Unabhängigkeit von den USA infolge von Suez und dem Streben nach enger anglo-amerikanischer Kooperation spiegelt den Einfluß des historischen Kontextes ebenso wider wie die intensiven Bemühungen, eine Lösung der Garantiefrage für Indien zu finden. Gerade die Nichtverbreitungspolitik gegenüber der Bundesrepublik Deutschland, die Obsession, mit der der Erhalt des nuklearen Minderstatus der Bundesrepublik verfolgt wurde, die vielfach geäußerten Ängste vor einem deutschen Wiedererstarken lassen sich nur im Zusammenhang mit den historischen Erfahrungen erklären.[4] Deutschlands Zusammenschluß zu einem Nationalstaat mit hoher technologischer Entwicklung und wirtschaftlicher Kapazität schuf Ende des 19. Jahrhunderts Furcht vor einer Großmacht Deutschland und ließ deutsch-englische Rivalitäten wachsen, die sich am deutlichsten im militärischen Bereich im Flottenwettlauf manifestierten. Als sich der Gegner zweier Weltkriege trotz Niederlage und Teilung Anfang der fünfziger Jahre zu einem wirtschaftlich aufstrebenden und politisch stabilen Staat entwickelte, wurden historische Ängste geweckt. In Deutschland hatte man Ende des 19. Jahrhunderts eine große Flotte und den Erwerb von Kolonien als Voraussetzung gesehen, um endlich auch Weltpolitik betreiben zu können.[5] Damals, so Kennedy, versuchte Großbritannien stärker zu exportieren, sich stärker kolonialpolitisch zu engagieren und mehr Schiffe zu bauen, um so das ursprüngliche Kräfteverhältnis zwischen Großbritannien und Deutschland wiederherzustellen.[6] In den fünfziger und sechziger Jahren fiel den Kernwaffen die Aufgabe zu, ein Kräftegleichgewicht zwischen beiden Staaten zu verhindern. Die Appeasement-Politik Chamberlains hatte die britisch-deutschen Beziehungen nachhaltig geprägt. Ein Nachgeben gegenüber deutschen Forderungen hatte sich als verhängnisvoller Fehler erwiesen. Fortan war in Großbritannien Gleichmut gegenüber nationalistischen Tönen aus Deutschland ausgeschlossen. Ein Nachgeben gegenüber deutschen Forderungen nach Atomwaffenbesitz – der sowohl ein militärisches Wiedererstarken als auch erheblichen internationalen Einfluß der Bundesrepublik bedeutet hätte – war damit undenkbar. Die strikte Verweigerung der nuklearen Teilhabe gegenüber der Bundesrepublik erwies sich als wesentliches Element der britischen Deutsch-

---

[3] Baylis, Ambiguity, S. 384.
[4] Siehe hierzu: Kap. I, S. 42 f.
[5] Reynolds, Britannia, S. 79.
[6] Kennedy, Antagonism, S. 465.

landpolitik der fünfziger und sechziger Jahre. Dabei ging es weniger um langfristige Überlegungen wie die Aussicht auf eine wiedervereinigte Atommacht Deutschland, sondern im wesentlichen um Statusfragen und auch um Furcht vor dem Aufkommen eines bundesdeutschen Nationalismus. Nichtverbreitungspolitik im Rahmen der internationalen Abrüstungspolitik hatte jedoch nicht nur in diesen spezifischen bilateralen Beziehungen, sondern auch in den globalen Beziehungen herausragendes – und in der Geschichte der internationalen Beziehungen viel zu wenig beachtetes – Gewicht.

Abrüstungsverhandlungen sind seit Mitte der fünfziger Jahre bis in die neunziger Jahre ein fester Bestandteil der internationalen Politik und der Beziehungen der Supermächte. *Arms Control* wurde spätestens nach der Kuba-Krise eines der bedeutendsten Schlagworte der internationalen Beziehungen. Die Welt blickte mit wachsender Furcht vor der nuklearen Bedrohung durch die gewaltigen Arsenale der Supermächte auf die Verhandlungen der Achtzehn-Mächte-Abrüstungskonferenz in Genf und der Abrüstungspolitik in den Vereinten Nationen. Stellt man sich einmal die Frage, was *Arms Control* in den sechziger Jahren bedeutete, so zeigt sich, daß Abrüstungspolitik fast ausschließlich Nichtverbreitungspolitik war und die Bezeichnung *Arms Control* völlig unzutreffend ist. Es ging nämlich *gerade nicht* um eine Kontrolle oder gar Reduzierung der Arsenale der Supermächte, sondern um eine Sicherung des Status quo. Der Teststopp-Vertrag erlaubte weiterhin unterirdische Tests, und der Nichtverbreitungsvertrag enthielt kein Verbot der Proliferation zwischen Atommächten. Die vertikale Proliferation blieb damit – bis heute – unbeschränkt. Die wenigen Abrüstungsvorschläge, die bei den Abrüstungsverhandlungen in Genf gemacht wurden, waren nicht viel mehr als Propagandazauber im Blick auf die Nichtkernwaffenstaaten und die internationale Öffentlichkeit. Die Abrüstungsverhandlungen begannen tatsächlich erst mit SALT *(Strategic Arms Limitation* [!] *Talks)* Anfang der siebziger Jahre. Damit war nicht die Abrüstungspolitik, sondern die Nichtverbreitungspolitik ein wesentlicher Faktor der internationalen Politik der sechziger Jahre.

Der Stellenwert der Nichtverbreitungspolitik offenbart sich, wenn ihr Zusammenhang mit einigen außenpolitischen Großereignissen der sechziger Jahre beleuchtet wird. So hatten die Teststopp-Verhandlungen erhebliche Auswirkungen auf die Berlin-Krise. Trachtenberg argumentiert überzeugend, daß die Supermächte einen Teststopp-Vertrag und den nichtnuklearen Status der Bundesrepublik als inoffizielle Gegenleistung für die Achtung des Status quo in Berlin betrachteten.[7] Die Forcierung der Verhandlungen Anfang 1963 und die endgültige Unterzeichnung des Teststopp-Vertrags waren eine unmittelbare Reaktion auf die Kuba-Krise. Nicht nur die Aussicht auf eine Atommacht Kuba vor der Haustür war ein Argument für die Konservierung des nuklearen Status quo. Langfristig bewirkte die Kuba-Krise eine grundsätzliche Neuorientierung der amerikanischen Nichtverbreitungspolitik, die auf die Erhaltung des bilateralen nuklearen Gleichgewichts zielte. Die französische Opposition gegen ein Testverbot bedeutete im Zusammenhang mit dem britischen Beitrittsgesuch zur EWG, daß die Briten ihre Unterstützung für das Abkommen offiziell zurückschrauben mußten. Die Frage nach anglo-französischer Proliferation schwebte über dem britischen Beitrittsgesuch. Der deutsch-französische Vertrag von 1963, offiziell ein Abkommen zwecks enger Zusammenarbeit in verschiedenen, vor allem kulturellen Bereichen, verursachte heftige internationale Reaktionen, da vor allem in Washington eine baldige deutsch-französische nukleare Koopera-

---

[7] Trachtenberg, Constructed Peace, S. 382. Siehe hierzu auch: Wenger, Stabilität, S. 69–99.

tion befürchtet wurde. Er war auf amerikanischer Seite ein Auslöser für die Forcierung der multilateralen Atomstreitmacht.

Die Verhandlungen über den NPT boten den Supermächten die Möglichkeit, trotz des Vietnam-Krieges einen Weg der Entspannung zu gehen. Das gemeinsame Interesse an Non-Proliferation ermöglichte Zusammenarbeit und Annäherung und trug dazu bei, daß die Supermächte auch in der Vietnamfrage im Gespräch blieben. Der indisch-pakistanische Grenzkrieg 1962 und die drohende chinesische Einmischung machten vor allem nach dem chinesischen Atomtest 1964 Süd- und Südostasien – neben dem europäischen – zu einem zweiten nuklearen Krisenherd. Ein Nichtverbreitungsabkommen war nun nicht mehr nur im Hinblick auf Europa relevant. 1967 war schließlich das Scheitern des zweiten britischen EWG-Beitrittsgesuchs eng mit der Haltung der Briten in der Frage der Kontrolle des Nichtverbreitungsvertrages verknüpft. Nichtverbreitungspolitik hatte damit direkten Einfluß und Auswirkungen auf viele Ereignisse und Bereiche der internationalen Politik – auf europäischer wie auf globaler Ebene. Den Supermächten dienten die sogenannten Abrüstungsverhandlungen als Möglichkeit, andere außenpolitische Ziele abzusichern und trotz schwerer Konflikte Stabilität zu bewahren.

Die Nichtverbreitungspolitik stand mit der deutschen Frage und der Deutschlandpolitik der Supermächte sowie der verbündeten NATO-Partner der Bundesrepublik in einem engen Zusammenhang. In der Bundesrepublik Deutschland sahen einige Mitglieder der Regierung die nukleare Option als Faustpfand in den Verhandlungen um die Wiedervereinigung. Die Sowjetunion sollte einen offiziellen nuklearen Verzicht der Bundesregierung keinesfalls ohne Zugeständnisse – welcher Art auch immer – in der deutschen Frage erhalten. Mit dem Nichtverbreitungsvertrag mußte die Bundesrepublik dieses Faustpfand ohne entsprechende Gegenleistung aufgeben. Die Sowjetunion betrachtete den nichtnuklearen Status der Bundesrepublik als vorrangiges Ziel. Das Teststopp-Abkommen war ein erster Schritt in diese Richtung. Die MLF-Pläne bedeuteten gleichsam wieder einen Schritt zurück. Erst die Unterzeichnung des Nichtverbreitungsvertrages machte schließlich auch den Weg für mehr Bewegung in der Deutschlandpolitik frei. Die bundesdeutsche Unterschrift war die Voraussetzung für das Gelingen der Ostpolitik der Regierung Brandt Anfang der siebziger Jahre. Grundsätzlich waren sich die Supermächte in dem Punkt einig, daß die Bundesrepublik keine Kontrolle über Kernwaffen erhalten dürfe. Die MLF war auf amerikanischer Seite ein verunglückter Versuch, die Bundesrepublik von einem nationalen nuklearen Weg bzw. einer Zusammenarbeit mit Frankreich abzuhalten. Es dauerte lange, bis die Johnson-Regierung einsah und akzeptierte, daß die Kreml-Führung der Logik nicht folgen konnte, die MLF werde einen nationalen Kernwaffenbesitz der Bundesrepublik verhindern. Der amerikanische Druck auf die Bundesrepublik, in einen nuklearen Verzicht auch ohne MLF einzuwilligen, führte zu einer Entfremdung, die auch in vielen anderen Bereichen spürbar wurde, wie zum Beispiel der Auseinandersetzung um den Devisenausgleich, der Frage des deutschen Engagements in Vietnam und der Verabschiedung der neuen Verteidigungsstrategie – *flexible response* – der NATO.[8]

Die Aussicht auf nukleare Kooperation beherrschte die Diskussionen in der Bundesregierung über ein engeres Zusammengehen mit Frankreich in der Verteidigungspolitik.

---

[8] Zur Suche nach einem strategischen Konsens innerhalb der Allianz und der Annahme der Strategie der *flexible response* (MC 14/3) siehe: Haftendorn, Kernwaffen, S. 31–106.

Die französische Deutschlandpolitik zielte auf eine Loslösung der Bundesrepublik aus den engen Bindungen zu den USA. Eine engere Anlehnung der Bundesrepublik an Frankreich sollte Frankreichs Vormachtstellung in Europa und die Stellung Europas als dritte Kraft zwischen den Supermächten festigen. Die nukleare Zusammenarbeit diente dabei als eine Art Köder, nicht als ernstgemeintes Angebot. De Gaulle konnte es sich leisten, den Deutschen nicht mahnend den nuklearen Verzicht nahezulegen, wie dies die USA und Großbritannien taten, wohl wissend, daß die Angelsachsen auf einem deutschen Beitritt zum Nichtverbreitungsvertrag bestehen würden. Für Großbritannien bedeutete Nichtverbreitungspolitik nahezu ausschließlich Deutschlandpolitik. Die Sorge um nukleare Proliferation konzentrierte sich von Anfang an auf die Bundesrepublik Deutschland. In der Berlin-Krise brachte Premierminister Macmillan ein *quid pro quo* zwischen Testverbot und Stabilität in Berlin offen zur Sprache.[9] Grundsätzlich nahmen die Briten während der Berlin-Krise eine ausgesprochen moderate Haltung ein, die darauf zielte, eine Eskalation und einen nachhaltigen Bruch mit der Sowjetunion zu vermeiden.[10] In den späteren Jahren wurden die MLF und der NPT zu den zentralen Themen in den deutsch-englischen Beziehungen, die das allgemeine Klima überschatteten und auf viele andere Bereiche Auswirkungen hatten, wie zum Beispiel die Stationierung der britischen Truppen in Deutschland, die Europapolitik oder finanzielle Fragen.[11]

Non-Proliferation und die Bundesrepublik Deutschland – für die Supermächte ging es in dieser Beziehung um die Stabilisierung des nuklearen Gleichgewichts, das durch einen bundesdeutschen Aufstieg zur Atommacht empfindlich gestört worden wäre. Unter den europäischen Verbündeten der USA wurde Nichtverbreitungspolitik im wesentlichen von statuspolitischen Erwägungen bestimmt. Nichtverbreitungspolitik innerhalb der NATO diente zur Sicherung bestimmter Machtpositionen gegenüber den engsten Verbündeten. Diese Form von bündnisinterner Machtpolitik ist im östlichen Bündnis zu keiner Zeit aufgetaucht. Kein Staat des Ostblocks war in der Lage, der Sowjetunion in der Entwicklung von Kernwaffen zu folgen. Innerhalb des Warschauer Paktes gab es auch keine Großmachtansprüche gegenüber früheren Kriegsgegnern zu verteidigen. Die unumschränkte Autorität Moskaus hätte derartige Entwicklungen nicht zugelassen. Auch eine multilaterale Atomstreitmacht war im östlichen Bündnis nie ein Thema. Konsequenterweise war auch die Gefahr einer nuklearen Proliferation der Sowjetunion an Polen, Ungarn oder die Tschechoslowakei absolut kein Faktor für die westlichen Atommächte, um auf einen Nichtverbreitungsvertrag zu drängen. Nach dem Bruch mit China reduzierte die Sowjetunion sogar die zivile nukleare Hilfe an die sozialistischen „Bruderländer" beträchtlich. China stellt insofern eine Ausnahme dar, als die Sowjetunion zunächst davon ausging, ein Gegengewicht zu Großbritannien aufbauen zu müssen. Außerdem verfolgte China historisch motivierte Großmachtansprüche, deren Ursprünge noch weiter zurückreichten als die Großbritanniens oder Frankreichs. Der Prestigefaktor spielte allerdings auch unter den blockfreien Staaten eine wesentliche Rolle. Hier ging

---

[9] Siehe hierzu: Kap. II, S. 62.
[10] Zur britischen Politik in der Berlin-Krise siehe: Gearson, Berlin Wall.
[11] Dies wird besonders deutlich in zwei Memoranden zum Besuch von Premierminister Wilson in Bonn im Mai 1966. AdAA, Ref. II, B 1, Bd. 972, Aufzeichnungen von Ministerialdirektor Werz, 16. 05. 1966. Ref. I, A 5, Bd. 299, Aufzeichnungen über Premierminister Wilson, Verfasser nicht zu ermitteln, 25. 04. 1966.

es jedoch nicht darum, einen Prestigegewinn gegenüber einem verbündeten Staat zu sichern, sondern darum, sich von einem verfeindeten Nachbarn abzuheben. Am Beispiel Indiens zeigt sich deutlich, daß nicht nur militärisches Schutzbedürfnis die Atompolitik bestimmte, sondern der Wunsch, im Ansehen mit China gleichzuziehen bzw. Pakistan zu übertrumpfen.

Vergleicht man die Atompolitik der vier führenden europäischen Staaten Großbritannien, Frankreich, Bundesrepublik Deutschland und Italien, so läßt sich prestigeorientierte Machtpolitik als eine primäre Motivation erkennen. Abgesehen von der Funktion als *bargaining chip* gegenüber der Sowjetunion in der Wiedervereinigungsfrage bedeutete nukleare Mitsprache für die Bundesrepublik Deutschland bündnisintern ein Ende der Degradierung gegenüber Staaten, mit denen man sich längst gleichwertig fühlte. Die Bundesrepublik wollte in bezug auf Status und Ansehen mit Großbritannien und Frankreich auf einer Stufe stehen.[12] Die militärische Stärke der Bundesrepublik hätte sich durch die MLF nicht erhöht. Italien, „the least of the four European powers", sah 1958 die im *double key system* installierten amerikanischen IRBM-Raketen als Chance, langfristig nukleare Mitsprache zu erhalten. Nuti belegt die Bedeutung des Prestigefaktors für Italien anhand der italienischen Beteiligung an der nuklearen Planungsgruppe (NPG): Die italienische Regierung bestand nachdrücklich auf einer Aufnahme in die NPG, ließ jedoch in der folgenden Zeit jegliches Engagement für eine aktive Mitarbeit vermissen.[13] Auch nach dem Abschluß des NPT versuchte Italien, über die Schaffung einer dritten Kategorie von offziellen Schwellenmächten seinen Status gegenüber den Atommächten aufzuwerten und sich von den nuklearen Habenichtsen abzugrenzen.[14]

General de Gaulle wollte Frankreich im Rahmen eines westlichen Großmächtetriumvirats eine Stufe über die Bundesrepublik stellen. Dieses Triumvirat sollte das westliche Kernwaffenpotential verwalten, den übrigen Staaten der westlichen Allianz wurde dagegen nukleare Abstinenz abverlangt. Nachdem die USA diese Pläne abgelehnt hatten, ging de Gaulle den Weg der völligen nuklearen Unabhängigkeit. Dies löste in Großbritannien die Besorgnis aus, Frankreich werde langfristig die einzige wirklich unabhängige westliche Atommacht bleiben und damit im Status vor Großbritannien rangieren. Frankreich hatte im Gegensatz zu Großbritannien die Chance, als Führungsnation der EWG ein neues Selbstverständnis als regionale Großmacht zu finden. Nachdem die Angelsachsen die nukleare Kooperation verweigert hatten, verhinderte de Gaulle im Gegenzug die Aufnahme Großbritanniens in die EWG, da dies – ganz abgesehen von den verschiedenen ökonomischen Problemen und Nachteilen, die eine britische Mitgliedschaft nach sich gezogen hätte – das Prestige Frankreichs erheblich gemindert hätte. Das Vereinigte Königreich hatte somit nur die Möglichkeit, Großmachtstatus weiterhin über transatlantische Partnerschaft und den nuklearen Klub zu definieren. Die Mitgliedschaft im Klub wiederum bedeutete einen Platz bei den Supermächten am *top table* der internationalen Politik. Dort versuchten die Briten – der konservative Premier Macmillan nicht weniger als sein Labour-Nachfolger Wilson – die Rolle des ‚honest broker' zwischen den Supermächten zu übernehmen. Diese Vermittlungsbemühungen waren jedoch nicht nur in den internationalen Abrüstungsverhandlungen, sondern auch in der Berlin-Krise und in

---

[12] Vgl. hierzu, Kap. V, S. 161.
[13] Nuti, ‚Me too, please', S. 132.
[14] Nuti, ‚Me too, please', S. 137.

Vietnam von mäßigem Erfolg.[15] Die britische Regierung war sich hingegen darüber im klaren, daß das britische Atompotential keine glaubwürdige Abschreckung für die Sowjetunion darstellte, und für die militärische Führung wäre ein unabhängiger Einsatz auch gar nicht in Frage gekommen.

Non-Proliferation in den Beziehungen zu den USA bedeutete für die Briten genau das Gegenteil, nämlich die Sicherung der vertikalen Proliferation. Die Lieferungen amerikanischer Nukleartechnologie sicherten das militärische Atomprogramm und damit aus britischer Sicht den Großmachtstatus. Nichtverbreitungspolitik in den Beziehungen zu den Commonwealth-Staaten war ebenfalls Großmachtpolitik. Eine *Pacific Nuclear Force* unter britischer Führung und britische Sicherheitsgarantien für Indien sollten in gewisser Weise eine Fortsetzung der Kolonialpolitik ermöglichen. Nichtverbreitungspolitik gegenüber den europäischen Verbündeten bedeutete dagegen Nichtverbreitungspolitik im eigentlichen Sinne: die Festschreibung des nuklearen Status quo in Europa, die eine Vormachtstellung gegenüber den übrigen Europäern garantieren und den Großmachtstatus Großbritanniens erhalten sollte.

Mit dem deutschen Beitritt zum NPT relativierte sich das britische Interesse an der weiteren Bekämpfung von Proliferation. Während der ersten internationalen Überprüfungskonferenz des NPT im Jahre 1975 war es den Briten wichtig, daß am Vertrag keine Veränderungen vorgenommen würden. Eine Initiative Großbritanniens, wonach nur Unterzeichnerstaaten von einer Förderung der zivilen Atomenergie profitieren sollten, fand keine Mehrheit und wurde schließlich fallengelassen. 1977 wurden die trilateralen Verhandlungen über ein umfassendes Teststopp-Abkommen wieder aufgenommen.[16] Nachdem diese Verhandlungen bis zur zweiten Überprüfungskonferenz 1980 erfolglos geblieben waren, forderten die Nichtkernwaffenstaaten wenigstens ein Testmoratorium. Da die Atommächte dazu nicht bereit waren, wurde die zweite Folgekonferenz ohne Ergebnis abgebrochen. Großbritannien war gegen das Testmoratorium, da die neue Generation von Kernwaffen, die das *Polaris*-System ersetzen sollte, noch mehrfach getestet werden mußte. Großbritannien beschloß 1980 den Kauf des *Trident*-Systems von den USA. Damit wurde die Politik der Aufrechterhaltung der unabhängigen Abschreckung langfristig beibehalten.

Hinsichtlich der globalen Wirksamkeit des NPT ist festzustellen, daß bis zur jüngsten Überprüfungskonferenz 1995 eine positive Bilanz gezogen werden kann. Seit dem Inkrafttreten des NV-Vertrages trat außer Nordkorea kein Unterzeichnerland vom Vertrag zurück. Obwohl die erste Überprüfungskonferenz in bezug auf die nukleare Abrüstung der Supermächte erfolglos war, erhöhte sich die Zahl der Staaten, die dem NPT beitraten, von 95 im Jahr 1975 auf 112 im Jahr 1980. Während der letzten Überprüfungskonferenz 1995 konnten sich die Mitgliedstaaten – unterdessen waren auch Frankreich und China beigetreten – auf eine unbegrenzte Verlängerung des Vertrags einigen, ohne daß darüber abgestimmt werden mußte. 1996 kam schließlich ein umfassendes Teststopp-Abkommen zustande, das neben den fünf Atommächten, USA, Sowjetunion, Großbritannien, Frankreich und China, 135 Nichtkernwaffenstaaten unterzeichneten.

Die Symbolkraft von Kernwaffen als militärische Wunderwaffe und als Ausdruck von Prestige schien langsam zu sinken. Die Kernwaffen der Supermächte, die gegenseitige

---

[15] Siehe: Gearson, Berlin Wall sowie Arendt, Vietnam.
[16] Zu den Teststopp-Verhandlungen nach Abschluß des NPT siehe: Schmalberger, Pursuit.

nukleare Abschreckung sorgten global für relative Stabilität und förderten das Interesse an Entspannung zwischen den Blöcken. Die Kriege der fünfziger, sechziger und siebziger Jahre wurden mit konventionellen Waffen geführt. Weder in Vietnam noch in Afghanistan kamen Kernwaffen zum Einsatz oder wurde mit deren Einsatz gedroht. Der Mythos der Bombe, in dessen Bann die Welt in den fünfziger Jahren gestanden hatte, verblaßte. Dazu kam der Gewöhnungseffekt. In den sechziger und siebziger Jahren wurde das nukleare Gleichgewicht des Schreckens in gewisser Weise zur Normalität – bis im Zuge der Stationierung der sowjetischen SS-20-Raketen und dem darauf folgenden NATO-Doppelbeschluß von 1979 die drohende Gefahr eines Atomkriegs – gerade in Europa – wieder zu einem der wichtigsten Themen in der öffentlichen Diskussion wurde. In der Bundesrepublik erlebte die Friedensbewegung ihre Hochphase: Hunderttausende demonstrierten gegen die Stationierung von amerikanischen *Pershing II* und *Cruise missiles* in der Bundesrepublik. In Großbritannien erwachte die Friedensbewegung, die in den sechziger Jahren zur Bedeutungslosigkeit geschrumpft war, mit der Diskussion um den NATO-Doppelbeschluß und der Stationierung der *Trident*-Raketen in Großbritannien zu neuer Stärke.[17] Während 1983 eine Einigung zwischen der Sowjetunion und den USA über den beidseitigen Abzug der Mittelstreckenraketen (INFs) aus Europa scheiterte, konnten Reagan und Gorbatschow 1987 die doppelte Null-Lösung im INF-Vertrag verankern. Bald darauf zeigte das Beispiel Irak, daß einzelne Staaten weiterhin enorme Anstrengungen unternahmen, ein militärisches Atomprogramm zu errichten, und es schafften, die Inspektoren der IAEO an der Nase herumzuführen. Der Irak hatte immerhin den NPT unterzeichnet. Letztendlich war dem irakischen Atomprogramm jedoch kein Erfolg beschieden. Südafrika, das ebenfalls heimlich am Bau einer Bombe gearbeitet hatte, gab die Aufgabe seines Atomprogramms bekannt.[18] Diese Entwicklungen ließen darauf hoffen, daß Kernwaffen nicht mehr als Verstärkung der nationalen Sicherheit galten und auch als Prestigesymbol weitgehend ausgedient hatten.

Die Hoffnungen erwiesen sich als trügerisch. Im Mai 1998 führte Indien mehrere Atomtests durch, die den Höhepunkt eines jahrzehntelangen Rüstungswettlaufs mit dem verfeindeten Nachbarn Pakistan darstellten. Indien wollte seine Fähigkeit demonstrieren, Atomwaffen herzustellen, verlautete aus Regierungskreisen. Indien ging es aber nicht nur um sicherheitspolitische Interessen. Sicherlich, Indien hatte sich immer von Pakistan und dem nuklearen Potential Chinas bedroht gefühlt. Indische Politiker äußerten aber auch die Hoffnung, dieser Test werde Indien eine ständige Vertretung im Sicherheitsrat der Vereinten Nationen bescheren und generell dazu führen, daß Indiens Stimme in der internationalen Staatengemeinschaft mehr Gehör erhalte.[19] Nur wenige Wochen nach dem indischen Test führte Pakistan mehrere Testserien durch. Pakistan konnte zwar im Gegensatz zu Indien keinen Wasserstoffbombentest durchführen, jedoch übertrafen die pakistanischen Tests die indischen zahlenmäßig. Die Auswirkungen dieser Tests auf die Stabilität in der Region sind derzeit noch nicht abzuschätzen. Auch wenn sich Indien und Pakistan nun bereit erklären, dem Nichtverbreitungsvertrag und dem Teststopp-Abkommen beizutreten, so zeigen diese Tests doch, daß die internationalen Abkommen gegen Proliferation keinen Staat, der entschlossen ist, Atommacht zu wer-

---

[17] Ruston, Say, S. 196–197.
[18] Zum südafrikanischen Atomprogramm siehe: Schumacher, Nuklearwaffenpolitik.
[19] International Herald Tribune, 12. 05. 1998.

den, davon abhalten können. Auch andere Hürden, wie die hohen Kosten oder die Beschaffung von spaltbaren Material, wurden von Indien und Pakistan genommen. Zudem deuten die Reaktionen der internationalen Staatengemeinschaft darauf hin, daß Indien und Pakistan nicht mit folgenschweren Konsequenzen rechnen müssen. Außer den USA und Japan kündigte kein Land Sanktionen an.

Das Thema Proliferation wurde allerdings nicht erst wieder mit den jüngsten Tests in Indien und Pakistan aktuell. Mit dem Zerfall der Sowjetunion entstanden plötzlich ganz neue Gefahren für das internationale System der Nichtverbreitung. Zwar konnte Rußland entgegen vielfach geäußerten Befürchtungen mit den Staaten der ehemaligen Sowjetunion, auf deren Territorien Kernwaffen lagerten, Abkommen über die Rückgabe dieser Waffen schließen, allerdings ist dieser Prozeß noch nicht abgeschlossen. Die betreffenden Staaten traten auch dem NPT als Nichtkernwaffenstaaten bei. Das Problem der nuklearen Proliferation hat sich jedoch verstärkt auf eine andere Ebene verlagert. Proliferation ist in den Staaten der ehemaligen Sowjetunion weniger ein Konflikt zwischen den Staaten, sondern vielmehr zwischen Staaten und nichtstaatlichen Organisationen. Die jungen Staaten der ehemaligen Sowjetunion verfügen kaum über stabile Machtstrukturen und die finanziellen Mittel, um die Gefahr, daß kriminelle Vereinigungen in den Besitz von Kernwaffen gelangen, wirksam bekämpfen zu können. Non-Proliferation ist damit wieder eines der großen Themen der internationalen Politik der neunziger Jahre geworden.

Abkürzungsverzeichnis

AA	Auswärtiges Amt
AAPD	Akten zur auswärtigen Politik der Bundesrepublik Deutschland
ABM	Anti-ballistic missile
ACDA	Arms Control and Disarmament Agency
AdAA	Archiv des Auswärtigen Amtes
AdG	Archiv der Gegenwart
AEC	Atomic Energy Commission
ANF	Atlantic Nuclear Force
BAOR	British Army on Rhine
CAB	Cabinet Files (Public Records Office)
CDF	Central Decimal Files (NA)
CFPF	Central Foreign Policy Files (NA)
CND	Campaign for Nuclear Disarmament
CRO	Commonwealth Relations Office
CTBT	Comprehensive Test Ban Treaty
Debs	Debates
DEFE	Defence Ministry Files (Public Records Office)
Del	Delegation
Dept	Department
EA	Europa-Archiv
EFTA	European Free Trade Association
EG	Europäische Gemeinschaft
ENDC	Eighteen Nation Disarmament Conference
EGKS	Europäische Gemeinschaft für Kohle und Stahl
Euratom	Europäische Atomgemeinschaft
EWG	Europäische Wirtschaftsgemeinschaft
FAZ	Frankfurter Allgemeine Zeitung
FO	Foreign Office Files (Public Records Office)
FRUS	Foreign Relations of the United States
GCD	General and Complete Disarmament
GSP	Global Strategy Paper
HC	House of Commons
HL	House of Lords
HMG	Her Majesty's Government

IAEA   International Atomic Energy Agency
IAEO   Internationale Atomenergie Organisation (dt. für IAEA)
ICBM   Intercontinental Ballistic Missile
INF   Intermediate Range Nuclear Forces
IRBM   Intermediate Range Ballistic Missile

KPdSU   Kommunistische Partei der Sowjetunion

LBJL   Lyndon Baines Johnson Library

MC   Microfiche Collection (National Security Archive)
Memo   Memorandum
MLF   Multilateral Force

NA   National Archives
NATO   North Atlantic Treaty Organisation
NCANWT   National Council for the Abolition of Nuclear Weapons Tests
NHP   Nuclear History Program
NNWS   Non-nuclear Weapon State
NPG   Nuclear Planning Group
NPT   Non-Proliferation Treaty
NSF   National Security File (Johnson Library)
NV   Nichtverbreitung
NWS   Nuclear Weapon State
NYT   New York Times

PM   Prime Minister
PNE   Peaceful Nuclear Explosion
PREM   Prime Minister Files (Public Records Office)
PRO   Public Record Office
PTBT   Partial Test Ban Treaty

RG   Record Group (NA)

SACEUR   Supreme Allied Commander Europe
SALT   Strategic Arms Limitation Talks
SHAFR   Society for Historians of American Foreign Relations
SHAPE   Supreme Headquarters Allied Powers Europe

UKAEA   United Kingdom Atomic Energy Agency
UN   United Nations

WEU   Westeuropäische Union
WHCF   White House Central Files (Johnson Library)

Quellen- und Literaturverzeichnis

1. Unveröffentlichte Quellen

Public Record Office (PRO)
Air 8
CAB 128, 129, 130, 131
DEFE 11, 13
FO 371
PREM 11, 13

National Archives (NA)
Record Group 59 General Records of the Department of State
− Central Decimal Files
− Central Foreign Policy Files
− Records Relating to Atomic Energy Matters

National Security Archive (NSA)
Unpublished Nuclear History Collection

Lyndon Baines Johnson Presidential Library (LBJL)
National Security File (NSF)
− Bundy File
− Committee File
− Country File
− Name File
− Subject File
White House Central Files (WHCF)
− Confidential File
Personal File of McGeorge Bundy
Oral History Transcripts
− George Ball
− John McCloy
− Henry Owen
− Eugene Rostow

Archiv des Auswärtigen Amtes (AdAA)
B 1 Ministerbüro
B 2 Staatssekretäre
B 31 Großbritannien
B 43 Abrüstung

2. Gedruckte Quellen

Britische Parlamentsdebatten
Hansard, House of Commons, Debates (1946–1968)
Hansard, House of Lords, Debates (1964–1968)

Command Papers der britischen Regierung
Cmd. 9075. Statement on Defence: 1954
Cmd. 9391. Statement on Defence: 1955
Cmd. 9555. Agreement for Co-operation Regarding Atomic Information for Mutual Defence Purposes, 1955
Cmd. 9691. Statement on Defence: 1956
Cmnd. 124. Defence: Outline of Future Policy: 1957
Cmnd. 476. Central Organisation for Defence: 1958
Cmnd. 537. Agreement for Co-operation on the Uses of Atomic Energy for Mutual Defence Purposes, 1958
Cmnd. 859. Amendment to Agreement between the Government of the United Kingdom of Great Britain and Northern Ireland and the Government of the United States of America for Co-operation on the Uses of Atomic Energy for Mutual Defence Purposes of July 3, 1958, 1959
Cmnd. 952. Report on Defence: 1960
Cmnd. 1639. Statement on Defence: 1962: The Next Five Years
Cmnd. 1915. Polaris Sales Agreement, 1962
Cmnd. 2270. Statement on Defence: 1964
Cmnd. 3203. Statement on Defence Estimates: 1967

Dokumentensammlungen
AAPD, 1963–1966, hrsg. im Auftrag des Auswärtigen Amtes vom Institut für Zeitgeschichte, München 1994–1997.
ACDA, Documents on Disarmament, 1963–1968.
British Information Services, Britische Nachrichten 1954–1970.
Europa-Archiv, Halbmonatsschrift der Deutschen Gesellschaft für Auswärtige Politik, Dokumente, Jahrgänge 8–24, 1953–1969.
Foreign Relations of the United States (FRUS), ed. by the Dept of State, 1948–1968.
Keesing's Archiv der Gegenwart, Jahrgänge 27–38, 1957–1968.
The National Security Archive, Nuclear Non-Proliferation 1945–1990, MC, Alexandria, Va 1992.
United Nations, The Eighteen Nation Disarmament Conference, 1963–67.
United Nations, The United Nations and Disarmament 1945–70.

Zeitungen und Zeitschriften
Financial Times
Frankfurter Allgemeine Zeitung
The Guardian
Le Monde

New Statesman
New York Herald Tribune
The New York Times
The Observer
The Spectator
The Times

Memoiren
Ball, George, The Past has Another Pattern: Memoirs, New York 1982.
Brown, George, In My Way, London 1971.
Eden, Anthony, Full Circle: The Memoirs of Anthony Eden, London 1960.
Eisenhower, Dwight D., The White House Years. Waging Peace, 1956–1961, New York 1965.
Healey, Denis, The Time of My Life, London 1990.
Home, Lord, The Way the Wind Blows, London 1976.
Macmillan, Harold, Riding the Storm, 1956–1959, London 1971.
Ders., Pointing the Way, 1959–1961, London 1972.
Ders., At the End of the Day, 1961–1963, London 1973.
Stewart, Michael, Life and Labour, London 1980.
Walker, Patrick Gordon, Political Diaries 1932–71, London 1991.
Watkinson, Harold, Turning Points: A Record of our Times, Salisbury 1986.
Wilson, Harold, The Labour Government 1964–70: A Personal Record, London 1971.
Ders., The Making of a Prime Minister, 1961–1964, London 1986.
Zuckerman, Solly, Monkeys, Men and Missiles 1946–88: An Autobiography, London 1988.

Literaturverzeichnis

Acheson, Dean, Is Partnership Possible in Nuclear Arms?, in: The Ditchley Foundation (Hrsg.), The Nuclear Deterrent in the Context of Anglo-American Relations, Oxford 1963, S. 26–29.

Arendt, Joachim, Johnson, Vietnam und der Westen. Transatlantische Belastungen 1963–1969, München 1994.

Arnold, Lorna, The Third Power: Britain and the H-Bomb, London 2000.

Ball, George, The Discipline of Power, Boston 1968.

Barbier, Colette, Les négotiations franco-germano-italiennes en vue de l'établissement d'une coopération militaire nucléaire au cours des années 1956–1958, in: Revue d'Histoire Diplomatique 104 (1990), S. 81–114.

Dies., The French Decision to Develop a Military Nuclear Programme in the 1950s, in: Diplomacy and Statecraft 4 (1993), S. 98–114.

Dies., La force multilatérale dans le débat atomique français, in: Revue d'Histoire Diplomatique 107 (1993), S. 55–89.

Dies., La force multilatérale, in: Vaisse, Maurice (Hrsg.), La France et l'atome, Bruxelles 1994, S. 163–218.

Bartlett, Christopher, The Special Relationship: A Political History of Anglo-American Relations since 1945, London 1992.

Ders., Defence and Diplomacy, Manchester 1993.

Baylis, John, Anglo-American Defence Relations, 1939–1980: The Special Relationship, London 1981.

Ders., Ambiguity and Deterrence, British Nuclear Strategy 1945–1964, Oxford 1995.

Ders. and Macmillan, Alan, The Foundations of British Nuclear Strategy, 1945–60, Aberystwyth 1992.

Ders. and Macmillan, Alan, A Reassessment of the Global Strategy Paper 1952, Aberysthwyth 1993.

Beschloss, Michael, Kennedy and Khrushchev: The Crisis Years, 1960–63, New York 1991.

Bluth, Christoph, Britain, Germany and Western Nuclear Strategy, Oxford 1995.

Botti, Timothy J., The Long Wait: The Forging of the Anglo-American Nuclear Alliance 1945–58, New York 1987.

Bourantonis, Dimitris, The United Nations and the Quest for Nuclear Disarmament, Aldershot 1993.

Bowie, Robert, The North Atlantic Nations: Tasks for the 1960s, College Park, Md. 1991.

Ders., Eisenhower, Atomic Weapons and Atoms for Peace, in: Pilat, Joseph/Pendley, Robert/Ebinger, Charles (Hrsg.), Atoms for Peace: An Analysis After Thirty Years, Boulder/London 1983, S. 17–24.

Bozo, Frédéric, La France et l'OTAN. De la guerre froide au nouvel ordre européen, Paris 1991.

Brechtefeld, Jörg, Die Proliferationspolitik der USA, in: Salewski, Michael (Hrsg.), Das nukleare Jahrhundert, Stuttgart 1998, S. 102–121.

Buchan, Alastair, Für und wider eine europäische nukleare Streitmacht, in: Europa-Archiv 18 (1963), S. 309–322.

Ders., Is Partnership Possible in Nuclear Arms?, in: The Dichley Foundation (Hrsg.), The Nuclear Deterrent in the Context of Anglo-American Relations, Oxford 1963, S. 30–33.

Bull, Hedley, On Arms Control, New York 1987.

Bundy, McGeorge, Danger and Survival: Choices about the Bomb in the First Fifty Years, New York 1988.

Bunn, George, Arms Control by Committee, Stanford 1992.

Ders. and Timerbaev, Roland, Security Assurances to Non-Nuclear Weapon States, in: The Non-Proliferation Review I (1993), S. 11–21.

Buteux, Paul, The Politics of Nuclear Consultation in NATO 1965–1980, Cambridge 1983.

Byrne, Paul, The Campaign for Nuclear Disarmament, London 1988.

Cairncross, Alec, Managing the British Economy in the 1960s, London 1996.

Carver, Michael, Tightrope Walking. British Defence Policy since 1945, London 1992.

Chalfont, Lord (Alun Gwynne-Jones), The Politics of Disarmament, in: Survival VIII (1966), S. 342–349.

Church, Frank, U. S. Policy and the New Europe, in: Foreign Affairs XLV (1966), S. 49–57.

Cioc, Mark, Pax Atomica: The Nuclear Defence Debate in West-Germany during the Adenauer Era, New York 1988.

Clark, Ian, Nuclear Diplomacy and the Special Relationship. Britain's Deterrent and America 1957–1962, Oxford 1994.

Ders. and Wheeler, Nicholas, The British Origins of Nuclear Strategy 1945–55, Oxford 1989.

Clausen, Peter, Non-Proliferation and the National Interest, New York 1993.

Ders., Non-Proliferation Illusions: Tarapur in Retrospect, in: Orbis XXVII (1983), S. 15–34.

Cole, Paul (Hrsg.), The Nuclear Freeze Debate, Boulder 1983.

Conze, Eckart, Die gaullistische Herausforderung. Die deutsch-französischen Beziehungen in der amerikanischen Europapolitik 1958–1963, München 1995.

Ders., La Coopération franco-germano-italienne dans le domaine nucléaire dans les années 1957–1958: Un point de vue allemand, in: Revue d'Histoire Diplomatique 104 (1990), S. 115–132.

Cortright, David and Mattoo, Amitabh (Hrsg.), India and the Bomb. Public Opinion and Nuclear Options, Notre Dame 1996.

Crossman, Richard, The Nuclear Obsession, in: Encounter XI (1958), S. 3–10.

Deighton, Anne (Hrsg.), Building Postwar Europe, Oxford 1995.

Divine, Robert, Blowing on the Wind: The Nuclear Test Ban Debate 1954–60, New York 1978.

Donnelly, Warren, Congress and Nonproliferation, 1945–1977, in: Platt, Alan/Weiler, Lawrence (Hrsg.), Congress and Arms Control, Boulder, Colorado 1978, S. 135–148.

Duffield, John, Power Rules. The Evolution of NATO's Conventional Force Posture, Stanford 1995.

Duke, Simon, US Defence Bases in the United Kingdom, London 1987.

Fischer, David, Stopping the Spread of Nuclear Weapons, London 1992.

Fischer, Peter, Die Anfänge der Atompolitik in der Bundesrepublik Deutschland 1949–1955, Baden-Baden 1994.

Floud, Roderick and McCloskey, Donald (Hrsg.), The Economic History of Britain Since 1700, Vol. 3 1939–1992, Cambridge 1994.

Foster, William, New Directions Arms Control and Disarmament, in: Foreign Affairs XLIII (1965), S. 587–601.

Freedman, Lawrence, Britain and Nuclear Weapons, London 1980.

Ders., The Evolution of Nuclear Strategy, London 1981.

Freeman, John P. G., Britain's Nuclear Arms Control Policy in the Context of Anglo-American Relations, 1957–68, Basingstoke 1986.

Fröhlich, Stefan, The Nuclear Freeze Campaign, Opladen 1990.

Gablik, Axel, Strategische Planungen in der Bundesrepublik Deutschland, Baden-Baden 1996.

Gallois, Pierre, La dissuasion du faible au fort, in: L'Institut Charles de Gaulle (Hrsg.), L'aventure de la bombe: De Gaulle et la dissuasion nucléaire (1958–1969), Colloque organisé à Arc-et-Sensans par l'Université de Franche-Comté et l'Institut Charles-de-Gaulle les 27, 28 et 29 septembre 1984, Paris 1985, S. 165–173.

Garfinkle, Adam, The Politics of Nuclear Freeze, Philadelphia 1984.

Garthoff, Raymond, Some Reflections on the Cuban Missile Crisis, Washington 1989.

Gearson, John, Harold Macmillan and the Berlin Wall Crisis, 1958–62, London 1998.

Geyelin, Robert, Lyndon B. Johnson and the World, New York 1966.

Goldberg, Alfred, The Atomic Origins of the British Nuclear Deterrent, in: International Affairs 40 (1964), S. 409–428.

Ders., The Military Origins of the British Nuclear Deterrent, in: International Affairs 40 (1964), S. 600–618.

Goldschmidt, Bertrand, Le Complexe Atomique, Paris 1980.

Gowing, Margaret, Britain and Atomic Energy, 1939–45, London 1964.

Dies., Independence and Deterrence: Britain and Atomic Energy, 1945–52, Volume I: Policy Making, London 1974.

Dies., Independence and Deterrence: Britain and Atomic Energy, 1945–52, Volume II: Policy Execution, London 1974.

Dies, The Origins of Britain's Status as a Nuclear Power, in: Baylis, John/Macmillan, Alan (Hrsg.), The Foundations of British Nuclear Strategy, 1945–1960, Aberystwyth 1992, S. 7–19.

Gregory, Shaun, Nuclear Command and Control in NATO, London 1996.

Gretton, Peter, NATO and the Mixed-Manned Force, in: The Ditchley Foundation (Hrsg.), The Nuclear Deterrent in the Context of Anglo-American Relations, Oxford 1963, S. 23–26.

Grewe, Wilhelm, Über den Einfluß der Kernwaffen auf die Politik, in: Europa-Archiv 22 (1967), S. 77–94.

Groom, A. J. R., British Thinking about Nuclear Weapons, London 1974.

Haftendorn, Helga, Abrüstungspolitik zwischen Sicherheitsbefriedigung und Friedenssicherung, Düsseldorf 1974.

Dies., Sicherheit und Entspannung: Zur Außenpolitik der Bundesrepublik Deutschland, 1955–82, Baden-Baden, 1983.

Dies., Kernwaffen und die Glaubwürdigkeit der Allianz: die NATO-Krise von 1966/67, Baden-Baden 1994.

Hanrieder, Wolfram, Deutschland, Amerika, Europa, Paderborn/München 1995[2].

Harrison, Michael, The Reluctant Ally, France and Atlantic Security, Baltimore 1981.

Helmreich, Jonathan, Gathering Rare Ores, Princeton 1986.

Hersh, Seymour, The Samson Option, Israel, America and the Bomb, Boston 1991.

Heuser, Beatrice, NATO, Britain, France and the FRG: Nuclear Strategies and Forces for Europe 1949–2000, London 1997.

Dies., Nuclear Mentalities? Strategies and Beliefs in Britain, France and the FRG, London 1998.

Hewlett, Richard, From Proposal to Program, in: Pilat, Joseph/Pendley, Robert/Ebinger, Charles (Hrsg.), Atoms for Peace: An Analysis After Thirty Years, Boulder/London 1983, S. 25–33.

Ders. and Holl, Jack, Atoms for Peace and War, 1953–61: Eisenhower and the Atomic Energy Commission, Berkeley 1989.

Hinterhoff, Eugene, MLF oder ANF – Zum Problem der gemeinsamen Streitmacht, in: Außenpolitik XVI (1965), S. 181–191.

Hoppe, Christoph, Zwischen Teilhabe und Mitsprache: Die Nuklearfrage in der Allianzpolitik, 1959–1966, Baden-Baden 1993.

Horne, Alistair, Macmillan (2 vols), London 1989.

Howlett, Darryl, Euratom and Nuclear Safeguards, New York 1990.

Kapur, Ashok, India's Nuclear Option: Atomic Diplomacy and Decision-Making, New York 1976.

Kaufmann, William W., The McNamara Strategy, New York 1964.

Kelleher, Catherine, Germany and the Politics of Nuclear Weapons, New York 1975.

Dies., Nuclear Deterrence, Washington 1986.

Kennedy, Paul, The Rise of the Anglo-German Antagonism, 1860–1914, London 1980.

Kissinger, Henry, Nuclear Weapons and Foreign Policy, Boulder 1957.

Ders., The Troubled Partnership, New York 1965.

Ders., Diplomacy, New York 1994.

Kohl, Wilfried, French Nuclear Diplomacy, Princeton 1971.

Kohler, Beate, Der Vertrag über die Nichtverbreitung von Kernwaffen und das Problem der Sicherheitsgarantien, Frankfurt 1972.

Küntzel, Matthias, Bonn und die Bombe. Deutsche Atomwaffenpolitik von Adenauer bis Brandt, Frankfurt 1992.

Lewis, Geoffrey, Lord Hailsham. A Life. London1997.

Liddell Hart, B. H., Deterrence or Defence, London 1960.

Macmillan, Alan, British Atomic Strategy 1945–1952, in: Baylis, John/Macmillan, Alan (Hrsg.), The Foundations of British Nuclear Strategy, 1945–1960, Aberystwyth 1992, S. 38–59.

Maddock, Shane, LBJ, China and the Bomb, in: The SHAFR Newsletter 27 (1996), S. 1–5.

Mahnke, Dieter, Nukleare Mitwirkung. Die Bundesrepublik Deutschland in der Atlantischen Allianz, 1954–1970, Berlin 1972.

Malone, Peter, The British Nuclear Deterrent: A History, London 1984.

Mandelbaum, Michael, The Nuclear Question. The United States and Nuclear Weapons 1946–1976, Cambridge 1979.

Ders., The Other Side of the Table: The Soviet Approach to Arms Control, New York 1990.

May, Ernest, Die Grenzen des „Overkill". Moral und Politik in der amerikanischen Nuklearrüstung von Truman zu Johnson, in: Vierteljahrshefte für Zeitgeschichte 36 (1988), S. 1–40.

Melandri, Pierre, Aux Origines de la Coopération Nucléaire Franco-Américaine, in: Vaisse, Maurice (Hrsg.), La France et l'atome, Bruxelles 1994, S. 235–255.

Melissen, Jan, The Struggle for Nuclear Partnership: Britain, The United States and the Making of an Ambiguous Alliance. 1952–1959, Groningen 1993.

Ders., Nuclearizing NATO, 1957–1959: the Anglo-Saxons, Nuclear Sharing and the Fourth Country Problem, in: Review of International Studies 20 (1994), S. 253–275.

Mendl, Wolf, Deterrence and Persuasion: French Nuclear Armament in the Context of National Policy, 1945–1969, London 1970.

Moss, Norman, Klaus Fuchs. The Man Who Stole the Bomb, New York 1987.

Mulley, Frederick, The Politics of Western Defence, London 1962.

Ders., NATO's Nuclear Problems: Control and Consultation, in: Orbis 8 (1964), S. 21–36.

Nailor, Peter, The Nassau Connection: The Organisation and Management of the British Polaris Project, London 1988.

Navias, Martin, Nuclear Weapons and British Strategic Planning 1955–58, Oxford 1991.

Nerlich, Uwe, Der NV-Vertrag in der Politik der BRD, Ebenhausen, 1973.

Ders., Die nuklearen Dilemmas der Bundesrepublik Deutschland, in: Europa-Archiv 20 (1965), S. 637–652.

Neuneck, Götz/Ischebeck, Otfried (Hrsg.), Missile Proliferation, Missile Defense and Arms Control, Baden-Baden 1993.

Neustadt, Richard E., Alliance Politics, New York 1970.

Newhouse, John, De Gaulle and the Anglo-Saxons, New York 1970.

Ders., War and Peace in the Nuclear Age, New York 1988, Deutsche Ausgabe: Krieg und Frieden im Atomzeitalter, München 1990.

Nunnerley, David, President Kennedy and Britain, London 1972.

Nuti, Leopoldo, Le rôle de l'Italie dans les négotiations trilatérales 1957–1958, in: Revue d'Histoire Diplomatique 104 (1990), S. 133–156.

Ders., ,Me Too, Please': Italy and the Politics of Nuclear Weapons, 1945–1975, in: Diplomacy and Statecraft 4 (1993), S. 114–148.

O'Neill, Robert, Großbritannien und die atomare Abschreckung, in: Vierteljahrshefte für Zeitgeschichte 37 (1989), S. 595–604.

Osterheld, Horst, ,Ich gehe nicht leichten Herzens'. Adenauers letzte Kanzlerjahre, Mainz 1986.

Ders., Außenpolitik unter Bundeskanzler Ludwig Erhard 1963–1966, Düsseldorf 1992.

Ovendale, Ritchie, British Defence Policy Since 1945, Manchester 1994.

Pierre, Andrew, Nuclear Politics: The British Experience with an Independent Strategic Force 1939–70, London 1972.

Pilat, Joseph/Penley, Robert/Ebinger, Charles (Hrsg.), Atoms for Peace. An Analysis after Thirty Years, Boulder 1983.

Poole, John (Hrsg.), Independence and Interdependence. A Reader on British Nuclear Weapons Policy, London 1990.

Quester, George, The Politics of Nuclear Proliferation, Baltimore/London 1970.

Reedy, George, Lyndon B. Johnson, New York 1983.

Reynolds, David J., Britannia Overruled: British Policy and World Power in the Twentieth Century, London 1991.

Rosecrance, Richard N., The Dispersion of Nuclear Weapons, New York 1964.

Ders., Defence of the Realm: British Strategy in the Nuclear Epoch, New York 1968.

Ruston, Roger, A Say in the End of the World. Morals and British Nuclear Weapons Policy 1941–1987, Oxford 1989.

Sagan, Scott, The Spread of Nuclear Weapons, New York 1995.

Sahni, Varun, Going Nuclear: Establishing an Overt Nuclear Weapons Capability, in: Cortright, David/Mattoo, Amitabh (Hrsg.), India and the Bomb, Notre Dame 1996, S. 85–108.

Salewski, Michael (Hrsg.), Das nukleare Jahrhundert, Stuttgart 1998.

Schaetzel, Robert, The Nuclear Problem and Atlantic Interdependence, in: The Ditchley Foundation (Hrsg.), The Nuclear Deterrrent in the Context of Anglo-American Relations, Oxford 1963, S. 3–11.

Scheinman, Lawrence, The International Atomic Energy Agency and World Nuclear Order, Washington 1987.

Schertz, Adrian, Die Deutschlandpolitik Kennedys und Johnsons. Unterschiedliche Ansätze innerhalb der amerikanischen Regierung, Köln 1992, Dissertation.

Schlesinger, Arthur, A Thousand Days: John F. Kennedy in the White House, Boston 1965.

Schlesinger, James, Atoms for Peace Revisited, in: Pilat, Joseph/Pendley, Robert/Ebinger, Charles (Hrsg.), Atoms for Peace: An Analysis After Thirty Years, Boulder/London 1983, S. 5–15.

Schmalberger, Thomas, In Pursuit of a Nuclear Test Ban Treaty, New York 1991.

Schumacher, Ulrike, Die südafrikanische Nuklearwaffenpolitik, in: Salewski, Michael (Hrsg.), Das nukleare Jahrhundert, Stuttgart 1998, S. 163–173.

Schwartz, David, NATO's Nuclear Dilemmas, Washington 1983.

Schwarz, Hans-Peter, Adenauer: Der Staatsman, 1952–1967, Stuttgart 1991.

Ders., Adenauer und die Kernwaffen, in: Vierteljahrshefte für Zeitgeschichte 37 (1989), S. 567–593.

Scott, Len, Macmillan, Kennedy and the Cuban Missile Crisis: Political, Military and Intelligence Aspects, London 1999.

Seaborg, Glenn T., Kennedy, Khrushchev and the Test Ban, Berkeley 1981.

Ders., Stemming the Tide: Arms Control in the Johnson Years, Lexington 1987.

Shaker, Mohamed, The Nuclear Non-Proliferation Treaty. Origin and Implementation 1959–1979 (3 vols), London 1980.

Simpson, John, The Independent Nuclear State: The United States, Britain and the Military Atom, London 1983.

Ders. and Howlett, Darryl (Hrsg.), The Future of the Non-Proliferation Treaty, New York 1995.

Smith, Gerard, Doubletalk: The Story of the First Strategic Arms Limitation Talks, New York 1980.

Sokolski, Henry, The Arms Control Connection, in: Pilat, Joseph/Pendley, Robert/Ebinger, Charles (Hrsg.), Atoms for Peace: An Analysis After Thirty Years, Boulder/London 1983, S. 35–49.

Sorensen, Theodore C., Decision-Making in the White House, New York 1963.

Ders., Kennedy, New York 1965.

Soutou, Georges-Henri, The French Military Program for Nuclear Energy, 1945–81, College Park, Md. 1989.

Ders., Die Nuklearpolitik der Vierten Republik, in: Vierteljahrshefte für Zeitgeschichte 37 (1989), S. 605–610.

Ders., Les Accords de 1957 et 1958: Vers une communauté stratégique et nucléaire entre la France, l'Allemagne et l'Italie?, in: Vaisse, Maurice (Hrsg.), La France et l'atome, Bruxelles 1994, S. 123–162.

Ders., De Gaulle, Adenauer und die gemeinsame Front gegen die amerikanische Nuklearstrategie, in: Hansen, Ernst Willi (Hrsg.), Politischer Wandel, organisierte Gewalt und nationale Sicherheit, München 1995, S. 491–518.

Ders., L'Alliance Incertaine. Les rappports politico-stratégiques franco-allemandes, 1954–1996, Paris 1996.

Steinbrunner, John, The Cybernetic Theory of Decision. New Dimensions of Political Analysis, Princeton, N.J. 1974.

Steinhoff, Johannes/Pommerin, Reiner, Strategiewechsel: Bundesrepublik und Nuklearstrategie in der Ära Adenauer–Kennedy, Baden-Baden 1992.

Steininger, Rolf, Großbritannien und De Gaulle: Das Scheitern des britischen EWG-Beitritts im Januar 1963, in: Vierteljahrshefte für Zeitgeschichte 44 (1996), S. 87–118.

Ders., Großbritannien und der Vietnamkrieg 1964/65, in: Vierteljahrshefte für Zeitgeschichte 45 (1997), S. 589–628.

Stromseth, Jane, The Origins of Flexible Response, New York 1988.

Supple, Barry, British Economic Decline Since 1945, in: Floud, Roderick and McCloskey, Donald (Hrsg.), The Economic History of Britain Since 1700, Vol. 3, Stanford 1994, S. 318–346.

Sweet, William, The Nuclear Age: Power, Proliferation and Arms Race, Washington 1984.

Taylor, Richard, Against the Bomb: The British Peace Movement, 1958–65, Oxford 1988.

Trachtenberg, Marc, History and Strategy, Princeton 1991.

Ders., A Constructed Peace. The Making of the European Settlement 1954–1963, Princeton 1998.

Twigge, Stephen, The Early Development of Guided Weapons in the United Kingdom, Reading 1993.

Ders. and Scott, Len, Planning Armageddon: Britain, the United States and the Command of Nuclear Forces, 1945–1964, Reading 2000.

Vaisse, Maurice (Hrsg.), L'Europe et la crise de Cuba, Paris 1993.

Ders. (Hrsg.), La France et l'atome, Bruxelles 1994.

Ders., La France et le traité de Moscou (1957–1963), in: Revue d'Histoire Diplomatique 107 (1993), S. 41–54.

Ders., De Gaulle et la Première Candidature Britannique au Marché Commun, in: Revue d'Histoire Diplomatique 108 (1994), S. 129–150.

Ders., Die Außen- und Verteidigungspolitik im Denken und Handeln von General de Gaulle, in: Hansen, Ernst-Willi (Hrsg.), Politischer Wandel, organisierte Gewalt und nationale Sicherheit, München 1995, S. 479–489.

Walker, John, British Attitudes to Nuclear Proliferation, 1952–1982, Edinburgh 1986, unveröffentlichte Dissertation.

Walker, Patrick Gordon, The Labour Party's Defence and Foreign Policy, in: Foreign Affairs XLII (1964), S. 600–618.

Weiss, Leonard, Atoms for Peace and Nuclear Proliferation, in: Pilat, Joseph/Pendley, Robert/Ebinger, Charles (Hrsg.), Atoms for Peace: An Analysis After Thirty Years, Boulder/London 1983, S. 131–141.

Wenger, Andreas, Der lange Weg zur Stabilität. Kennedy, Chruschtschow und das gemeinsame Interesse der Supermächte am Status Quo in Europa, in: Vierteljahrshefte für Zeitgeschichte 46 (1998), S. 69–99.

Wheeler, Michael, Nuclear Weapons and the National Interest, Washington 1989.

White, Brian, Britain, Detente and Changing East-West Relations, London 1992.

White, Mark, The Cuban Missile Crisis, Basingstoke 1996.

Williams, Francis, A Prime Minister Remembers, London 1961.

Wohlstetter, Albert, The Delicate Balance of Terror, in: Foreign Affairs XXXVII (1959), S. 268–290.

Yarmolinsky, Adam, NATO and the Mixed-Manned Force, in: The Ditchley Foundation (Hrsg.), The Nuclear Deterrent in the Context of Anglo-American Relations, Oxford 1963, S.19–22.

Personenverzeichnis